2025年
国家统一法律职业资格考试
辅导用书

知识产权法·经济法
环境资源法·劳动与社会保障法

国家统一法律职业资格考试辅导用书编辑委员会　组编

知识产权法　张　耕／编著

经济法·环境资源法·劳动与社会保障法　王卫国／主编

法律出版社

北京

图书在版编目（CIP）数据

知识产权法 · 经济法 · 环境资源法 · 劳动与社会保障法 / 国家统一法律职业资格考试辅导用书编辑委员会组编 ; 张耕编著 ; 王卫国主编. -- 北京 : 法律出版社, 2025. -- (2025年国家统一法律职业资格考试辅导用书).
ISBN 978-7-5244-0096-7

Ⅰ. D920.4

中国国家版本馆CIP数据核字第20254AD467号

知识产权法 · 经济法 · 环境资源法 · 劳动与社会保障法
ZHISHICHANQUANFA · JINGJIFA · HUANJINGZIYUANFA · LAODONGYUSHEHUIBAOZHANGFA

国家统一法律职业资格考试辅导用书编辑委员会 组编
张 耕 编著
王卫国 主编

责任编辑 田亚飞
装帧设计 李 瞻

出版发行 法律出版社
编辑统筹 法律考试 · 职业教育分社
责任校对 王语童
责任印制 胡晓雅
经 销 新华书店

开本 787毫米 × 1092毫米 1/16
印张 15.75 字数 401千
版本 2025年5月第1版
印次 2025年5月第1次印刷
印刷 固安华明印业有限公司

地址：北京市丰台区莲花池西里7号（100073）
网址：www.lawpress.com.cn
投稿邮箱：info@lawpress.com.cn
举报盗版邮箱：jbwq@lawpress.com.cn

销售电话：010-83938349
客服电话：010-83938350
咨询电话：010-63939796

书号：ISBN 978-7-5244-0096-7
定价：42.00元

国家统一法律职业资格考试辅导用书
编辑委员会

国家统一法律职业资格考试辅导用书

知识产权法 · 经济法
环境资源法 · 劳动与社会保障法

编写人员

知识产权法

张　耕　编著

经济法

王卫国　主编

撰稿人

孙　虹（第一、二章）

管晓峰（第三章）

刘剑文（第四章）

赵红梅（第五章）

环境资源法

王卫国　**主编**

撰稿人

赵红梅（第一章）

王卫国（第二章）

劳动与社会保障法

王卫国　**主编**

撰稿人

金英杰（第一章）

王卫国（第二章）

出版说明

为了适应国家统一法律职业资格考试的需要，应广大应试人员的要求，我们组织编写了《2025 年国家统一法律职业资格考试辅导用书》。

本套辅导用书根据司法部制定颁布的《2025 年国家统一法律职业资格考试大纲》编写，是国家统一法律职业资格考试工作的重要依据，可以作为广大应试人员系统复习及应考的必备用书。

本套用书在撰写时力求反映和体现国家统一法律职业资格考试的特点，在注意学科科学性、系统性的同时，注重法学基本理论、法律实务与考试需求的结合，对应试人员应当掌握的各学科基本理论结合实际进行了系统阐释，有较强的指导性和适用性。在内容和体例编排上，为更加方便应试人员复习考试，本套用书结合备考规律，归纳提炼重要、疑难知识点及易错易混知识点和核心法条，进一步充实完善各学科每章的助考性提示内容和主要法律规定，同时增加了有关重要、疑难知识点的案例（实例）、本章 / 本编 / 本学科重点难点与疑点辨析阐释，并将新增或调整较大部分内容在目录中加以标示，以方便应试人员对比复习。

本套用书根据国家统一法律职业资格考试的试卷内容及学科特点分为 9 册，包括：《习近平法治思想 · 法理学 · 宪法 · 中国法律史 · 司法制度和法律职业道德》《民法》《刑法》《行政法与行政诉讼法》《民事诉讼法与仲裁制度》《刑事诉讼法》《商法》《知识产权法 · 经济法 · 环境资源法 · 劳动与社会保障法》《国际法 · 国际私法 · 国际经济法》，共计 18 门学科。

在本书出版之际，我们向参加 2025 年新版辅导用书编写工作的专家学者表示衷心的感谢！向参与以上用书编写、审稿及修订工作，特别是曾经参与并为本书奠定基本框架的法学院校、专家学者表示衷心的感谢！向中共中央办公厅法规局、最高人民法院、最高人民检察院、中国法学会、司法部等有关部门及单位给予的精心指导和大力支持帮助，表示衷心的感谢！

由于时间仓促，本书疏漏或不当之处，敬请广大应试人员和读者批评指正。

国家统一法律职业资格考试辅导用书编辑委员会

2025 年 5 月

目　　录

知识产权法

经 济 法

环境资源法

说明:“★”为新增或者调整较大部分内容。

劳动与社会保障法

知识产权法

第一章 知识产权保护概述

本章主要内容提示

本章的重点是侵犯知识产权的民事责任、被许可人的诉讼地位、知识产权民事纠纷案件级别管辖的特殊规定等。

侵犯知识产权的民事责任：主要是停止侵害和赔偿损失。损失赔偿金额有四种计算方法。

被许可人的诉讼地位：独占许可中的被许可人对侵犯知识产权的行为有独立诉权，排他许可中的被许可人在许可人不起诉的情况下有诉权，普通许可中的被许可人无独立诉权；但许可合同另有约定或另行授权除外。

第一节 知识产权的民事保护

一、侵犯知识产权的民事责任

侵犯知识产权行为应承担的民事责任形式主要有停止侵害、消除影响、赔礼道歉和赔偿损失等。停止侵害是保护知识产权的重要救济措施，无论是否造成损害后果，只要存在侵权行为，权利人通常均可请求法院裁判行为人停止侵权行为。但有两种情形不能适用停止侵害责任，而应当以支付合理费用的替代责任方式保护知识产权权利人的利益：第一，最高人民法院《关于审理侵犯专利权纠纷案件应用法律若干问题的解释（二）》第26条规定，基于国家利益、公共利益的考量，人民法院可以不判令被告停止被诉侵犯专利权的行为，而判令其支付相应的合理费用。第二，我国《计算机软件保护条例》第30条规定，软件的复制品持有人不知道也没有合理理由应当知道该软件是侵权复制品的，不承担赔偿责任；但是，应当停止使用，销毁该侵权复制品。如果停止使用并销毁该侵权复制品将给复制品使用人造成重大损失，复制品使用人可以在向软件著作权人支付合理费用后继续使用。除前述两类案件外，其他知识产权民事案件中，如果当事人提出的停止侵害请求损害社会公共利益，人民法院也可以不支持停止侵害的诉讼请求，以支付合理费用的替代责任方式保护知识产权权利人的利益。

对于侵犯知识产权的损害赔偿责任构成要件，是否要求主观上有过错，在理论界有一定分歧，一般认为实行过错责任原则。对于侵权作品制作者、传播者或侵权商品销售者的损害赔偿责任，则通常实行过错推定原则，如《商标法》第64条第2款规定：销售不知道是侵犯注册商标专用权的商品，能证明该商品是自己合法取得并说明提供者的，不承担赔偿责任。《专利法》第77条规定：为生产经营目的使用、许诺销售或者销售不知道是未经专利权人许可而制造并售出的专利侵权产品，能证明该产品合法来源的，不承担赔偿责任。

侵犯知识产权损害赔偿数额的确定主要有以下计算方法：

（1）按权利人因侵权遭受的实际损失确定。

（2）按侵权人因侵权获得的利益确定。

（3）根据情节参照许可使用费的倍数合理确定。

对故意（包括我国《商标法》第63条第1款和《反不正当竞争法》第17条第3款规定的恶意）侵犯知识产权，情节严重的，可以在按照上述方法确定数额的1倍以上5倍以下确定赔偿数额。这是我国新修改系列知识产权法后增加的惩罚性赔偿制度，加大了对知识产权的保护力度。

（4）按前述三种方法都难以确定时，在侵犯著作权、专利权、商标权和商业秘密的民事诉讼中，由法院根据当事人的请求或依职权在500万元以下酌情判决确定赔偿金额；其中对专利权权利人的赔偿金额不得低于3万元、对著作权权利人的赔偿金额不得低于500元。

赔偿数额还应当包括权利人为制止侵权行为所支付的合理开支，包括权利人或者委托代理人对侵权行为进行调查、取证的合理费用；法院还可以根据当事人的诉讼请求和案件具体情况，将符合国家有关部门规定的律师费用计算在赔偿范围内。

二、知识产权保护的诉讼时效

根据有关知识产权法律及司法解释的规定，侵犯知识产权的诉讼时效为3年，自权利人知道或应当知道之日起计算。专利权、商标权或著作权的权利人超过3年起诉的，如果该知识产权仍在保护期内，人民法院应当判决责令被告停止侵权行为；侵权损害赔偿数额应当自权利人向人民法院起诉之日起向前推算3年计算。

三、知识产权民事诉讼特殊程序

（一）特殊级别管辖

（1）发明专利、实用新型专利、植物新品种、集成电路布图设计、技术秘密、计算机软件的权属、侵权纠纷以及垄断纠纷第一审民事案件由知识产权法院，省、自治区、直辖市人民政府所在地的中级人民法院和最高人民法院确定的中级人民法院管辖。（2）外观设计专利的权属、侵权纠纷以及涉驰名商标认定第一审民事案件由知识产权法院和中级人民法院管辖；经最高人民法院批准，也可以由基层人民法院管辖。（3）上述两种情形规定之外的第一审知识产权案件诉讼标的额在最高人民法院确定的数额以上的民事案件，由中级人民法院管辖。法律对知识产权法院的管辖有规定的，依照其规定。（4）上述三种情形规定之外的第一审知识产权民事案件，如侵犯著作权纠纷、侵犯商标权纠纷民事案件，由最高人民法院确定的基层人民法院管辖。

根据2019年1月1日起实施的全国人民代表大会常务委员会《关于专利等知识产权案件诉讼程序若干问题的决定》和最高人民法院《关于知识产权法庭若干问题的规定》，最高人民法院设立知识产权法庭，主要审理当事人对发明专利、实用新型专利、植物新品种、集成电路布图设计、技术秘密、计算机软件、垄断等专业技术性较强的知识产权民事案件第一审判决或裁定不服的知识产权上诉案件。对于这些专业技术性较强的知识产权第二审民事案件，即使第一审法院是中级人民法院，也只能由最高人民法院的知识产权法庭审理。

（二）减轻权利人的举证责任

专利侵权纠纷涉及新产品制造方法的发明专利的，制造同样产品的单位或者个人应当提供其产品制造方法不同于专利方法的证明。这里的“新产品”是指产品或者产品的技术方案在专利申请日以前不为国内外公众所知。

人民法院为确定赔偿数额，在权利人已经尽了必要举证责任而与侵权行为相关的账簿、资料等主要由侵权人掌握的情况下，可以责令侵权人提供与侵权行为相关的账簿、资料等；侵权人不提供，或者提供虚假的账簿、资料等的，人民法院可以参考权利人的主张和提供的证据确定赔偿数额。

（三）知识产权被许可人的诉讼地位

对侵犯知识产权的民事诉讼，知识产权权利人或者利害关系人可以作为原告提起诉讼。知识产权的权利人是指著作权人、专利权人、商标权人等，利害关系人是指知识产权许可合同中的被许可人、知识产权财产权的合法继承人等。根据合同约定的权利义务不同，知识产权许可合同主要有三种类型：一是独占许可合同，即在合同约定的时间和地域范围内，知识产权权利人（许可人）只授权一家被许可人使用其智力成果，许可人和任何第三人均不享有使用权；二是排他许可合同，即在合同约定的时间和地域范围内，知识产权权利人（许可人）只授权一家被许可人使用其智力成果，许可人保留对该智力成果的使用权，但任何第三人均不享有使用权；三是普通许可合同，即在合同约定的时间和地域范围内，知识产权权利人（许可人）可以授权多家被许可人使用其智力成果，许可人保留对该智力成果的使用权。有关主体是否有权使用智力成果的情况，如下所示。

比较项目	许可人	被许可人	第三人
独占许可	无	有	无
排他许可	有	有	无
普通许可	有	有	有（依据另一普通许可合同）

在不同类型的知识产权许可合同中，被许可人在知识产权侵权诉讼中享有不同的诉讼地位。最高人民法院《关于审查知识产权纠纷行为保全案件适用法律若干问题的规定》第2条第2款对知识产权被许可人的诉讼地位问题做了统一规定：知识产权许可合同的被许可人申请诉前责令停止侵害知识产权行为的，独占许可合同的被许可人可以单独向人民法院提出申请；排他许可合同的被许可人在权利人不申请的情况下，可以单独提出申请；普通许可合同的被许可人经权利人明确授权以自己的名义起诉的，可以单独提出申请。在知识产权民事诉讼中，有关主体对侵犯知识产权行为是否享有起诉权的具体情况，如下所示。

比较项目	许可人	被许可人	备注
独占许可	有诉权	有诉权	合同另有约定的除外
排他许可	有诉权	在许可人不起诉的情况下有诉权	合同另有约定的除外
普通许可	有诉权	经权利人书面授权可单独提起诉讼	合同另有约定的除外

（四）请求确认不侵犯专利权之诉

权利人向他人发出侵犯专利权的警告，被警告人或者利害关系人经书面催告权利人行使诉权，权利人自收到该书面催告之日起1个月内或者自书面催告发出之日起2个月内，既不撤回警告，也不提起诉讼，被警告人或者利害关系人向人民法院提起请求确认其行为不侵犯专利权诉讼的，人民法院应当受理。

（五）技术调查官制度

人民法院审理专利、技术秘密、计算机软件等专业技术性较强的知识产权案件时，可以指派技术调查官参与诉讼活动，包括参与询问、听证、庭前会议、开庭审理、列席案件评议等活动，协助合议庭对案件涉及的技术问题进行分析和判断，提出独立的技术调查意见。技术调查官属于审判辅助人员，不是合议庭成员，不具有处理案件的表决权。技术调查意见可以作为合议庭认定技术事实的参考。合议庭对技术事实的认定承担责任。

第二节　知识产权的国际保护

知识产权国际条约主要规定了知识产权保护的基本原则、范围以及最低保护标准等内容。其中关于基本原则的规定，是知识产权保护国际公约中最基本、最重要的内容。

一、国民待遇原则

这是在《保护工业产权巴黎公约》中首先提出、在《与贸易有关的知识产权协定》中再次强调、各个知识产权国际公约和成员都必须共同遵守的基本原则。该原则是指在知识产权的保护上，成员法律必须给予其他成员的国民以本国或地区国民所享有的同样待遇；如果是非成员的国民，在符合一定条件后也可享受国民待遇，如在著作权保护方面，某公民的作品只要在某成员的国内首先发表，就可在该成员的国内享受国民待遇。

二、最惠国待遇原则

该原则最早适用于国际有形商品贸易，后被TRIPS延伸到知识产权保护领域。其含义是指缔约方在知识产权保护方面给予某缔约方或非缔约方的利益、优待、特权或豁免，应立即无条件地给予其他缔约方。国民待遇原则解决的是本国人和外国人之间的平等保护问题，而最惠国待遇原则则是解决外国人彼此之间的平等保护问题，其共同点是禁止在知识产权保护方面实行歧视或差别待遇。

三、独立保护原则

该原则是指某成员的国民就同一智力成果在其他缔约国（或地区）所获得的法律保护是互相独立的。知识产权在某成员产生、被宣告无效或终止，并不必然导致该知识产权在其他成员也产生、被宣告无效或终止。

四、自动保护原则

这是适用于保护著作权的一项基本原则。其含义是指作者在作品创作完成时即自动享有著作权，不需要履行任何手续，注册登记、行政审批、交纳样本及做版权标记等手续均不能作为著作权产生的条件或前提。

五、优先权原则

优先权是《保护工业产权巴黎公约》授予缔约国国民重要的权利之一，TRIPS予以肯定，解决了外国人在申请专利权、商标权方面因各种原因产生的不公平竞争问题。其含义是指在一个缔约成员提出发明专利、实用新型、外观设计或商标注册申请的申请人，又在规定期限内就同样的注册申请再向其他成员提出同样内容的申请的，可以享有申请日期优先的权利，即可以把向某成员第一次申请的日期，视为向其他成员实际申请的日期。享有优先权的期限限制视不同的工业产权而定，发明和实用新型为向某成员第一次申请之日起12个月，外观设计和商标为6个月。

【本章主要法律规定】

1.《著作权法》第52～59条

2.《专利法》第65～77条

3.《商标法》第60～66条

第二章 著作权

本章主要内容提示

本章的重点是著作权的客体，著作权的内容、归属及限制，邻接权的权利内容等。

著作权的客体：作品的核心要件是独创性。官方文件、时事新闻等不受《著作权法》保护。

著作权的内容、归属及限制：著作权包括人身权和财产权，财产权的权利内容丰富。著作权属于作者，但法律另有规定的除外。著作权的限制包括合理使用和法定许可制度。

邻接权的权利内容：包括出版者、表演者、录制者、广播电视组织的权利内容。其中表演者权包含人身权，其他邻接权均是财产权。

第一节 著作权的客体

著作权的客体是指著作权法保护的对象，即文学、艺术和科学领域中的作品。

一、作品的概念

作品，是指文学、艺术和科学领域内具有独创性并能以一定形式表现的智力成果。其构成要件如下。

1.属于人类的智力成果。天然存在物、动物行为结果等非人类创作物，即使具有一定观赏价值，都不属于著作权法保护的作品范畴。

2.具有独创性。其含义有二：一是作品系独立创作完成，而非剽窃之作；二是作品必须体现作者的个性特征，属于作者智力劳动创作结果，即具有创作性。独创性存在于作品的表达之中，作品中所包含的思想并不要求必须具有独创性。著作权法保护作品的表达，不保护作品所包含的思想或主题。由不同作者就同一题材创作的作品，只要作品的表达系独立完成并且具有创作性，应当认定作者各自享有独立的著作权。作品的表达是作品形式和作品内容的有机整体。

3.具有可感知性。作品必须以某种形式表达出来，能被他人感知。

二、作品的种类

1.文字作品，是指小说、诗词、散文、论文等以文字形式表现的作品。

2.口述作品，是指即兴的演说、授课、法庭辩论等以口头语言形式表现的作品。

3.音乐、戏剧、曲艺、舞蹈、杂技艺术作品。音乐作品，是指歌曲、交响乐等能够演唱或演奏的带词或者不带词的作品；戏剧作品，是指话剧、歌剧、地方戏等供舞台演出的作品；曲艺作品，是指相声、快板、大鼓、评书等以说唱为主要表演形式的作品；舞蹈作品，是指通过连续的动作、姿势、表情等表现思想情感的作品；杂技作品，是指杂技、魔术、马戏等通过形体动作和技巧表现的作品。

4.美术、建筑作品。美术作品，是指绘画、书法、雕塑等以线条、色彩或者其他方式构成的有审美意义的平面或立体造型艺术作品；建筑作品，是指以建筑物或者构筑物形式表现的有审美意义的作品。

5.摄影作品，是指借助器械在感光材料或者其他介质上记录客观物体形象的艺术作品。

6.视听作品，是指摄制在一定介质上，由一系列有伴音或者无伴音的画面组成，并且借助适当装置放映或者以其他方式传播的作品。

7.图形作品和模型作品。图形作品，是指为施工、生产绘制的工程设计图、产品设计图，以及反映地理现象、说明事物原理或者结构的地图、示意图等作品；模型作品，是指为展示、试验或者观测等用途，根据物体的形状和结构，按照一定比例制成的立体作品。

8.计算机软件，是指计算机程序及其文档。

9.符合作品特征的其他智力成果，如民间文学艺术作品等。

三、著作权法不予保护的对象

1.官方文件，即法律、法规以及国家机关的决议、决定、命令和其他具有立法、行政、司法性质的文件及其官方正式译文。官方文件具有独创性，属于作品范畴，不通过著作权法保护的根本原因在于方便人们自由复制和传播。

2.单纯事实消息。仅客观描述何时、何地发生何事的简短新闻通常是单纯的事实消息，不属于作品，但融入了人类智力劳动的新闻综述、新闻评论等则可受著作权法保护。

3.历法、通用数表、通用表格和公式。这类成果表现形式单一，应成为人类共同财富，不宜被垄断使用。

第二节　著作权的主体

一、一般意义上的著作权主体

（一）作者

创作作品的自然人是作者。创作，是指产生文学、艺术和科学作品的智力活动。为他人创作进行组织工作，提供咨询意见、物质条件，或者进行了其他辅助工作，均不视为创作。创作是一种事实行为，而非法律行为，不受自然人行为能力状况的限制；但创作成果必须符合作品的条件，创作主体才能取得作者身份。

创作本来只能是具有直接思维能力的自然人特有的活动，但单位也可在特定情形下通过其特定机构或自然人行使或表达其自由意志，因而单位也可被拟制为作者。《著作权法》第11条第3款规定，由法人或者非法人组织主持，代表法人或者非法人组织意志创作，并由法人或者非法人组织承担责任的作品，法人或者非法人组织视为作者。单位被视为作者时，可以成为完整的著作权主体，享有作者权利，承担作者义务。

如无相反证明，在作品上署名的公民、法人或者非法人组织为作者。当事人提供的涉及著作权的底稿、原件、合法出版物、著作权登记证书、认证机构出具的证明、取得权利的合同等，都可作为认定作者的证据。

（二）继受人

继受人，是指因发生继承、赠与、遗赠或受让等法律事实而取得著作财产权的人。继受著作权人包括继承人、受赠人、受遗赠人、受让人、作品原件的合法持有人和国家。因著作人身权具有不可转让性，继受著作权人只能成为著作财产权的继受主体，而不能成为著作人身权的继受主体。

（三）外国人和无国籍人

只要符合下列条件之一，外国人、无国籍人的作品即受我国著作权法保护：

1.外国人、无国籍人的作品根据其作者所属国或者经常居住地国同中国签订的协议或者共同参加的国际条约享有著作权的。

2.其作品首先在中国境内出版的。在中国境外首先出版后，30日内又在中国境内出版的，视为该作品同时在中国境内出版。

3.未与中国签订协议或者共同参加国际条约的国家的作者以及无国籍人的作品首次在中国参加的国际条约的成员的国内出版的，或者在成员的国内和非成员的国内同时出版的。

二、演绎作品的著作权人

（一）演绎作品的概念

演绎作品，是指在已有作品的基础上，经过改编、翻译、注释、整理、汇编等创造性劳动而产生的作品。改编，是指改变作品，创作出具有独创性的新作品；翻译，是指将作品从一种语言文字转换成为另一种语言文字；注释，是指对文字作品中的字、词、句进行解释；整理，是指对内容零散、层次不清的已有文字作品或者材料进行条理化、系统化的加工；汇编则是指对作品、作品的片段或者不构成作品的数据或者其他材料进行创造性的选择或编排活动。

（二）演绎作品著作权的归属及行使

演绎行为是演绎者的创造性劳动，是一种重要的创作方式。演绎创作所产生的作品，其著作权由演绎者享有，但从事演绎活动或行使演绎作品的著作权时不得侵犯原作品的著作权。

三、合作作品的著作权人

（一）合作作品的概念

合作作品，是指两人以上合作创作的作品。其构成要件是：

1.作者为两人或两人以上。

2.作者之间有共同创作的主观合意。合意，是指作者之间有共同创作的意图：既可表现为“明示约定”，也可表现为“默示推定”。

3.有共同创作作品的行为，即各方都为作品的完成作出了直接的、实质性的贡献。

（二）合作作品著作权的归属及行使

合作作品的著作权由合作作者共同享有。如果合作作品不可以分割使用，如共同创作的小说、绘画等，其著作权由各合作作者通过协商一致行使；不能协商一致，又无正当理由的，任何一方不得阻止他人行使除转让、许可他人专有使用、出质以外的其他权利，但是所得收益应当合理分配给所有合作作者。

如果合作作品可以分割使用，如歌曲，作者对各自创作的部分可以单独享有著作权，但行使著作权时，不得侵犯合作作品整体的著作权。

四、汇编作品的著作权人

（一）汇编作品的概念

汇编若干作品、作品的片段或者不构成作品的数据或者其他材料，对其内容的选择或者编排体现独创性的作品，称为汇编作品。汇编作品的组成部分既可以是受著作权法保护的作品及片段，如论文、词条、诗词、图片等，也可以是不受著作权法保护的数据或者其他材料，如法律法规、股市信息、商品报价单等。汇编作品受著作权法保护的根本原因不在于汇编材料本身是否受著作权法保护，而在于汇编人对汇编材料内容的选择或编排付出了创造性劳动。在材料的选择或编排上体现独创性的数据库，可作为汇编作品受著作权法保护。

（二）汇编作品著作权的归属及行使

汇编作品的著作权由汇编人享有，但行使著作权时，不得侵犯原作品的著作权。由于汇编权是作者的专有权利，因而汇编他人受著作权法保护的作品或作品的片段时，应征得他人的同意，并不得侵犯他人对作品享有的发表权、署名权、保护作品完整权和获得报酬权等著作权。

五、视听作品的著作权人

视听作品，是指电影作品和以类似摄制电影的方法创作的作品。视听作品中的电影作品和电视剧作品的制作是比较复杂、系统的智力创作工程，需要制作者、编剧、导演、摄影、演员等方面的通力合作；其著作权由制作者享有，但编剧、导演、摄影、词、曲等作者享有署名权，并有权按照与制作者签订的合同获得报酬。影视作品以外的其他视听作品，如微信和抖音中具备作品条件的短视频等，著作权的归属由当事人约定；当事人没有约定或者约定不明的，由制作者享有，但作者享有署名权和获得报酬权。

视听作品中的剧本、音乐等可以单独使用的，其作者有权单独行使其著作权。

六、职务作品的著作权人

（一）职务作品的概念

职务作品，是指自然人为完成法人或者非法人组织的工作任务所创作的作品。其特征是：

1.创作作品的自然人与所在法人或非法人组织之间存在劳动或聘用关系。

2.创作完成作品是自然人的工作任务，即属于自然人在该单位中应当履行的职责。工作任务有时是具体的，明确指示公民创作一部作品；有时是笼统的，由劳动合同、岗位责任制、聘用手续等作概括性规定。职务作品的认定与自然人创作作品是否利用上班时间没有必然联系。

（二）职务作品的种类及著作权归属

1.单位作品。由单位主持，代表单位意志创作并由单位承担责任的作品，单位被视为作者，行使完整的著作权。

2.一般职务作品。除单位作品外，自然人为完成单位工作任务而又未主要利用单位物质技术条件创作的作品，称为一般职务作品。其著作权由作者享有，但单位有权在业务范围内优先使用。作品完成两年内，未经单位同意，作者不得许可第三人以与单位相同的方式使用该作品。作品完成两年内，经单位同意，作者许可第三人以与单位使用的相同方式使用作品所获报酬，由作者与单位按约定的比例分配。作品完成两年的期限，自作者向单位交付作品之日起计算。

3.特殊职务作品。这是指主要利用法人或非法人组织的物质技术条件制作，并由法人或其他组织承担责任的工程设计图、产品设计图、地图、示意图、计算机软件等职务作品，报社、期刊社、通讯社、广播电台、电视台的工作人员创作的职务作品，法律、行政法规规定以及合同约定著作权由法人或者非法人组织享有的职务作品。特殊职务作品的作者享有署名权，著作权的其他权利由法人或者非法人组织享有，法人或者非法人组织可以给予作者奖励。

七、委托作品的著作权人

委托作品，是指作者接受他人委托而创作的作品。委托作品的创作基础是委托合同：既可以是口头的，也可以是书面的；既可以是有偿的，也可以是无偿的。委托作品应体现委托人的意志，实现委托人使用作品的目的。

委托作品的著作权归属由委托人和受托人通过合同约定。合同未作明确约定或者没有订立合同的，著作权属于受托人，但委托人在约定的使用范围内享有使用作品的权利；双方没有约定使用作品范围的，委托人可以在委托创作的特定目的范围内免费使用该作品。

必须注意的是，以下两种作品不同于委托作品，其著作权归属有自己特定的规则：一是除《著作权法》第11条第3款外，由他人执笔、本人审阅定稿并以本人名义发表的报告、讲话等作品，其著作权归报告人或讲话人享有，著作权人可以支付执笔人适当的报酬。二是当事人合意以特定人物经历为题材完成的自传体作品，当事人对著作权权属有约定的，从其约定；没有约定的，著作权归该特定人物享有，执笔人或整理人对作品完成付出劳动的，著作权人可以向其支付适当的报酬。

八、原件所有权转移的作品的著作权归属

作品原件所有权的转移，不改变作品著作权的归属，但美术、摄影作品原件的展览权由原件所有人享有。作者将未发表的美术、摄影作品的原件所有权转让给他人，受让人展览该原件不构成对作者发表权的侵犯。作品原件购买人可以欣赏、展览或再出售该美术作品，但不得从事修改、复制、网络传播等侵犯作品版权的行为。

九、作者身份不明的作品的著作权归属

作者身份不明的作品，是指从通常途径不能了解作者身份的作品。如果一件作品未署名

或署了鲜为人知的笔名，但作品原件持有人或收稿单位确知作者的真实身份，不属于作者身份不明的作品。

作者身份不明的作品，由作品原件的所有人行使除署名权以外的著作权。作者身份确定后，由作者或者其继承人行使著作权。

第三节 著作权的内容

一、著作人身权

著作人身权，是指著作权人基于作品的创作依法享有的以人格利益为内容的权利。它与作者的人身不可分离，一般不能被继承、转让，也不能被非法剥夺或成为强制执行中的执行标的。

(一)发表权

发表权，是指决定作品是否公之于众的权利。其具体内容包括：决定作品是否公之于众；决定作品在何时何地公之于众；决定作品以何种方式公之于众。"公之于众"，是指著作权人自行或者经著作权人许可将作品向不特定的人公开，但不以公众知晓为条件。

发表权的积极行使是一次性权利。作品一旦发表，发表权即行消灭，以后再次使用作品与发表权无关，而是行使使用权的体现；发表权与财产权关系密切，须通过出版、网络传播、朗诵等使用作品的方式来行使。发表权的消极行使不受次数限制，如著作权人有权多次拒绝他人要求其发表作品的请求。

(二)署名权

署名权，是指表明作者身份，在作品上署名的权利。其具体内容包括：

1.决定是否在作品上署名。

2.决定署名的方式，如署真名、笔名。

3.决定署名的顺序。

4.禁止未参加创作的人在作品上署名。

5.禁止他人假冒署名，即有权禁止他人盗用自己的姓名或笔名在他人作品上署名。

(三)修改权

修改权，是指修改或授权他人修改作品的权利。作品表达了作者的思想、情感和观点，公之于众后会直接影响社会公众对作者人格的评价，因而法律赋予作者修改权是对作者人格的尊重。修改通常是指内容的修改，报社、杂志社进行的不影响作品内容的文字性删节不属修改权控制的范围，可以不经作者同意；但对内容的修改，必须征得作者同意。修改既可针对未发表的作品，也可针对已发表的作品。

(四)保护作品完整权

保护作品完整权，是指保护作品不受歪曲、篡改的权利。作品是作者思想的反映，也是作者人格的延伸。歪曲、篡改作品不仅损害作品的价值，而且直接影响作者的声誉，因而法律禁止任何人以任何方式歪曲和篡改作品。

二、著作财产权

著作财产权，是指著作权人依法享有的控制作品的使用并获得财产利益的权利。

(一)使用权

使用权，是指以复制、发行、出租、展览、表演、放映、广播、网络传播、摄制、改编、翻译、汇编等方式使用作品的权利。具体包括以下内容：

1.复制权，即以印刷、复印、拓印、录音、录像、翻录、翻拍、数字化等方式将作品制作一份或者多份的权利。这是著作财产权中最基本、最重要的权利。

2.发行权，即以出售或者赠与方式向公众提供作品的原件或者复制件的权利。

3.出租权，即有偿许可他人临时使用视听作品、计算机软件的原件或者复制件的权利，计算机软件不是出租的主要标的的除外。

4.展览权，即公开陈列美术作品、摄影作品的原件或者复制件的权利。

5.表演权，即公开表演作品，以及用各种手段公开播送作品的表演的权利。公开表演作品被称为现场表演或直接表演；用各种手段公开播送作品的表演被称为机械表演或间接表演，如酒店、咖啡馆等经营性单位未经许可播放背景音乐就可能侵犯音乐作品的机械表演权。

6.放映权，即通过放映机、幻灯机等技术设备公开再现美术、摄影、电影和以类似摄制电影的方法创作的作品等的权利。

7.广播权，即以有线或者无线方式公开传播或者转播作品，以及通过扩音器或者其他传送符号、声音、图像的类似工具向公众传播广播的作品的权利，但不包括信息网络传播权。

8.信息网络传播权，即以有线或者无线方式向公众提供作品，使公众可以在其个人选定的时间和地点获得作品的权利。

9.摄制权，即以摄制视听作品的方法将作品固定在载体上的权利。

10.改编权，即改编作品，创作出具有独创性的新作品的权利。

11.翻译权，即将作品从一种语言文字转换成另一种语言文字的权利。

12.汇编权，即将作品或作品的片段通过选择或者编排，汇集成新作品的权利。

13.应当由著作权人享有的使用作品的其他权利。

（二）许可使用权

许可使用权，是指著作权人依法享有的许可他人使用作品并获得报酬的权利。使用他人作品，应当同著作权人订立许可使用合同，但属于法定许可使用情形的除外。许可使用合同包括下列主要内容：许可使用的权利种类，如复制权、翻译权等；许可使用的权利是专有使用权或者非专有使用权；许可使用的地域范围、期间；付酬标准和方法；违约责任；双方认为需要约定的其他内容。许可使用合同未明确许可的权利，未经著作权人同意，另一方当事人不得行使。

（三）转让权

转让权，是指著作权人依法享有的转让使用权中一项或多项权利并获得报酬的权利。转让的标的不能是著作人身权，只能是著作财产权中的使用权，可以转让使用权中的一项或多项或全部权利。转让作品使用权的，应当订立书面合同。合同的主要内容有：作品的名称，转让的权利种类、地域范围，转让价金，交付转让价金的日期和方式，违约责任，双方认为需要约定的其他内容。转让合同中未明确约定转让的权利，未经著作权人同意，另一方当事人不得行使。

（四）获得报酬权

获得报酬权，是指著作权人依法享有的因作品的使用或转让而获得报酬的权利。获得报酬权通常是从使用权、许可使用权或转让权中派生出来的财产权，是使用权、许可使用权或转让权必然包含的内容。但获得报酬权有时又具有独立存在的价值，并非完全属于使用权、许可使用权或转让权的附属权利。例如，在法定许可使用的情况下，他人使用作品可以不经著作权人同意，但必须按规定支付报酬。此时著作权人享有的获得报酬权就是独立存在的，与使用权、许可使用权或转让权没有直接联系。使用作品的付酬标准可以由当事人约定，也可以按照国家著作权主管部门会同有关部门制定的付酬标准支付报酬。当事人没有约定或者约定不明确的，按照国家规定的付酬标准支付报酬。

第四节　著作权的限制

一、合理使用

（一）合理使用的概念

合理使用，是指根据法律、行政法规的明文规定，不必征得著作权人同意而无偿使用他人已发表作品的行为。其构成要件是：

1.一般只针对已经发表的作品，使用他人

未发表的作品必须征得著作权人同意。已经发表的作品，是指著作权人自行或许可他人公之于众的作品。

2.必须基于法律、行政法规的明文规定。除我国《著作权法》第24条和《信息网络传播权保护条例》第6条、第7条明确规定的情形外，其他使用行为原则上不构成合理使用。

3.不必征得著作权人许可而无偿使用他人作品。是否支付报酬是合理使用与法定许可的重要区别。

4.不得影响该作品的正常使用，也不得不合理地损害著作权人的合法利益。合理使用一般只限于为个人消费或公益性使用等目的少量使用他人作品的行为，应当指明作者姓名或者名称、作品名称，并不得侵犯著作权人依法享有的其他权利，如不得歪曲、篡改作品等。

（二）合理使用的情形

1.为个人学习、研究或者欣赏，使用他人已经发表的作品。

2.为介绍、评论某一作品或者说明某一问题，在作品中适当引用他人已经发表的作品。

3.为报道新闻，在报纸、期刊、广播电台、电视台等媒体中不可避免地再现或者引用已经发表的作品。

4.报纸、期刊、广播电台、电视台等媒体刊登或者播放其他报纸、期刊、广播电台、电视台等媒体已经发表的关于政治、经济、宗教问题的时事性文章，但著作权人声明不许刊登、播放的除外。

5.报纸、期刊、广播电台、电视台等媒体刊登或者播放在公众集会上发表的讲话，但作者声明不许刊登、播放的除外。

6.为学校课堂教学或者科学研究，翻译、改编、汇编、播放或者少量复制已经发表的作品，供教学或者科研人员使用，但不得出版发行。

7.国家机关为执行公务在合理范围内使用已经发表的作品。

8.图书馆、档案馆、纪念馆、博物馆、美术馆、文化馆等为陈列或者保存版本的需要，复制本馆收藏的作品。

9.免费表演已经发表的作品，该表演未向公众收取费用，也未向表演者支付报酬，且不以营利为目的。

10.对设置或者陈列在公共场所的艺术作品进行临摹、绘画、摄影、录像。

11.将中国公民、法人或者非法人组织已经发表的以国家通用语言文字创作的作品翻译成少数民族语言文字作品在国内出版发行。

12.以阅读障碍者能够感知的无障碍方式向其提供已经发表的作品。

13.法律、行政法规规定的其他情形。

二、法定许可使用

法定许可使用，是指依照法律的明文规定，不经著作权人同意有偿使用他人已经发表作品的行为。它与合理使用的异同之处，如下所示。

<table>
<tr><th>比较项目</th><th>合理使用</th><th>法定许可使用</th></tr>
<tr><td rowspan="4">主要相同点</td><td colspan="2">基于法律或者行政法规的明确规定</td></tr>
<tr><td colspan="2">不必征得著作权人同意的使用作品行为</td></tr>
<tr><td colspan="2">通常使用已经发表的作品（但《著作权法》第24条第1款第8项规定的合理使用情形可以是没有发表的作品）</td></tr>
<tr><td colspan="2">应当在使用他人作品时指明作者姓名或者名称、作品名称，并不得侵犯著作权人依法享有的其他权利</td></tr>
<tr><td rowspan="2">不同点</td><td>不支付报酬</td><td>应向著作权人支付报酬</td></tr>
<tr><td>使用行为是非经营行为或维护公益目的的行为</td><td>少数使用行为可能是经营行为</td></tr>
</table>

根据有关规定，法定许可使用主要包括以下情形：

1.为实施义务教育和国家教育规划而编写出版教科书，可以不经著作权人许可，在教科书中汇编已经发表的作品片段或者短小的文字作品、音乐作品或者单幅的美术作品、摄影作品、图形作品。

2.为通过信息网络实施九年制义务教育或者国家教育规划，可以不经著作权人许可，使用其已经发表作品的片段或者短小的文字作品、音乐作品或者单幅的美术作品、摄影作品制作课件，由制作课件或者依法取得课件的远程教育机构通过信息网络向注册学生提供。

3.作品被报社、期刊社刊登后，除著作权人声明不得转载、摘编的外，其他报刊可以转载或者作为文摘、资料刊登。

4.录音制作者使用他人已经合法录制为录音制品的音乐作品制作录音制品，著作权人声明不许使用的除外。

5.广播电台、电视台播放他人已经发表的作品。

6.广播电台、电视台播放已经出版的录音制品。

三、著作权的保护期限

（一）著作人身权的保护期限

著作人身权中的署名权、修改权和保护作品完整权的保护期不受限制，可以获得永久性保护；但著作人身权中的发表权的保护有时间限制。

（二）自然人作品的发表权和财产权的保护期限

自然人的作品，其发表权和使用权的保护期为作者终生及其死后50年，截止于作者死亡之后第50年的12月31日；如果是合作作品，截止于最后死亡的作者死亡后第50年的12月31日。作者生前未发表的作品，如果作者未明确表示不发表，作者死亡后50年内，其发表权可由继承人或者受遗赠人行使；没有继承人又无人受遗赠的，由作品原件的所有人行使。

（三）法人或非法人组织的作品的发表权和财产权的保护期限

法人或者非法人组织的作品、著作权（署名权除外）由法人或者非法人组织享有的职务作品以及视听作品，其发表权和使用权的保护期为50年，截止于作品发表后第50年的12月31日；但作品自创作完成后50年内未发表的，著作权法不再保护。

（四）作者身份不明作品使用权的保护期限

作者身份不明的作品，其使用权的保护期截止于作品发表后第50年的12月31日。作者身份确定后，适用《著作权法》第23条的规定，按不同作品类型分别确定保护期限。

第五节　邻接权

一、邻接权的概念

邻接权，是指作品传播者对在作品传播过程中产生的劳动成果依法享有的专有权利，又称为作品传播者权或与著作权有关的权益。没有作品，就谈不上作品的传播，因而邻接权一般以著作权为基础；对于著作权合理使用的限制，同样适用于对邻接权的限制；邻接权的保护期通常也为50年，但版式设计专有权的保护期为10年。邻接权与著作权的主要区别是：邻接权的主体多为法人或非法人组织，著作权的主体多为自然人；邻接权的客体是作品传播过程中产生的成果，而著作权的客体是作品本身；邻接权中除表演者权外不涉及人身权，而著作权包括人身权和财产权两方面的内容。

二、出版者权

（一）出版者的权利内容

1.版式设计专有权。版式设计，是指出版

者对其出版的图书、期刊的版面和外观装饰所作的设计。版式设计是出版者包括图书出版者(如出版社)和期刊出版者(如杂志社、报社)的创造性智力成果,出版者依法享有专有使用权,即有权许可或者禁止他人使用其出版的图书、期刊的版式设计。

2.专有出版权。图书出版者对著作权人交付出版的作品,按照双方订立的出版合同的约定享有专有出版权。其他出版者未经许可不得出版同一作品,著作权人也不得将出版者享有专有出版权的作品"一稿多投"。图书出版合同中约定图书出版者享有专有出版权但没有明确具体内容的,视为图书出版者享有在合同有效期内和在合同约定的地域范围内以同种文字的原版、修订版出版图书的专有权利。专有出版权是依出版合同而产生的权利而非法定权利,因而严格意义上讲,它不属于邻接权范畴。

报社、杂志社对著作权人的投稿作品在一定期限内享有先载权。但著作权人自稿件发出之日起15日内未收到报社通知决定刊登的,或者自稿件发出之日起在30日内未收到期刊社通知决定刊登的,可以将同一作品向其他报社、期刊社投稿。双方另有约定的除外。

(二)出版者的主要义务

1.按合同约定或国家规定向著作权人支付报酬。

2.按照合同约定的出版质量、期限出版图书。

3.重印、再版作品的,应当通知著作权人,并支付报酬。

4.出版改编、翻译、注释、整理、汇编已有作品而产生的作品,应当取得演绎作品的著作权人和原作品的著作权人许可,并支付报酬。

5.对出版行为的授权、稿件来源的署名、所编辑出版物的内容等尽合理的注意义务,避免出版行为侵犯他人的著作权等民事权利。

三、表演者权

(一)表演者权的主体和客体

表演者权的主体,是指表演者,包括演员、演出单位或者其他表演文学、艺术作品的人。表演者权的客体是指表演活动,即通过演员的声音、表情、动作公开再现作品或演奏作品。

(二)表演者的权利内容

表演者对其表演享有下列权利:

1.表明表演者身份。

2.保护表演形象不受歪曲。

3.许可他人从现场直播和公开传送其现场表演,并获得报酬。

4.许可他人录音录像,并获得报酬。

5.许可他人复制、发行、出租录有其表演的录音录像制品,并获得报酬。

6.许可他人通过信息网络向公众传播其表演,并获得报酬。

演员为完成本演出单位的演出任务进行的表演为职务表演,演员享有表明身份和保护表演形象不受歪曲的权利,其他权利归属由当事人约定。当事人没有约定或者约定不明确的,职务表演的权利由演出单位享有。职务表演的权利由演员享有的,演出单位可以在其业务范围内免费使用该表演。

(三)表演者的主要义务

表演者使用他人的作品演出,应当征得著作权人许可,并支付报酬。演出组织者组织演出,由该组织者取得著作权人许可,并支付报酬。

四、录制者权

(一)录制者权的主体和客体

录制者权的主体是录制者,包括录音制作者和录像制作者。录制者权的客体是录制品,包括录音制品和录像制品。录音制品,是指任何声音的原始录制品;录像制品,是指视听作品以外的任何有伴音或无伴音的连续相关形象的原始录制品,包括表演的原始录制品和非表演的原始录制品。

(二)录制者的权利和义务

录制者对其制作的录音录像制品,享有许可他人复制、发行、出租、通过信息网络向公众传播并获得报酬的权利。将录音制品用于有线或者无线公开传播,或者通过传送声音的技术设备向公众公开播送的，录音制作者享有获得报酬的权利。

录制者应当履行下列义务：录制者使用他人作品制作录音录像制品，应当取得著作权人许可，并支付报酬；使用演绎作品制作录制品的，应当征得演绎作品著作权人和原作品著作权人的许可，并支付报酬；录制表演活动的，应当同表演者订立合同，并支付报酬。

五、播放者权

（一）播放者权的主体和客体

播放者权的主体是广播电视组织，包括广播电台和电视台。播放者权的客体是播放的广播或电视而非广播、电视节目。广播、电视是指广播电台、电视台通过载有声音、图像的信号播放的集成品、制品或其他材料在一起的合成品。

（二）播放者的权利和义务

播放者有权禁止未经其许可的下列行为：将其播放的广播、电视以有线或者无线方式转播；将其播放的广播、电视录制以及复制；将其播放的广播、电视通过信息网络向公众传播。

播放者应当履行下列义务：电视台播放他人的视听作品、录像制品，应当取得视听作品著作权人或者录像制作者许可，并支付报酬；播放他人的录像制品，还应当取得著作权人许可，并支付报酬。

第六节　著作权侵权行为

一、著作权侵权行为的概念

著作权侵权行为，是指未经著作权人同意，又无法律上的依据，使用他人作品或行使著作权人专有权的行为。根据其情节、危害后果以及承担的法律责任不同，著作权法把所有著作权侵权行为区分为承担民事责任的著作权侵权行为和承担综合法律责任的著作权侵权行为两大类。

二、承担民事责任的著作权侵权行为

有下列侵权行为的，应当根据具体情况，承担停止侵害、消除影响、赔礼道歉、赔偿损失等民事责任：

1.未经著作权人许可，发表其作品的。

2.未经合作作者许可，将与他人合作创作的作品当作自己单独创作的作品发表的。

3.没有参加创作，为谋取个人名利，在他人作品上署名的。

4.歪曲、篡改他人作品的。

5.剽窃他人作品的。

6.未经著作权人许可，以展览、摄制视听作品的方法使用作品，或者以改编、翻译、注释等方式使用作品的，著作权法另有规定的除外。

7.使用他人作品，应当支付报酬而未支付的。

8.未经视听作品、计算机软件、录音录像制品的著作权人、表演者或者录音录像制作者许可，出租其作品或者录音录像制品的原件或者复制件的，著作权法另有规定的除外。

9.未经出版者许可，使用其出版的图书、期刊的版式设计的。

10.未经表演者许可，从现场直播或者公开传送其现场表演，或者录制其表演的。

11.其他侵犯著作权以及邻接权的行为。

三、承担综合法律责任的著作权侵权行为

有下列侵权行为的，应当根据情况，承担停止侵害、消除影响、赔礼道歉、赔偿损失等民事责任；侵权行为同时损害公共利益的，由主管著作权的部门责令停止侵权行为，予以警告，没收违法所得，没收、无害化销毁侵权复制品以及主要用于制作侵权复制品的材料、工具、设备等，违法经营额5万元以上的，可以并处违法经营额1倍以上5倍以下的罚款；没有违法经营额、违法经营额难以计算或者不足5万元的，可以并处25万元以下的罚款；构成犯罪的，依法追究刑事责任：

1.未经著作权人许可，复制、发行、表演、放映、广播、汇编、通过信息网络向公众传播其作品的，著作权法另有规定的除外。

2.出版他人享有专有出版权的图书的。

3.未经表演者许可，复制、发行录有其表演的录音录像制品，或者通过信息网络向公众传播其表演的，著作权法另有规定的除外。

4.未经录音录像制作者许可，复制、发行或者通过信息网络向公众传播其制作的录音录像制品的，著作权法另有规定的除外。

5.未经许可，播放、复制或者通过信息网络向公众传播广播、电视的，著作权法另有规定的除外。

6.未经著作权人或者邻接权人许可，故意避开或者破坏权利人为其作品、录音录像制品等采取的保护著作权或者邻接权的技术措施的，故意制造、进口或者向他人提供主要用于避开、破坏技术措施的装置或者部件的，或者故意为他人避开或者破坏技术措施提供技术服务的，法律、行政法规另有规定的除外。

7.未经著作权人或者邻接权人许可，故意删除或者改变作品、版式设计、表演、录音录像制品或者广播、电视上的权利管理电子信息的，知道或者应当知道作品、版式设计、表演、录音录像制品或者广播、电视上的权利管理信息未经许可被删除或者改变，仍然向公众提供的，法律、行政法规另有规定的除外。

8.制作、出售假冒他人署名的作品的。

第七节　计算机软件著作权

一、软件著作权的客体和主体

（一）软件著作权的客体

软件著作权的客体，是指计算机软件（以下简称软件），即计算机程序及其有关文档。计算机程序，是指为了得到某种结果而可以由计算机等具有信息处理能力的装置执行的代码化指令序列，或者可以被自动转换成代码化指令序列的符号化序列或者符号化语句序列。同一计算机程序的源程序和目标程序为同一作品。文档是指用来描述程序的内容、组成、设计、功能规格、开发情况、测试结果及使用方法的文字资料和图表等，如程序设计说明书、流程图、用户手册等。

对软件著作权的保护，不延及开发软件所用的思想、处理过程、操作方法或者数学概念等。

（二）软件著作权人及其权利归属

软件著作权人，是指依法享有软件著作权的自然人、法人或者非法人组织。软件著作权自软件开发完成之日起产生。除法律另有规定外，软件著作权属于软件开发者，即实际组织开发、直接进行开发并对开发完成的软件承担责任的法人或者非法人组织；或者依靠自己具有的条件独立完成软件开发并对软件承担责任的自然人。如无相反证明，在软件上署名的自然人、法人或者非法人组织为开发者。

委托开发、合作开发软件著作权的归属及行使原则与一般作品著作权归属及行使原则一样，但职务软件的著作权归属有一定的特殊性。自然人在法人或者非法人组织中任职期间所开发的软件有下列情形之一的，该软件著作权由该法人或者非法人组织享有，该法人或者非法人组织可以对开发软件的自然人进行奖励：（1）针对本职工作中明确指定的开发目标所开发的软件；（2）开发的软件是从事本职工作活动所预见的结果或者自然的结果；（3）主要使用了法人或者非法人组织的资金、专用设备、未公开的专门信息等物质技术条件所开发并由法人或者非法人组织承担责任的软件。

二、软件著作权的内容

（一）软件著作人身权

1.发表权，即决定软件是否公之于众的权利。

2.署名权，即表明开发者身份，在软件上署名的权利。

3.修改权，即对软件进行增补、删节，或者改变指令、语句顺序的权利。

（二）软件著作财产权

1.专有使用权。其具体包括：（1）复制权，即将软件制作一份或者多份的权利；（2）发行权，即以出售或者赠与方式向公众提供软件的原件或者复制件的权利；（3）出租权，即有偿许可他人临时使用软件的权利，但是软件不是出租的主要标的的除外；（4）信息网络传播权，即以有线或者无线方式向公众提供软件，使公众可以在其个人选定的时间和地点获得软件的权利；（5）翻译权，即将原软件从一种自然语言文字转换成另一种自然语言文字的权利；（6）应当由软件著作权人享有的其他专有使用权。

2.许可使用权，即软件著作权人享有的许可他人行使其软件著作权并获得报酬的权利。许可他人行使软件著作权的，应当订立许可使用合同。许可使用分为专有许可和非专有许可。没有订立合同或者合同中没有明确约定为专有许可的，被许可行使的权利应当视为非专有权利。

3.转让权，即软件著作权人享有的全部或者部分转让其软件著作权并获得报酬的权利。转让软件著作权的，当事人应当订立书面合同。

三、软件著作权的期限和限制

（一）软件著作权的期限

自然人的软件著作权，保护期为自然人终生及其死亡后50年，截止于自然人死亡后第50年的12月31日；软件是合作开发的，截止于最后死亡的自然人死亡后第50年的12月31日。法人或者非法人组织的软件著作权，保护期为50年，截止于软件首次发表后第50年的12月31日；但软件自开发完成之日起50年内未发表的，不再受保护。

（二）软件著作权的限制

为了维护社会公众利益、保障软件的正常使用、促进软件开发技术的发展，《计算机软件保护条例》规定了软件著作权的限制。

1.合理使用。为了学习和研究软件内含的设计思想和原理，通过安装、显示、传输或者存储软件等方式使用软件的，可以不经软件著作权人许可，不向其支付报酬。

2.用户的权利。软件的合法复制品所有人享有下列权利：（1）根据使用的需要把该软件装入计算机等具有信息处理能力的装置内。（2）为了防止复制品损坏而制作备份复制品。这些备份复制品不得通过任何方式提供给他人使用，并在所有人丧失该合法复制品的所有权时，负责将备份复制品销毁。（3）为了把该软件用于实际的计算机应用环境或者改进其功能、性能而进行必要的修改；但是，除合同另有约定外，未经该软件著作权人许可，不得向任何第三方提供修改后的软件。

3.相似的开发。软件开发者开发的软件，由于可供选用的表达方式有限而与已经存在的软件相似的，不构成对已经存在的软件的著作权的侵犯。

四、软件登记

为促进我国软件产业发展、增强我国信息产业的创新能力和竞争能力，国家著作权行政管理部门鼓励软件登记，并对登记的软件予以重点保护。软件登记分为软件著作权登记、软件著作权专有许可合同和转让合同登记。软件著作权登记申请人应当是该软件的著作权人以及通过继承、受让或者承受软件著作权的自然人、法人或者非法人组织。软件著作权合同登记的申请人，应当是软件著作权专有许可合同或者转让合同的当事人。国家版权局主管全国软件著作权登记管理工作。国家版权局认定中国版权保护中心为软件登记机构。软件登记文件是证明登记主体享有软件著作权以及订立软件许可合同、转让合同的重要书面证据，但软件登记不是软件著作权产生的依据，未经登记的软件著作权或软件许可合同、转让合同仍受法律保护。

五、侵犯软件著作权行为及法律责任

（一）承担民事责任的侵权行为

除法律、行政法规另有规定外，有下列侵权行为的，应当根据情况，承担停止侵害、消除影响、赔礼道歉、赔偿损失等民事责任：

1.未经软件著作权人许可，发表或者登记其软件的；

2.将他人软件作为自己的软件发表或者登记的；

3.未经合作者许可，将与他人合作开发的软件作为自己单独完成的软件发表或者登记的；

4.在他人软件上署名或者更改他人软件上的署名的；

5.未经软件著作权人许可，修改、翻译其软件的；

6.其他侵犯软件著作权的行为。

（二）承担综合法律责任的侵权行为

除法律、行政法规另有规定外，未经软件著作权人许可，有下列侵权行为的，应当根据情况，承担停止侵害、消除影响、赔礼道歉、赔偿损失等民事责任；同时损害社会公共利益的，由著作权行政管理部门责令停止侵权行为，予以警告，没收违法所得，没收、销毁侵权复制品，可以并处罚款；情节严重的，著作权行政管理部门并可以没收主要用于制作侵权复制品的材料、工具、设备等；触犯刑律的，依照刑法关于侵犯著作权罪、销售侵权复制品罪的规定，依法追究刑事责任：

1.复制或者部分复制著作权人的软件的；

2.向公众发行、出租、通过信息网络传播著作权人的软件的；

3.故意避开或者破坏著作权人为保护其软件著作权而采取的技术措施的；

4.故意删除或者改变软件权利管理电子信息的；

5.转让或者许可他人行使著作权人的软件著作权的。

（三）软件复制品有关主体的法律责任

软件复制品的出版者、制作者不能证明其出版、制作有合法授权的，或者软件复制品的发行者、出租者不能证明其发行、出租的复制品有合法来源的，应当承担法律责任。

软件的复制品持有人不知道也没有合理理由应当知道该软件是侵权复制品的，不承担赔偿责任；但是，应当停止使用，销毁该侵权复制品。如果停止使用并销毁该侵权复制品将给复制品使用人造成重大损失，复制品使用人可以在向软件著作权人支付合理费用后继续使用。该规定起到了禁止用户持有和使用侵权软件复制品的作用，加大了软件著作权的保护力度。

【本章主要法律规定】

1.《著作权法》

2.《著作权法实施条例》

3.《计算机软件保护条例》

4.最高人民法院《关于审理著作权民事纠纷案件适用法律若干问题的解释》

5.最高人民法院《关于审理侵害信息网络传播权民事纠纷案件适用法律若干问题的规定》

第三章
专利权

本章主要内容提示

本章的重点是职务发明创造的认定、专利权的客体、专利权的内容及特别许可、专利侵权行为等。

职务发明创造的认定：执行本单位任务及主要利用本单位的物质技术条件所完成的发明创造属于职务发明创造。专利申请权属于发明人、设计人所在单位。

专利权的客体：包括发明、实用新型和外观设计。《专利法》还规定了不受专利保护的对象。

专利权的内容及特别许可：专利权人享有独占实施权、许可实施权、转让权和标示权。专利权的特别许可主要包括强制许可、开放许可和指定许可。

专利侵权行为：专利侵权行为，是指侵犯专利独占实施权的行为。发明和实用新型专利权被授予后，除专利法另有规定的之外，任何单位或者个人未经专利权人许可，都不得实施其专利，即不得为生产经营目的制造、使用、许诺销售、销售、进口其专利产品，或者使用其专利方法以及使用、许诺销售、销售、进口依照该专利方法直接获得的产品。外观设计专利权被授予后，任何单位或者个人未经专利权人许可，都不得实施其专利，即不得为生产经营目的制造、许诺销售、销售、进口其外观设计专利产品。

第一节　专利权的主体

专利权的主体即专利权人，是指依法享有专利权并承担相应义务的人。专利权的主体包括发明人或设计人，发明人或设计人的单位，受让人，外国人、外国企业或外国其他组织。

一、发明人或设计人

发明人或设计人，是指对发明创造的实质性特点作出了创造性贡献的人。在完成发明创造过程中，只负责组织工作的人、为物质技术条件的利用提供方便的人或者从事其他辅助性工作的人，如试验员、描图员、机械加工人员等，均不是发明人或设计人。发明人是指发明、实用新型的完成人；设计人是指外观设计的完成人。发明人或设计人只能是自然人，不能是单位、集体或课题组。

发明创造是智力劳动的结果。发明创造活动是一种事实行为，不受民事行为能力的限制；因此，无论从事发明创造的人是否具备完全民事行为能力，只要其完成了发明创造，就应认定为发明人或设计人。

发明人或者设计人包括非职务发明创造的发明人或者设计人和职务发明创造的发明人或者设计人两类。非职务发明创造，是指既不是执行本单位的任务，也没有主要利用本单位提供的物质技术条件所完成的发明创造。对于非职务发明创造，申请专利的权利属于发明人或者设计人。发明人或者设计人对非职务发明创造申请专利，任何单位或者个人不得压制。申请被批准后，该发明人或者设计人为专利权人。

如果一项非职务发明创造是由两个或两个以上的发明人、设计人共同完成的，则完成发明创造的人称为共同发明人或共同设计人。共同发明创造的专利申请权和取得的专利权归全体共有人共同所有。

二、发明人或设计人的单位

对于职务发明创造，专利权的主体是该发明创造的发明人或者设计人的所在单位。职务发明创造，是指执行本单位的任务或者主要是利用本单位的物质技术条件所完成的发明创造。这里所称的“单位”，包括各种所有制类型和性质的内资企业与在中国境内的外商投资企业；从劳动关系上讲，既包括固定工作单位，也包括临时工作单位。

职务发明创造分为两类：

1.执行本单位任务所完成的发明创造。包括三种情况：(1)在本职工作中作出的发明创造；(2)履行本单位交付的本职工作之外的任务所作出的发明创造；(3)退休、调离原单位后或者劳动、人事关系终止后1年内作出的，与其在原单位承担的本职工作或者原单位分配的任务有关的发明创造。

2.主要利用本单位的物质技术条件所完成的发明创造。“本单位的物质技术条件”，是指本单位的资金、设备、零部件、原材料或者不对外公开的技术信息和资料等。一般认为，如果在发明创造过程中，全部或者大部分利用了单位的资金、设备、零部件、原料以及不对外公开的技术信息和资料，这种利用对发明创造的完成起着必不可少的决定性作用，就可以认定为主要利用本单位物质技术条件。如果仅仅是少量利用了本单位的物质技术条件，且这种物质条件的利用，对发明创造的完成无关紧要，则不能因此认定是职务发明创造。对于利用本单位的物质技术条件完成的发明创造，如果单位与发明人或者设计人订有合同，对申请专利的权利和专利权的归属作出约定的，从其约定。

职务发明创造的专利申请权和取得的专利权归发明人或设计人所在的单位，该单位可以依法处置其职务发明创造申请专利的权利和专利权，促进相关发明创造的实施和运用。发明人或设计人享有署名权和获得奖金、报酬的权利，即发明人和设计人有权在专利申请文件及有关专利文献中写明自己是发明人或设计人；被授予专利权的单位应当按规定给职务发明创造的发明人或者设计人发奖金；在发明创造专利实施后，单位应根据其推广应用的范围和取得的经济效益，对发明人或者设计人给予合理的报酬。国家鼓励被授予专利权的单位实行产权激励，采取股权、期权、分红等方式，使发明人或者设计人合理分享创新收益。发明人或设计人的署名权可以通过书面声明放弃。

三、受让人

受让人，是指通过合同或继承等依法取得专利权的单位或个人。专利申请权和专利权可以转让。专利申请权转让之后，如果获得了专利，那么受让人就是该专利权的主体；专利权转让后，受让人成为该专利权的新主体。

两个以上单位或者个人合作完成的发明创造、一个单位或者个人接受其他单位或者个人委托所完成的发明创造，如果双方约定发明创造的专利申请权归委托方，从其约定，申请被批准后，申请的单位或者个人为专利权人。如果单位或者个人之间没有协议，构成委托开发的，专利申请权以及取得的专利权归受托人，但委托人可以免费实施该专利技术。

继受了专利申请权或专利权之后，受让人并不因此而成为发明人、设计人，该发明创造的发明人、设计人也不因发明创造的专利申请权或专利权转让而丧失其特定的人身权利。

四、外国人、外国企业或外国其他组织

在中国有经常居所或者营业所的外国人、外国企业或者外国其他组织，在中国申请专利和办理其他专利事务享有与中国公民或单位同等的待遇。在中国没有经常居所或者营业所的外国人、外国企业或者外国其他组织在中国申请专利的，依照其所属国同中国签订的协议或者共同参加的国际条约，或者依照互惠原则，根据我国专利法的规定办理。在中国没有经常居所或者营业所的外国人、外国企业或者外国其他组织在中国申请专利和办理其他专利事务的，应当委托依法设立的专利代理机构办理。

第二节　专利权的客体

专利权的客体，是指依法授予专利权的发明创造。专利权的客体包括发明、实用新型和外观设计三种。

一、发明

发明，是指对产品、方法或者其改进所提出的新的技术方案。发明必须是一种技术方案，是发明人将自然规律在特定技术领域进行运用和结合的结果，而不是自然规律本身，因而科学发现不属于发明范畴。同时，发明通常是自然科学领域的智力成果，文学、艺术和社会科学领域的成果也不能构成专利法意义上的发明。

发明分为产品发明、方法发明和改进发明三种。产品发明是关于新产品或新物质的发明。这种产品或物质是自然界从未有过的，是人利用自然规律作用于特定事物的结果。如果某物品完全处于自然状态下，没有经过任何人的加工或改造而存在，就不是我国专利法所规定的产品发明，不能取得专利权。方法发明是指为解决某特定技术问题而采用的手段和步骤的发明。能够申请专利的方法通常包括制造方法和操作使用方法两大类：前者如产品制造工艺、加工方法等，后者如测试方法、产品使用方法等。改进发明是对已有的产品发明或方法发明所作出的实质性革新的技术方案。例如，爱迪生发明了白炽灯，白炽灯是一种前所未有的新产品，可以申请产品发明；生产白炽灯的方法可以申请方法专利；给白炽灯填充惰性气体，其质量和寿命都明显提高，这是在原来的基础之上进行的改进，可以申请改进发明。

二、实用新型

实用新型，是指对产品的形状、构造或者其结合所提出的适于实用的新的技术方案。实用新型专利只保护产品。该产品应当是经过工业方法制造的、占据一定空间的实体。一切有关方法（包括产品的用途）以及未经人工制造的自然存在的物品不属于实用新型专利的保护客体。上述方法包括产品的制造方法、使用方法、通信方法、处理方法、计算机程序以及将产品用于特定用途等。例如，一种齿轮的制造方法、工作间的除尘方法、数据处理方法、自然存在的雨花石等不能获得实用新型专利保护。

产品的形状，是指产品所具有的、可以从外部观察到的确定的空间形状。对产品形状所提出的技术方案可以是对产品的三维形态的空间外形所提出的技术方案，如对凸轮形状、刀具形状作出的改进；也可以是对产品的二维形态所提出的技术方案，如对型材的断面形状的改进。无确定形状的产品，如气态、液态、粉末状、颗粒状的物质或材料，其形状不能作为实用新型产品的形状特征。

产品的构造，是指产品的各个组成部分的安排、组织和相互关系。它既可以是机械构造，也可以是线路构造。机械构造是指构成产品的零部件的相对位置关系、连接关系和必要的机械配合关系等；线路构造是指构成产品的元器件之间的确定的连接关系。

发明和实用新型的主要异同，如下所示。

比较项目	发明	实用新型
相同点	是自然科学领域的技术方案	
	是利用自然科学原理的智力成果	
	具有新颖性、创造性和实用性	
不同点	可以是产品或方法的技术方案	只能是产品的技术方案
	技术方案涉及的产品范围广泛	技术方案不能涉及无确定形态的产品
	创造性程度高	创造性程度较低
	授权程序包括形式审查和实质审查	授权程序仅包括形式审查
	专利权保护期20年	专利权保护期10年

三、外观设计

外观设计，是指对产品的整体或者局部的形状、图案或者其结合以及色彩与形状、图案的结合所作出的富有美感并适于工业应用的新设计。局部外观设计，是指对产品的局部的形状、图案或者其结合以及色彩与形状、图案的结合所作出的富有美感并适于工业应用的新设计。要求保护产品不能分割的局部的，应当以局部外观设计的方式提交申请，如“座椅靠背的雕花”等。

外观设计的载体必须是产品。产品，是指任何用工业方法生产出来的物品。不能重复生产的手工艺品、农产品、畜产品、自然物不能作为外观设计的载体。专利法不仅保护产品的整体外观设计，也对产品的局部设计创新予以保护。通常产品的色彩不能独立构成外观设计，除非产品色彩变化的本身已形成一种图案。可以构成外观设计的组合有：产品的形状；产品的图案；产品的形状和图案；产品的形状和色彩；产品的图案和色彩；产品的形状、图案和色彩。

形状，是指对产品造型的设计，也就是指产品外部的点、线、面的移动、变化、组合而呈现的外表轮廓，即对产品的结构、外形等同时进行设计、制造的结果。图案是指由任何线条、文字、符号、色块的排列或组合而在产品的表面构成的图形。图案可以通过绘图或其他能够体现设计者的图案设计构思的手段制作。产品的图案应当是固定、可见的，而不应是时有时无的或者需要在特定的条件下才能看见的。色彩，是指用于产品上的颜色或者颜色的组合，制造该产品所用材料的本色不是外观设计的色彩。

四、专利法不予保护的对象

1.对违反法律、社会公德或者妨害公共利益的发明创造，不授予专利权。对违反法律、行政法规的规定获取或者利用遗传资源，并依赖该遗传资源完成的发明创造，不授予专利权。例如，用于赌博的设备、机器或工具，吸毒的器具等不能被授予专利权。发明创造本身的目的并没有违反国家法律，但是由于被滥用而违反国家法律的，则不属此列。

2.科学发现。它是指对自然界中客观存在的现象、变化过程及其特性和规律的揭示。科学理论是对自然界认识的总结，是更为广义的发现。它们都属于人们认识的延伸。这些被认识的物质、现象、过程、特性和规律不同于改造客观世界的技术方案，不是专利法意义上的发明创造，因此不能被授予专利权。

3.智力活动的规则和方法。智力活动，是指人的思维运动。它源于人的思维，经过推理、分析和判断产生出抽象的结果，或者必须经过人的思维运动作为媒介才能间接地作用于自然产生结果。它仅是指导人们对信息进行思维、识别、判断和记忆的规则和方法。由于其没有采用技术手段或者利用自然法则，也未解决技术问题和产生技术效果，因而不构成技术方案。例如，交通行车规则，各种语言的语法，速算法或口诀，心理测验方法，各种游戏、娱乐的规则和方法，乐谱，食谱，棋谱，计算机程序本身等。涉及商业模式的权利要求，如果既包含商业规则和方法的内容，又包含技术特征，则可能获得专利权。

4.疾病的诊断和治疗方法。它是以有生命的人或者动物为直接实施对象，进行识别、确定或消除病因、病灶的过程。将疾病的诊断和治疗方法排除在专利保护范围之外，是出于人道主义的考虑和社会伦理的原因，医生在诊断和治疗过程中应当有选择方法与条件的自由。另外，这类方法直接以有生命的人体或动物体为实施对象，理论上认为不属于产业，无法在产业上利用，不属于专利法意义上的发明创造。例如，诊脉法、心理疗法、按摩、为预防疾病而实施的各种免疫方法、以治疗为目的的整容或减肥等。但是，药品或医疗器械可以申请专利。

5.动物和植物品种。对于动物和植物品种的生产方法，可以依照专利法的规定授予专利权。

6.原子核变换方法以及用原子核变换方法获得的物质。

7.对平面印刷品的图案、色彩或二者的结合作出的主要起标识作用的设计。

第三节　授予专利权的条件

发明创造要取得专利权，必须满足实质条件和形式条件。实质条件是指申请专利的发明创造自身必须具备的属性要求，形式条件则是指申请专利的发明创造在申请文件和手续等程序方面的要求。此处所讲的授予专利权的条件，仅指授予专利权的实质条件。

一、发明或者实用新型专利的授权条件

（一）新颖性

新颖性，是指该发明或者实用新型不属于现有技术；也没有任何单位或者个人就同样的发明或者实用新型在申请日以前向国务院专利行政部门提出过申请，并记载在申请日以后公布的专利申请文件或者公告的专利文件中。申请专利的发明或者实用新型满足新颖性的标准，必须不同于现有技术，同时不得出现抵触申请。

1.现有技术。现有技术，是指申请日以前在国内外为公众所知的技术。技术公开的方式有三种：

（1）出版物公开，即通过出版物在国内外公开披露技术信息。其地域标准是国际范围。这里的出版物，是指记载了技术或设计内容的独立存在的有形传播载体；既可以是印刷、打印、手写的，也可以是采用电、光、磁、照相等其他方式制成的。其载体不限于纸张，也包括各种其他类型的载体，如缩微胶片、影片、磁带、光盘、照相底片等。公开披露技术信息，是指技术内容向不负有保密义务的不特定相关公众公开。公开的程度以所属技术领域一般技术人员能实施为准。

（2）使用公开，即在国内外通过使用或实施方式公开技术内容。

（3）其他方式的公开，即在国内外以出版物和使用以外的方式公开，主要指口头方式公开，如通过口头交谈、讲课、作报告、讨论发言、在广播电台或电视台播放等方式，使公众了解有关技术内容。

2.抵触申请。抵触申请，是指一项申请专利的发明或者实用新型在申请日以前，已有同样的发明或者实用新型由他人向专利局提出过申请，并且记载在该发明或实用新型申请日以后公布的专利申请文件中。先申请被称为后申请的抵触申请。抵触申请会破坏新颖性，防止专利重复授权。

3.不视为丧失新颖性的公开。申请专利的发明、实用新型和外观设计在申请日以前6个月

内，有下列情形之一的，不丧失新颖性：

（1）在国家出现紧急状态或者非常情况时，为公共利益目的首次公开的；

（2）在中国政府主办或者承认的国际展览会上首次展出的；

（3）在国务院有关主管部门和全国性学术团体组织召开的学术会议或者技术会议上首次发表的；

（4）他人未经申请人同意而泄露其内容的。

（二）创造性

创造性，是指同申请日以前已有的技术相比，该发明有突出的实质性特点和显著的进步，该实用新型有实质性特点和进步。申请专利的发明或实用新型，必须与申请日前已有的技术相比，在技术方案的构成上有实质性的差别，必须是通过创造性思维活动的结果，不能是现有技术通过简单的分析、归纳、推理就能够自然获得的结果。发明的创造性比实用新型的创造性要求更高。创造性的判断以所属领域普通技术人员的知识和判断能力为准。

（三）实用性

实用性，是指该发明或者实用新型能够制造或者使用，并且能够产生积极效果。它有两层含义：第一，该技术能够在产业中制造或者使用。产业包括了工业、农业、林业、水产业、畜牧业、交通运输业以及服务业等行业。产业中的制造和利用是指具有可实施性及再现性。第二，必须能够产生积极的效果，即同现有的技术相比，申请专利的发明或实用新型能够产生更好的经济效益或社会效益，如能提高产品数量、改善产品质量、增加产品功能、节约能源或资源、防治环境污染等。

二、外观设计专利的授权条件

（一）新颖性

授予专利权的外观设计，应当不属于现有设计，也没有任何单位或者个人就同样的外观设计在申请日以前向国务院专利行政部门提出过申请，并记载在申请日以后公告的专利文件中。

授予专利权的外观设计与现有设计或者现有设计特征的组合相比，应当具有明显区别。现有设计是指申请日以前在国内外为公众所知的设计。

申请专利的外观设计不能是对现有外观设计的形状、图案、色彩或其组合的简单模仿或微小改变，即不得与现有设计近似。相近似的外观设计包括以下几种情况：形状、图案、色彩近似，产品相同；形状、图案、色彩相同，产品近似；形状、图案、色彩近似，产品也近似。

（二）实用性

授予专利权的外观设计必须适于工业应用。这要求外观设计本身以及作为载体的产品能够以工业的方法重复再现，即能够在工业上批量生产。

（三）富有美感

授予专利权的外观设计必须富有美感。美感，是指该外观设计在视觉感知上的愉悦感受，与产品功能是否先进没有必然联系。富有美感的外观设计在扩大产品销路方面具有重要作用。

（四）不得与他人在先取得的合法权利相冲突

这里的在先权利包括商标权、著作权、企业名称权、肖像权、有一定影响的商品特有包装装潢使用权等。“在先取得”是指在外观设计的申请日或者优先权日之前取得。

第四节　授予专利权的程序

一、专利的申请

申请人可以依自己的意志独立行使其权利。专利申请权的共有人对权利的行使有约定的，从其约定。没有约定的，共有人可以单独实施或者以普通许可方式许可他人实施该专利；许可他人实施该专利的，收取的使用费应当在共有人之间分配。除前述情形外，行使共有的专利申请权应当取得全体共有人的同意。

专利申请权可以转让。中国单位或者个人向外国人、外国企业或者外国其他组织转让专利权的，应当依照有关法律、行政法规的规定办理手续。当事人转让专利申请权，应当订立书面合同，并向国务院专利行政部门登记，由国务院专利行政部门予以公告。专利申请权或者专利权的转让自登记之日起生效。

（一）专利申请的原则

1.形式法定原则。申请专利的各种手续，都应当以书面形式或者国家知识产权局专利局规定的其他形式办理。以电子数据交换等方式能够有形地表现所载内容，并可以随时调取查用的数据电文，视为书面形式。

2.单一性原则。一件发明或者实用新型专利申请应当限于一项发明或者实用新型。属于一个总的发明构思的两项以上的发明或者实用新型，可以作为一件申请提出。

一件外观设计专利申请应当限于一项外观设计。同一产品两项以上的相似外观设计，或者用于同一类别并且成套出售或者使用的产品的两项以上外观设计，可以作为一件申请提出。

3.先申请原则。同样的发明创造只能授予一项专利权。但是，同一申请人同日对同样的发明创造既申请实用新型专利又申请发明专利，先获得的实用新型专利权尚未终止，且申请人声明放弃该实用新型专利权的，可以授予发明专利权。两个以上的申请人分别就同样的发明创造申请专利的，专利权授予最先申请的人。

4.诚实信用原则。申请专利应当遵循诚实信用原则。提出各类专利申请应当以真实发明创造活动为基础，不得弄虚作假。

5.保密审查原则。任何单位或者个人将在中国完成的发明或者实用新型向外国申请专利的，应当事先报经国务院专利行政部门进行保密审查。保密审查的程序、期限等按照国务院的规定执行。中国单位或者个人可以根据中华人民共和国参加的有关国际条约提出专利国际申请。申请人提出专利国际申请的，应当遵守前述规定。对违反前述规定向外国申请专利的发明或者实用新型，在中国申请专利的，不授予专利权。

（二）专利申请文件

申请发明或者实用新型专利的，应当提交请求书、说明书及其摘要和权利要求书等文件。请求书应当写明发明或者实用新型的名称，发明人的姓名，申请人姓名或者名称、地址，以及其他事项。说明书应当对发明或者实用新型作出清楚、完整的说明，以所属技术领域的技术人员能够实现为准；必要的时候，应当有附图。摘要应当简要说明发明或者实用新型的技术要点。权利要求书应当以说明书为依据，清楚、简要地限定要求专利保护的范围。依赖遗传资源完成的发明创造，申请人应当在专利申请文件中说明该遗传资源的直接来源和原始来源；申请人无法说明原始来源的，应当陈述理由。

申请外观设计专利的，应当提交请求书、该外观设计的图片或者照片以及对该外观设计的简要说明等文件。申请人提交的有关图片或者照片应当清楚地显示要求专利保护的产品的外观设计。

（三）专利申请日

国务院专利行政部门收到专利申请文件之日为申请日。如果申请文件是邮寄的，以寄出的邮戳日为申请日。

申请人享有优先权的，优先权日视为申请日。《专利法》第29条规定了国际优先权和国内优先权。国际优先权是指申请人自发明或者实用新型在外国第一次提出专利申请之日起12个月内，或者自外观设计在外国第一次提出专利申请之日起6个月内，又在中国就相同主题提出专利申请的，依照该外国同中国签订的协议或者共同参加的国际条约，或者依照相互承认优先权的原则，可以享有优先权。国内优先权是指申请人自发明或者实用新型在中国第一次提出专利申请之日起12个月内，或者自外观设计在中国第一次提出专利申请之日起6个月内，又向国务院专利行政部门就相同主题提出专利申请的，可以享有优先权。

二、专利申请的审批

（一）发明专利的审批

1.初步审查。国务院专利行政部门查明

该申请是否符合专利法关于申请形式要求的规定。

2.早期公开。国务院专利行政部门收到发明专利申请后，经初步审查认为符合要求的，自申请日起满18个月，即行公布。国务院专利行政部门可以根据申请人的请求早日公布其申请。

3.实质审查。发明专利申请自申请日起3年内，国务院专利行政部门可以根据申请人随时提出的请求，对其申请进行实质审查；申请人无正当理由逾期不请求实质审查的，该申请即被视为撤回。国务院专利行政部门认为必要的时候，可以自行对发明专利申请进行实质审查。

4.授权登记公告。发明专利申请经实质审查没有发现驳回理由的，由国务院专利行政部门作出授予发明专利权的决定，发给发明专利证书，同时予以登记和公告。发明专利权自公告之日起生效。

（二）实用新型和外观设计专利的审批

实用新型和外观设计专利申请经初步审查没有发现驳回理由的，由国务院专利行政部门作出授予实用新型专利权或者外观设计专利权的决定，发给相应的专利证书，同时予以登记和公告。实用新型专利权和外观设计专利权自公告之日起生效。

三、专利的复审和无效宣告

专利申请人对国务院专利行政部门驳回申请的决定不服的，可以自收到通知之日起3个月内向国务院专利行政部门请求复审。国务院专利行政部门复审后，作出决定，并通知专利申请人。专利申请人对国务院专利行政部门的复审决定不服的，可以自收到通知之日起3个月内向人民法院起诉。

发明创造被授予专利权后，任何单位或个人发现有不符合专利法有关规定的，都可以在专利授权之日起申请宣告该专利权无效。请求宣告专利无效，必须依法向国务院专利行政部门提交请求书和相应文件，并说明理由。国务院专利行政部门对宣告专利权无效的请求应当及时审查，并依法定程序作出宣告专利权无效或者维持专利权的决定，当事人对该决定不服的，可依法提起诉讼。

专利权被宣告无效后，视为自始即不存在。宣告专利权无效的决定，对在宣告专利权无效前人民法院作出并已执行的专利侵权的判决、裁定，已经履行或者强制执行的专利侵权纠纷处理决定，以及已经履行的专利实施许可合同和专利权转让合同，不具有追溯力。但是因专利权人的恶意给他人造成的损失，应当给予赔偿。如果依照上述规定，专利权人或者专利权转让人不向被许可实施专利人或者专利权受让人返还专利使用费或者专利权转让费，明显违反公平原则，专利权人或者专利权转让人应当向被许可实施专利人或者专利权受让人返还全部或者部分专利使用费或者专利权转让费。

第五节 专利权的内容、期限与特别许可

一、专利权人的权利

专利权人可以依自己的意志独立行使其专利权。专利权的共有人对权利的行使有约定的，从其约定。没有约定的，共有人可以单独实施或者以普通许可方式许可他人实施该专利；许可他人实施该专利的，收取的使用费应当在共有人之间分配。除前述情形外，行使共有的专利权应当取得全体共有人的同意。

（一）独占实施权

发明和实用新型专利权被授予后，除专利法另有规定的以外，任何单位或者个人未经专利权人许可，都不得实施其专利，即不得为生产经营目的制造、使用、许诺销售、销售、进口其专利产品，或者使用其专利方法以及使用、许诺销售、销售、进口依照该专利方法直接获得的产品。

外观设计专利权被授予后，任何单位或者

个人未经专利权人许可，都不得实施其专利，即不得为生产经营目的制造、许诺销售、销售、进口其外观设计专利产品。

（二）实施许可权

它是指专利权人可以许可他人实施其专利技术并收取专利使用费。任何单位或者个人实施他人专利的，应当与专利权人订立实施许可合同，向专利权人支付专利使用费。被许可人无权允许合同规定以外的任何单位或者个人实施该专利。

专利权人自愿以书面方式向国务院专利行政部门声明愿意许可任何单位或者个人实施其专利，并明确许可使用费支付方式、标准的，由国务院专利行政部门予以公告，实行开放许可。任何单位或者个人有意愿实施开放许可的专利的，以书面方式通知专利权人，并依照公告的许可使用费支付方式、标准支付许可使用费后，即获得专利实施许可。

（三）转让权

专利权可以转让。中国单位或者个人向外国人、外国企业或者外国其他组织转让专利权的，应当依照有关法律、行政法规的规定办理手续。

当事人转让专利权的，应当订立书面合同，并向国务院专利行政部门登记，由国务院专利行政部门予以公告。专利申请权或者专利权的转让自登记之日起生效。

（四）标示权

它是指专利权人享有在其专利产品或者该产品的包装上标明专利标记和专利号的权利。

二、专利权人的义务

专利权人的义务主要是缴纳专利年费。专利权人应当自被授予专利权的当年开始缴纳年费；未按规定缴纳年费的，可能导致专利权终止。

此外，职务发明创造专利的单位，在被授予专利权后，应当按照规定对发明人或设计人进行奖励；专利实施后，根据其推广应用所取得的经济效益，应按规定给予发明人或者设计人合理的报酬。

三、专利权的期限

发明专利权的期限为20年，实用新型专利权的期限为10年，外观设计专利权的期限为15年，均自申请日起计算。自发明专利申请日起满4年，且自实质审查请求之日起满3年后授予发明专利权的，国务院专利行政部门应专利权人的请求，就发明专利在授权过程中的不合理延迟给予专利权期限补偿，但由申请人引起的不合理延迟除外。

为补偿新药上市审评审批占用的时间，对在中国获得上市许可的新药相关发明专利，国务院专利行政部门应专利权人的请求给予专利权期限补偿。请求给予专利权期限补偿的，专利权人应当自公告授予专利权之日起3个月内向国务院专利行政部门提出。补偿期限不超过5年，新药批准上市后总有效专利权期限不超过14年。

申请人享有优先权的，优先权日不得成为专利保护期的起算日。专利权期限届满后，专利权终止。专利权期限届满前，专利权人可以书面声明放弃专利权。

四、专利权的特别许可

（一）强制许可

强制许可又称为非自愿许可，是指国务院专利行政部门依照法律规定，不经专利权人的同意，直接许可具备实施条件的申请者实施发明或实用新型专利的一种行政措施。其目的是促进获得专利的发明创造得以实施，防止专利权人滥用专利权，维护国家利益和社会公共利益。我国专利法将强制许可分为三类：

1.滥用专利权的强制许可。有下列情形之一的，国务院专利行政部门根据具备实施条件的单位或者个人的申请，可以给予实施发明专利或者实用新型专利的强制许可：（1）专利权人自专利权被授予之日起满3年，且自提出专利申请之日起满4年，无正当理由未实施或者未充分实施其专利的。申请强制许可的单位或者个人应当提供证据，证明其以合理的条件请求专利权人许可其实施专利，但未能在合理的时间内获得许可。（2）专利权人行使专利权的行为被依法认定为垄断行为，为消除或者减少该行为对竞争产生的不利影响的。

2.根据公共利益需要的强制许可。在国家出现紧急状态或者非常情况时，或者为了公共利益的目的，国务院专利行政部门可以给予实施发明专利或者实用新型专利的强制许可。为了公共健康目的，对取得专利权的药品，国务院专利行政部门可以给予制造并将其出口到符合中华人民共和国参加的有关国际条约规定的国家或者地区的强制许可。

3.从属专利的强制许可。一项取得专利权的发明或者实用新型比前已经取得专利权的发明或者实用新型具有显著经济意义的重大技术进步，其实施又有赖于前一发明或者实用新型的实施的，国务院专利行政部门根据后一专利权人的申请，可以给予实施前一发明或者实用新型的强制许可。在依照前述规定给予实施强制许可的情形下，国务院专利行政部门根据前一专利权人的申请，也可以给予实施后一发明或者实用新型的强制许可。

强制许可涉及的发明创造为半导体技术的，其实施限于公共利益的目的和专利权人行使专利权的行为被依法认定为垄断行为后为消除或者减少该行为对竞争产生的不利影响的情形。

除专利权人行使专利权的行为被依法认定为垄断行为后为消除或者减少该行为对竞争产生的不利影响，以及为了公共健康目的的强制许可外，强制许可的实施应当主要为了供应国内市场。

取得实施强制许可的单位或者个人应当付给专利权人合理的使用费，或者依照中华人民共和国参加的有关国际条约的规定处理使用费问题。付给使用费的，其数额由双方协商；双方不能达成协议的，由国务院专利行政部门裁决。

（二）开放许可

为了促进发明创造的推广应用，我国专利法新规定了开放许可制度。专利权人自愿以书面方式向国务院专利行政部门声明愿意许可任何单位或者个人实施其专利，并明确许可使用费支付方式、标准的，由国务院专利行政部门予以公告，实行开放许可。专利权人自愿声明对其专利实行开放许可的，应当在公告授予专利权后提出。就实用新型、外观设计专利提出开放许可声明的，应当提供专利权评价报告。专利权人撤回开放许可声明的，应当以书面方式提出，并由国务院专利行政部门予以公告。开放许可声明被公告撤回的，不影响在先给予的开放许可的效力。

任何单位或者个人有意愿实施开放许可的专利的，以书面方式通知专利权人，并依照公告的许可使用费支付方式、标准支付许可使用费后，即获得专利实施许可。开放许可实施期间，对专利权人缴纳专利年费相应给予减免。实行开放许可的专利权人可以与被许可人就许可使用费进行协商后给予普通许可，但不得就该专利给予独占或者排他许可。通过开放许可达成专利实施许可的，专利权人或者被许可人应当凭能够证明达成许可的书面文件向国务院专利行政部门备案。

（三）指定许可

国有企业事业单位的发明专利，对国家利益或者公共利益具有重大意义的，国务院有关主管部门和省、自治区、直辖市人民政府报经国务院批准，可以决定在批准的范围内推广应用，允许指定的单位实施，由实施单位按照国家规定向专利权人支付使用费。

第六节　专利侵权行为

一、专利权的保护范围

（一）发明或者实用新型专利权的保护范围

发明或者实用新型专利权的保护范围以其权利要求的内容为准，说明书及附图可以用于解释其权利要求。在确定发明和实用新型专利权的保护范围时，应当注意以下问题：

1.应当根据权利人主张的权利要求，依法确定专利权的保护范围。权利人在一审法庭辩论终结前变更其主张的权利要求的，应当准许。权利人主张以从属权利要求确定专利权保护范围的，应当以该从属权利要求记载的附加技术特征及其引用的权利要求记载的技术特征，确定专利权的保护范围。

2.应当根据权利要求的记载，结合本领域普通技术人员阅读说明书及附图后对权利要求的理解，确定权利要求的内容。

3.对于权利要求，可以运用说明书及附图、权利要求书中的相关权利要求以及专利审查档案进行解释。说明书对权利要求用语有特别界定的，从其特别界定。以上述方法仍不能明确权利要求含义的，可以结合工具书、教科书等公知文献以及本领域普通技术人员的通常理解进行解释。

4.对于权利要求中以功能或者效果表述的技术特征，应当结合说明书和附图描述的该功能或者效果的具体实施方式及其等同的实施方式，确定该技术特征的内容。

5.对于仅在说明书或者附图中描述而在权利要求中未记载的技术方案，权利人不得在侵犯专利权纠纷案件中将其纳入专利权保护范围。

6.专利申请人、专利权人在专利授权或者无效宣告程序中，通过对权利要求、说明书的修改或者意见陈述而放弃的技术方案，权利人不得在侵犯专利权纠纷案件中又将其纳入专利权保护范围。

7.判定被诉侵权技术方案是否落入专利权的保护范围，应当审查权利人主张的权利要求所记载的全部技术特征。被诉侵权技术方案包含与权利要求记载的全部技术特征相同或者等同的技术特征的，应当认定其落入专利权的保护范围；被诉侵权技术方案的技术特征与权利要求记载的全部技术特征相比，缺少权利要求记载的一个以上的技术特征，或者有一个以上技术特征不相同也不等同的，应当认定其没有落入专利权的保护范围。等同技术特征，是指与权利要求记载的技术特征相比，以基本相同的手段，实现基本相同的功能，达到基本相同的效果，并且本领域普通技术人员在被诉侵权行为发生时无须创造性劳动即可联想到的特征。

（二）外观设计专利权的保护范围

外观设计专利权的保护范围以表示在图片或者照片中的该外观设计专利产品为准。外观设计专利权的保护范围取决于两个方面：一是表示在图片或者照片中的外观设计；二是专利授权时指定的外观设计使用产品的范围。确定外观设计是否相同或近似，应当以同类产品为基础。

在与外观设计专利产品相同或者相近种类产品上，采用与授权外观设计相同或者近似的外观设计的，人民法院应当认定被诉侵权设计落入外观设计专利权的保护范围。认定产品种类是否相同或者相近，应当根据外观设计产品的用途进行确定。确定产品的用途，可以参考外观设计的简要说明、国际外观设计分类表、产品的功能以及产品销售、实际使用的情况等因素。

判断外观设计是否相同或者近似，应当以外观设计专利产品的一般消费者的知识水平和认知能力为判断标准；应当根据授权外观设计、被诉侵权设计的设计特征，以外观设计的整体视觉效果进行综合判断；对于主要由技术功能决定的设计特征以及对整体视觉效果不产生影响的产品的材料、内部结构等特征，应当不予考虑。下列情形，通常对外观设计的整体视觉效果更具有影响：

1.产品正常使用时容易被直接观察到的部位相对于其他部位；

2.授权外观设计区别于现有设计的设计特征相对于授权外观设计的其他设计特征。

被诉侵权设计与授权外观设计在整体视觉效果上无差异的，人民法院应当认定两者相同；在整体视觉效果上无实质性差异的，应当认定两者近似。

二、专利侵权行为的界定

（一）专利侵权行为的概念

专利侵权行为，是指在专利权有效期限内，

行为人未经专利权人许可又无法律依据，以营利为目的实施他人专利的行为。它具有以下特征：

1.侵害的对象是有效的专利。专利侵权必须以存在有效的专利为前提；实施专利授权以前的技术，已经被宣告无效、被专利权人放弃的专利或者专利权期限届满的技术，不构成侵权行为。专利法规定了临时保护制度：发明专利申请公布后至专利权授予前，使用该发明的应支付适当的使用费。对于在发明专利申请公布后至专利权授予前使用发明而未支付适当费用的纠纷，专利权人应当在专利权被授予之后，请求管理专利工作的部门调解或直接向人民法院起诉。

2.必须有侵害行为，即行为人在客观上实施了侵害他人专利的行为。

3.以生产经营为目的。非生产经营目的的实施，不构成侵权。

4.违反了法律的规定，即行为人实施专利的行为未经专利权人的许可，又无法律依据。

(二)专利侵权行为的表现形式

专利侵权行为分为直接侵权行为和间接侵权行为两类。

1.直接侵权行为。这是指直接由行为人实施的侵犯他人专利权的行为。其表现形式包括：

(1)制造发明、实用新型、外观设计专利产品的行为。

(2)使用发明、实用新型专利产品的行为。将侵犯发明或者实用新型专利权的产品作为零部件制造另一产品的，应当认定为使用发明、实用新型专利产品的行为。值得注意的是，使用(即使是生产经营目的的使用)他人外观设计专利产品的行为，不会侵犯外观设计专利权。

(3)许诺销售发明、实用新型、外观设计专利产品的行为。许诺销售，是指以做广告、在商店橱窗中陈列或者在展销会上展出等方式作出销售商品的意思表示。

(4)销售发明、实用新型或外观设计专利产品的行为。将侵犯外观设计专利权的产品作为零部件制造另一产品并销售的，应当认定属于侵犯他人外观设计专利权的销售行为，但侵犯外观设计专利权的产品在该另一产品中仅具有技术功能的除外。

(5)进口发明、实用新型、外观设计专利产品的行为。

(6)使用专利方法以及使用、许诺销售、销售、进口依照该专利方法直接获得的产品的行为。依照专利方法直接获得的产品，是指使用专利方法获得的原始产品。对于将上述原始产品进一步加工、处理而获得后续产品的行为，应当认定为使用依照该专利方法直接获得的产品的行为，属于侵犯专利方法的行为。但是，对于将上述原始产品进一步加工、处理而获得后续产品，进行再加工、处理的，则不属于侵犯专利方法的行为。

2.间接侵权行为。这是指行为人本身的行为并不直接构成对专利权的侵害，但实施了诱导、怂恿、教唆、帮助他人侵害专利权的行为。例如，行为人知道有关产品系只能用于实施特定发明或者实用新型专利的原材料、中间产品、零部件、设备等，仍然将其提供给第三人以实施侵犯专利权的行为，权利人主张该行为人和第三人承担连带民事责任的，人民法院应当支持；该第三人的实施不是为生产经营目的，权利人主张该行为人承担民事责任的，人民法院应当支持。

三、不视为侵犯专利权的行为

1.专利权穷竭原则。专利产品或者依照专利方法直接获得的产品，由专利权人或者经其许可的单位、个人售出后，使用、许诺销售、销售、进口该产品的。

2.先用权原则。在专利申请日前已经制造相同产品、使用相同方法或者已经做好制造、使用的必要准备，并且仅在原有范围内继续制造、使用的。被诉侵权人不得以非法获得的技术或者设计主张先用权抗辩。有下列情形之一的，应当认定属于“已经做好制造、使用的必要准备”：第一，已经完成实施发明创造所必需的主要技术图纸或者工艺文件；第二，已经制造或者购买实施发明创造所必需的主要设备或者原材料。“原有范围”，包括专利申请日前已有的生产规模以及利用已有的生产设备或者根据已有的生产准备可以达到的生产规模。先用权人在专利申请日后将其已经实施或做好实施必要准备的技术或设计转让或者许可他人实施，被诉侵权人主张该实施行为属于在原有范围内继续实施的，人民法院不予支持，但该技术或设计与原有企业一并转让或者承继的除外。

3.临时过境原则。临时通过中国领陆、领水、领空的外国运输工具，依照其所属国同中国签订的协议或者共同参加的国际条约，或者依照互惠原则，为运输工具自身需要而在其装置和设备中使用有关专利的。

4.非生产经营目的行为。专为科学研究和实验而使用有关专利的。

5.特定行政审批行为。为提供行政审批所需要的信息，制造、使用、进口专利药品或者专利医疗器械的，以及专门为其制造、进口专利药品或者专利医疗器械的。

四、现有技术抗辩

在专利侵权纠纷中，被控侵权人有证据证明其实施的技术或者设计属于现有技术或者现有设计的，不构成侵犯专利权。被诉侵权人以已经公开的专利抵触申请主张不侵权抗辩的，人民法院可以参照适用上述规定。对于现有技术或者现有设计的界定，应当根据该专利申请时施行的专利法。

五、药品专利侵权纠纷早期解决机制

药品上市审评审批过程中，药品上市许可申请人与有关专利权人或者利害关系人，因申请注册的药品相关的专利权产生纠纷的，相关当事人可以向人民法院起诉，请求就申请注册的药品相关技术方案是否落入他人药品专利权保护范围作出判决。国务院药品监督管理部门在规定的期限内，可以根据人民法院生效裁判作出是否暂停批准相关药品上市的决定。

药品上市许可申请人与有关专利权人或者利害关系人也可以就申请注册的药品相关的专利权纠纷，向国务院专利行政部门请求行政裁决。

【本章主要法律规定】

1.《专利法》
2.《专利法实施细则》
3.最高人民法院《关于审理专利纠纷案件适用法律问题的若干规定》
4.最高人民法院《关于审理侵犯专利权纠纷案件应用法律若干问题的解释》
5.最高人民法院《关于审理侵犯专利权纠纷案件应用法律若干问题的解释（二）》

第四章
商标权

本章主要内容提示

本章的重点主要包括商标构成的条件、商标权的内容和限制、商标权的消灭、商标侵权行为的表现形式、驰名商标的特殊保护等。

商标构成的条件：商标的必备条件包括应当具备法定构成要素和显著特征两方面。商标的禁止条件包括不得侵犯他人的在先权利或合法利益、不得违反商标法禁止注册或使用某些标志的条款。

商标权的内容和限制：商标权的内容包括专用权、许可权、转让权、续展权、标示权、禁止权，其中专用权是核心权利。商标权的限制有合理使用制度和先用权制度。

商标权的消灭：商标注册后，可能因注销、撤销或无效宣告事由导致原来的商标权人丧失权利。注册商标的撤销是违法使用注册商标的法律后果，商标权自撤销之日起丧失。注册商标的无效宣告是违法注册的后果，商标权视为自始不存在，但有关财产关系的处理可能不具有溯及既往的效力。

商标侵权行为的表现形式：商标侵权行为的表现形式多样，假冒注册商标和仿冒注册商标是最常见的侵权行为。

驰名商标的特殊保护：驰名商标由法定行政机关和人民法院根据法定标准认定，以被动认定和个案认定为原则。对未注册驰名商标和注册驰名商标均有一些特殊保护措施。

第一节　商标权的取得

一、取得商标权的途径

商标权的取得可分为原始取得和继受取得。根据我国《商标法》第4条的规定，商标权的原始取得，应按照商标注册程序办理。商标注册人对注册商标享有的专用权，受法律保护。继受取得应按合同转让和继承注册商标的程序办理。未注册商标的使用人虽然根据我国商标法的规定可以根据具体情况获得一定程度的法律保护，但不享有商标权。

二、商标注册的原则

（一）申请在先原则

申请在先原则，是指两个或者两个以上的商标注册申请人，在同一种商品或者类似商品上，以相同或者近似的商标申请注册的，初步审定并公告申请在先的商标；如果是同一天申请，初步审定并公告使用在先的商标，驳回其他人的申请并不予公告。两个或者两个以上的申请人，在同一种商品或者类似商品上，分别以相同或者近似的商标在同一天申请注册的，各申请人应当自收到商标局通知之日起30日内提交其申请注册前在先使用该商标的证据。同日使用或者均未使用的，各申请人可以自收到商标局通知之日起30日内自行协商，并将书面协议报送商标局；不愿协商或者协商不成的，商标局通知各申请人以抽签的方式确定一个申请人，驳回其他人的注册申请。商标局已经通知但申请人未参加抽签的，视为放弃申请，商标局应当书面通知未参加抽签的申请人。

（二）诚实信用原则

我国商标法在坚持申请在先原则的同时，特别强调商标注册申请的正当性，要求申请注册和使用商标均应当遵循诚实信用原则，防止恶意囤积注册、恶意抢先注册等不正当行为。如《商标法》第4条第1款规定：自然人、法人或者其他组织在生产经营活动中，对其商品或者服务需要取得商标专用权的，应当向商标局申请商标注册。不以使用为目的的恶意商标注册申请，应当予以驳回。《商标法》第32条规定：申请商标注册不得损害他人现有的在先权利，也不得以不正当手段抢先注册他人已经使用并有一定影响的商标。

（三）自愿注册原则

自愿注册原则，是指商标使用人是否申请商标注册取决于自己的意愿。在自愿注册原则下，商标注册人对其注册商标享有专用权，受法律保护。未经注册的商标，可以在生产经营活动中使用；但其使用人不享有专用权，无权禁止他人在同种或类似商品上使用与其商标相同或近似的商标，但驰名商标除外。

在实行自愿注册原则的同时，我国规定了在极少数商品上使用的商标实行强制注册原则，作为对自愿注册原则的补充。目前必须使用注册商标的商品只有烟草制品，包括卷烟、雪茄烟和有包装的烟丝。使用未注册商标的烟草制品，禁止生产和销售。

三、商标注册的条件

（一）申请人的条件

自然人、法人或者其他组织在生产经营活动中，对其商品或者服务需要取得商标专用权的，应当向商标局申请商标注册。

两个以上的自然人、法人或者其他组织可以共同向商标局申请注册同一商标，共同享有和行使该商标的专用权。

（二）商标构成的条件

1.商标的必备条件。商标的必备条件包括两项：第一，应当具备法定的构成要素。任何能够将自然人、法人或者其他组织的商品与他人的商品区别开的标志，包括文字、图形、字母、数字、三维标志、颜色组合和声音等，以及上述要素的组合，均可以作为商标申请注册。除此之外的气味商标、动态商标等不能在我国注册。第二，商标应当具有显著特征。商标的显著特征可以通过两种途径获得：一是标志本身固有的显著性特征，如立意新颖、设计独特的商标；二是通过使用获得显著特征，如直接叙述商品质量等特点的叙述性标志经过使用取得显著特征，并便于识别的，可以作为“第二含义”商标注册。

2.商标的禁止条件。商标的禁止条件，也称商标的消极要件，是指注册商标的标记不应当具有的情形。

（1）不得侵犯他人的在先权利或合法利益。主要内容有：不得在相同或类似商品上与已注册或申请在先的商标相同或近似；就相同或者类似商品申请注册的商标是复制、摹仿或者翻译他人未在中国注册的驰名商标，容易导致混淆的，不予注册并禁止使用；就不相同或者不相类似商品申请注册的商标是复制、摹仿或者翻译他人已经在中国注册的驰名商标，误导公众，致使该驰名商标注册人的利益可能受到损害的，不予注册并禁止使用；未经授权，代理人或者代表人以自己的名义将被代理人或者被代表人的商标进行注册，被代理人或者被代表人提出异议的，不予注册并禁止使用；就同一种商品或者类似商品申请注册的商标与他人在先使用的未注册商标相同或者近似，申请人与该他人具有代理、代表以外的合同、业务往来关系或者其他关系而明知该他人商标存在，该他人提出异议的，不予注册；不得以不正当手段抢先注册他人已经使用并有一定影响的商标；不得侵犯他人的其他在先权利，如外观设计专利权、著作权、姓名权、肖像权、商号权、特殊标志专用权、奥林匹克标志专有权。

（2）不得违反商标法禁止注册或使用某些标志的条款。

第一，禁止作为商标注册或使用的标志：同中华人民共和国的国家名称、国旗、国徽、国歌、军旗、军徽、军歌、勋章等相同或者近似的，以及同中央国家机关的名称、标志、所在地特定地点的名称或标志性建筑物的名称、图形相同的；同外国的国家名称、国旗、国徽、军旗等相同或者近似的，但该国政府同意的除外；同政府间国际组织的名称、旗帜、徽记等相同或者近似的，但经该组织同意或者不易误导公众的除外；与表明实施控制、予以保证的官方标志、检验印记相同或者近似的，但经授权的除外；同“红十字”“红新月”的标志、名称相同或者近似的；带有民族歧视性的；带有欺骗性，容易使公众对商品的质量等特点或者产地产生误认的；有害于社会主义道德风尚或者有其他不良影响的；县级以上行政区划名称或者公众知晓的外国地名，不得作为商标，但该地名具有其他含义或者作为集体商标、证明商标组成部分的除外，已经注册的使用地名的商标继续有效；商标中有商品的地理标志，而该商品并非源于该标志所标示的地区，误导公众的，不予注册并禁止使用，但是，已经善意取得注册的继续有效。

第二，禁止作为商标注册但可以作为未注册商标或其他标志使用的标志：①仅有本商品的通用名称、图形、型号的；仅直接表示商品的质量、主要原料、功能、用途、重量、数量及其他特点的；其他缺乏显著特征的。前述所列标志经过使用取得显著特征，并便于识别的，可以作为商标注册。②以三维标志申请注册商标的，仅由商品自身的性质产生的形状、为获得技术效果而需有的商品形状或者使商品具有实质性价值的形状，不得注册。

四、商标注册程序

（一）申请的代理

商标注册的国内申请人可以自己直接到商标局办理注册申请手续，也可以委托依法设立的商标代理机构办理。外国人或者外国企业在我国申请注册商标和办理其他商标事宜的，应当委托依法设立的商标代理机构代理。

当事人委托商标代理机构申请商标注册或者办理其他商标事宜，应当提交代理委托书。代理委托书应当载明代理内容及权限；外国人或者外国企业的代理委托书还应当载明委托人的国籍。

商标代理机构应当遵循诚实信用原则，遵守法律、行政法规，按照被代理人的委托办理商标注册申请或者其他商标事宜；对在代理过程中知悉的被代理人的商业秘密，负有保密义务。委托人申请注册的商标可能存在商标法规定不得注册情形的，商标代理机构应当明确告知委托人。商标代理机构知道或者应当知道委托人申请注册的商标属于《商标法》第4条、第15条和第32条规定情形的，不得接受其委托。

商标代理机构除对其代理服务申请商标注册外，不得申请注册其他商标。

（二）注册申请

商标注册申请人应当按规定的商品分类表填报使用商标的商品类别和商品名称，提出注册申请。商标注册申请人可以通过一份申请就多个类别的商品申请注册同一商标。商标注册申请等有关文件，可以以书面方式或者数据电文方式提出。注册商标在使用过程中，需要扩大使用范围的，无论扩大使用的商品是否与原注册商标使用的商品属于同一类，只要是在核定使用范围之外的，都必须另行提出注册申请；注册商标需要改变其标志的，应当重新提出注册申请；注册商标需要变更注册人的名义、地址或者其他注册事项的，应当提出变更申请。在实行申请在先原则的情形下，申请日期的确定具有很重要的意义。申请日期一般以商标局收到申请文件的日期为准。申请人享有优先权的，优先权日为申请日。《商标法》规定了可以享有优先权的两种情况：其一，商标注册申请人自其商标在外国第一次提出商标注册申请之日起6个月内，又在中国就相同商品以同一商标提出商标注册申请的，依照该外国同中国签订的协议或者共同参加的国际条约，或者按照相互承认优先权的原则，可以享有优先权；其二，商标在中国政府主办的或者承认的国际展览会展出的商品上首次使用的，自该商品展出之日起6个月内，该商标的注册申请人可以享有优先权。

（三）审查和核准

商标局对受理的商标注册申请，依法应当在收到申请文件之日起9个月内审查完毕，对符合商标法规定的，予以初步审定公告。在审查过程中，商标局认为商标注册申请内容需要说明或者修正的，可以要求申请人作出说明或者修正。申请人未作出说明或者修正的，不影响商标局作出审查决定。

对注册申请的商标不符合注册规定的，商标局应当依法驳回申请。《商标法》第34条规定，对驳回申请、不予公告的商标，商标局应当书面通知商标注册申请人。商标注册申请人不服的，可以自收到通知之日起15日内向商标评审委员会*申请复审。商标评审委员会应当自收到申请之日起9个月内作出决定，并书面通知申请人。有特殊情况需要延长的，经国务院市场监督管理部门批准，可以延长3个月。当事人对商标评审委员会的决定不服的，可以自收到通知之日起30日内向人民法院起诉。

对初步审定公告的商标，自公告之日起3个月内，在先权利人、利害关系人认为违反申请注册的法律规定的，可以向商标局提出异议。商标局依法对提起的异议进行审查，应自公告期满之日起12个月内作出是否准予注册的决定，并书面通知异议人和被异议人。有特殊情况需要延长的，经国务院市场监督管理部门批准，可以延长6个月。商标局作出准予注册决定的，发给商标注册证，并予公告。异议人不服的，可以依照《商标法》第44条、第45条的规定向商标评审委员会请求宣告该注册商标无效。商标局作出不予注册决定，被异议人不服的，可以自收到通知之日起15日内向商标评审委员会申请复审。商标评审委员会应当自收到申请之日起12个月内作出复审决定，并书面通知异议人和被异议人。有特殊情况需要延长的，经国务院市场监督管理部门批准，可以延长6个月。被异议人对商标评审委员会的决定不服的，可以自收到通知之日起30日内向人民法院起诉。人民法院应当通知异议人作为第三人参加诉讼。

商标评审委员会在进行复审的过程中，所涉及的在先权利的确定必须以人民法院正在审理或者行政机关正在处理的另一案件的结果为依据的，可以中止审查。中止原因消除后，应当恢复审查程序。当事人对商标评审委员会的复审裁定不服的，还可依法提起诉讼。人民法院应当通知异议人作为第三人参加诉讼。

对公告期满当事人无异议的，予以核准注册，发给商标注册证，并予公告。经裁定异议不能成立而核准注册的，商标注册申请人取得商标专用权的时间自初审公告3个月期满之日起计算。自该商标公告期满之日起至准予注册决定作出前，对他人在同一种或者类似商品上使用与该商标相同或者近似的标志的行为不具有追溯力；但是，因该使用人的恶意给商标注册人造成的损失，应当给予赔偿。

第二节　商标权的内容

商标权，是指商标注册人在法定期限内对其注册商标所享有的受国家法律保护的各种权利。从内容上看，包括专用权、许可权、转让权、续展权、标示权和禁止权等；其中专用权是最重要的权利，其他权利都是由该权利派生出来的。正因如此，一般都把商标权与商标专用权不加区分地使用。但两者的法律意义有时是不同的。

* 根据《关于变更业务用章及相关表格/书式的公告》（国家知识产权局2019年第295号公告）"根据中央机构改革部署，国家知识产权局原专利复审委员会并入国家知识产权局专利局，原国家工商行政管理总局商标局、商标评审委员会、商标审查协作中心整合为国家知识产权局商标局，不再保留专利复审委员会、商标评审委员会、商标审查协作中心"的规定，商标评审委员会现为国家知识产权局商标局。——编者注

一、专用权

专用权，是指商标权主体对其注册商标依法享有的自己在指定商品或服务项目上独占使用的权利。注册商标的专用权，以核准注册的商标和核定使用的商品为限。

二、许可权

许可权，是指商标权人可以通过签订商标使用许可合同许可他人使用其注册商标的权利。许可人应当监督被许可人使用其注册商标的商品质量，被许可人必须在使用该注册商标的商品上标明被许可人的名称和商品产地。

许可他人使用其注册商标的，许可人应当将其商标使用权许可报商标局备案，由商标局公告。商标使用许可未经备案不得对抗善意第三人。

商标使用许可的类型主要有独占使用许可、排他使用许可、普通使用许可等。

三、转让权

商标转让权，是指商标权人依法享有的将其注册商标依法定程序和条件，转让给他人的权利。转让注册商标的，转让人和受让人应当签订转让协议，并共同向商标局提出申请。商标注册人对其在同一种商品上注册的近似的商标，或者在类似商品上注册的相同或者近似的商标，应当一并转让；未一并转让的，由商标局通知其限期改正；期满未改正的，视为放弃转让该注册商标的申请，商标局应当书面通知申请人。对容易导致混淆或者有其他不良影响的转让，商标局不予核准，书面通知申请人并说明理由。

转让注册商标经核准后，予以公告，受让人自公告之日起享有商标专用权。受让人应当保证使用该注册商标的商品质量。注册商标的转让不影响转让前已经生效的商标使用许可合同的效力，但商标使用许可合同另有约定的除外。

四、续展权

续展权，是指商标权人在其注册商标有效期届满前，依法享有申请续展注册，从而延长其注册商标保护期的权利。注册商标的有效期为10年，自核准注册之日起计算。注册商标有效期满，需要继续使用的，应当在期满前12个月内按照规定办理续展手续；在此期间未能办理的，可以给予6个月的宽展期。每次续展注册的有效期为10年，自该商标上一届有效期满次日起计算。宽展期满仍未办理续展手续的，注销其注册商标。

五、标示权

商标注册人使用注册商标，有权标明“注册商标”字样或者注册标记。在商品上不便标明的，可以在商品包装或者说明书以及其他附着物上标明。

六、禁止权

商标禁止权，是指商标权人依法享有的禁止他人不经过自己的许可而使用注册商标和与之相近似的商标的权利。根据《商标法》第57条的规定，商标权人既可禁止他人擅自在同一种商品上使用与其注册商标相同的商标的“假冒注册商标行为”，也可禁止他人擅自在同一种商品上使用与其注册商标近似的商标或者在类似商品上使用与其注册商标相同或者近似的商标容易混淆的“仿冒注册商标行为”，故商标禁止权的范围比商标专用权的范围广。

第三节 商标权的消灭

商标权的消灭，是指注册商标权利人所享有的商标权在一定条件下丧失，不再受法律保护。商标权因注册商标被注销或者被撤销或者被宣告无效而消灭。

一、注册商标的注销

这是指商标主管机关基于法定原因消灭商标权的一种管理措施。在下列情况下，商标局可以注销注册商标：

1.注册商标法定期限届满，未续展和续展未获批准的。

2.商标注册人申请注销其注册商标或者注销其商标在部分指定商品上的注册的。商标注册人申请注销其注册商标或者注销其商标在部分指定商品上的注册，经商标局核准注销的，该注册商标专用权或者该注册商标专用权在该部分指定商品上的效力自商标局收到其注销申请之日起终止。

二、注册商标的撤销

注册商标的撤销是商标局对违法使用商标的商标权人依法强制取消已经注册的商标的一种强制性法律措施，也是违法者应当承担的行政法律责任。

商标注册人在使用注册商标的过程中，自行改变注册商标、注册人名义、地址或者其他注册事项的，由地方市场监督管理部门责令限期改正；期满不改正的，由商标局撤销其注册商标。

注册商标成为其核定使用的商品的通用名称或者没有正当理由连续3年不使用的，任何单位或者个人可以向商标局申请撤销该注册商标。商标局应当自收到申请之日起9个月内作出决定。有特殊情况需要延长的，经国务院市场监督管理部门批准，可以延长3个月。

对商标局撤销注册商标的决定，当事人不服的，可以自收到通知之日起15日内向商标评审委员会申请复审；商标评审委员会应当自收到申请之日起9个月内作出决定，并书面通知申请人。有特殊情况需要延长的，经国务院市场监督管理部门批准，可以延长3个月。当事人对商标评审委员会的决定不服的，可以自收到通知之日起30日内向人民法院起诉。

三、注册商标的无效宣告

由于申请人或商标注册机关等多方面的原因，可能导致部分不具备注册条件的商标被允许注册。注册商标的无效宣告是弥补商标注册工作失误的一种重要制度。无效宣告程序与注册商标的撤销程序均可能导致商标注册人不再享有商标权的结果；但前者通常是导致被撤销的商标权自始无效，后者是导致被撤销的注册商标从撤销之日起丧失商标权。

1.注册商标不涉及侵害他人民事权益情形下的无效宣告。已经注册的商标，违反《商标法》第4条、第10条、第11条、第12条、第19条第4款规定的，或者是以欺骗手段或者其他不正当手段取得注册的，由商标局宣告该注册商标无效；其他单位或者个人可以请求商标评审委员会宣告该注册商标无效。

2.注册商标侵害他人民事权益情形下的无效宣告。已经注册的商标，违反《商标法》第13条第2款和第3款、第15条、第16条第1款、第30条、第31条、第32条规定的，自商标注册之日起5年内，在先权利人或者利害关系人可以请求商标评审委员会宣告该注册商标无效。对恶意注册的，驰名商标所有人不受5年的时间限制。

3.司法审查。商标评审委员会在对涉及侵害他人民事权益情形下的无效宣告请求进行审查的过程中，所涉及的在先权利的确定必须以人民法院正在审理或者行政机关正在处理的另一案件的结果为依据的，可以中止审查。中止原因消除后，应当恢复审查程序。商标评审委员会作出维持或者宣告注册商标无效的裁定后，应当书面通知有关当事人。当事人对商标评审委员会的裁定不服的，可以自收到通知之日起30日内向人民法院起诉。人民法院应当通知商标裁定程序的对方当事人作为第三人参加诉讼。

4.注册商标宣告无效的法律后果。注册商标被宣告无效的，其商标权视为自始不存在。有关宣告注册商标无效的决定或者裁定，对在宣告无效前人民法院作出并已执行的商标侵权案件的判决、裁定、调解书和市场监督管理部门作出并已执行的商标侵权案件的处理决定，以及已经履行的商标转让或者使用许可合同不具有追溯力；但是，因商标注册人的恶意给他人造成的损失，应当给予赔偿。依照前述规定不返还商标侵权赔偿金、商标转让费、商标使用费；明显违反公平原则的，应当全部或者部分返还。

第四节 商标侵权行为

一、商标侵权行为的概念

商标侵权行为，是指违反商标法规定，假冒或仿冒他人注册商标，或者从事其他损害商标权人合法权益的行为。

二、商标侵权行为的表现形式

（一）假冒或仿冒行为

假冒或仿冒行为，是指未经商标注册人的许可，在同一种商品或者类似商品上使用与其注册商标相同或者近似的商标。这类侵权行为可以具体分解为以下四种：（1）在同一种商品上使用与他人注册商标相同的商标的；（2）在同一种商品上使用与他人注册商标近似的商标，容易导致混淆的；（3）在类似商品上使用与注册商标相同的商标，容易导致混淆的；（4）在类似商品上使用与他人注册商标相近似的商标，容易导致混淆的。第一种行为是假冒行为，其余三种是仿冒行为。是否“容易导致混淆”，是仿冒行为的构成要件。假冒注册商标是最严重的侵害商标专用权的行为；情节严重的，还要依法追究刑事责任。

“相同商标”，是指被控侵权的商标与原告的注册商标相比较，二者在视觉上基本无差别。“近似商标”，是指被控侵权的商标与原告的注册商标相比较，其文字的字形、读音、含义或者图形的构图及颜色，或者其各要素组合后的整体结构相似，或者其立体形状、颜色组合近似，易使相关公众对商品的来源产生误认或者认为其来源与原告注册商标的商品有特定的联系。“类似商品”，是指在功能、用途、生产部门、销售渠道、消费对象等方面相同，或者相关公众一般认为其存在特定联系、容易造成混淆的商品。在认定商品或者服务是否类似时，应以相关公众对商品或者服务的一般认识综合判断，商标注册用商品和服务国际分类表、类似商品和服务区分表可以作为判断类似商品或者服务的参考。

商标的使用，是指将商标用于商品、商品包装或者容器以及商品交易文书上，或者将商标用于广告宣传、展览以及其他商业活动中，用于识别商品来源的行为。

（二）销售侵犯商标权的商品

这类侵权行为的主体是商品经销商；无论行为人主观上是否有过错，只要实施了销售侵犯注册商标专用权的商品的行为，都构成侵权。只是在行为人主观上是善意时，可以免除其赔偿责任。《商标法》第64条第2款规定，销售不知道是侵犯注册商标专用权的商品，能证明该商品是自己合法取得并说明提供者的，不承担赔偿责任。

下列情形属于“能证明该商品是自己合法取得”的情形：（1）有供货单位合法签章的供货清单和货款收据且经查证属实或者供货单位认可的；（2）有供销双方签订的进货合同且经查证已真实履行的；（3）有合法进货发票且发票记载事项与涉案商品对应的；（4）其他能够证明合法取得涉案商品的情形。

除善意销售商不承担侵权赔偿责任外，被控侵权人以注册商标专用权人未使用注册商标提出赔偿抗辩的，人民法院可以要求注册商标专用权人提供此前3年内实际使用该注册商标的证据。注册商标专用权人不能证明此前3年内实际使用过该注册商标，也不能证明因侵权行为受到其他损失的，被控侵权人不承担赔偿责任。

（三）伪造、擅自制造他人注册商标标识或者销售伪造、擅自制造的注册商标标识

这种侵权行为是商标标识侵权的问题，包

括“制造”和“销售”两种行为。

（四）未经商标注册人同意，更换其注册商标并将该更换商标的商品又投入市场

这种行为又称为反向假冒行为、撤换商标行为。构成这种侵权行为必须具备两个要件：一是行为人未经商标所有人同意而擅自更换商标；二是撤换商标的商品又投入市场进行销售。

（五）故意为侵犯他人注册商标专用权行为提供便利条件，帮助他人实施侵犯商标专用权行为

为侵犯他人商标专用权提供仓储、运输、邮寄、印制、隐匿、经营场所、网络商品交易平台等，属于“为侵犯他人注册商标专用权行为提供便利条件”。

（六）给他人的注册商标专用权造成其他损害的行为

根据《商标法实施条例》和最高人民法院《关于审理商标民事纠纷案件适用法律若干问题的解释》的规定，下列行为属于“侵犯注册商标专用权的行为”或“给他人的注册商标专用权造成其他损害的”商标侵权行为：

1.在同一种或者类似商品上，将与他人注册商标相同或者近似的标志作为商品名称或者商品装潢使用，误导公众的；

2.将与他人注册商标相同或者相近似的文字作为企业的字号在相同或者类似商品上突出使用，容易使相关公众产生误认的；

3.复制、摹仿或者翻译他人注册的驰名商标或其主要部分在不相同或者不相类似商品上作为商标使用，误导公众，致使该驰名商标注册人的利益可能受到损害的；

4.将与他人注册商标相同或者相近似的文字注册为域名，并且通过该域名进行相关商品交易的电子商务，容易使相关公众产生误认的。

需要注意的是，《商标法》第58条规定，将他人注册商标、未注册的驰名商标作为企业名称中的字号使用，误导公众，构成不正当竞争行为的，依照《反不正当竞争法》处理。

三、商标权的限制

（一）商标的合理使用

注册商标中含有本商品的通用名称、图形、型号，或者直接标示商品的质量、主要原料、功能、用途、重量、数量及其他特点或者含有地名，注册商标专用权人无权禁止他人正当使用。对他人的正当使用行为不能作为商标侵权行为查处。

三维标志注册商标中含有的商品自身的性质产生的形状、为获得技术效果而需有的商品形状或者使商品具有实质性价值的形状，注册商标专用权人无权禁止他人正当使用。

（二）商标先用权

商标注册人申请商标注册前，他人已经在同一种商品或者类似商品上先于商标注册人使用与注册商标相同或者近似并有一定影响的商标的，注册商标专用权人无权禁止该使用人在原使用范围内继续使用该商标，但可以要求其附加适当区别标识。

第五节　驰名商标的保护

一、驰名商标的概念

驰名商标，是指在一定地域范围内具有较高知名度并为相关公众所熟知的商标。驰名商标具有巨大的商业价值，是不法经营者假冒或仿冒的重点对象，因而商标法对驰名商标规定了特殊的保护措施。

二、驰名商标的认定

驰名商标的认定可以由特定的行政机关认定，也可以由最高人民法院指定的人民法院在审理案件时进行认定。国家知识产权局商标局或商标评审委员会可以依法在处理相关纠纷时认定驰名商标。驰名商标的认定以被动认定和个案认定为原则。被动认定是指只能基于纠纷当事人的申请才能认定驰名商标，法院、商标局或商标评审委员会均不得主动依职权认定。个案认定是指只能在发生纠纷的个案中，商标是否驰名对争议的解决具有直接意义时，才能依照法律标准进行审查认定。

人民法院在审理商标纠纷案件中，根据当事人的请求和案件的具体情况，可以对涉及的注册商标是否驰名依法作出认定。当事人对曾经被行政机关或者人民法院认定的驰名商标请求保护的，对方当事人对涉及的商标驰名不持异议，人民法院不再审查；提出异议的，人民法院依照《商标法》第14条的规定审查。

认定驰名商标应当考虑下列因素：(1)相关公众对该商标的知晓程度；(2)该商标使用的持续时间；(3)该商标的任何宣传工作的持续时间、程度和地理范围；(4)该商标作为驰名商标受保护的记录；(5)该商标驰名的其他因素。这里的“相关公众”，是指与商标所标识的某类商品或者服务有关的消费者和与前述商品或者服务的营销有密切关系的其他经营者。

三、驰名商标的特殊保护措施

复制、摹仿或者翻译他人未在中国注册的驰名商标或者主要部分，在相同或者类似商品上使用，容易导致混淆的，应当承担停止侵害的民事法律责任；申请注册的，不予注册并禁止使用。未注册驰名商标的持有人毕竟没有获得商标权，因而不能依据商标法享有损害赔偿请求权。

就不相同或者不相类似商品申请注册的商标是复制、摹仿或者翻译他人已经在中国注册的驰名商标，误导公众，致使该驰名商标注册人的利益可能受到损害的，不予注册并禁止使用。

四、驰名商标的宣传

驰名商标认定的法律意义仅限于处理特定的纠纷，让在特定纠纷中的相关当事人依法获得特殊保护措施或待遇。驰名商标不是授予商标权人或持有人或其产品或其服务的荣誉称号，因而《商标法》第14条第5款明确规定，生产、经营者不得将“驰名商标”字样用于商品、商品包装或者容器上，或者用于广告宣传、展览以及其他商业活动中。《商标法》第53条规定，违反上述规定的，由地方市场监督管理部门责令改正，处10万元罚款。

【本章主要法律规定】

1.《商标法》
2.《商标法实施条例》
3.最高人民法院《关于审理商标民事纠纷案件适用法律若干问题的解释》
4.最高人民法院《关于审理涉及驰名商标保护的民事纠纷案件应用法律若干问题的解释》

本学科重点、难点与疑点辨析

知识产权法是民事特别法。考生在学习和掌握知识产权法时，既要注意运用传统民法和民事诉讼法的基本原理和相关制度理解知识产权法律制度，更要重点关注知识产权法不同于传统民法和民事诉讼法的一些特别规定。

一、知识产权主体

知识产权主体包括自然人、法人和非法人组织，其中原始取得商标权主体的自然人原则上应当是从事商品生产经营活动或提供服务项目的经营者，如个体工商户、从事农副产品经销活动的农村村民等。民事主体权利能力和行为能力制度同样适用于知识产权主体，如在判断知识产权合同转让、许可、出资等合同效力时，完全适用我国《民法典》中有关无民事行为能力、限制民事行为能力对合同效力影响的规定。但需要注意的是，智力成果的创造是事实行为而非法律行为，知识产权的取得通常是基于智力成果的创造完成这种事实行为，不受民事行为能力的影响，如7岁儿童可以因为完成一篇作文成为著作权的主体，也可因做出一项小发明而成为专利申请权的主体。

知识产权主体制度主要有两项重点内容：一是专利申请权主体中有关职务发明创造和非职务发明创造的区分规定。完成本单位任务和主要利用本单位物质技术条件作出的发明创造是职务发明创造，本单位是专利申请权人。二是外国人（含自然人、法人和非法人组织）在我国成为知识产权主体的规定。外国人在我国成为著作权主体或申请取得专利权、商标权，通常按照其所属国或经常居所地国与我国共同参加的国际条约、签订的双边协议或互惠原则办理。

二、知识产权客体

知识产权客体是本学科的重点内容，涉及的法律条文多，考生要熟记并能灵活应用。知识产权客体的重点知识点如下所示。

比较项目	著作权	专利权		商标权
保护对象	作品	发明创造		注册商标
		发明、实用新型	外观设计	
核心要件	独创性	新颖性、创造性和实用性	新颖性并与现有设计明显区别	具备法定构成要素并具有显著性
不受保护对象	（1）具有立法、行政司法性质的官方文件和官方译文； （2）单纯事实消息； （3）历法、通用数表、通用表格和公式	（1）违法的发明创造（如违反法律或妨碍社会公共利益、违反法律和行政法规规定获取和利用遗传资源、侵犯在先民事权利）； （2）科学发现； （3）智力活动的规则和方法； （4）疾病的诊断和治疗方法； （5）动物和植物品种； （6）原子核变换方法以及用原子核变换方法获得的物质； （7）对平面印刷品的图案、色彩或者二者结合作出的主要起标识作用的设计		（1）法定禁用标志（《商标法》第10~12条）； （2）侵犯他人在先民事权利或利益（《商标法》第9条、第13条、第15条、第16条）

三、知识产权权利内容

知识产权权利主体对知识产权客体依法享有哪些权利是本学科的重点和难点。考生要熟记相关法律条文并能准确应用，应特别注意权利人对不同类型知识产权客体享有的权利内容的共同点和不同点。知识产权的权利内容中，各种知识产权通常都包含对权利人、对特定知识产权客体（如作品、发明创造、注册商标等）依法享有的使用（实施）权、许可他人使用（实施）权、知识产权的转让权、出质权、标记权（专利权和商标权中包含该权利）等。其中，知识产权中的使用（实施）权、许可他人使用（实施）权是本学科的重点和难点内容。此外，在学习知识产权权利内容时，还应注意以下问题：

第一，知识产权权利人依法享有权利的同时，必须履行一定的义务。

第二，专利权和商标权转让合同需要履行法定的核准或登记公告程序，这些核准或登记公告程序是转移专利权和商标权的要件。依据民法原理，这些行政程序性行为通常不是有关知识产权转让合同的生效条件。但根据国务院颁发的《技术进出口管理条例》第16条和第35条的规定，专利权转让、专利申请权转让、专利实施许可、技术秘密转让、技术服务和其他方式的技术转移（如特定计算机软件的转让）的技术进口合同、技术出口合同自国务院外经贸主管部门颁发技术进口许可证、技术出口许可证之日起生效。

第三，出资权、出质权分别是指将有关著作财产权、专利权、商标权依法进行投资或设立质押担保债务履行的权利。由于著作人身权不得转让，著作权人不得将著作人身权进行转让，也不得用于投资或设立质押。

以下表格可以帮助考生掌握知识产权权利内容中的重点、难点和易混知识点。

（一）著作权和邻接权权利内容

<table>
<tr><th rowspan="2">比较项目</th><th rowspan="2">著作权</th><th colspan="3">邻接权</th></tr>
<tr><th>表演者权</th><th>录制者权</th><th>播放者权</th></tr>
<tr><td rowspan="4">人身权</td><td>发表权</td><td rowspan="2">表明表演者身份权</td><td rowspan="4"></td><td rowspan="4"></td></tr>
<tr><td>署名权</td></tr>
<tr><td>修改权</td><td rowspan="2">保护表演形象不受歪曲权</td></tr>
<tr><td>保护作品完整权</td></tr>
<tr><td rowspan="9">财产权（使用权）</td><td rowspan="2">复制权</td><td>录音录像（首次固定）权</td><td rowspan="2">复制权</td><td rowspan="2">录制及复制权</td></tr>
<tr><td>复制录有其表演的音像制品权</td></tr>
<tr><td>发行权</td><td>发行录有其表演的音像制品权</td><td>发行权</td><td>转播权</td></tr>
<tr><td>出租权</td><td>出租录有其表演的音像制品权</td><td colspan="2">出租权</td></tr>
<tr><td>表演权（现场表演权和机械表演权）</td><td rowspan="4">现场直播权</td><td rowspan="4"></td><td rowspan="4"></td></tr>
<tr><td>展览权</td></tr>
<tr><td>放映权</td></tr>
<tr><td>广播权</td></tr>
</table>

续表

比较项目	著作权	邻接权		
		表演者权	录制者权	播放者权
财产权（使用权）	信息网络传播权	信息网络传播权	信息网络传播权	信息网络传播权
	摄制权			
	改编权			
	翻译权			
	汇编权			
权利对象	作品	表演	录音录像制品	播放的广播电视
备注	(1)著作财产权中有的权利仅适用于部分作品，如仅视听作品和计算机软件有出租权，仅适合表演的作品如文字、音乐、曲艺作品等有表演权，仅美术、摄影作品有展览权。 (2)应注意著作权中机械表演权和放映权、广播权和信息网络传播权的联系与区别。机械表演权和放映权都是控制通过一定技术设备或装置公开播送或再现作品的行为，不同之处在于两项权利分别保护或适用于不同的作品。机械表演权保护适合表演的作品，如可以朗诵的诗歌、散文，可以演唱的音乐作品，可以在舞台表演的戏剧作品等；放映权保护美术、摄影、视听作品等可以通过技术设备公开再现而非表演的作品。广播权和信息网络传播权都是控制有线或无线传播作品行为的权利。两者的区别在于：广播权控制的是受众（听众或观众）被动接受作品的单项传播行为。受众之所以是被动接受作品，是因为如果受众必须在广播者限定的时间和地点接受作品，否则就不能收听或收看节目。信息网络传播权控制的是受众可以在自己选定的时间和地点获得作品的交互式传播作品的行为。网站的传播行为并非都受信息网络传播权控制，如听众不能在自己选定时间和地点接受作品的网络广播行为就受广播权控制。 (3)应注意区分著作权和邻接权中的易混权利，如表演权与表演者权、广播权与播放者权			

（二）专利实施权的内容

比较项目	制造权	使用权	许诺销售权	销售权	进口权
产品发明专利	有	有	有	有	有
实用新型专利	有	有	有	有	有
外观设计专利	有	无	有	有	有
方法发明专利	有权使用专利方法以及使用、许诺销售、销售、进口依照该专利方法直接获得的产品				
备注	(1)专利实施权所涉及的实施行为均以生产经营为目的。 (2)依据专利权穷竭原则，如果专利产品的制造行为是专利权人的实施行为或许可实施行为，后续使用、许诺销售、销售、进口该专利产品的行为不再受专利实施权控制，不视为侵犯专利权。 (3)专利产品的平行进口行为是否属于侵犯专利实施权中的进口权存在争议，主流观点认为不属于侵权行为				

四、知识产权的取得和丧失

（一）知识产权的取得

知识产权有原始取得和传来取得两种方式。原始取得是不以他人知识产权为依据，因智力成果创作行为完成或行政授权确权审批行为通过而直接取得知识产权。根据伯尔尼公约和TRIPS的规定，著作权实行自动取得原则。作者或其他著作权人因创作完成作品而自动取得著作权。这里的“完成”是一个相对概念，只要具备作品的条件，就具有著作权法意义上的“完成”之意，与现实生活中的完成作品可能不是一回事。例如，论文的初稿就可能已经具备了作品特征，就可以获得著作权法保护，他人将该初稿作为自己的作品发表就构成剽窃行为，就应当承担赔礼道歉、停止侵害和赔偿损失等民事责任。著作权登记具有证明著作权人主体的证据价值，但不是产生或获得著作权的前提或条件。专利权和商标权的原始取得实行申请审核原则，权利必须经过法定的审查程序产生。在专利申请和商标注册申请中，有关优先权的规定是重点内容，应注意国际优先权和国内优先权的不同规定。发明专利实行延迟审查制，实用新型和外观设计专利实行形式审查制。商标注册申请实行实质审查制。

知识产权的传来取得，是指以他人知识产权为依据的间接取得方式，如通过继承、合同转让等方式获得知识产权。

（二）知识产权的丧失

知识产权可能会因保护期届满、权利人放弃、无效宣告等事由不再受法律保护。导致知识产权丧失的主要情形如下所示。

比较项目	著作权	专利权	商标权
保护期届满	自然人的作品，其发表权和著作财产权的保护期为作者终生及其死亡后50年，截止于作者死亡后第50年的12月31日。单位作品、特殊职务作品和视听作品，其发表权的保护期为50年，截止于作品创作完成后第50年的12月31日；其著作财产权保护期为50年，截止于作品首次发表后第50年的12月31日；但作品自创作完成后50年内未发表的，著作权法不再保护	发明专利权的期限为20年，实用新型专利权的期限为10年，外观设计专利权的期限为15年，均自申请日起计算。但非因申请人原因导致的授权过程中的不合理迟延，可以给予一定的专利保护期限补偿	注册商标的有效期为10年，自核准注册之日起计算。但注册商标保护期届满前1年或届满后6个月内可以依法办理续展手续。每次续展注册的有效期为10年，自该商标上一届有效期满次日起计算
期限届满前终止		没有按照规定缴纳年费的或者专利权人以书面声明放弃其专利权的，专利权终止	因商标权人擅自改变注册商标的注册事项、注册商标成为其核定使用商品的通用名称或无正当理由连续3年不使用的，商标局可依法撤销该注册商标

续表

比较项目	著作权	专利权	商标权
不符合授权条件被无效宣告		(1)不符合专利权客体要件;(2)专利说明书未对发明创造作出清楚、完整的说明;(3)权利要求书的书写严重不符合法律要求;(4)专利申请的修改超出法定范围;(5)同样的发明创造被分别授权(重复授权)	(1)注册商标不以使用为目的;(2)不具备显著特征;(3)使用法定禁用标志;(4)侵犯他人的在先合法权利或利益

知识产权丧失后,会产生如何处理有关合同纠纷和其他财产关系问题。对于授权合法,但在期限届满前因权利人的处分行为(如放弃权利)或因违法使用注册商标被依法撤销的,专利权或商标权均自国务院知识产权行政主管部门公告之日终止或丧失专利权、商标权,有关合同纠纷和其他财产关系以此为基础进行处理。

不符合授权条件被依法宣告无效的专利权或商标权的法律后果及有关合同纠纷、其他财产关系的处理规则较为复杂,具体法律规则如下所示。

项目	专利权无效	商标权无效
一般原则	该专利权或商标权视为自始不存在	
不溯及既往规则	宣告无效的决定,对在宣告该权利无效前人民法院作出并已执行侵权的判决、裁定、调解书,已经履行或者强制执行的有关行政侵权纠纷处理决定,以及已经履行的权利许可合同或转让合同,不具有追溯力。但是因知识产权权利人的恶意给他人造成的损失,应当给予赔偿	
不溯及既往规则的例外	依据不溯及既往规则,不返还侵权赔偿金、使用费、转让费;明显违反公平原则的,应当全部或者部分返还	
备注	在专利权、商标权被宣告无效后的法律后果中,视为该权利自始不存在是容易理解的;因为被宣告无效的权利本来就不具备合法授权条件,宣告无效是一种纠错程序。由于知识产权被宣告无效的事由较多,其中有的是申请人付出了创造性劳动后作出了较高技术水平的发明创造因专利申请文件的书写或修改失误而被宣告专利无效,该技术转让或许可他人实施后,他人可能已因利用该先进技术获得了重大收益,如果简单地要求原来的权利人因自始不享有专有权就全部返还转让费或许可费,既不公平,也不利于维护社会经济关系的稳定,因而就产生了不溯及既往规则。但如果不全部返还或部分返还有关费用明显违反公平原则,有关权利人就失去了获得这些费用的法理和道德基础,属于不当得利,应当全部或部分返还	

五、侵犯知识产权的判定

侵犯知识产权的判定是本学科的重点和难点内容，是历年国家统一法律职业资格考试的必考内容。学习和掌握该部分重点知识时，应当注意以下问题：

第一，熟记作品或邻接权客体要件、各知识产权的权利内容、侵犯知识产权的法定表现形式以及不侵犯知识产权合法抗辩事由的具体法律规定。

第二，掌握如何判定侵犯知识产权的基本方法、基本步骤。首先，判断是否存在受保护的知识产权，如判断是否属于受保护的作品、该知识产权是否仍在保护期内等。其次，判断涉嫌侵权人所实施的行为是不是知识产权权利人所控制的行为，或是否侵犯了知识产权权利人的权利以及可能侵犯了何种具体权利。在该环节中，有三个基本原则适用于侵犯著作权、专利权和商标权的判断：一是对比原则（如剽窃的认定中，被告作品与原告作品的对比）；二是中性标准原则（如以相关行业普通消费者的一般认识能力判断商标是否相同或相似，以本专业普通技术人员的一般认识能力判断技术是否相同或等同）；三是"相同+相似"原则（如剽窃既包括完全照抄，也包括改头换面的抄袭；专利侵权行为既包括与专利技术相同的行为，也包括与专利技术是等同技术的行为；商标侵权行为既包括假冒行为，也包括仿冒行为）。最后，判断是否具有合法抗辩事由，如涉嫌侵权人所实施的行为是否属于合理使用、法定许可、强制许可、开放许可、行使先用权、法律规定不视为侵权行为的情形等。

第三，重点区分相近易混的侵权行为，如应注意区分侵犯机械表演权和侵犯放映权、侵犯广播权与侵犯信息网络传播权、假冒行为与反向假冒行为、侵犯许诺销售权与侵犯销售权、平行进口行为与侵犯进口权行为等。

第四，掌握一些特殊侵权行为。侵犯知识产权行为一般没有主观要件的规定，行为人主观上故意、过失有时甚至无过失均可能被认定侵权行为。但在知识产权法律中，有的特殊侵权行为则规定了主观要件。如《著作权法》第53条第6项和第7项分别规定，规避版权技术保护措施、破坏版权电子管理信息这两类侵权行为的主观要件均是"故意"；《商标法》第57条第6项规定，故意为侵犯他人商标专用权行为提供便利条件，帮助他人实施侵犯商标专用权行为的，属于帮助侵权行为。

六、侵犯知识产权的民事责任

侵犯知识产权的民事责任主要有停止侵害、消除影响、赔礼道歉和赔偿损失，其中最常适用的是停止侵害和赔偿损失。赔礼道歉只适用于侵犯著作人身权案件。无论行为人是否存在主观过错（法律规定以特定过错要件才构成侵权的除外），是否实际造成损害后果，权利人均可请求法院裁判行为人停止侵权行为。但有两种情形不能适用停止侵害责任，而应当以支付合理费用的替代责任方式保护知识产权权利人的利益：一是停止侵害会损害社会公共利益；二是停止侵害的后果会给软件持有人造成重大损失。

侵犯知识产权损害赔偿数额的确定主要有以下计算方法：(1)按权利人因侵权遭受的实际损失确定；(2)按侵权人因侵权获得的利益确定；(3)根据情节参照许可使用费的倍数合理确定；(4)由法院根据当事人的请求或依职权在500万元以下酌情判决确定赔偿金额，其中对专利权权利人的赔偿金额不得低于3万元、对著作权权利人的赔偿金额不得低于500元。在适用前述计算方法时，应注意以下问题：

第一，对故意侵犯知识产权情节严重的，可以在按照上述前3种方法确定数额的1倍以上5倍以下确定赔偿数额，但不能以第4种方法的确定数额为基数。

第二，对第2种计算方法中的利益应做广义理解：既包括行为人因侵权行为获得的利润（财产的积极增加），也包括行为人因侵权行为所获得的应当支付的研发费用减少、债务被免除等利益（财产的消极增加）。

第三，按照上述4种方法确定数额赔偿时，还应当包括权利人为制止侵权行为所支付的合理开支如律师费、公证费等。

经济法

第一章 竞争法

本章主要内容提示

反垄断法和反不正当竞争法都是保护市场公平竞争的法律。市场竞争秩序是经济秩序的重要组成部分，关系国家经济运行的公平和效率，也关系市场主体和消费者的合法权益。

这两部法律都是行为主义的立法，即法律规制所针对的不是市场主体的组织结构或市场地位，而是市场主体在市场竞争中的行为。但两部法律的侧重点有所不同。反垄断法规制的是利用竞争中的优势地位或者行政权力实施的行为。反不正当竞争法规制的是利用各种不正当手段从事竞争的行为。

本章需要重点把握的，一是对垄断行为和不正当竞争行为的认定，二是对监管执法机制的把握。反垄断法中的滥用市场支配地位和经营者集中需要根据多种因素进行综合评价和判断，而反不正当竞争法的行为认定则一般根据各种行为的要件和特征进行判断。与此相适应，它们在监管体系、调查措施和法律责任方面也有相应的异同。

民营经济是我国经济发展的重要力量。融会贯通《民营经济促进法》相关规定的政策精神，对于正确实施竞争法具有重要意义。

第一节 反垄断法

一、反垄断法概述

(一)反垄断法的立法目的

《反垄断法》于2007年8月30日通过，自2008年8月1日起施行。该法于2022年6月24日修正。修正后共8章、70条，自2022年8月1日起施行。

该法第1条规定了立法目的："为了预防和制止垄断行为，保护市场公平竞争，鼓励创新，提高经济运行效率，维护消费者利益和社会公共利益，促进社会主义市场经济健康发展，制定本法。"可以看出，预防和制止垄断行为，保护市场公平竞争，鼓励创新，提高经济运行效率是其直接目的，维护消费者利益和社会公共利益，促进社会主义市场经济健康发展是其根本目的。这样理解使反垄断法和与其功能相近的反不正当竞争法的联系与区别清晰可辨。

(二)反垄断法的调整对象和范围

《反垄断法》调整的主要是具有竞争关系的经营者之间的法律关系，因此必须对经营者作出定义。该法第15条第1款规定："本法所称经营者，是指从事商品生产、经营或者提供服务的自然人、法人和非法人组织。"

从国际经验看，反垄断法的立法模式分为结构主义和行为主义两种。结构主义主要针对企业的市场支配地位，重在控制行业集中度，以维持合理的市场结构，行为主义并不直接针对企业市场地位，而是针对不利于竞争的行为，通过行为控制维护公平竞争的市场秩序。我国《反垄断法》总体来说属于行为主义立法，但含有结构主义因素。该法第2条明确规定："中华人民共和国境内经济活动中的垄断行为，适用本法；中华人民共和国境外的垄断行为，对境内市场竞争产生排除、限制影响的，适用本法。"进而，该法第3条明确了本法规制的三类垄断行为：经营者达成垄断协议；经营者滥用市场支配地位；具有或者可能具有排除、限制竞争效果的经营者集中。同时，行政垄断也属于本法规制的范围。该法第10条规定，行政机关和法律、法规授权的具有管理公共事务职能的组织不得滥用行政权力，排除、限制竞争。

（三）反垄断法的基本原则

根据《反垄断法》第一章"总则"的相关规定，我国反垄断法的基本原则可以概括为以下两个方面。

1.充分运用国家治理资源，健全统一、开放、竞争、有序的市场体系。

各国现代化的经验证明，面对市场中利用强势地位妨碍竞争的垄断现象，仅靠民事权利救济是不足以应对的。我国反垄断法是在执政党领导下充分运用国家力量，开展从政策到法规、从宏观到微观、从监管到保护的综合治理，实现有效抑制不公平竞争的系统工程。《反垄断法》第4条规定："反垄断工作坚持中国共产党的领导。国家坚持市场化、法治化原则，强化竞争政策基础地位，制定和实施与社会主义市场经济相适应的竞争规则，完善宏观调控，健全统一、开放、竞争、有序的市场体系。"第5条规定："国家建立健全公平竞争审查制度。行政机关和法律、法规授权的具有管理公共事务职能的组织在制定涉及市场主体经济活动的规定时，应当进行公平竞争审查。"

2.保护经济自由与加强监管相结合。

反垄断法承认并保护经营者的经济自由，鼓励经营者通过公平竞争、自愿联合，依法实施集中，扩大经营规模，提高市场竞争能力。同时，建立反垄断监管制度，对于维护公平竞争秩序，保护经营者经济自由和合法权益也是必要的。《反垄断法》第11条规定："国家健全完善反垄断规则制度，强化反垄断监管力量，提高监管能力和监管体系现代化水平，加强反垄断执法司法，依法公正高效审理垄断案件，健全行政执法和司法衔接机制，维护公平竞争秩序。"

（四）垄断民事纠纷案件

垄断民事纠纷案件，即因垄断行为引发的民事纠纷案件，是指自然人、法人或者非法人组织因垄断行为受到损失以及因合同内容或者经营者团体的章程、决议、决定等违反《反垄断法》而发生争议，依据该法向人民法院提起民事诉讼的案件。最高人民法院于2012年5月3日发布《关于审理因垄断行为引发的民事纠纷案件应用法律若干问题的规定》，继而于2024年6月24日发布《关于审理垄断民事纠纷案件适用法律若干问题的解释》（以下简称《垄断案件解释》）更替之。《垄断案件解释》就审理垄断民事纠纷案件的程序、相关市场界定、垄断协议、滥用市场支配地位、民事责任等问题做出了具体规定，于2024年7月1日起施行。

二、垄断行为

我国反垄断法将形形色色的垄断行为分为四大类，简述如下。

（一）垄断协议

1.概述。

垄断协议，是指两个或两个以上的经营者以协议、决议或其他联合方式实施的限制竞争行为。在市场经济条件下，垄断协议广泛地存在于经济生活的各个阶段和各个方面，与滥用市场支配地位、经营者集中等垄断行为相比较，其表现出发生量大、涉及面广、对市场影响速度快等特点，对有效竞争的破坏具有普遍性和持续性。正因如此，垄断协议控制制度被看作反垄断法的支柱制度之一。

垄断协议可以表现为企业间限制竞争的合同或协议、企业团体的决议及企业间的协同行为等形式。《反垄断法》第16条规定："本法所称垄断协议，是指排除、限制竞争的协议、决定或者其他协同行为。”

垄断协议有横向垄断协议与纵向垄断协议之分。所谓横向垄断协议，是指两个或两个以上因经营同类产品或服务而在生产或销售过程中处于同一经营阶段的同业竞争者之间的垄断协议，如两家汽车生产公司之间的联合；纵向垄断协议是指两个或两个以上在同一产业中处于不同阶段而有买卖关系的企业间的垄断协议，如汽车生产商与汽车销售商之间的联合。

之所以有横向垄断协议与纵向垄断协议之分，是因为二者对竞争危害的程度不同，需要区别对待。横向垄断协议作为同业竞争者之间的联合行为，对竞争的危害既直接又严重，因而一直是反垄断法规制的重点；纵向垄断协议由于主体之间处于不同的经营阶段，不具有直接的竞争关系，其联合行为对竞争的影响较横向垄断协议间接得多、程度也轻得多，法律对其管制的严厉程度也较轻，处理的灵活性也较大。

我国《反垄断法》第二章有6条针对垄断协议的规定：第16条是垄断协议的定义，第17条是禁止横向垄断协议的规定，第18条是禁止纵向垄断协议的规定，第19条是禁止组织、帮助达成垄断协议的规定，第20条是垄断协议的除外规定，第21条是禁止行业协会组织本行业经营者从事垄断协议的规定。

2.构成垄断协议的要件。

（1）协议由多个独立主体达成。垄断协议必须发生在两个或两个以上的有竞争关系的经营者之间，具有共同行为的特征，从而与由单个经营者所实施的市场垄断行为（如滥用市场支配地位等）区别开来。同时，法律还强调参与联合的主体应是在事实上具有独立性的主体，即要求联合者在事实上具有独立决策能力，否则不能被认定为限制竞争行为的联合主体。《垄断案件解释》规定，所谓具有竞争关系的经营者，是指在商品生产经营过程中处于同一阶段、提供具有较为紧密替代关系的商品、独立经营决策并承担法律责任的两个以上的实际经营者或者可能进入同一相关市场进行竞争的潜在经营者。特定经营者取得对其他经营者的控制权或者能够对其他经营者施加决定性影响，或者两个以上经营者被同一第三方控制或者施加决定性影响，应当视为一个经济实体的，不构成具有竞争关系的经营者。

（2）经营者之间存在通谋或者协同一致的行为。这种通谋或协同一致行为既可以表现为各方签署的协议、合同、备忘录，也可以表现为企业团体的决定或决议，还可以表现为行为人之间协同一致的行为，即没有文字形式的协议或者决定，却通过某种方式的通谋形成协调统一的行动，如有竞争关系的经营者集体提高某类产品的价格。

3.对垄断协议的规制。

（1）横向垄断协议。根据《反垄断法》第17条的规定，禁止以下具有横向垄断性质的协议：①固定或者变更商品价格；②限制商品的生产数量或者销售数量；③分割销售市场或者原材料采购市场；④限制购买新技术、新设备或者限制开发新技术、新产品；⑤联合抵制交易；⑥国务院反垄断执法机构认定的其他垄断协议。

（2）纵向垄断协议。《反垄断法》第18条第1款规定，禁止以下具有纵向垄断性质的协议：①固定向第三人转售商品的价格；②限定向第三人转售商品的最低价格；③国务院反垄断执法机构认定的其他垄断协议。第2款规定，属于第1款中第①项和第②项情形的，如果经营者能够证明其不具有排除、限制竞争的效果，不构成纵向垄断行为。《垄断案件解释》规定，人民法院在审查认定被诉垄断协议是否具有排除、限制竞争效果时，可以综合考虑下列因素：①被告在相关市场的市场力量和协议对相关市场类似不利竞争效果的累积作用；②协议是否具有提高市场进入壁垒、阻碍更有效率的经营者或者经营模式、限制品牌间或者品牌内竞争等不利竞争效果；③协议是否具有防止搭便车、促进品牌间竞争、维护品牌形象、提升售前或者售后服务水平、促进创新等有利竞争效果，且为实现该效果所必需；④其他可以考虑的因素。

根据《反垄断法》第18条第3款规定的“安全港”规则，经营者实施了纵向垄断行为，如果能够证明其在相关市场的市场份额低于国务院反垄断执法机构规定的标准，并符合国务院反垄断执法机构规定的其他条件，则不予禁止。《垄断案件解释》规定，所谓经营者在相关市场的市场份额，可以根据被诉垄断行为发生时经营者一定时期内的相关商品交易金额、交易数量、生产能力或者其他指标在相关市场所占的比例确定。对于平台经营者，其相关市场份额可以采用能够反映相关市场实际竞争状况的交易金额、活跃用户数量、企业用户数量、用户使用时长、访问量、点击量、数据资产数量或者其他指标作为计算基准。

（3）组织、帮助达成垄断协议。《反垄断法》第19条规定，非垄断协议当事人的经营者，组织其他经营者达成垄断协议或者为其他经营者达成垄断协议提供实质性帮助的，构成本法禁止的行为。

（4）行业协会限制竞争行为。根据《反垄断法》第21条的规定，行业协会组织本行业的经营者从事以上三类垄断行为的，为本法所禁止。实践中，行业协会种类繁多。典型的行业协会应该是由单一行业的经营者组成，具有非营利性和中介性，维护成员利益并代表本行业利益从事活动的社团法人。两个以上行业协会组织其会员达成、加入垄断协议的，亦属受禁止之列。

（5）垄断协议的除外条款。《反垄断法》允许以下两种行为：第一，为某种公共利益而达成的合意或者一致行动；第二，并非以限制竞争为目的而达成的合意或者一致行为。这就是《反垄断法》第20条规定的垄断协议除外条款，即经营者能够证明所达成的协议属于下列情形之一的，不适用该法第17条、第18条第1款和第19条的规定：①为改进技术、研究开发新产品的；②为提高产品质量、降低成本、增进效率，统一产品规格、标准或者实行专业化分工的；③为提高中小经营者经营效率，增强中小经营者竞争力的；④为实现节约能源、保护环境、救灾救助等社会公共利益的；⑤因经济不景气，为缓解销售量严重下降或者生产明显过剩的；⑥为保障对外贸易和对外经济合作中的正当利益的；⑦法律和国务院规定的其他情形。《垄断案件解释》规定，审判实践中被告依据以上前5项规定提出抗辩的，应当提供证据证明如下事实：①被诉垄断协议能够实现相关目的或者效果；②被诉垄断协议为实现相关目的或者效果所必需；③被诉垄断协议不会严重限制相关市场的竞争；④消费者能够分享由此产生的利益。

其中，属于上述第①项至第⑤项情形，不适用《反垄断法》第17条、第18条第1款、第19条规定的，经营者还应当证明“所达成的协议不会严重限制相关市场的竞争，并且能够使消费者分享由此产生的利益”，才可免除法律责任。例如，若干中小企业面临大企业的市场挤压，为避免相互间恶性压价竞争以及由此引起的产品质量问题，达成了稳定价格和保证产品质量的协议，可适用本条规定的责任豁免。

（二）滥用市场支配地位

1.概述。

市场支配地位，又称市场控制地位，是反垄断法的重要概念。它指的是企业或企业联合组织在市场上所达到或具有的某种状态，该状态反映出企业或企业联合组织在相关的产品市场、地域市场和时间市场上拥有的决定产品产量、价格和销售等方面的控制能力。

市场支配地位本身并不受道德谴责，也不是当然地被反垄断法所禁止。只有当具有市场支配地位的企业利用其市场支配地位危害竞争，损害公共利益和私人利益时，反垄断法才会加以制裁。

滥用市场支配地位的行为，是指具有市场支配地位的企业，利用其市场支配地位妨碍竞争，损害竞争对手和社会公共利益及其他私人利益的行为。

《反垄断法》第三章有3条针对滥用市场支配地位行为的规定：第22条是对滥用市场支配地位行为的界定，第23条是对市场支配地位认定因素的规定，第24条是对市场支配地位认定方法的规定。

2.滥用市场支配地位行为的认定。

（1）滥用市场支配地位的行为样态。《反垄断法》第22条第1款对本法禁止的滥用市场支配地位行为做了列举式规定：①以不公平的高价销售商品或者以不公平的低价购买商品；②没有正当理由，以低于成本的价格销售商品；③没有正当理由，拒绝与交易相对人进行交易；④没有正当理由，限定交易相对人只能与其进行交易或者只能与其指定的经营者进行交易；⑤没有正当理由搭售商品，或者在交易时附加其他不合理的交易条件；⑥没有正当理由，对条件相同的交易相对人在交易价格等交易条件上实行差别待遇；⑦国务院反垄断执法机构认定的其他滥用市场支配地位的行为。

该法第22条第2款进一步规定，具有市场支配地位的经营者不得利用数据和算法、技术以及平台规则等从事上述滥用市场支配地位的行为。在信息化时代，由于市场交易中意思表达、传达和记录的场景和方式由传统的人际交往和语言文字日益转变为互联网平台和数字信息，借助技术手段滥用市场支配地位的垄断行为变得更加隐秘难测。因此，本款规定表明，法律适用与技术应用的有机结合是实现反垄断法有效实施的努力方向。

① 垄断价格，是指在市场缺乏竞争的情况下，拥有市场支配地位的经营者通过价格策略获取垄断利润的盘剥行为。

② 亏本销售。企业是营利性组织，低于成本的定价若无正当理由，其实质是打击竞争对手，争夺市场和顾客；一旦目的达到，就会抬高价格。因此，这类行为又被称作掠夺性定价，是反垄断法规制的对象。但是，为了避免鲜活产品腐烂、推销过季产品、清偿到期债务等，以尽可能减少损失或缓解经营中遇到的特殊困难而进行亏本销售的，不构成掠夺性定价。

③ 拒绝交易，又称瓶颈垄断，是指具有市场支配地位的经营者没有正当理由，拒绝与其交易相对人进行交易，或限制交易的数量与范围等行为。反垄断法关注的拒绝交易行为，主要是由具有市场支配地位的公用企业（如供水、供电等企业）实施的拒绝交易行为。这些企业本身的特殊地位及提供的商品和服务的特殊性，决定了其具有普遍服务义务。违反该义务，拒绝与交易相对人交易，将会严重影响人们的日常生活和社会稳定，必须予以禁止。

④ 强制交易，是指经营者没有正当理由，违背他人意愿强制其进行某种交易活动，主要包含了两种情况：一是具有市场支配地位的经营者限定他人只与自己交易；二是具有市场支配地位的经营者限定他人只与自己指定的第三者交易。

⑤ 搭售或附加不合理的条件，是指经营者在提供用户所需的产品或者服务时，没有正当理由，额外附加其他产品或者服务；若对方不接受附加的产品或者服务，则无法获得所需产品或者服务，所以它又被称为"捆绑式销售"。搭售行为本质上是具有市场支配地位的经营者将其在特定市场或者特定产品上的竞争优势不公平地延伸至被搭售产品的市场上，从而限制甚至排除了被搭售产品及相关企业在市场上的公平竞争机会。附加其他不合理条件的交易行为与搭售行为的性质相同，亦受到反垄断法的规制。

⑥ 差别待遇，是指经营者没有正当理由，对条件相同的交易相对人采取不同的交易条件。选择交易对象本来是一种权利，也是一种常见的营销策略，但具有市场支配地位的经营者实施差别待遇时，有可能对竞争产生损害。特别是当不同的交易对象"条件相同"时对之实行差别待遇，因为缺乏合理性而受到反垄断法的禁止。差别待遇最主要的表现是价格歧视。互联网商业平台"大数据杀熟"现象就是一种价格歧视行为。除价格歧视外，任何可以产生价格歧视效果的交易条件差异，如产品等级和质量条件的差异、购买数量和交货条件的差异、运输成本和适销条件的差异等，都可能构成差别待遇。

经营者可能同时实施上述两种或多种行为。实践中，差别待遇、附加不合理条件常常被当作实施强制交易的手段，例如，大型外卖平台采用抽成价差、缩小在线配送范围和提高服务费、配送价、起送价等措施，区别对待独家合作商户和非独家合作商户，以倒逼外卖商户与其签订排他合作协议。

（2）认定市场支配地位的主要因素。我国反垄断法所称的市场支配地位，是指"经营者在相关市场内具有能够控制商品价格、数量或者其他交易条件，或者能够阻碍、影响其他经营者进入相关市场能力的市场地位”。据此可知，经营者是否具备市场支配地位首先取决于其在相关市场中是否具有“控制交易条件”“阻碍、影响其他经营者”的能力。如何判断经营者是否具备这种能力，是反垄断法必须解决的问题。从世界范围来看，在反垄断的立法与司法实践中形成了“以市场份额为主、兼顾反映企业综合经济实力的其他因素”的认定标准。《反垄断法》第23条总结并借鉴国际上相关立法经验，规定认定经营者具有市场支配地位，应当依据下列因素：①该经营者在相关市场的市场份额，以及相关市场的竞争状况；②该经营者控制销售市场或者原材料采购市场的能力；③该经营者的财力和技术条件；④其他经营者对该经营者在交易上的依赖程度；⑤其他经营者进入相关市场的难易程度；⑥与认定该经营者市场支配地位有关的其他因素。

鉴于平台经营者的特殊性，《垄断案件解释》规定，适用《反垄断法》第23条认定平台经营者的市场支配地位，可以重点考虑下列因素：①平台的商业模式及平台经营者实际受到的竞争约束；②平台经营者在相关市场的市场份额及该市场份额的持续时间；③平台经营是否存在显著的网络效应、规模效应、范围效应等；④平台经营者掌握的相关数据、算法、技术等情况；⑤平台经营者对相邻市场的影响；⑥用户或者平台内经营者对平台经营者的依赖程度及制衡能力、锁定效应、使用习惯、同时使用多个平台的情况、转向其他平台经营者的成本等；⑦其他经营者进入相关市场的意愿、能力及所面临的规模要求、技术要求、政策法律限制等市场进入障碍；⑧相关市场的创新和技术变化情况；⑨其他需要考虑的与平台经营相关的因素。

在上述因素中，涉及“相关市场”和“市场支配能力”的概念。关于“相关市场”，《反垄断法》第15条第2款规定：“本法所称相关市场，是指经营者在一定时期内就特定商品或者服务（以下统称商品）进行竞争的商品范围和地域范围。”

《垄断案件解释》规定，原告主张被诉垄断行为违反反垄断法的，一般应当界定相关市场并提供证据或者充分说明理由。原告以被告在相关市场的市场份额为由主张其具有市场支配地位或者显著市场力量的，应当界定相关市场并提供证据或者充分说明理由。并规定，原告提供证据足以直接证明下列情形之一的，可以不再对相关市场界定进一步承担举证责任：①被诉垄断协议的经营者具有显著的市场力量；②被诉滥用市场支配地位的经营者具有市场支配地位；③被诉垄断行为具有排除、限制竞争效果。如果原告有证据证明经营者具有下列情形之一，除了有相反证据足以反驳外，人民法院可以根据具体案件中相关市场的结构和实际竞争状况，结合相关市场经济规律等经济学知识，初步认定经营者在相关市场具有支配地位：①经营者在较长时间内维持明显高于市场竞争水平的价格，或者在较长时间内商品质量明显下降却未见大量用户流失，且相关市场明显缺乏竞争、创新和新进入者；②经营者在较长时间内维持明显超过其他经营者的较高市场份额，且相关市场明显缺乏竞争、创新和新进入者。

关于“市场支配能力”这一影响市场支配地位的因素，考察时要对各种指标作定性、定量分析，作出是否具有支配能力以及支配能力大小的结论。如在分析市场份额这一影响市场支配能力的主要因素时即需从三个方面予以考虑：一是市场份额的计算方法，即被告在相关市场上的销售额，除以该市场的总销售额，再乘以100%，以此方法计算所得出的百分比，即为该企业的市场份额。二是市场份额的数值因素，一般而言，涉嫌具有市场支配地位的企业，其市场份额越大，对市场的影响就越大。三是市场份额的时间因素，即瞬间拥有巨大的市场份额并不必然使企业具有支配地位，只有当企业能够在较长时间内维持该优势时，才构成支配地位。

《垄断案件解释》规定，人民法院界定经营者在一定时期内就特定商品或者服务（以下统称商品）进行竞争的相关商品市场和相关地域市场，可以根据案件具体情况，以被诉垄断行为直接涉及的特定商品为基础，从需求者角度进行需求替代分析；供给替代对经营者行为产生的竞争约束类似于需求替代的，还可以从供给者角度进行供给替代分析。关于替代分析的应用，该解释有具体规定。

（3）市场支配地位的认定方法。根据《反垄断法》第24条的规定，须采用推定方法确定经营者是否具有市场支配地位。首先，要依据以下标准，推定经营者具有市场支配地位：①一个经营者在相关市场的市场份额达到1/2的；②两个经营者在相关市场的市场份额合计达到2/3的；③三个经营者在相关市场的市场份额合计达到3/4的。符合第①项标准的，推定成立；符合第②项或者第③项标准的，如果其中有的经营者市场份额不足1/10的，推定不成立。其次，根据法学原理，推定的事实可以被相反事实之证明所推翻；不能被推翻的，则予以认定。在成立推定的情况下，如果经营者有证据证明不具有市场支配地位，则不应当认定其具有市场支配地位；无证据证明或者证据不足以证明其不具有市场支配地位的，则应当认定其具有市场支配地位。《垄断案件解释》规定，针对共同市场支配地位的推定，下列情形之一足以反驳：①该两个以上经营者之间不具有行为一致性且存在实质性竞争；②该两个以上经营者作为整体在相关市场受到来自其他经营者的有效竞争约束。

（三）经营者集中

经营者集中是一个宽泛模糊的概念，近似的概念有企业并购、经济力集中、兼并等。它的核心是指两个或两个以上企业以一定的方式或手段所形成的企业间的资产、营业和人员的整合。

经营者集中的状态属于结构主义反垄断法的规制对象。《反垄断法》第四章针对的是会导致经营者集中的行为，但行为所致的集中状态是法律审查的决定性因素。由于《反垄断法》对经营者集中实行申报审查制，本章的14个条文中，多数是关于申报和审查的规定。

1.经营者集中的种类。

《反垄断法》第25条规定，经营者集中包括三种情形：（1）经营者合并；（2）经营者通过取得股权或者资产的方式取得对其他经营者的控制权；（3）经营者通过合同等方式取得对其他经营者的控制权或者能够对其他经营者施加决定性影响。

2.经营者集中的申报。

（1）申报义务。《反垄断法》第26条规定，经营者集中达到国务院规定的申报标准的，经营者应当事先向国务院反垄断执法机构申报，未申报的不得实施集中。经营者集中未达到申报标准，但有证据证明该经营者集中具有或者可能具有排除、限制竞争效果的，国务院反垄断执法机构可以要求经营者申报。经营者未依照规定进行申报的，国务院反垄断执法机构应当依法进行调查。

作为例外，《反垄断法》第27条规定，经营者集中有下列情形之一的，可以不向国务院反垄断执法机构申报：①参与集中的一个经营者拥有其他每个经营者50%以上有表决权的股份或者资产的；②参与集中的每个经营者50%以上有表决权的股份或者资产被同一个未参与集中的经营者拥有的。

（2）申报文件、资料。《反垄断法》第28条规定，申报集中的经营者应当向国务院反垄断执法机构提交下列文件、资料：①申报书，须载明参与集中的经营者的名称、住所、经营范围、预定实施集中的日期和国务院反垄断执法机构规定的其他事项；②集中对相关市场竞争状况影响的说明；③集中协议；④参与集中的经营者经会计师事务所审计的上一会计年度财务会计报告；⑤国务院反垄断执法机构规定的其他文件、资料。《反垄断法》第29条规定，经营者提交的文件、资料不完备的，应当在国务院反垄断执法机构规定的期限内补交文件、资料；逾期未补交的，视为未申报。

3.经营者集中的审查。

经营者集中审查程序由“初步审查”和“进一步审查”两个程序组成。但是并非所有个案都必须经过两个程序；只有在审查中出现反垄断法规定的情况时，才需要启动进一步审查程序。

（1）初步审查。初步审查是指国务院反垄断执法机构对经营者拟实施的集中依法进行的第一次审查。根据《反垄断法》第30条的规定，初步审查的期限为国务院反垄断执法机构收到申请文件、资料之日起30日内。如果经营者提交的文件、资料不完备的，则应当在规定的期限内补交文件、资料，初步期限自经营者补交文件、资料之日起计算。初步审查的决定分为两种：一是不实施进一步审查，二是实施进一步审查。两种决定都应当书面通知经营者。国务院反垄断执法机构作出不实施进一步审查的决定或者逾期未作出决定的，经营者可以实施集中。

（2）进一步审查。根据《反垄断法》第31条的规定，进一步审查的期限分为两种情况：一是一般期限，即自初步审查作出实施进一步审查决定之日起90日内完毕。二是延长期限，即当法定情形出现时，该机构可以在一般审查期限之外延长一段时间，其最长不得超过60日，且应当书面通知经营者。此处的法定情形包括：①经营者同意延长审查期限的；②经营者提交的文件、资料不准确，需要进一步核实的；③经营者申报后有关情况发生重大变化的。进一步审查完毕时，国务院反垄断执法机构应依法作出决定。决定分为两种：一是禁止集中，二是不予禁止。无论是何种决定，都应当书面通知经营者。作出禁止决定的，应当说明理由。逾期未作出决定的，经营者可以实施集中。

（3）审查期限的中止。根据《反垄断法》第32条的规定，在上述审查程序中，有下列情形之一的，国务院反垄断执法机构可以决定中止计算经营者集中的审查期限，并书面通知经营者：①经营者未按照规定提交文件、资料，导致审查工作无法进行；②出现对经营者集中审查具有重大影响的新情况、新事实，不经核实将导致审查工作无法进行；③需要对经营者集中附加的限制性条件进一步评估，且经营者提出中止请求。此为所谓“停表”制度，即审查期限自决定中止之日起停止计算，自中止事由消除之日起继续计算。继续计算时，国务院反垄断执法机构应书面通知经营者。

（4）行为的认定和处置。对于经营者集中的行为认定，《反垄断法》采用多要素综合评估基础上的效果检验方法。根据《反垄断法》第33条的规定，国务院反垄断执法机构在审查经营者集中时，应当考虑下列因素：①参与集中的经营者在相关市场的市场份额及其对市场的控制力。参与集中的经营者，如果已经占有较大的市场份额或者具有较大的市场控制力，在他们之间进行的集中，极易形成垄断，阻碍竞争。②相关市场的市场集中度。市场集中度可通过市场份额的分布情况来判断。一般而言，市场竞争越充分，参与竞争者就越多，市场份额就越分散，市场集中度就越低；反之，市场集中度就高。在市场集中度高的行业或者领域，经营者实施集中，就容易形成垄断。③经营者集中对市场进入、技术进步的影响，即经营者集中是否会对该市场的投资引进或者新技术研发应用产生不良影响。④经营者集中对消费者和其他有关经营者的影响。对前者的影响，主要指经营者集中是有利于还是不利于消费者方便且有机会选择更加优质的产品和服务。对后者的影响，主要指拟实施的经营者集中是否会不利于其他有关经营者正常开展经营活动。⑤经营者集中对国民经济发展的影响。这里主要是指从相对宏观的角度判断拟实施的经营者集中对国民经济发展将产生有利影响还是不利影响。⑥国务院反垄断执法机构认为应当考虑的影响市场竞争的其他因素。若对上述因素的评价是正面的，经营者集中便有可能获得批准，否则就可能被禁止。

在综合评估基础上的效果判断，将决定对行为的处置，即是否对该集中予以禁止或者附条件地不予禁止。《反垄断法》第34条规定，经营者集中具有或者可能具有排除、限制竞争效果的，国务院反垄断执法机构应当作出禁止经营者集中的决定。但是，经营者能够证明该集中对竞争产生的有利影响明显大于不利影响，或者符合社会公共利益的，国务院反垄断执法机构可以作出对经营者集中不予禁止的决定。《反垄断法》第35条规定，对不予禁止的经营者集中，国务院反垄断执法机构可以决定附加减少集中对竞争产生不利影响的限制性条件。《反垄断法》第36条规定，国务院反垄断执法机构应当将禁止经营者集中的决定或者对经营者集中附加限制性条件的决定，及时向社会公布。

对于上述处置决定不服的，当事人可以依

据《反垄断法》第65条的规定，先依法申请行政复议；对行政复议决定不服的，可以依法提起行政诉讼。

（5）分类分级审查。《反垄断法》第37条规定，国务院反垄断执法机构应当健全经营者集中分类分级审查制度，依法加强对涉及国计民生等重要领域的经营者集中的审查，提高审查质量和效率。实行分类分级审查制度，可以在分类的基础上对经营者集中审查案件进行分流，国务院反垄断执法机构主要审查涉及民生、金融、科技、媒体等重要领域的经营者集中申报案件，其他申报案件可以下放地方省级反垄断执法部门审查。

（6）国家安全审查。涉外经营者集中具有一定的特殊性，不仅要受到反垄断法的规制，而且要受到有关国家安全的法律法规约束。《国家安全法》第59条规定："国家建立国家安全审查和监管的制度和机制，对影响或者可能影响国家安全的外商投资、特定物项和关键技术、网络信息技术产品和服务、涉及国家安全事项的建设项目，以及其他重大事项和活动，进行国家安全审查，有效预防和化解国家安全风险。"根据《反垄断法》第38条的规定，对外资并购境内企业或者以其他方式参与经营者集中，涉及国家安全的，除进行上述经营者集中审查外，还应当按照国家有关规定进行国家安全审查。

（四）滥用行政权力排除、限制竞争

滥用行政权力排除、限制竞争，俗称"行政垄断"，是指拥有行政权力的政府机关以及其他依法具有管理公共事务职能的组织（以下简称"行政主体"）滥用行政权力，排除、限制竞争的各种行为。《反垄断法》第10条规定："行政机关和法律、法规授权的具有管理公共事务职能的组织不得滥用行政权力，排除、限制竞争。"在这一概括性规定的基础上，该法第五章规定了以下7种典型的行政垄断行为。

1.强制交易。

这是指行政主体利用公权力强制安排市场交易活动，限制和排斥竞争、妨碍公平交易的行为。《反垄断法》第39条规定，禁止行政主体滥用行政权力，限定或者变相限定单位或者个人经营、购买、使用其指定的经营者提供的商品。

2.政企联手垄断市场。

《反垄断法》第40条规定，禁止行政主体滥用行政权力，通过与经营者签订合作协议、备忘录等方式，妨碍其他经营者进入相关市场或者对其他经营者实行不平等待遇，排除、限制竞争。例如，行政机关与经营者签订"合作协议"，约定不再引入其他企业或者划定一定的采购比例给"合作方"。

3.地区封锁。

《反垄断法》第41条规定了地区封锁的5种滥用行政权力，妨碍商品在地区之间自由流通的行为：（1）对外地商品设定歧视性收费项目、实行歧视性收费标准，或者规定歧视性价格；（2）对外地商品规定与本地同类商品不同的技术要求、检验标准，或者对外地商品采取重复检验、重复认证等歧视性技术措施，限制外地商品进入本地市场；（3）采取专门针对外地商品的行政许可，限制外地商品进入本地市场；（4）设置关卡或者采取其他手段，阻碍外地商品进入或者本地商品运出；（5）妨碍商品在地区之间自由流通的其他行为。实践中，这种行为往往以地方政府及其所属部门发布行政决定、行政命令、管理规定等方式出现，通过对这些文件的执行达到封锁市场、保护地方利益的目的。

4.歧视性资质管控。

《反垄断法》第42条规定，禁止行政主体滥用行政权力，以设定歧视性资质要求、评审标准或者不依法发布信息等方式，排斥或者限制经营者参加招标投标以及其他经营活动。

5.地域性投资歧视。

《反垄断法》第43条规定，禁止行政主体滥用行政权力，采取与本地经营者不平等待遇等方式，排斥、限制、强制或者变相强制外地经营者在本地投资或者设立分支机构。

6.迫使经营者垄断。

《反垄断法》第44条规定，禁止行政主体滥用行政权力，强制或者变相强制经营者从事本法规定的垄断行为。需注意的是，与上述第2种行为不同，此处的经营者是在不自愿的情况下被迫实施本法第3条规定的行为。

7.以抽象行政行为限制竞争。

抽象行政行为，是指行政机关针对不特定的对象，制定能反复适用的行政规范性文件的行为。《反垄断法》第45条规定，行政主体不得滥用行政权力，制定含有排除、限制竞争内容的规定。相较于以上的具体行政行为，以抽象行政行为实施的限制竞争的影响范围更大、持续时间更长，对市场公平竞争的危害性更大。

三、反垄断行政监管

（一）反垄断监管体系

1.反垄断宏观协调机构。《反垄断法》第12条规定，国务院设立反垄断委员会，负责组织、协调、指导反垄断工作，履行下列职责：（1）研究拟订有关竞争政策；（2）组织调查、评估市场总体竞争状况，发布评估报告；（3）制定、发布反垄断指南；（4）协调反垄断行政执法工作；（5）国务院规定的其他职责。该委员会的组成和工作规则由国务院规定。对这些职责分析可知，反垄断委员会的定位应该属于调研智囊型宏观协调机构而非直接执法机构。

2.反垄断执法机构。自2018年3月起，新成立的国家市场监督管理总局成为负责反垄断统一执法的机构。国家市场监督管理总局根据工作需要，可以授权省、自治区、直辖市人民政府相应的机构，依法负责有关反垄断执法工作。

（二）反垄断调查程序

1.调查的启动。

《反垄断法》第46条规定，反垄断执法机构依法对涉嫌垄断行为进行调查。对涉嫌垄断行为，任何单位和个人有权向反垄断执法机构举报。反垄断执法机构应当为举报人保密。举报采用书面形式并提供相关事实和证据的，反垄断执法机构应当进行必要的调查。

2.调查措施。

《反垄断法》第47条规定，反垄断执法机构调查涉嫌垄断行为，可以采取下列措施：（1）进入被调查的经营者的营业场所或者其他有关场所进行检查；（2）询问被调查的经营者、利害关系人或者其他有关单位或者个人，要求其说明有关情况；（3）查阅、复制被调查的经营者、利害关系人或者其他有关单位或者个人的有关单证、协议、会计账簿、业务函电、电子数据等文件、资料；（4）查封、扣押相关证据；（5）查询经营者的银行账户。

反垄断执法机构在采取以上调查措施时，必须遵守以下规则：首先，采取措施前，应当向反垄断执法机构主要负责人书面报告，并经批准。其次，调查时，执法人员不得少于2人，并应当出示执法证件。最后，进行询问和调查时，应当制作笔录，并由被询问人或者被调查人签字。

3.调查者、被调查者和第三方的义务。

（1）调查者的义务。调查者的义务是指反垄断执法机构的执法人员在对涉嫌垄断行为的调查过程中依法应承担的以下义务：①对执法过程中知悉的商业秘密、个人的隐私和个人信息依法负有保密义务；②保障被调查的经营者、利害关系人陈述意见的权利，对被调查的经营者、利害关系人提出的事实、理由和证据进行核实；③对涉嫌垄断行为调查核实后，认为构成垄断行为的，应当依法作出处理决定，并可以向社会公布。

（2）被调查者的义务。被调查的涉嫌垄断行为的经营者、利害关系人或者其他有关单位或者个人在反垄断执法机构履行调查职责的过程中依法应承担配合义务，不得拒绝、阻碍反垄断执法机构的调查。

（3）第三方的义务。《反垄断法》第54条特别规定，反垄断执法机构依法对涉嫌滥用行政权力排除、限制竞争的行为进行调查，有关单位或者个人应当配合。这里的有关单位和个人主要指涉及行政垄断的政府机关及其工作人员。

4.调查的中止、终止和恢复。

（1）调查中止。《反垄断法》第53条第1款规定，对反垄断执法机构调查的涉嫌垄断行为，被调查的经营者承诺在反垄断执法机构认可的期限内采取具体措施消除该行为后果的，反垄断执法机构可以决定中止调查。中止调查的决定应当载明被调查的经营者承诺的具体内容。这一规定有利于促使被调查者主动采取措施消除涉嫌垄断行为的后果，在维护市场秩序的同时节约执法成本，提高审查效率；对于被调查者来说，也可以避免漫长的调查和审理程序对自己经营活动的影响，避免不良后果的加重。

（2）调查终止。反垄断执法机构决定中止调查的，应当对经营者履行承诺的情况进行监督。经营者履行承诺的，反垄断执法机构可以决定终止调查。

（3）调查恢复。调查恢复是指调查中止后，出现了法律规定的某些情形，反垄断执法机构重新恢复调查的一种程序。依据《反垄断法》第53条第3款的规定，此种情形有三：①经营者未履行承诺的；②作出中止调查决定所依据的事实发生了重大变化的；③中止调查的决定是基于经营者提供的不完整或者不真实的信息作出的。

（三）约谈制度

约谈是行政机关与相对人通过对话沟通、指导劝勉实现违法风险预警和促使自行整改的协商型行政执法方式。《反垄断法》第55条规定，经营者、行政机关和法律、法规授权的具有管理公共事务职能的组织，涉嫌违反本法规定的，反垄断执法机构可以对其法定代表人或者负责人进行约谈，要求其提出改进措施。

实践中，垄断行为从开始到完成往往会经过一段时间。如果执法机关及早发现并及时约谈，当事人一般都会知错而止、明法而改，这对维护市场秩序和保护市场主体都具有积极意义。需要注意的是，约谈可以与反垄断调查相配合，但不以启动调查程序为条件。

四、违反反垄断法的法律责任

（一）经营者违反反垄断法的法律责任

1.达成并实施垄断协议的行政责任。

《反垄断法》第56条规定，经营者违反本法规定，达成并实施垄断协议的，由反垄断执法机构责令停止违法行为，没收违法所得，并处上一年度销售额1%以上10%以下的罚款，上一年度没有销售额的，处500万元以下的罚款；尚未实施所达成的垄断协议的，可以处300万元以下的罚款。经营者的法定代表人、主要负责人和直接责任人员对达成垄断协议负有个人责任的，可以处100万元以下的罚款。

经营者组织其他经营者达成垄断协议或者为其他经营者达成垄断协议提供实质性帮助的，适用上述规定。

经营者主动向反垄断执法机构报告达成垄断协议的有关情况并提供重要证据的，反垄断执法机构可以酌情减轻或者免除对该经营者的处罚。

行业协会违反本法规定，组织本行业的经营者达成垄断协议的，由反垄断执法机构责令改正，可以处300万元以下的罚款；情节严重的，社会团体登记管理机关可以依法撤销登记。

2.滥用市场支配地位的行政责任。

《反垄断法》第57条规定，经营者违反本法规定，滥用市场支配地位的，由反垄断执法机构责令停止违法行为，没收违法所得，并处上一年度销售额1%以上10%以下的罚款。

3.经营者集中的行政责任。

《反垄断法》第58条规定，经营者违反本法规定实施集中，且具有或者可能具有排除、限制竞争效果的，由国务院反垄断执法机构责令停止实施集中、限期处分股份或者资产、限期转让营业以及采取其他必要措施恢复到集中前的状态，处上一年度销售额10%以下的罚款；不具有排除、限制竞争效果的，处500万元以下的罚款。

4.罚款的数额确定和加重。

（1）关于罚款数额的确定，《反垄断法》第59条规定，对本法第56条、第57条、第58条规定的罚款，反垄断执法机构确定具体罚款数额时，应当考虑违法行为的性质、程度、持续时间和消除违法行为后果的情况等因素。

（2）关于罚款加重，《反垄断法》第63条规定，违反《反垄断法》规定，情节特别严重、影响特别恶劣、造成特别严重后果的，国务院反垄断执法机构可以按照《反垄断法》第56条、第57条、第58条规定的罚款数额的2倍以上5倍以下处以罚款。

5.信用惩戒。

《反垄断法》第64条规定，经营者因违反本法规定受到行政处罚的，按照国家有关规定记入信用记录，并向社会公示。

6.实施垄断行为的民事责任。

根据《反垄断法》第60条的规定，经营者实施垄断行为的民事责任，根据受侵害主体的不同，分为两种情形：(1)给他人造成损失的，依法承担民事责任；(2)损害社会公共利益的，设区的市级以上人民检察院可以依法向人民法院提起民事公益诉讼。

《垄断案件解释》规定，被告实施垄断行为，给原告造成损失的，人民法院可以依法判令被告承担停止侵害、赔偿损失等民事责任。判令被告停止被诉垄断行为尚不足以消除排除、限制竞争效果的，人民法院可以根据原告的诉讼请求和具体案情，判令被告作出必要行为以恢复竞争。

《垄断案件解释》还规定，原告因被诉垄断行为受到的损失包括直接损失和相对于该行为未发生条件下减少的可得利益。确定原告因被诉垄断行为受到的损失，可以考虑下列因素：(1)被诉垄断行为实施之前或者结束以后与实施期间相关市场的商品价格、经营成本、利润、市场份额等；(2)未受垄断行为影响的可比市场的商品价格、经营成本、利润等；(3)未受垄断行为影响的可比经营者的商品价格、经营成本、利润、市场份额等；(4)其他可以合理证明原告因被诉垄断行为所受损失的因素。原告有证据证明被诉垄断行为已经给其造成损失，但难以根据以上规定确定具体损失数额的，人民法院可以根据原告的主张和案件证据，考虑被诉垄断行为的性质、程度、持续时间、获得的利益等因素，酌情确定合理的赔偿数额。根据原告的诉讼请求和具体案情，人民法院可以将原告因调查、制止垄断行为所支付的合理开支，包括合理的市场调查费用、经济分析费用、律师费用等，计入损失赔偿范围。

(二)行政主体滥用行政权力排除、限制竞争的法律责任

《反垄断法》第61条第1款规定，行政机关和法律、法规授权的具有管理公共事务职能的组织滥用行政权力，实施排除、限制竞争行为的，由上级机关责令改正；对直接负责的主管人员和其他直接责任人员依法给予处分。反垄断执法机构可以向有关上级机关提出依法处理的建议。被问责的行政主体应当将有关改正情况书面报告上级机关和反垄断执法机构。

《反垄断法》第61条第2款规定，法律、行政法规对行政机关和法律、法规授权的具有管理公共事务职能的组织滥用行政权力实施排除、限制竞争行为的处理另有规定的，依照其规定。例如，行政主体违反《反垄断法》第45条规定，滥用行政权力，制定含有排除、限制竞争内容的规定，并根据该规定实施行政行为的，如公民、法人或者其他组织认为该行政行为所依据的规定或者规范性文件不合法，可以依据《行政复议法》第13条或者《行政诉讼法》第53条的规定，在对具体行政行为申请行政复议或者提起诉讼时，一并请求对该规定或者规范性文件进行审查。

(三)妨碍反垄断执法的法律责任

1.对有关主体违反配合义务行为的处罚。

《反垄断法》第62条的规定，对反垄断执法机构依法实施的审查和调查，拒绝提供有关材料、信息，或者提供虚假材料、信息，或者隐匿、销毁、转移证据，或者有其他拒绝、阻碍调查行为的，由反垄断执法机构责令改正，对单位处上一年度销售额1%以下的罚款，上一年度没有销售额或者销售额难以计算的，处500万元以下的罚款；对个人处50万元以下的罚款。根据《反垄断法》第63条的规定，违反本法规定，情节特别严重、影响特别恶劣、造成特别严重后果的，国务院反垄断执法机构可以按照该法第62条规定的罚款数额的2倍以上5倍以下处以罚款。

2.对反垄断执法机构工作人员渎职行为的处罚。

《反垄断法》第66条规定，反垄断执法机构工作人员滥用职权、玩忽职守、徇私舞弊或者泄露执法过程中知悉的商业秘密、个人隐私和个人信息的，依法给予处分。

(四)违反反垄断法的刑事责任

《反垄断法》第67条规定，违反本法规定，构成犯罪的，依法追究刑事责任。目前，我国刑法没有设垄断罪。违反《反垄断法》的行为构成其他犯罪的，如暴力抗拒反垄断执法构成妨害公务罪的，依照《刑法》相关规定追究刑事责任。

五、反垄断法的适用例外

前已述及，反垄断法是维护正当竞争的法，它所规范的重心在于垄断行为而非垄断状态。同时，为了促进科技进步和产业转型，维护社会公共利益和国家长远发展，对于某些行业或领域还需要承认一定范围的非竞争状态。为此，《反垄断法》有以下特殊规定。

(一)法律承认的非竞争行业

由于国家安全、规模经济、资源保护、民生保障等关乎社会整体利益的要求，国家有必要通过支持国有经济主导、实行专营专卖等方式，维持某些行业的非竞争状态。这些行业主要是涉及国家安全的行业（如国防工业、航空航天工业）、提供重要公共产品的行业（如电信、邮政、城市公用事业）、重大基础设施（如机场、铁路）和重要矿产资源行业等，以及烟草专卖。因此，在这些行业一般不适用反垄断法。但是，这并不意味着这些行业的经营者可以逃避监管调控、损害消费者权益和阻碍技术进步。《反垄断法》第8条第1款规定，国有经济占控制地位的关系国民经济命脉和国家安全的行业以及依法实行专营专卖的行业，国家对其经营者的合法经营活动予以保护，并对经营者的经营行为及其商品和服务的价格依法实施监管和调控，维护消费者利益，促进技术进步。

(二)行使知识产权

知识产权法为了鼓励创新创造，对专利、商标、作品等智力成果的权利人给予一定范围和一定期限的独占性、排他性权利，即知识产权。知识产权的行使，表面上看与反垄断法禁止的行为比较近似，实则是为促进科技进步和文化繁荣、维护公平竞争而必须予以保护的合法行为。当然，超出法律保护的目的，滥用知识产权也是不被允许的。《反垄断法》第68条规定，经营者依照有关知识产权的法律、行政法规规定行使知识产权的行为，不适用《反垄断法》；但是，经营者滥用知识产权，排除、限制竞争的行为，适用本法。

(三)农业生产者联合

现阶段我国农业生产经营总体上还处于小农经济状态，农业规模化、产业化是国家鼓励并推动的发展方向。所以，农业生产经营活动中的联合、协同等行为不受反垄断法规制。《反垄断法》第69条规定，农业生产者及农村经济组织在农产品生产、加工、销售、运输、储存等经营活动中实施的联合或者协同行为，不适用《反垄断法》。

第二节　反不正当竞争法

一、反不正当竞争法概述

反不正当竞争法是调整市场竞争过程中因规制不正当竞争行为而产生的社会关系的法律规范的总称。《反不正当竞争法》于1993年9月2日颁布，1993年12月1日起实施。该法于2017年11月4日修订、2019年4月23日修正。自《反不正当竞争法》实施以来，国务院相关主管部门颁布了一系列的部门规章。在其他法律和行政法规中，也有规范市场竞争秩序的内容，如《反垄断法》《招标投标法》《商标法》《专利法》《著作权法》《价格法》《广告法》等。

最高人民法院2020年8月24日通过了《关于审理侵犯商业秘密民事案件适用法律若干问题的规定》，对侵犯商业秘密民事案件审理中有关商业秘密界定、侵权行为的认定、民事责任的适用以及证据和程序方面的若干问题作出了具体规定。最高人民法院2022年3月16日公布了《关于适用〈中华人民共和国反不正当竞争法〉若干问题的解释》，对《反不正当竞争法》中的一些重要问题特别是不正当竞争行为的认定方法作出了细化规定，同时废止了2007年1月12日公布的《关于审理不正当竞争民事案件应用法律若干问题的解释》。

在市场竞争中，经营者之间的不正当竞争

行为以及监督检查部门与经营者之间的竞争管理关系由反不正当竞争法调整。所谓不正当竞争行为，指经营者违反法律规定，扰乱市场竞争秩序，损害其他经营者或者消费者的合法权益的行为。不正当竞争行为在本质上属于侵害他人合法权益、应当承担民事责任的侵权行为，也是违反社会经济秩序、应当受到行政规制的违法行为。

我国《反不正当竞争法》的立法目的可以分为三个层次：(1)制止不正当竞争行为，这是该法的直接目的；(2)保护经营者和消费者的合法权益，这是该法直接目的的必然延伸；(3)鼓励和保护公平竞争，促进社会主义市场经济健康发展，这是该法的根本目的。

二、不正当竞争行为

《反不正当竞争法》第2条第2款规定："本法所称的不正当竞争行为，是指经营者在生产经营活动中，违反本法规定，扰乱市场竞争秩序，损害其他经营者或者消费者的合法权益的行为。"这里的"经营者"，是指从事商品生产、经营或者提供服务(以下所称商品包括服务)的自然人、法人和非法人组织。这里的"其他经营者"，包括与经营者在生产经营活动中存在可能的争夺交易机会、损害竞争优势等关系的各种市场主体。这里的"违反法律规定"，包括法律的一般规定和特殊规定。一般规定主要指《民法典》第86条"营利法人从事经营活动，应当遵守商业道德，维护交易安全，接受政府和社会的监督，承担社会责任"和《反不正当竞争法》第2条第1款"经营者在生产经营活动中，应当遵循自愿、平等、公平、诚信的原则，遵守法律和商业道德"的规定。这里的"商业道德"，不仅包括一般市场公认的行为规范，也包括特定商业领域普遍遵循和认可的行为规范。司法实践中，判断经营者是否违反商业道德，应当结合具体情况，综合考虑行业规则或者商业惯例，经营者的主观状态，交易相对人的选择意愿，对消费者权益、市场竞争秩序、社会公共利益的影响等因素，并可以参考行业主管部门、行业协会或者自律组织制定的从业规范、技术规范、自律公约等。

反不正当竞争的特殊规定主要是《反不正当竞争法》第二章对七种不正当竞争行为的类型化规定，此外还有《专利法》《商标法》《著作权法》《广告法》等法律针对相关违法情形的特别规定。经营者扰乱市场竞争秩序，损害其他经营者或者消费者合法权益，且属于违反法律特殊规定之外的情形的，人民法院可以适用《反不正当竞争法》第2条予以认定。

现将《反不正当竞争法》第二章规定的七种不正当竞争行为分述如下。

(一)商业混淆行为

商业混淆行为是指经营者在市场经营活动中，以种种不实手法对自己的商品或服务作虚假表示、说明或承诺，或不当利用他人的智力劳动成果推销自己的商品或服务，使用户或者消费者产生误解，扰乱市场秩序、损害同业竞争者的利益或者消费者利益的行为。

1.行为认定。

根据《反不正当竞争法》第6条的规定，经营者有下列行为之一，引人误认为是他人商品或者与他人存在特定联系的，属于商业混淆行为：

(1)与他人的商品标识相混淆。擅自使用与他人有一定影响的商品名称、包装、装潢等相同或者近似的标识，引人误认为是他人商品或者与他人存在特定联系的，构成不正当竞争行为。实践中，具有一定的市场知名度并具有区别商品来源的显著特征的标识，可以被认定为"有一定影响的"标识。在认定时，应当综合考虑我国境内相关公众的知悉程度，商品销售的时间、区域、数额和对象，宣传的持续时间、程度和地域范围，标识受保护的情况等因素。在中国境内将有一定影响的标识用于商品、商品包装或者容器以及商品交易文书上，或者广告宣传、展览以及其他商业活动中，用于识别商品来源的行为，可以被认定为本条规定的"使用"。在相同商品上使用相同或者视觉上基本无差别的商品名称、包装、装潢等标识，应当视为足以造成与他人有一定影响的标识相混淆。

有下列情形的标识，一般应当被认为不具

有区别商品来源的显著特征：①商品的通用名称、图形、型号；②仅直接表示商品的质量、主要原料、功能、用途、重量、数量及其他特点的标识；③仅由商品自身的性质产生的形状，为获得技术效果而应有的商品形状以及使商品具有实质性价值的形状；④其他缺乏显著特征的标识。但是，第①、②、④种情形下的标识，经过使用取得显著特征，并具有一定的市场知名度的，应当受到保护。

因客观描述、说明商品而正当使用下列标识的，不构成本项不正当竞争情形：①含有本商品的通用名称、图形、型号；②直接表示商品的质量、主要原料、功能、用途、重量、数量以及其他特点；③含有地名。

（2）与他人的名称或姓名相混淆。擅自使用他人有一定影响的企业名称（包括简称、字号等）、社会组织名称（包括简称等）、姓名（包括笔名、艺名、译名等），引人误认为是他人商品或者与他人存在特定联系的，构成不正当竞争行为。这里的“特定联系”，包括误认为与他人具有商业联合、许可使用、商业冠名、广告代言等关系的情形。实践中，市场主体登记管理部门依法登记的企业名称，在中国境内进行商业使用的境外企业名称，以及有一定影响的个体工商户、农民专业合作社（联合社）以及法律、行政法规规定的其他市场主体的名称（包括简称、字号等），可以认定为上述规定的“企业名称”。经营者擅自使用与他人有一定影响的企业名称（包括简称、字号等）、社会组织名称（包括简称等）、姓名（包括笔名、艺名、译名等）、域名主体部分、网站名称、网页等近似的标识，引人误认为是他人商品或者与他人存在特定联系的，属于商业混淆行为。

（3）与他人的互联网商业标记相混淆。根据《反不正当竞争法》第6条第3项的规定，擅自使用他人有一定影响的域名主体部分、网站名称、网页等，引人误认为是他人商品或者与他人存在特定联系的，构成不正当竞争行为。

在信息化时代，越来越多的经营者选择通过互联网开展经营活动。对于经营者来说，域名是其依一定规则在互联网上取得并拥有的单位地址。通过域名，人们能够在网络空间访问到由经营者命名建立的网站。网站是经营者通过互联网与市场发生联系的信息平台。网站是网页的集合体。网页是经营者制作并置于网站的具有内容展示、通信和其他功能的可视界面。域名、网站和网页作为经营者在互联网环境下的商业性标记，是其参与市场竞争的重要手段，也是其产品、服务、形象、商誉等的综合体现，是企业无形资产的一部分。它们与商标、商号类似，也是一种智力成果，体现了一定的创造性。在域名、网站的构思选择和网页制作过程中，需要一定的创造性劳动，使之具有吸引力。随着其网上经营活动的成功开展，其域名和网站为越来越多公众所熟知和访问，成为经营者扩大市场知名度和竞争力的有力助手。在这种情况下，任何人以足以使人误认的方式使用这些商业标记，都构成不正当竞争行为。

（4）其他商业混淆行为。经营者擅自使用以上三种情形以外的“有一定影响的”标识，足以引人误认为是他人商品或者与他人存在特定联系的，或者将他人注册商标、未注册的驰名商标作为企业名称中的字号使用，误导公众的，可以被认定为商业混淆行为。但是，销售不知道是商业混淆的侵权商品，能证明该商品是自己合法取得并说明提供者的，不承担赔偿责任。

故意为他人实施商业混淆行为提供仓储、运输、邮寄、印制、隐匿、经营场所等便利条件，应当依据《民法典》第1169条第1款的规定承担连带责任。

2.法律责任。

《反不正当竞争法》第18条规定：经营者实施商业混淆行为的，由监督检查部门责令停止违法行为，没收违法商品。违法经营额5万元以上的，可以并处违法经营额5倍以下的罚款；没有违法经营额或者违法经营额不足5万元的，可以并处25万元以下的罚款。情节严重的，吊销营业执照。此外，经营者登记的企业名称违反《反不正当竞争法》第6条规定的，应当及时办理名称变更登记；名称变更前，由原企业登记机关以统一社会信用代码代替其名称。司法实践中，当事人依据《反不正当竞争法》第6条的规定，主张判令被告停止使用或者变更其企业名称的诉讼请求依法应予支持的，人民法院应当判令停止使用该企业名称。

根据《反不正当竞争法》第17条的规定，经营者因商业混淆行为给他人造成损害的，应当依法承担民事责任。因商业混淆行为受到损害的经营者和其他权利人，可以依据侵权法律规定提起民事诉讼。这里所说的其他权利人，包括名称权、姓名权受到损害的非企业社会组织和个人，也包括消费者；消费者的合法权益受到损害的，还可以依照《消费者权益保护法》请求法律救济。

（二）商业贿赂行为

1.行为认定。

商业贿赂，是指经营者为谋取交易机会或者竞争优势，暗中给予交易对方有关人员或者其他能影响交易的相关人员以财物或其他好处的行为。商业贿赂的形式不胜枚举。在我国相当长一段时间内，以回扣、折扣、佣金、咨询费、介绍费等名义谋取交易机会或者竞争优势的现象非常普遍，如何判断其是否违法，我们必须以法律为标准，分析其实质特征。

首先，要明确商业贿赂的对象范围。《反不正当竞争法》第7条第1款规定，经营者不得采用财物或者其他手段贿赂下列单位或者个人，以谋取交易机会或者竞争优势：（1）交易相对方的工作人员；（2）受交易相对方委托办理相关事务的单位或者个人；（3）利用职权或者影响力影响交易的单位或者个人。

其次，要明确商业贿赂与正常商业折扣、佣金的区别。《反不正当竞争法》第7条第2款规定：经营者在交易活动中，可以以明示方式向交易相对方支付折扣，或者向中间人支付佣金。经营者向交易相对方支付折扣、向中间人支付佣金的，应当如实入账。接受折扣、佣金的经营者也应当如实入账。由此可见，非以明示方式支付折扣、佣金的，或者支付或接受折扣、佣金未如实入账的，构成商业贿赂行为。

最后，要明确对员工商业贿赂行为的认定。《反不正当竞争法》第7条第3款规定：经营者的工作人员进行贿赂的，应当认定为经营者的行为；但是，经营者有证据证明该工作人员的行为与为经营者谋取交易机会或者竞争优势无关的除外。

2.法律责任。

根据《反不正当竞争法》第19条的规定，经营者违反《反不正当竞争法》第7条规定贿赂他人的，由监督检查部门没收违法所得，处10万元以上300万元以下的罚款。情节严重的，吊销营业执照。

（三）虚假宣传行为

1.行为认定。

虚假宣传行为，是指经营者利用广告或者其他方法，对产品的质量、性能、成分、用途、产地等所作的引人误解的不实宣传。以广告或其他方式销售商品，是现代社会最常见的促销手段。但各类虚假广告和其他虚假宣传，或扰乱视听，有害社会主义精神文明；或直接误导用户及消费者，使其作出错误的消费决策，引发了大量社会问题；或侵犯其他经营者，特别是同行业竞争对手的合法利益，造成公平竞争秩序的混乱。《广告法》《反不正当竞争法》均将此类行为作为必须禁止的违法行为予以规范。

《反不正当竞争法》第8条第1款规定，经营者不得对其商品的性能、功能、质量、销售状况、用户评价、曾获荣誉等作虚假或者引人误解的商业宣传，欺骗、误导消费者。这里的“商业宣传”，不仅包括广告，也包括新闻、信息发布会等具有商业目的的传播行为。经营者在商业宣传过程中，提供不真实的商品相关信息，欺骗、误导相关公众的，应当认定为虚假商业宣传。例如，以下情形可以被认定为“引人误解的商业宣传”：（1）对商品作片面的宣传或者对比；（2）将科学上未定论的观点、现象等当作定论的事实用于商品宣传；（3）使用歧义性语言进行商业宣传；（4）其他足以引人误解的商业宣传行为。司法实践中，人民法院应当根据日常生活经验、相关公众一般注意力、发生误解的事实和被宣传对象的实际情况等因素，对引人误解的商业宣传行为进行认定。

《反不正当竞争法》第8条第2款规定，经营者不得通过组织虚假交易等方式，帮助其他经营者进行虚假或者引人误解的商业宣传。这里所说的虚假交易，是指通过不真实的买卖行为，显示经营者的业绩和市场排名，以达到虚假宣传的目的。例如，在互联网购物平台中通过不正当方式获得商品销量、店铺评分、信用积分的行为。

2.法律责任。

经营者违反《反不正当竞争法》第8条规定对其商品作虚假或者引人误解的商业宣传，或者通过组织虚假交易等方式帮助其他经营者进行虚假或者引人误解的商业宣传的，由监督检查部门责令停止违法行为，处20万元以上100万元以下的罚款；情节严重的，处100万元以上200万元以下的罚款，可以吊销营业执照。经营者因虚假宣传行为给他人造成损失的，应当承担赔偿责任，但受害人应当举证证明其因虚假或者引人误解的商业宣传行为受到损失。

经营者违反《反不正当竞争法》第8条规定，属于发布虚假广告的，依照《广告法》的规定处罚。

（四）侵犯商业秘密行为

1.行为认定。

商业秘密是指不为公众所知悉、具有商业价值并经权利人采取相应保密措施的技术信息和经营信息。商业秘密是权利人劳动成果的结晶，商业秘密权是权利人拥有的一种无形财产权，反不正当竞争法将侵犯商业秘密行为作为不正当竞争行为予以禁止是十分必要的。在我国，商业秘密是《民法典》规定的知识产权客体之一。

《反不正当竞争法》规定，商业秘密，是指不为公众所知悉、具有商业价值并经权利人采取相应保密措施的技术信息、经营信息等商业信息。所谓“不为公众所知悉”，司法实践中的判断标准是，权利人请求保护的信息在被诉侵权行为发生时不为所属领域的相关人员普遍知悉和容易获得。因此，具有下列情形之一的，可以认定有关信息为公众所知悉：（1）该信息在所属领域属于一般常识或者行业惯例的；（2）该信息仅涉及产品的尺寸、结构、材料、部件的简单组合等内容，所属领域的相关人员通过观察上市产品即可直接获得的；（3）该信息已经在公开出版物或者其他媒体上公开披露的；（4）该信息已通过公开的报告会、展览等方式公开的；（5）所属领域的相关人员从其他公开渠道可以获得该信息的。但是，将已为公众所知悉的信息进行整理、改进、加工后形成的新信息，符合上述商业秘密定义规定的，应被认定为“不为公众所知悉”。

《反不正当竞争法》第9条规定，经营者不得实施以下侵犯商业秘密的行为：（1）以盗窃、贿赂、欺诈、胁迫或者其他不正当手段获取权利人的商业秘密；（2）披露、使用或者允许他人使用以前项手段获取的权利人的商业秘密；（3）违反保密义务或者违反权利人有关保守商业秘密的要求，披露、使用或者允许他人使用其所掌握的商业秘密；（4）教唆、引诱、帮助他人违反保密义务或者违反权利人有关保守商业秘密的要求，获取、披露、使用或者允许他人使用权利人的商业秘密。经营者以外的其他自然人、法人和非法人组织实施上述违法行为的，视为侵犯商业秘密。第三人明知或者应知商业秘密权利人的员工、前员工或者其他单位、个人实施前述所列违法行为，仍获取、披露、使用或者允许他人使用该商业秘密的，视为侵犯商业秘密。实践中，第三人的行为可能与侵权人构成共同侵权。

在侵犯商业秘密的民事审判程序中，商业秘密权利人提供初步证据，证明其已经对所主张的商业秘密采取保密措施，且合理表明商业秘密被侵犯，涉嫌侵权人应当证明权利人所主张的商业秘密不属于《反不正当竞争法》规定的商业秘密。商业秘密权利人提供初步证据合理表明商业秘密被侵犯，且提供以下证据之一的，涉嫌侵权人应当证明其不存在侵犯商业秘密的行为：（1）有证据表明涉嫌侵权人有渠道或者机会获取商业秘密，且其使用的信息与该商业秘密实质上相同；（2）有证据表明商业秘密已经被涉嫌侵权人披露、使用或者有被披露、使用的风险；（3）有其他证据表明商业秘密被涉嫌侵权人侵犯。这里的“实质上相同”，在司法实践中认定时主要考虑的因素有：被诉侵权信息与商业秘密的异同程度；所属领域的相关人员在被诉侵权行为发生时是否容易想到被诉侵权信息与商业秘密的区别；被诉侵权信息与商业秘密的用途、使用方式、目的、效果等是否具有实质性差异；公有领域中与商业秘密相关信息的情况。

2.法律责任。

《反不正当竞争法》第21条规定了对侵犯商业秘密行为的处理方式：一是由监督检查部门责令停止违法行为、没收违法所得。二是处以10万元以上100万元以下的罚款；情节严重的，处50万元以上500万元以下的罚款。权利人因侵犯商业秘密行为受到损害的，可根据《反不正当竞争法》第17条的规定，向人民法院起诉，请求赔偿。此外，权利人还可依照相关法律规定，要求违反约定侵犯商业秘密的行为人承担相应的民事责任（如违约金、损失赔偿）或者行使相应的权利（如解除劳动合同和请求赔偿）。侵犯商业秘密构成犯罪的，依照我国《刑法》第219条的规定追究刑事责任。

（五）不正当有奖销售行为

1.行为认定。

不正当有奖销售，是指经营者在销售商品或提供服务时，以提供奖励（包括金钱、实物、附加服务等）为名，实际上采取欺骗或者其他不当手段损害用户、消费者的利益，或者损害其他经营者合法权益的行为。

有奖销售是一种有效的促销手段，其方式大致可分为两种：一种是奖励给所有购买者的附赠式有奖销售，另一种是奖励部分购买者的抽奖式有奖销售。法律并不禁止所有的有奖销售行为，而仅仅对可能造成不良后果、破坏竞争规则的有奖销售加以禁止。

《反不正当竞争法》第10条以列举方式禁止经营者从事三类有奖销售行为：（1）所设奖的种类、兑奖条件、奖金金额或者奖品等有奖销售信息不明确，影响兑奖；（2）采用谎称有奖或者故意让内定人员中奖的欺骗方式进行有奖销售；（3）抽奖式的有奖销售，最高奖的金额超过5万元。

不正当有奖销售行为的要点如下：（1）不正当有奖销售的主体是经营者。有关机构、团体经政府和政府有关部门批准的有奖募捐及其彩票发售活动不适用《反不正当竞争法》第10条的规定。（2）经营者实施了法律禁止的不正当有奖销售行为。

2.法律责任。

《反不正当竞争法》第22条规定，经营者违反《反不正当竞争法》第10条规定进行有奖销售的，由监督检查部门责令停止违法行为，处5万元以上50万元以下的罚款。

有关当事人因有奖销售活动中的不正当竞争行为受到侵害的，可以向人民法院提起诉讼。

（六）诋毁商誉行为

1.行为认定。

诋毁商誉行为，是指经营者编造、传播虚假信息或者误导性信息，损害竞争对手的商业信誉、商品声誉，从而削弱其竞争力的行为。

商誉是社会公众对市场经营主体名誉的综合性积极评价。它是经营者长期努力追求，刻意创造，并投入一定的金钱、时间及精力才取得的。良好的商誉本身就是一笔巨大的无形财富，在经济活动中，最终又通过有形的形式（如销售额、利润）回报它的主人。法律对通过积极劳动获得的商誉给予尊重和保护，对以不正当手段侵犯竞争者商誉的行为予以严厉制裁。《反不正当竞争法》第11条规定，经营者不得编造、传播虚假信息或者误导性信息，损害竞争对手的商业信誉、商品声誉。

诋毁商誉行为的要点如下：（1）行为的主体是市场经营活动中的经营者，其他经营者以及非经营者的单位或个人受经营者指使从事诋毁商誉行为的，可构成不正当竞争的共同侵权人。非以商业竞争为目的诋毁商誉的，仅构成一般的侵权行为，依照侵权法律规定承担民事责任。（2）经营者实施了诋毁商誉行为，即编造、传播虚假信息或误导性信息，或者传播他人编造的虚假信息或误导性信息，损害竞争对手的商业信誉、商品声誉。如通过广告、新闻发布会等形式捏造、散布虚假或误导性的信息，使用户、消费者不明真相而对受诋毁的经营者产生怀疑心理，不敢或不再与之交易。若发布的消息是真实无误的，则不构成诋毁行为。（3）诋毁行为是针对一个或多个特定竞争对手的。如果捏造、散布的虚假事实不能与特定的经营者相联系，商誉主体的权利便不会受到侵害。应注意的是，对比性宣传通常以同行业所有其他经营者为竞争对手而进行贬低宣传，此时应认定为商业诋毁行为。（4）经营者对其他竞争者进行诋毁，其目的是败坏对方的商誉，其主观心态出于故意是显而易见的。

2.法律责任。

《反不正当竞争法》第23条规定，经营者违反《反不正当竞争法》第11条规定损害竞争对手商业信誉、商品声誉的，由监督检查部门责令停止违法行为、消除影响，处10万元以上50万元以下的罚款；情节严重的，处50万元以上300万元以下的罚款。

当事人起诉向实施商业诋毁的经营者请求赔偿的，应当举证证明其为该商业诋毁行为的特定损害对象。

（七）互联网不正当竞争行为

1.行为认定。

2017年修订的《反不正当竞争法》根据互联网领域反不正当竞争的客观需要，增设了禁止互联网不正当竞争行为的条款，规定经营者不得利用技术手段在互联网领域从事影响用户选择、干扰其他经营者正常经营的行为，并具体规定了应予禁止的行为。

《反不正当竞争法》第12条规定，经营者利用网络从事生产经营活动的，应当遵守本法的各项规定。并规定，经营者不得利用技术手段，通过影响用户选择或者其他方式，实施下列妨碍、破坏其他经营者合法提供的网络产品或者服务正常运行的行为：（1）未经其他经营者同意，在其合法提供的网络产品或者服务中，插入链接、强制进行目标跳转；（2）误导、欺骗、强迫用户修改、关闭、卸载其他经营者合法提供的网络产品或者服务；（3）恶意对其他经营者合法提供的网络产品或者服务实施不兼容；（4）其他妨碍、破坏其他经营者合法提供的网络产品或者服务正常运行的行为。

实践中，未经其他经营者和用户同意而直接发生的目标跳转，应当被认定为上述第1项规定的“强制进行目标跳转”；仅插入链接，目标跳转由用户触发的，应当综合考虑插入链接的具体方式、是否具有合理理由以及对用户利益和其他经营者利益的影响等因素，认定该行为是否违反上述第（1）项的规定。经营者事前未明确提示并经用户同意，以误导、欺骗、强迫用户修改、关闭、卸载等方式，恶意干扰或者破坏其他经营者合法提供的网络产品或者服务的，应当依照上述第（2）项规定予以认定。

互联网不正当竞争行为的要点如下：（1）行为主体是利用互联网从事生产经营活动的经营者，包括提供互联网平台（如交易平台、信息平台、社交平台等）的经营者和利用他人的互联网平台提供产品（实体商品、信息产品、投资产品和服务产品等）的经营者。（2）行为对象是与行为人在网络上存在现实的或者潜在的竞争关系的其他经营者。（3）行为特征是对其他经营者合法提供的网络产品或者服务的正常运行进行妨碍或破坏。其手段可能是技术性的，也可能是商业性的，或者是二者的结合。这些手段有可能构成其他的不正当竞争行为，如商业混淆行为、虚假宣传行为或者诋毁商誉行为。

2.法律责任。

《反不正当竞争法》第24条规定，经营者违反本法第12条规定妨碍、破坏其他经营者合法提供的网络产品或者服务正常运行的，由监督检查部门责令停止违法行为，处10万元以上50万元以下的罚款；情节严重的，处50万元以上300万元以下的罚款。

三、监督检查

（一）行政监管体系

1.宏观协调机制。《反不正当竞争法》第3条第2款规定，国务院建立反不正当竞争工作协调机制，研究决定反不正当竞争重大政策，协调处理维护市场竞争秩序的重大问题。

2.行政执法机构。《反不正当竞争法》第4条规定：县级以上人民政府履行市场监督管理职责的部门对不正当竞争行为进行查处；法律、行政法规规定由其他部门查处的，依照其规定。所谓其他部门，主要指与市场监督管理有关的其他行政职能部门，如食品安全监督管理部门、卫生行政管理部门等。

（二）监督检查部门的调查措施

《反不正当竞争法》第13条规定，监督检查部门调查涉嫌不正当竞争行为，可以采取下列措施：(1)进入涉嫌不正当竞争行为的经营场所进行检查；(2)询问被调查的经营者、利害关系人及其他有关单位、个人，要求其说明有关情况或者提供与被调查行为有关的其他资料；(3)查询、复制与涉嫌不正当竞争行为有关的协议、账簿、单据、文件、记录、业务函电和其他资料；(4)查封、扣押与涉嫌不正当竞争行为有关的财物；(5)查询涉嫌不正当竞争行为的经营者的银行账户。

采取上述措施须注意以下几点：首先，应当向监督检查部门主要负责人书面报告，并经批准；采取上述第(4)项、第(5)项措施的，应当向设区的市级以上人民政府监督检查部门主要负责人书面报告，并经批准。其次，应当遵守《行政强制法》和其他有关法律、行政法规的规定，并应当将查处结果及时向社会公开。最后，对调查过程中知悉的商业秘密应当承担保密义务。

监督检查部门调查涉嫌不正当竞争行为，被调查的经营者、利害关系人及其他有关单位、个人应当如实提供有关资料或者情况。

(三)举报制度

《反不正当竞争法》第16条规定，对涉嫌不正当竞争行为，任何单位和个人有权向监督检查部门举报，监督检查部门接到举报后应当依法及时处理。为此，监督检查部门应当向社会公开受理举报的电话、信箱或者电子邮件地址，并为举报人保密。对实名举报并提供相关事实和证据的，监督检查部门应当将处理结果告知举报人。

四、违反反不正当竞争法的法律责任

(一)违反反不正当竞争法的行为种类

反不正当竞争法是规范各种竞争行为的，它除调整经营者之间的竞争关系外，还涉及监督检查部门在行使维护竞争权、市场管理权时与经营者之间的关系调整。因此，下列行为均属违反该法的行为：

1.不正当竞争行为，即《反不正当竞争法》第二章规定的七种行为。

2.妨害监督检查的行为，即《反不正当竞争法》第28条规定的拒绝、阻碍监督检查部门依照《反不正当竞争法》履行调查职责的行为。

3.监督检查人员违反本法的行为，即《反不正当竞争法》第30条规定的监督检查部门的工作人员滥用职权、玩忽职守、徇私舞弊或者泄露调查过程中知悉的商业秘密的行为。

(二)反不正当竞争法规定的法律责任

《反不正当竞争法》第四章专章规定了违反该法的法律责任，包括民事责任、行政责任、刑事责任三种。

1.民事责任。为保护合法经营者的正当竞争权利，《反不正当竞争法》第17条规定：经营者违反本法规定，给他人造成损害的，应当依法承担民事责任。经营者的合法权益受到不正当竞争行为损害的，可以向人民法院提起诉讼。因不正当竞争行为受到损害的经营者的赔偿数额，按照其因被侵权所受到的实际损失确定；实际损失难以计算的，按照侵权人因侵权所获得的利益确定。经营者恶意实施侵犯商业秘密行为，情节严重的，可以在按照上述方法确定数额的1倍以上5倍以下确定赔偿数额。赔偿数额还应当包括经营者为制止侵权行为所支付的合理开支。

权利人因经营者的商业混淆行为、侵犯商业秘密行为所受到的实际损失、侵权人因侵权所获得的利益难以确定的，由人民法院根据侵权行为的情节判决给予权利人500万元以下的赔偿。

对于同一侵权人针对同一主体在同一时间和地域范围实施的侵权行为，人民法院已经认定侵害著作权、专利权或者注册商标专用权等并判令承担民事责任，当事人又以该行为构成不正当竞争为由请求同一侵权人承担民事责任的，人民法院不予支持。

2.行政责任。各级市场监督管理部门是《反不正当竞争法》规定的监督检查部门，具有行政执法职能。该法第二章规定的每一种不正当竞争行为在第四章都有相应的行政制裁措施。总的来说，对于不正当竞争行为的行政制裁措施有：(1)责令停止违法行为；(2)责令消除影响；(3)没收违法商品；(4)没收违法所得；(5)罚款；(6)吊销营业执照；(7)信用制裁，即将上述行政处罚记入信用记录，并依法公示。对于妨害监督检查行为的行政制裁措施有：(1)责令改正；(2)罚款；(3)治安管理处罚。

当事人对监督检查部门作出上述行政制裁的决定不服的，可以依法申请行政复议或者提起行政诉讼。

对监督检查人员违反本法行为的行政制裁措施依法给予处分。

3.刑事责任。对情节严重的不正当竞争行为给予刑事处罚，是各国竞争法的通行做法。我国《反不正当竞争法》也规定，对违反本法规定，构成犯罪的，依法追究刑事责任。结合《刑法》等相关法律规定，上述行为包括销售伪劣商品的行为、商业贿赂行为、侵犯商业秘密的行为等。

【本章主要法律规定】

1.《反垄断法》
2.《反不正当竞争法》
3.最高人民法院《关于审理垄断民事纠纷案件适用法律若干问题的解释》
4.最高人民法院《关于适用〈中华人民共和国反不正当竞争法〉若干问题的解释》
5.最高人民法院《关于审理侵犯商业秘密民事案件适用法律若干问题的规定》

本章重点、难点与疑点辨析

一、行为认定

1.反垄断法。

反垄断法的行为认定依据三个方面的事实：行为主体、行为方式、行为后果。四种垄断行为各有差别，需要分别把握重点。此外，对不适用反垄断法的特殊领域也需要了解。

类别	行为主体	行为方式	行为后果	重点难点
垄断协议	多个经营者	协议或其他一致行动	通过排斥其他竞争者限制竞争	构成要件、横向纵向区分、除外条款
滥用市场支配地位	具有市场支配地位的经营者	滥用支配地位垄断价格、亏本销售、拒绝交易、强制交易、搭售、差别待遇等	违反公平竞争获取不正当利益	认定标准和推定制度、相关市场标准、滥用行为的样态
经营者集中	多个经营者	企业收购兼并、股权控制等	相关市场实质性减少竞争	申报审查程序、认定处置的方法
滥用行政权力排除、限制竞争	拥有一定行政权力的政府机关及其他组织	强制交易、地区封锁、迫使经营者垄断、以抽象行政行为限制竞争等	产生了排除或限制竞争的严重后果	地方保护型行政垄断行为、政企联手垄断与迫使经营者垄断的区别
适用例外	法律承认的非竞争行业、行使知识产权、农业生产者联合			

2.反不正当竞争法。

《反不正当竞争法》以列举方式规定了七种不正当竞争行为，即商业混淆行为、商业贿赂行为、虚假宣传行为、侵犯商业秘密行为、不正当有奖销售行为、诋毁商誉行为和互联网不正当竞争行为，其行为主体一般为经营者，其行为判断依据是法律分别规定的行为要件，需要准确掌握。除此之外，还需要重点把握以下内容。

类别	重点内容
商业混淆行为	互联网商业标记混淆行为的特点
商业贿赂行为	商业贿赂的对象范围，商业贿赂与正常商业折扣、佣金的区别
虚假宣传行为	商业宣传的定义、虚假宣传的手段、对行为后果的要求
侵犯商业秘密行为	商业秘密的界定、行为主体的范围、侵犯商业秘密的行为方式、举证责任规定
不正当有奖销售行为	三种被禁止的有奖销售行为
诋毁商誉行为	商誉的价值、诋毁行为的特征
互联网不正当竞争行为	互联网不正当竞争行为的特点和种类

二、监管执法

竞争法的实施主要依靠政府的行政监管执法机制。这个机制由监管机构、调查程序、约谈制度和法律责任四个部分组成。

1.反垄断法。

类别	基本内容	重点难点
监管体系	国务院反垄断委员会总体组织协调指导，国务院反垄断执法机构及其授权的省级人民政府相应机构负责执法工作	国务院反垄断委员会的职能及其与执法机构的关系
调查程序	调查启动，调查措施，相关各方义务，调查的中止、终止和恢复	调查措施的范围和规则
约谈制度	约谈的法律性质、约谈对象	约谈的方法
法律责任	经营者的法律责任，行政主体的法律责任，妨碍反垄断执法的法律责任，刑事责任	经营者违反反垄断法的法律责任

2.反不正当竞争法。

类别	基本内容	重点难点
监管体系	国务院建立反不正当竞争工作协调机制，以县级以上人民政府市场监管部门为主的多职能部门负责行政执法工作体制	市场监管部门与其他职能部门的分工
调查措施	现场调查，询问有关人员，查阅文件资料，查封、扣押有关财物，查询银行账户	采取调查措施的批准程序
法律责任	不正当竞争行为、妨碍监督检查行为和监督检查人员违法行为的民事责任、行政责任和刑事责任	行政制裁措施、可受刑事追究的不正当竞争行为

第二章
消费者法

本章主要内容提示

一、消费者法的特点

如前所述，消费者权益具有民事权利的属性，消费者法具有民事特别法的性质。因此，消费者法也具有与民法相同的规范结构，即以权利为起点，设定相对人义务，义务人因违反义务而引起民事救济，民事救济通过使义务人承担责任而使权利人的权利得到恢复。但是，由于在消费者与经营者之间，消费者个体处于信息和能力的弱势一方，而强势一方违反义务的行为不仅损害了权利人的利益，也损害了市场秩序和公共利益。因此，如下图所示，在民法规范框架的基础上，消费者法引入政府干预，加强对经营者行为的规制，同时，建立消费者群体维权机制，加强对消费者权利的援助，并且让消费者参与政府的监管过程，从而形成消费者维权和市场监管执法的协同关系。这样，一方面可以动员社会力量参与对市场中假冒伪劣、欺诈失信行为的遏制，有助于净化市场环境，维护公平竞争秩序；另一方面可以提高监管执法对消费者保护的效能，有助于提振公众消费信心，促进经济发展和民生改善。

消费者法的规范结果

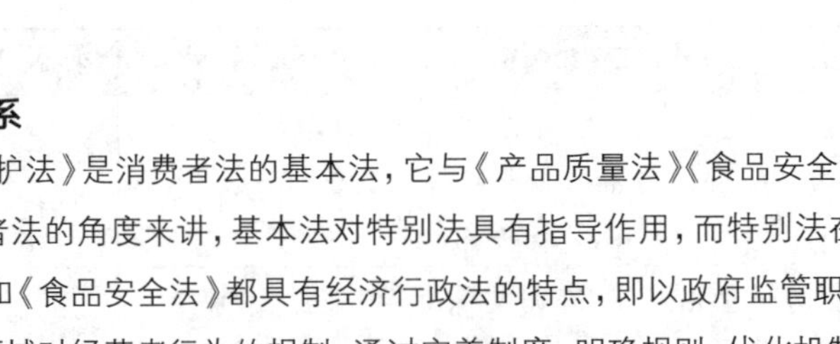

二、消费者法的体系

《消费者权益保护法》是消费者法的基本法，它与《产品质量法》《食品安全法》是基本法与特别法的关系。从消费者法的角度来讲，基本法对特别法具有指导作用，而特别法在适用上处于优先地位。《产品质量法》和《食品安全法》都具有经济行政法的特点，即以政府监管职能为依托，强化在产品质量和食品安全领域对经营者行为的规制，通过完善制度、明确规则、优化机制、细化措施、严格责任，达到保护消费者合法权益、维护社会经济秩序的目的。

第一节　消费者权益保护法

一、消费者权益保护法概述

（一）消费者权益保护法的概念

消费者权益保护法是调整在保护公民消费权益过程中所产生的社会关系的法律规范的总称。一般情况下，我们所说的消费者权益保护法是指1993年10月31日颁布、1994年1月1日起施行的《消费者权益保护法》。该法的颁布实施，是我国第一次以立法的形式全面确认消费者的权利。此举对保护消费者的权益、规范经营者的行为、维护社会经济秩序、促进社会主义市场经济健康发展具有十分重要的意义。该法实施后，经过2009年8月27日和2013年10月25日的两次修正，得以进一步完善。2019年中国共产党第十九届中央委员会第四次全体会议审议通过的中共中央《关于坚持和完善中国特色社会主义制度　推进国家治理体系和治理能力现代化若干重大问题的决定》提出了“强化消费者权益保护，探索建立集体诉讼制度”的任务，完善消费者保护立法将继续推进。自2021年1月1日起施行的《民法典》第128条规定：“法律对未成年人、老年人、残疾人、妇女、消费者等的民事权利保护有特别规定的，依照其规定。”由此明确了消费者权利的特殊民事权利属性，依据该法对消费者人身权、财产权的保护具有民事救济性质，适用《民法典》民事责任制度尤其是侵权责任制度的法理和相关规则。2024年3月15日公布、7月1日起施行的《消费者权益保护法实施条例》对相关制度做了进一步细化和补充，构成了我国消费者权益保护法的重要组成部分。

（二）消费者权益保护法的适用对象

根据《消费者权益保护法》第2条、第3条、第62条的规定，该法的适用对象可以从以下三方面理解：

1.消费者为生活消费需要购买、使用商品或者接受服务，适用消费者权益保护法。所谓消费者，是指为个人生活消费需要购买、使用商品和接受服务的自然人。这与国际上的定义是一致的。国际标准化组织消费者政策委员会将消费者定义为，“为了个人目的购买或者使用商品和接受服务的个体社会成员”。分散的单个自然人在市场交易中处于相对弱势的地位，法律应给予特殊保护，而从事消费活动的企事业单位等社会组织则不属于消费者保护法意义上的“消费者”。

2.经营者为消费者提供其生产、销售的商品或者提供服务，适用消费者权益保护法。消费者权益保护法以保护消费者利益为核心，在处理经营者与消费者的关系时，经营者首先应当遵守该法的有关规定；该法未作规定的，应当遵守其他有关法律、行政法规的规定。

3.农民购买、使用直接用于农业生产的生产资料时，参照消费者权益保护法执行。农民购买直接用于农业生产的生产资料，虽然不是为个人生活消费，但是作为经营者的相对方，其弱者地位不言而喻。所以，《消费者权益保护法》第62条将农民购买、使用直接用于农业生产的生产资料行为纳入该法的保护范围。

二、消费者的权利与经营者的义务

（一）消费者的权利

消费者的权利，是指在消费活动中，消费者依法享有的各项权利的总和。消费者权益保护法为消费者设立了既相互独立又相互关联的十项权利。

1.安全保障权。消费者在购买、使用商品和接受服务时享有人身、财产安全不受损害的权利。

2.真情知悉权。消费者享有知悉其购买、使用的商品或者接受的服务的真实情况的权利。

3.自主选择权。消费者享有自主选择商品和服务的权利，包括：（1）有权自主选择提供商品或者服务的经营者；（2）有权自主选择商品品种或者服务方式；（3）有权自主决定是否购买任何一种商品或是否接受任何一项服务；（4）有权对商品或服务进行比较、鉴别和选择。经营者不得以任何方式干涉消费者行使自主选择权。

4.公平交易权。公平交易是指经营者与消费者之间的交易应在平等的基础上达到公正的结果。公平交易权体现在两个方面：第一，交易条件公平，即消费者在购买商品或接受服务时，有权获得质量保证、价格合理、计量正确等公平交易条件；第二，拒绝强制交易，即消费者有权按照真实意愿从事交易活动，对经营者的强制交易行为有权拒绝。

5.获取赔偿权。获取赔偿权也被称作消费者的求偿权，依照《消费者权益保护法》的规定，消费者因购买、使用商品或者接受服务受到人身、财产损害的，享有依法获得赔偿的权利。享有求偿权的主体包括：(1)商品的购买者、使用者；(2)服务的接受者；(3)第三人，指消费者之外的因某种原因在事故发生现场而受到损害的人。求偿的内容包括：(1)人身损害的赔偿，无论是生命健康还是精神方面的损害均可要求赔偿；(2)财产损害的赔偿包括直接损失及可得利益的损失。

6.结社权。消费者享有依法成立维护自身合法权益的社会组织的权利。目前，中国消费者协会及地方各级消费者协会已经成立。实践证明，消费者组织的工作对沟通政府与消费者的联系、解决经营者与消费者的矛盾、充分地保护消费者权益起到了积极的作用。

7.获得相关知识权。消费者享有获得有关消费和消费者权益保护方面的知识的权利。消费知识主要指有关商品和服务的知识。消费者权益保护知识主要指有关消费者权益保护方面及权益受到损害时如何有效解决方面的法律知识。

8.受尊重权。消费者在购买、使用商品和接受服务时，享有人格尊严、民族风俗习惯得到尊重的权利。人格权是消费者人身权的重要组成部分。尊重他人的人格尊严和不同民族的风俗习惯，是一个国家和社会文明进步的重要标志，也是法律对人权保障的基本要求。消费者权益保护法将人格尊严和民族风俗习惯专条加以规定，是对消费者精神权利的有力保障，也是党和国家民族政策在法律上的体现。

9.监督批评权。消费者享有对商品和服务以及保护消费者权益工作进行监督的权利。监督权是上述各项权利的必然延伸，对消费者权利的切实实现至关重要。这种监督权的表现如下：一是有权对经营者的商品和服务进行监督，在权利受到侵害时有权提出检举或控告；二是有权对国家机关及工作人员进行监督，对其在保护消费者权益工作中的违法失职行为进行检举、控告；三是表现为对消费者权益工作的批评、建议权。

10.个人信息权。它又称消费者隐私权，指消费者的姓名、性别、职业、学历、住所、联系方式、婚姻状况、亲属关系、财产状况、血型、病史、消费习惯等所有私人信息不被非法收集和非法披露的权利。

(二)经营者的义务

在消费法律关系中，消费者的权利就是经营者的义务。为了有效地保护消费者的权益，约束经营者的经营行为，消费者权益保护法不仅规定了消费者的权利，还规定了经营者的义务。

1.依法经营和诚信经营义务。经营者向消费者提供商品和服务，应依照法律、法规的规定履行义务。双方有约定的，应按照约定履行义务，但双方的约定不得违法。经营者向消费者提供商品或者服务，应当恪守社会公德，诚信经营，保障消费者的合法权益；不得设定不公平、不合理的交易条件，不得强制交易。在这方面的具体规定有：(1)禁止强迫销售。经营者不得以暴力、胁迫、限制人身自由等方式或者利用技术手段，强制或者变相强制消费者购买商品或者接受服务，或者排除、限制消费者选择其他经营者提供的商品或者服务。经营者通过搭配、组合等方式提供商品或者服务的，应当以显著方式提请消费者注意。(2)禁止虚假承诺。经营者以商业宣传、产品推荐、实物展示或者通知、声明、店堂告示等方式提供商品或者服务，对商品或者服务的数量、质量、价格、售后服务、责任承担等作出承诺的，应当向购买商品或者接受服务的消费者履行其所承诺的内容。(3)禁止信息骚扰。未经消费者同意，经营者不得向消费者发送商业性信息或者拨打商业性电话。消费者同意接收商业性信息或者商业性电话的，经营者应当提供明确、便捷的取消方式。消费者选择取消的，经营者应当立即停止发送商业性信息或者拨打商业性电话。（4）禁止误导老年人。经营者不得通过虚假或者引人误解的宣传，虚构或者夸大商品或者服务的治疗、保健、养生等功效，诱导老年人等消费者购买明显不符合其实际需求的商品或者服务。

2.接受监督的义务。经营者应当听取消费者对其提供的商品或服务的意见，接受消费者的监督。

3.安全保障义务。经营者应当保证其提供的商品或服务（包括以奖励、赠送、试用等形式向消费者免费提供商品或者服务）符合保障人身、财产安全的要求。经营者应当做到：（1）对可能危及人身、财产安全的商品和服务，应作出真实说明和明确的警示，标明正确使用及防止危害发生的方法。免费提供的商品或者服务存在瑕疵但不违反法律强制性规定且不影响正常使用性能的，经营者应当在提供前如实告知消费者。（2）宾馆、商场、餐馆、银行、机场、车站、港口、影剧院等经营场所的经营者，应当对消费者尽到安全保障义务。为此，经营者应当保证其经营场所及设施符合保障人身、财产安全的要求，采取必要的安全防护措施，并设置相应的警示标识。消费者在经营场所遇到危险或者受到侵害时，经营者应当给予及时、必要的救助。（3）经营者发现其提供的商品或者服务存在缺陷，有危及人身、财产安全危险的，应当立即向有关行政部门报告和告知消费者，并采取停止销售、警示、召回、无害化处理、销毁、停止生产或者服务等措施，且自行承担商品召回的必要费用。

4.提供真实信息的义务。经营者应当采用通俗易懂的方式，真实、全面地向消费者提供商品或者服务相关信息，不得通过虚构经营者资质、资格或者所获荣誉，虚构商品或者服务交易信息、经营数据，篡改、编造、隐匿用户评价等方式，进行虚假或者引人误解的宣传，欺骗、误导消费者。经营者不得在消费者不知情的情况下，对同一商品或者服务在同等交易条件下设置不同的价格或者收费标准。对消费者关于质量、使用方法等问题的询问，经营者应作出明确的、完备的、符合实际的答复。经营者提供商品或者服务应当明码标价。

5.标明真实名称和标记的义务。经营者应当在其经营场所的显著位置标明其真实名称和标记。具体说，经营者租赁他人柜台或者场地提供商品或者服务，或者通过宣讲、抽奖、集中式体验等方式提供商品或者服务的，应当以显著方式标明其真实名称和标记。经营者通过网络、电视、电话、邮购等方式提供商品或者服务的，应当在其首页、视频画面、语音、商品目录等处以显著方式标明或者说明其真实名称和标记。由其他经营者实际提供商品或者服务的，还应当向消费者提供该经营者的名称、经营地址、联系方式等信息。

6.出具凭证或单据的义务。经营者提供商品或者服务，应按照国家规定或商业惯例向消费者出具发票等购货凭证或者服务单据；消费者索要发票等购货凭证或者单据的，经营者必须出具。

7.保证质量的义务。经营者有义务保证商品和服务的质量。该义务体现在以下三个方面：第一，经营者应当保证在正常使用商品或者接受服务的情况下其提供的商品或者服务应当具有的质量、性能、用途和有效期限；但消费者在购买该商品或者接受服务前已经知道其存在瑕疵，且存在该瑕疵不违反法律强制性规定的除外。第二，经营者以广告、产品说明、实物样品或者其他方式表明商品或者服务的质量状况的，应当保证提供的商品或者服务的实际质量与表明的质量状况相符。第三，经营者提供的机动车、计算机、电视机、电冰箱、空调器、洗衣机等耐用商品或者装饰装修等服务，消费者自接受商品或者服务之日起6个月内发现瑕疵，发生争议的，由经营者承担有关瑕疵的举证责任。

8.履行退货、更换、修理的义务。该义务分为两类情形：一是对瑕疵履行的补救。在经营者提供的商品或者服务不符合质量要求的情形下，如果有国家规定或者当事人约定，经营者有义务按照消费者的要求办理退货、更换或者修理。如果没有国家规定和当事人约定，消费者自收到商品之日起7日内退货的，经营者有义务办理退货，7日后符合法定解除合同条件的，经营者仍然有退货义务。不符合法定解除合同条件的，经营者应按消费者要求履行更换、修理等义务。经营者与消费者约定承担退货、更换、修理等义务的有效期限不得低于国家有关规定的要求。二是无理由退货。无论经营者提供的商品有无质量问题，只要是采用网络、电视、电话、邮购等方式销售的，消费者都有权自收到商品之日起7日内退货，且无须说明理由。但是，以下商品不适用无理由退货的规定：消费者定作的；鲜活易腐的；在线下载或者消费者拆封的音像制品、计算机软件等数字化商品；交付的报纸、期刊；其他根据商品性质并经消费者在购买时确认不宜退货的商品。经营者不得超出此规定擅自扩大不适用无理由退货的商品范围。经营者履行退货义务时，应当按照购货凭证或者服务单据上显示的价格一次性退清相关款项。

9.正确使用格式条款的义务。格式条款是经营者单方拟定的，消费者只能表示接受或不接受，而不能与之协商和改变其内容的交易条件。除书面合同中的格式条款外，经营者以通知、声明、店堂告示等形式单方规定的交易条件，也具有格式条款的性质。在面对众多消费者的情况下，经营者采用格式条款，有简化缔约程序、节省交易成本和保持交易条件统一的优点，这也是有利于消费者的。但是，格式条款也给经营者带来了弱化消费者合同意识、设置不公平条款因而损害消费者权益的机会。为此，法律对经营者使用格式条款规定了两方面的义务。一是提示和说明的义务。经营者在经营活动中使用格式条款的，应当以显著方式提请消费者注意商品或者服务的数量和质量、价款或者费用、履行期限和方式、安全注意事项和风险警示、售后服务、民事责任等与消费者有重大利害关系的内容，并按照消费者的要求予以说明。二是禁止滥用格式条款的义务。经营者不得以格式条款、通知、声明、店堂告示等方式，作出排除或者限制消费者权利、减轻或者免除经营者责任、加重消费者责任等对消费者不公平、不合理的规定，不得利用格式条款并借助技术手段强制交易；违反此义务的，其条款无效。

10.不得侵犯消费者人格权的义务。经营者不得对消费者进行侮辱、诽谤，不得搜查消费者的身体及其携带的物品，不得侵犯消费者的人身自由。

11.尊重消费者信息自由的义务。经营者应当依法保护消费者的个人信息。首先，在收集、使用消费者个人信息时，应当遵循合法、正当、必要的原则，明示收集、使用信息的目的、方式和范围，并经消费者同意，不得过度收集消费者个人信息，不得采用一次概括授权、默认授权等方式，强制或者变相强制消费者同意收集、使用与经营活动无直接关系的个人信息。其次，对于已掌握的消费者个人信息，必须严格保密，不得泄露、出售或者非法向他人提供。经营者应采取必要措施确保信息安全，并在信息泄露、丢失时及时加以补救。同时，经营者应避免以商业信息骚扰消费者，即经营者未经消费者同意或者请求，或者消费者明确表示拒绝的，不得向其发送商业性信息。最后，在处理包含消费者的生物识别、宗教信仰、特定身份、医疗健康、金融账户、行踪轨迹等信息以及不满14周岁未成年人的个人信息等敏感个人信息时，应当符合有关法律、行政法规的规定。

12.特别事项的规定。(1)押金、预付款。经营者提供商品或者服务时收取押金的，应当事先与消费者约定退还押金的方式、程序和时限，不得对退还押金设置不合理条件。经营者以收取预付款方式提供商品或者服务的，应当与消费者订立书面合同，约定商品或者服务的具体内容、价款或者费用、预付款退还方式、违约责任等事项。经营者出现重大经营风险，有可能影响经营者按照合同约定或者交易习惯正常提供商品或者服务的，应当停止收取预付款。消费者要求退还押金、预付款，符合退还条件的，经营者应当及时退还。经营者决定停业或者迁移服务场所的，应当提前30日在其经营场所、网站、网店首页等的醒目位置公告经营者的有效联系方式等信息，并按消费者要求退还未消费的预付款余额。(2)网络直播销售。经营者通过网络直播等方式提供商品或者服务的，应当依法履行消费者权益保护相关义务。直播营销平台经营者应当建立健全消费者权益保护制度，明确消费争议解决机制。发生消费争议的，直播营销平台经营者应当根据消费者的要求提供直播间运营者、直播营销人员相关信息以及相关经营活动记录等必要信息。(3)网络游戏。经营者提供网络游戏服务的，应当符合国家关于网络游戏服务相关时段、时长、功能和内容等方面的规定和标准，针对未成年人设置相应的时间管理、权限管理、消费管理等功能，在注册、登录等环节严格进行用户核验，依法保护未成年人身心健康。

三、消费者权益的保护

(一)国家对消费者合法权益的保护

国家采取一系列制度性措施，保护消费者的合法权益。

1.立法过程中的消费者参与。国家制定有关消费者权益的法律、法规、规章和强制性标准，应当听取消费者和消费者协会等组织的意见。

2.政府职能的运用。各级人民政府在保护消费者合法权益中，主要应发挥三方面的职能：一是领导职能，即加强对消费者权益保护工作的指导，组织、协调、督促有关行政部门落实消费者权益保护工作职责，提升消费者权益保护工作的法治化水平；二是监督职能，重点是预防危害消费者人身、财产安全行为的发生，及时制止危害消费者人身、财产安全的行为；三是普法职能，包括加强消费知识的宣传普及，倡导文明、健康、绿色消费，提高消费者依法、理性维权的意识和能力，同时，加强对经营者的普法宣传、行政指导和合规指引，提高经营者依法经营的意识。

3.相关行政部门的职责。各级市场监督管理部门和其他有关行政部门，应当依照法律、法规的规定，在各自的职责范围内，采取措施，保护消费者的合法权益。其中，有以下重点的职责：(1)听取消费者和消费者协会等组织对经营者交易行为、商品和服务质量问题的意见，及时调查处理。(2)定期或者不定期对经营者提供的商品和服务进行抽查检验，并及时向社会公布抽查检验结果。(3)发现并认定经营者提供的商品或者服务存在缺陷，有危及人身、财产安全危险的，应当立即责令经营者采取停止销售、警示、召回、无害化处理、销毁、停止生产或者服务等措施。(4)接受和处理消费者在与经营者发生消费者权益争议时的投诉和对经营者涉嫌违法线索的举报。有关行政部门应当畅通和规范消费者投诉、举报渠道，完善投诉、举报处理流程，依法及时受理和处理投诉、举报，加强对投诉、举报信息的分析应用，开展消费预警和风险提示。(5)加强消费领域信用体系建设，依法公示有关行政许可、行政处罚、抽查检验结果、消费投诉等信息，依法对违法失信经营者实施惩戒。

4.司法机关的职责。一是惩治犯罪。有关国家机关应当依照法律、法规的规定，惩处经营者在提供商品和服务中侵害消费者合法权益的违法犯罪行为。二是处理纠纷。人民法院应当采取措施，方便消费者提起诉讼。对符合民事诉讼法起诉条件的消费者权益争议，必须受理，及时审理。

(二)消费者组织

1.消费者组织的性质。消费者协会和其他消费者组织是依法成立的对商品和服务进行社会监督的保护消费者合法权益的社会组织。消费者组织属于公益性社会组织，不得从事商品经营和营利性服务，不得以收取费用或者其他牟取利益的方式向消费者推荐商品和服务。

2.消费者组织的职责。消费者协会履行下列公益性职责：(1)向消费者提供消费信息和咨询服务，提高消费者维护自身合法权益的能力，引导文明、健康、节约资源和保护环境的消费方式；(2)参与制定有关消费者权益的法律、法规、规章和强制性标准；(3)参与有关行政部门对商品和服务的监督、检查；(4)就有关消费者合法权益的问题，向有关部门反映、查询，提出建议；(5)受理消费者的投诉，并对投诉事项进行调查、调解；(6)投诉事项涉及商品和服务质量问题的，可以委托具备资格的鉴定人鉴定，鉴定人应当告知鉴定意见；(7)就损害消费者合法权益的行为，支持受损害的消费者提起诉讼或者依照《消费者权益保护法》提起诉讼；(8)对损害消费者合法权益的行为，通过大众传播媒介予以揭露、批评。

3.政府对消费者组织的支持。各级人民政府对消费者协会履行职责应当予以必要的经费等支持。有关行政部门应当认真听取消费者协会的意见和建议。对于消费者协会向有关行政部门反映的侵害消费者合法权益的问题，有关行政部门应当及时调查处理并予以回复；对于立案查处的案件，有关行政部门应当将处理结果告知消费者协会。

4.消费者组织的维权协调。消费者协会可以就消费者权益保护事项向有关经营者、行业组织提出改进意见或者进行指导谈话，加强消费者、经营者、行业组织、专业机构、有关行政部门等各相关方的组织协调，推动解决涉及消费者合法权益保护的重要问题。

5.消费者组织的公益诉讼。对侵害众多消费者合法权益的行为，中国消费者协会以及在省、自治区、直辖市设立的消费者协会，可以向人民法院提起诉讼。

四、争议的解决

(一)争议解决的途径

消费者和经营者发生消费者权益争议的，可以通过下列途径解决。

1.与经营者协商和解。当消费者和经营者因商品或服务发生争议时，协商和解应作为首选方式，特别是因误解产生的争议，通过解释、谦让及其他补救措施，便可化解矛盾，平息争议。协商和解必须在自愿平等的基础上进行。重大纠纷，双方立场对立严重，要求相去甚远的，可寻求其他解决方式。

2.请求消费者协会或者依法成立的其他调解组织调解。消费者协会是依法成立的对商品和服务进行社会监督的保护消费者合法权益的社会组织。消费者协会的职能之一是对消费者的投诉事项进行调查、调解。消费者协会作为保护消费者合法权益的社会组织，调解经营者和消费者之间的争议，应依照法律、行政法规及公认的商业道德进行，并由双方自愿接受和执行。“依法成立的其他调解组织”，目前主要指依据《人民调解法》由村民委员会、居民委员会、企业事业单位等基层组织设立的人民调解委员会。人民调解委员会是调解民间纠纷的群众性组织。经人民调解委员会调解达成调解协议，人民法院依法确认有效的，可以强制执行。

3.向有关行政部门投诉、举报。政府有关行政部门依法具有规范经营者的经营行为、维护消费者合法权益和市场经济秩序的职能。消费者权益争议涉及的领域很广，当权益受到侵害时，消费者可根据具体情况，向不同的行政职能部门，如市场监督管理部门、食品安全监督管理部门等投诉，求得行政救济。消费者向有关行政部门投诉的，该部门应当自收到投诉之日起7个工作日内予以处理并告知消费者。消费者以及其他个人、组织可以向有关行政部门举报，反映经营者涉嫌违法的线索。投诉、举报应当遵守法律、法规和有关规定，不得利用投诉、举报牟取不正当利益，侵害经营者的合法权益，扰乱市场经济秩序。有关行政部门受理投诉后，消费者和经营者同意调解的，有关行政部门应当依据职责及时调解，并在受理之日起60日内调解完毕；调解不成的应当终止调解。

4.提请仲裁。由仲裁机构解决争端，在国际国内商贸活动中被广泛采用。消费者权益争议亦可通过仲裁途径予以解决。不过，仲裁必须具备的前提条件是双方订有书面仲裁协议(或书面仲裁条款)。在一般的消费活动中，大多数情况下没有必要也没有条件签订仲裁协议。因此，在消费领域，很少有以仲裁方式解决争议的。

5.向人民法院提起诉讼。消费者权益受到损害时，可径直向人民法院起诉，也可因不服行政处罚决定而向人民法院起诉。司法审判具有权威性、强制性，是解决各种争议的最后手段。

消费者为求公正解决争议，可依法行使诉权。

6.消费者公益诉讼。根据现行法律，中国消费者协会以及在省、自治区、直辖市设立的消费者协会，对经营者侵害众多不特定消费者合法权益或者具有危及消费者人身、财产安全危险等损害社会公共利益的行为，可以提起消费民事公益诉讼。人民检察院在履行职责中发现食品药品安全领域侵害众多消费者合法权益的行为，在没有法律规定的消费者组织提起诉讼或者消费者组织不提起诉讼的情况下，可以向人民法院提起诉讼。消费者组织提起诉讼的，人民检察院可以支持起诉。

（二）解决争议的若干特殊规则

1.销售者的先行赔付义务。消费者在购买、使用商品时，其合法权益受到损害的，可以向销售者要求赔偿。销售者赔偿后，属于生产者的责任或者属于向销售者提供商品的其他销售者的责任的，销售者有权向生产者或者其他销售者追偿。

2.生产者与销售者的连带责任。消费者或者其他受害人因商品缺陷造成人身、财产损害的，可以向销售者要求赔偿，也可以向生产者要求赔偿。属于生产者责任的，销售者赔偿后，有权向生产者追偿。属于销售者责任的，生产者赔偿后，有权向销售者追偿。对消费者而言，销售者与生产者承担的是一种连带责任。

3.消费者在接受服务时，其合法权益受到损害时，可以向服务者要求赔偿。

4.变更后的企业仍应承担赔偿责任。消费者在购买、使用商品或者接受服务时，其合法权益受到损害，因原企业分立、合并的，可以向变更后承受其权利义务的企业要求赔偿。

5.营业执照持有人与租借人的赔偿责任。使用他人营业执照的违法经营者提供商品或者服务，损害消费者合法权益的，消费者可以向其要求赔偿，也可以向营业执照的持有人要求赔偿。

6.展销会举办者、柜台出租者的特殊责任。消费者在展销会、租赁柜台购买商品或者接受服务，其合法权益受到损害的，可以向销售者或服务者要求赔偿。展销会结束或者柜台租赁期满后，也可以向展销会的举办者、柜台的出租者要求赔偿。展销会的举办者、柜台的出租者赔偿后，有权向销售者或者服务者追偿。

7.网络交易平台提供者的责任。消费者通过网络交易平台购买商品或者接受服务，其合法权益受到损害的，可以向销售者或者服务者要求赔偿。网络交易平台提供者不能提供销售者或者服务者的真实名称、地址和有效联系方式的，消费者也可以向网络交易平台提供者要求赔偿；网络交易平台提供者作出更有利于消费者的承诺的，应当履行承诺。网络交易平台提供者赔偿后，有权向销售者或者服务者追偿。网络交易平台提供者明知或者应知销售者或者服务者利用其平台侵害消费者合法权益，未采取必要措施的，依法与该销售者或者服务者承担连带责任。

8.关于虚假广告或者其他虚假宣传的责任。消费者因经营者利用虚假广告或者其他虚假宣传方式提供商品或者服务，其合法权益受到损害的，可以向经营者要求赔偿。广告经营者、发布者发布虚假广告的，消费者可以请求行政主管部门予以惩处。广告经营者、发布者不能提供经营者的真实名称、地址和有效联系方式的，应当承担赔偿责任。广告经营者、发布者设计、制作、发布关系消费者生命健康商品或者服务的虚假广告，造成消费者损害的，应当与提供该商品或者服务的经营者承担连带责任。社会团体或者其他组织、个人在关系消费者生命健康商品或者服务的虚假广告或者其他虚假宣传中向消费者推荐商品或者服务，造成消费者损害的，应当与提供该商品或者服务的经营者承担连带责任。

五、违反消费者权益保护法的法律责任

对侵害消费者合法权益的行为，消费者权益保护法区分了不同情况，规定经营者应分别或者同时承担民事责任、行政责任和刑事责任。

（一）民事责任

1.一般规定。经营者提供商品或者服务有下列情形之一的，除消费者权益保护法另有规定外，应当依照其他有关法律、法规的规定，

承担民事责任：(1)商品或者服务存在缺陷的；(2)不具备商品应当具备的使用性能而出售时未做说明的；(3)不符合在商品或者其包装上注明采用的商品标准的；(4)不符合商品说明、实物样品等方式表明的质量状况的；(5)生产国家明令淘汰的商品或者销售失效、变质的商品的；(6)销售的商品数量不足的；(7)服务的内容和费用违反约定的；(8)对消费者提出的修理、重作、更换、退货、补足商品数量、退还货款和服务费用或者赔偿损失的要求，故意拖延或者无理拒绝的；(9)法律、法规规定的其他损害消费者权益的情形。

经营者对消费者未尽到安全保障义务，造成消费者损害的，应当承担侵权责任。

当侵犯消费者权益的行为同时符合消费者权益保护法和普通民事法律的民事责任要件时，消费者有权选择适用消费者权益保护法请求保护。

2.特别规定。针对实践中存在的突出问题，消费者权益保护法对于侵犯消费者合法权益的民事责任还有如下特别规定：

(1)人身伤害的民事责任。经营者提供商品或服务，造成消费者或其他人受伤、残疾、死亡的，应承担下列责任：①造成消费者或者其他受害人人身伤害的，应当赔偿医疗费、护理费、交通费等为治疗和康复支出的合理费用，以及因误工减少的收入；②造成残疾的，还应当赔偿残疾者生活辅助具费和残疾赔偿金；③造成死亡的，应当赔偿丧葬费和死亡赔偿金。

(2)侵犯人格尊严、人身自由的民事责任。经营者侵害消费者的人格尊严、侵犯消费者人身自由或者侵害消费者个人信息依法得到保护的权利的，应当停止侵害、恢复名誉、消除影响、赔礼道歉，并赔偿损失。经营者有侮辱诽谤、搜查身体、侵犯人身自由等侵害消费者或者其他受害人人身权益的行为，造成严重精神损害的，受害人可以要求精神损害赔偿。

(3)财产损害的民事责任。经营者提供商品或者服务，造成消费者财产损害的，应当以修理、重作、更换、退货、补足商品数量、退还货款和服务费用或者赔偿损失等方式承担民事责任。

(4)经营者欺诈行为的惩罚性赔偿。《消费者权益保护法》第55条第1款规定：经营者提供商品或者服务有欺诈行为的，应当按照消费者的要求增加赔偿其受到的损失，增加赔偿的金额为消费者购买商品的价款或者接受服务的费用的3倍；增加赔偿的金额不足500元的，为500元。法律另有规定的，依照其规定。但是，通过夹带、调包、造假、篡改商品生产日期、捏造事实等方式骗取经营者的赔偿或者对经营者进行敲诈勒索的，不适用上述惩罚性规定。

上述惩罚性赔偿属于特别法上的责任规则。设定这一规则的目的：一是惩罚损害消费者权益的欺诈行为人，特别是制造、销售假货的经营者；二是鼓励消费者同欺诈行为作斗争。这里需要注意两点：

第一，关于欺诈消费者行为的概念及判断标准。《消费者权益保护法》第55条所称的欺诈行为，是指经营者在提供的商品或服务中，以虚假陈述、隐瞒实情等不正当手段误导消费者，使消费者权益受到损害的行为。实践中，对“欺诈行为”应当以客观检验法认定，即根据经营者在出售商品或提供服务时所采用的手段和一般消费者的辨识能力来加以判断。所以，只要证明下列事实存在，即可认定经营者构成欺诈：其一，经营者对其商品或服务的说明存在虚假陈述或隐瞒实情，足以使一般消费者受到误导。其二，消费者因受误导而接受了经营者的商品或服务，而一般消费者在此情况下如果知道事实真相即不会接受该商品或服务，或者只会按实质不同的合同条款接受该商品或服务。

第二，关于赔偿数额。对经营者的欺诈行为，消费者不仅可以获得补偿性的赔付，还可要求增加赔偿额。增加赔偿的金额为消费者购买商品的价款或者接受服务的费用的3倍。由于增加的这部分赔偿金额是超出消费者的实际损失的，因此带有惩罚性质。这里所说的补偿，包括消费者为接受商品或服务已经支付的价款或费用，以及其他相关开支(如运费、交通费等)和人身、财产损失，均按照“完全填补”的原则予以赔付。所谓的惩罚性赔偿，则应在补偿性赔付之外另行计算。例如，消费者花1000元购买了一盒假药，经营者除返还1000元价款和赔偿其他实际损失外，还应当支付3000元的惩罚性赔偿。

（5）故意侵权的加重责任。经营者明知商品或者服务存在缺陷，仍然向消费者提供，造成消费者或者其他受害人死亡或者健康严重损害的，受害人有权要求经营者依法承担人身伤害赔偿和精神损害赔偿，并有权要求所受损失2倍以下的惩罚性赔偿。例如，如果经营者是故意售假，消费者的孩子服用假药后死亡，则消费者除要求支付以上所述的补偿性赔偿和惩罚性赔偿外，还有权要求经营者支付抢救费、丧葬费和死亡赔偿金等损失赔偿，并且支付该损失赔偿总额2倍以下的惩罚性赔偿（假如该损失赔偿额为100万元，则该惩罚性赔偿最高可达200万元）。

（6）预收款方式提供商品或服务的责任。在某些情况下，经营者先预收部分款项，提供商品或服务后再与消费者进行结算。经营者以预收款方式提供商品或服务的，应当按照约定提供。未按照约定提供的，应依照消费者的要求履行约定或者退回预付款；并应当承担预付款的利息、消费者必须支付的合理费用。

（7）行政查处后的退货责任。依法经有关行政部门认定为不合格的商品，消费者要求退货的，经营者应当负责退货。

（二）行政责任

1.应承担行政责任的情形。

有下列情形之一的，经营者应承担行政责任：（1）提供的商品或者服务不符合保障人身、财产安全要求的；（2）在商品中掺杂、掺假，以假充真，以次充好，或者以不合格商品冒充合格商品的；（3）生产国家明令淘汰的商品或者销售失效、变质的商品的；（4）伪造商品的产地，伪造或者冒用他人的厂名、厂址，篡改生产日期，伪造或者冒用认证标志等质量标志的；（5）销售的商品应当检验、检疫而未检验、检疫或者伪造检验、检疫结果的；（6）对商品或者服务做虚假或者引人误解的宣传的；（7）拒绝或者拖延有关行政部门责令对缺陷商品或者服务采取停止销售、警示、召回、无害化处理、销毁、停止生产或者服务等措施的；（8）对消费者提出的修理、重作、更换、退货、补足商品数量、退还货款和服务费用或者赔偿损失的要求，故意拖延或者无理拒绝的；（9）侵害消费者的人格尊严、侵犯消费者人身自由或者侵害消费者个人信息依法得到保护的权利的；（10）法律、法规规定的对损害消费者权益应当予以处罚的其他情形。

2.行政处罚。

（1）处罚依据。对《消费者权益保护法》第56条列举的情形，《产品质量法》《食品安全法》《广告法》《价格法》等相关法律法规对处罚机关和处罚方式有规定的，应依照其规定执行；若法律、法规没有规定的，由市场监督管理部门进行处罚。

（2）处罚方式。对上述十种违法情形的处罚方式有：责令改正，警告，没收违法所得，处以违法所得1倍以上10倍以下的罚款，没有违法所得的，处以50万元以下的罚款；情节严重的，责令停业整顿、吊销营业执照。除此之外，处罚机关还应当将经营者受处罚的情况记入信用档案，向社会公布。

（3）民事责任优先。经营者违反《消费者权益保护法》的规定，应当承担民事赔偿责任和缴纳罚款、罚金，其财产不足以同时支付的，先承担民事赔偿责任。

（4）行政复议与诉讼。为防止行政机关滥用权力作出对经营者不公的处罚，《消费者权益保护法》规定，经营者对行政处罚决定不服的，可以依法申请行政复议或者提起行政诉讼。

（三）刑事责任

对违反消费者权益保护法的下列行为，依法追究刑事责任：（1）经营者违反本法规定提供商品或者服务，侵害消费者合法权益，构成犯罪的；（2）以暴力、威胁等方法阻碍有关行政部门工作人员依法执行职务的（未使用暴力、威胁方法的，则由公安机关依照《治安管理处罚法》的规定处罚）；（3）国家机关工作人员玩忽职守或者包庇经营者侵害消费者合法权益的行为情节严重，构成犯罪的。

第二节　产品质量法

一、产品质量法概述

(一)产品质量法的调整对象

产品质量法是调整产品质量监督管理关系和产品质量责任关系的法律规范的总称。广义的产品质量法包括所有调整产品质量及产品责任关系的法律、法规。通常所说的产品质量法是指狭义的产品质量法，即1993年2月22日颁布，自1993年9月1日起施行的《产品质量法》。该法于2000年7月8日、2009年8月27日、2018年12月29日三次修正。

在我国境内从事产品生产、销售活动的企业、其他组织和个人(包括外国人)均必须遵守《产品质量法》。具体来说，产品质量法调整的法律关系包括以下三个方面：

1.产品质量监督管理关系，即各级技术质量监督部门、市场监督管理部门在产品质量的监督检查、行使行政处罚权时与市场经营主体所发生的法律关系。

2.产品质量责任关系，即因产品质量问题引起的消费者与生产者、销售者之间的法律关系，包括因产品缺陷导致的人身、财产损害在生产者、销售者、消费者之间所产生的损害赔偿法律关系。

3.产品质量检验、认证关系，即因中介服务所产生的中介机构与市场经营主体之间的法律关系，因产品质量检验和认证不实损害消费者利益而产生的法律关系。

(二)产品质量法的立法宗旨

《产品质量法》第1条明确指出该法的立法目的，可从以下几个方面加以理解：

1.加强质量监督管理，提高产品质量水平。为了全社会的利益，加强对产品质量的监督管理，提高产品质量水平，是政府的责任。运用法律手段，规范产品质量，是现代社会的要求。

2.明确产品质量责任。要提高产品质量水平，必须明确研制、生产、销售的各个环节对产品质量所担负的责任；对产品质量进行管理监督，则必须分清政府有关部门、质量检验中介机构及各个企业的产品质量责任。《产品质量法》对各种主体的义务和责任做了明确的划分。

3.保护消费者的合法权益，维护社会经济秩序。加强管理，明确责任，其根本目的在于保护消费者的合法权益，促进生产、消费、再生产的良性循环，保障社会经济的正常秩序。《产品质量法》通过建立质量监督、质量检验、产品质量责任分配、违法制裁等规则，较好地体现了这一目的。

二、产品标准、产品质量与产品质量责任

(一)产品与产品标准和质量

1.产品的概念。《产品质量法》所称的产品，是指经过加工、制作，用于销售的产品。因此，天然的物品、不用于销售的物品，不属于该法所说的产品。另外，由于建设工程、军工产品在质量监督管理方面的特殊性，它们被排除在该法所称的产品范围之外，另由专门的法律予以调整；但建设工程所用的建筑材料、建筑构配件和设备、军工企业生产的民用产品，适用该法的规定。因核设施、核产品造成损害的赔偿责任，法律、行政法规另有规定的，依照其规定。

2.产品标准。产品标准是对产品所作的技术规定，它是判断产品合格与否的主要依据。《产品质量法》第12条规定，产品质量应当检验合格。所谓合格，是指产品的质量状况符合标准中规定的具体指标。我国现行的标准分为国家标准、行业标准、地方标准和经备案的企业标准。凡有国家标准、行业标准的，必须符合该标准；没有国家标准、行业标准的，允许适用其他标准，但必须符合保障人体健康及人身、财产安全的要求。同时，国家鼓励企业赶超国际先进水平。对不符合国家标准、行业标准的产品，不符合保障人体健康和人身、财产安全标准和要求的工业产品，禁止生产和销售。

3.产品质量。国际标准化组织规定的产品质量的定义是，产品能满足规定的或者潜在需

要的特性和其他特性的总和。所谓总和，是指在标准中规定的产品的安全性、适用性、可靠性、维修性、有效性、经济性等质量指标，它反映、代表了产品的质量状况。根据产品标准进行检验，符合标准的即是合格产品，方可认为达到了质量要求。

（二）产品质量责任

产品质量责任，是指产品的生产者、销售者以及对产品质量负有直接责任的人违反产品质量法规定的产品质量义务应承担的法律后果。在下列三种情况下，可判定上述主体应承担产品质量责任：

1.违反默示担保义务。默示担保义务是指法律、法规对产品质量所作的强制性要求，即使当事人之间有合同的约定，也不能免除和限制这种义务。它要求生产、销售的产品应该具有安全性和普通公众期待的使用性能，因此是对产品内在质量的基本要求。违反该义务，无论是否造成了消费者的损失，均应承担产品质量责任。

2.违反明示担保义务。明示担保义务是指生产者、销售者以各种公开的方式，就产品质量向消费者所作的说明或者陈述。这些方式，如订立合同，体现于产品标识及说明书中，展示实物样品，做广告宣传等。一旦生产者、销售者以上述方式明确表示产品所依据和达到的质量标准，就产生了明示担保义务。如果产品质量不符合承诺的标准，必须承担相应的法律责任。

3.产品存在缺陷。产品缺陷是指产品存在危及人身、他人财产安全的不合理的危险；产品有保障人体健康和人身、财产安全的国家标准、行业标准的，是指不符合该标准。在大部分国家的相关法律中，产品存在不合理的危险，是认定产品存在缺陷的核心标准。合理的危险是不可避免的危险，不是产品缺陷，但要如实说明，如香烟一般都含有焦油，否则便无香味，包装上应明确注明“吸烟有害健康”。我国的《产品质量法》不仅保留了安全性条款，还将产品标准条款引入产品缺陷领域，使产品缺陷认定在许多场合下变得更容易进行，亦更有利于对消费者权益的保护。

产品质量责任与产品责任是两个相关却不相同的概念。两者都是经营者违反产品质量法应承担的法律责任，但产品责任专指因产品缺陷引起的赔偿责任，这一点在法学界已达成共识。

三、产品质量监督

（一）政府对产品质量的宏观管理

产品质量法对政府宏观管理产品质量的职能提出了明确具体的要求：

1.加强统筹规划和组织领导。《产品质量法》第7条要求：各级人民政府应当把提高产品质量纳入国民经济和社会发展规划，加强对产品质量工作的统筹规划和组织领导，引导、督促生产者、销售者加强产品质量管理，提高产品质量，组织各有关部门依法采取措施，制止产品生产、销售中违反《产品质量法》规定的行为，保障《产品质量法》的实施。

2.鼓励与奖励。《产品质量法》第6条明确规定：鼓励推行科学的质量管理方法，采用先进的科学技术，鼓励企业产品质量达到并超过行业标准、国家标准和国际标准；对产品质量管理先进和产品质量达到国际先进水平、成绩显著的单位和个人，给予奖励。

3.运用法律手段，强化个人责任。《产品质量法》第9条规定：各级人民政府工作人员和其他国家机关工作人员不得滥用职权、玩忽职守或者徇私舞弊，包庇、放纵本地区、本系统发生的产品生产、销售中违反该法规定的行为，或者阻挠、干预依法对这些行为进行查处。各级地方人民政府和其他国家机关有包庇、放纵产品生产、销售中违反该法规定的行为的，依法追究其主要负责人的法律责任。

（二）产品质量的行政监督

1.产品质量行政监督部门。

（1）国务院市场监督管理部门主管全国产品质量监督工作。国务院有关部门在各自的职责范围内负责产品质量监督工作。县级以上地方市场监督管理部门主管本行政区域内的产品质量监督工作。这里的市场监督管理部门是指国家及地方各级市场监督管理局；有关部门是指各级卫生行政部门、劳动部门、商品检验部门等，它们依相关法律授予各自的职权，对某些特定产品的质量进行监督。

（2）市场监督管理部门的职权。为增强《产品质量法》的刚性，使市场监督管理部门有职有权依法行政，有效扭转假冒伪劣产品屡打不绝的局面，该法规定，县级以上市场监督管理部门根据已经取得的违法嫌疑证据或者举报，对涉嫌违反该法规定的行为进行查处时，可以行使下列职权：①对当事人涉嫌从事违反本法的生产、销售活动的场所实施现场检查；②向当事人的法定代表人、主要负责人和其他有关人员调查、了解与涉嫌从事违反本法的生产、销售活动有关的情况；③查阅、复制当事人有关的合同、发票、账簿以及其他有关资料；④对有根据认为不符合保障人体健康和人身、财产安全的国家标准、行业标准的产品或者有其他严重质量问题的产品，以及直接用于生产、销售该项产品的原辅材料、包装物、生产工具，予以查封或者扣押。

2.产品质量监督管理制度的主要内容。根据《产品质量法》规定，产品质量监督管理制度主要由下列内容构成：

（1）产品质量抽查制度。该制度是国家对产品质量监管的基本制度之一。监督的主要方式是抽查，根据监督抽查的需要，可对产品进行检验。抽查的重点，是可能危及人体健康和人身、财产安全的产品，影响国计民生的重要工业产品以及消费者、有关组织反映有质量问题的产品。对抽查的要求，该法规定：抽查的样品应当在市场上或企业成品仓库内的待销产品中随机抽取；不得向被检查人收取检验费用，抽取样品的数量也不得超过检验的合理需要。生产者、销售者对抽查检验结果有异议的，可以在规定的时间内向监督抽查部门或者上级市场监督管理部门申请复检。为避免重复抽查，国家监督抽查的产品，地方不得另行重复抽查；上级监督抽查的产品，下级不得另行重复抽查。

（2）质量状况信息发布制度。为使质量监督管理工作公开、透明，使社会公众及时了解产品质量状况，引导和督促市场经营主体切实提高产品质量，该法规定，国务院和省、自治区、直辖市人民政府的市场监督管理部门应当定期发布其监督抽查的产品的质量状况公告。政府质量信息发布是消费者知情权的基本要求，也是行使监督权的前提条件，政府有关部门必须依法履行该项职责。

（3）企业质量体系认证制度及产品质量认证制度。企业质量体系认证是由独立的认证机构对企业的质量保证和质量管理能力所作的综合评定，它是由企业自愿申请，由认证机构依据国家颁布的标准依法进行的（该标准与国际通用的ISO 9000《质量管理和质量保证》系列标准等同）。产品质量认证是依据产品标准和相应的技术要求，由独立的认证机构确认某一产品符合相应标准和相应技术要求的活动。对于认证合格的企业和产品，认证机构发给相应的标志和证书，企业可在产品标识、包装或广告宣传中使用，使产品更具竞争力，并为企业进入国际市场提供通行证。

（三）产品质量的社会监督

1.公民个人的监督权。消费者有权就产品质量问题进行查询，有权向市场监督管理部门及有关部门申诉，接受申诉的部门应当负责处理。

2.社会组织的监督权。保护消费者权益的社会组织可以就消费者反映的产品质量问题建议有关部门负责处理，支持消费者对因产品质量造成的损害向人民法院起诉。

3.公众的检举权。任何单位和个人有权对违反《产品质量法》规定的行为，向市场监督管理部门或者其他有关部门检举。市场监督管理部门和有关部门应当为检举人保密，并按照省、自治区、直辖市人民政府的规定给予奖励。

（四）产品质量检验、认证机构

1.产品质量检验机构。产品质量检验机构是指专门承担产品质量检验工作的法定技术机构。产品质量检验机构分为两类：一类是依法设置的县级以上政府技术监督部门所属的产品质量检验所；另一类是经授权依法从事产品质量检验的机构，如由省级以上技术监督部门授权的国家级产品质量监督检验中心、产品质量监督检验站等。

2.产品质量认证机构。产品质量认证工作应由专门的机构进行，我国的产品质量认证是由专门的认证委员会完成的。认证委员会在国务院标准化行政主管部门统一管理下，以独立于生产者、销售者的第三方身份开展认证活动。

3.对产品质量检验、认证机构的基本要求。

（1）从事产品质量检验、认证的社会中介机构必须依法设立，不得与行政机关和其他国家机关存在隶属关系或者其他利益关系。

（2）产品质量检验机构必须具备相应的检测条件和能力，经省级以上人民政府市场监督管理部门或者其授权的部门考核合格后，方可承担产品质量检验工作。

（3）产品质量检验、认证机构必须依法按照有关标准，客观、公正地出具检验结果或者认证证明。认证机构还应对准许使用认证标志的产品进行认证后的跟踪检查，对不符合标准的，可要求其改正；情节严重的，取消其使用认证标志的资格。

四、生产者、销售者的产品质量义务

（一）生产者的产品质量义务

生产者的义务包括作为的义务和不作为的义务。

1.作为的义务。

（1）产品质量应符合下列要求：①不存在危及人身、财产安全的不合理危险，有国家标准、行业标准的应当符合该标准。②具备产品应当具备的使用性能，但是对产品存在使用性能的瑕疵作出说明的除外。③符合在产品或者其包装上注明采用的产品标准，符合以产品说明、实物样品的方式表明的质量状况。

（2）包装及产品标识应当符合下列要求：①特殊产品（如易碎、易燃、易爆的物品，有毒、有腐蚀性、有放射性的物品，其他危险物品，储运中不能倒置和有其他特殊要求的产品）的标识、包装质量必须符合相应的要求，依照规定作出警示标志或者中文警示说明。②普通产品，应有产品质量检验的合格证明，有中文标明的产品名称、生产厂的厂名和地址；根据需要标明产品规格、等级、主要成分；限期使用的产品，应标明生产日期和安全使用期或者失效日期；使用不当，容易造成产品本身损坏或者可能危及人身、财产安全的产品，应当有警示标志或者中文警示说明。

2.不作为的义务。主要包括：（1）不得生产国家明令淘汰的产品；（2）不得伪造产地，不得伪造或者冒用他人的厂名、厂址；（3）不得伪造或者冒用认证标志等质量标志；（4）不得掺杂、掺假，不得以假充真、以次充好，不得以不合格产品冒充合格产品。

（二）销售者的产品质量义务

1.进货验收义务。销售者应当建立并执行进货检查验收制度。该制度相对消费者及国家市场管理秩序而言是销售者的义务，相对供货商而言则是销售者的权利。严格执行进货验收制度，可以防止不合格产品进入市场，可以为准确判断和区分生产者及销售者的产品质量责任提供依据。

2.保持产品质量的义务。销售者进货后应对保持产品质量负责，以防止产品变质、腐烂，丧失或降低使用性能，产生危害人身、财产的瑕疵等。如果进货时的产品符合质量要求，销售时发生质量问题的，销售者应当承担相应的责任。

3.有关产品标识的义务。销售者在销售产品时，应保证产品标识符合《产品质量法》对产品标识的要求，符合进货时验收的状态，不得更改、覆盖、涂抹产品标识，以保证产品标识的真实性。

4.不得违反禁止性规范。对销售者而言，法律规定的禁止性规范有以下几项：（1）不得销售国家明令淘汰并停止销售的产品和失效、变质的产品；（2）不得伪造产地，不得伪造或者冒用他人的厂名、厂址；（3）不得伪造或者冒用认证标志等质量标志；（4）不得掺杂、掺假，不得以假充真、以次充好，不得以不合格产品冒充合格产品。

五、产品责任

（一）产品责任的归责原则

归责原则，是指确定行为人承担法律责任

的理由和根据。关于产品缺陷责任的归责原则，过去一般采取主观主义标准，以主观过错作为承担责任的依据；现代多采取客观主义标准，只要因产品缺陷造成人身、他人财产损害的，无论有无过错，均应负赔偿责任。归责原则由过错原则发展为严格责任原则，反映了经营者与消费者在社会经济领域里力量消长的变化轨迹。

我国《产品质量法》则对生产者、销售者的产品缺陷责任分别做了不同的规定。

1.生产者的严格责任。因产品存在缺陷造成人身、他人财产损害的，生产者应当承担赔偿责任。也就是说，无论生产者出于什么样的主观心理状态，都应承担赔偿责任。因此，这是一种严格责任。但严格责任不同于绝对责任，它仍然是一种有条件的责任。《产品质量法》同时规定了法定免责条件，即生产者能够证明有下列情形之一的，不承担赔偿责任：(1)未将产品投入流通的；(2)产品投入流通时，引起损害的缺陷尚不存在的；(3)将产品投入流通时的科学技术水平尚不能发现缺陷的存在的。

2.销售者的过错责任。由于销售者的过错使产品存在缺陷，造成人身、他人财产损害的，销售者应当承担赔偿责任。但销售者如果能够证明自己没有过错，则不必承担赔偿责任。销售者不能指明缺陷产品的生产者也不能指明缺陷产品的供货者的，销售者应当承担赔偿责任。可见，这里的过错是一种推定过错，销售者负有举证责任，否则不能免除赔偿责任。

(二)损害赔偿

因产品责任引起的损害赔偿，规定在《产品质量法》第四章。归纳起来，主要解决了下列问题：

1.产品缺陷责任的求偿对象。为便于消费者行使权利，《产品质量法》赋予消费者选择起诉对象的权利，并规定了生产者和销售者之间的连带责任。该法规定：因产品存在缺陷造成人身、他人财产损害的，受害人既可以向产品的生产者要求赔偿，也可以向产品的销售者要求赔偿。属于产品的生产者的责任，产品的销售者赔偿后，有权向产品的生产者追偿。属于产品的销售者的责任，产品的生产者赔偿后，有权向产品的销售者追偿。

2.赔偿范围。

(1)人身伤害的赔偿范围。分为三种情况：第一，因产品存在缺陷造成受害人人身伤害的，侵害人应当赔偿医疗费、治疗期间的护理费、因误工减少的收入等费用；第二，造成残疾的，还应支付残疾者的生活自助具费、生活补助费、残疾赔偿金，以及由其扶养的人所必需的生活费等；第三，造成受害人死亡的，并应当支付丧葬费、死亡赔偿金，以及由死者生前扶养的人所必需的生活费等。由此可见，现行《产品质量法》规定的对人身伤害的赔偿范围与《消费者权益保护法》完全一致。

(2)财产损害的赔偿范围。对于因产品存在缺陷造成受害人财产损失的，《产品质量法》规定：侵害人应当恢复原状或者折价赔偿；受害人因此遭受其他重大损失的，侵害人应当赔偿损失。

(三)诉讼时效与请求权

1.诉讼时效。因产品缺陷造成损害要求赔偿的诉讼时效期间为2年，自当事人知道或者应当知道其权益受到损害时起计算。

2.请求权。损害赔偿的请求权是指权利人的权利受到侵害时，受害人享有的要求侵权人给予赔偿损失的权利。《产品质量法》规定：因产品存在缺陷造成损害要求赔偿的请求权，在造成损害的缺陷产品交付最初消费者满10年丧失；但是，尚未超过明示的安全使用期的除外。可见，损害赔偿的请求权是一种实体权利，因受到损害而发生，随后才产生时效的计算问题。

六、违反产品质量法的法律责任

《产品质量法》第五章“罚则”，较全面地规定了对产品质量负有义务的市场经济主体及行使管理监督职责的地方政府、行政监督部门违反该法应承担的法律责任，与产品质量有关的其他社会组织的法律责任。

(一)产品质量的赔偿责任

1.销售者的先行负责及赔偿义务。我国的《产品质量法》同时是一部产品质量责任法。该法规定，售出的产品有下列情形之一的，销售者应当负责修理、更换、退货；给购买产品的消费者造成损失的，销售者应当赔偿损失：(1)不具备产品应当具备的使用性能而事先未做说明的；(2)不符合在产品或者其包装上注明采用的产品标准的；(3)不符合以产品说明、实物样品等方式表明的质量状况的。

2.销售者的追偿权。销售者依照上述规定负责修理、更换、退货、赔偿损失后，属于生产者的责任或者属于向销售者提供产品的其他销售者(以下简称供货者)的责任的，销售者有权向生产者、供货者追偿。

由于在绝大多数情况下，消费者只知销售者为何人，且双方存在买卖合同关系，法律规定首先由销售者承担赔偿责任是非常明智的。同时，为了充分尊重合同当事人的定约自由权，该法规定：生产者之间，销售者之间，生产者与销售者之间订立的买卖合同、承揽合同对责任承担顺序有不同约定的，合同当事人按照合同约定执行。

(二)生产者、销售者的行政责任

为了加强对产品质量的监督管理，杜绝产品事故隐患，《产品质量法》第49～56条规定，明确了生产者、销售者违反产品质量法应承担的行政责任。现分述如下：

1.生产者、销售者违反产品质量法的行为。生产者、销售者有下列行为之一的，由市场监督管理部门给予行政处罚：(1)生产、销售不符合保障人体健康和人身、财产安全的国家标准、行业标准的产品的；(2)在产品中掺杂、掺假，以假充真，以次充好，或者以不合格产品冒充合格产品的；(3)生产国家明令淘汰的产品的，销售国家明令淘汰并停止销售的产品的；(4)销售失效、变质产品的，伪造产地的，伪造或冒用他人厂名、厂址的，伪造或者冒用各种质量标志的；(5)使用的产品标识不符合该法规定的；(6)拒绝接受依法进行的产品质量监督检查的；(7)隐匿、转移、变卖、损毁被依法查封、扣押的物品的。

2.行政处罚的种类。行政处罚的种类包括责令停止违法行为，没收违法所得，罚款，吊销营业执照。拥有行政处罚权的市场监督管理部门、其他行政管理部门应根据具体情节决定处罚的种类及单处还是并处。此外，没收的对象除违法生产、销售的产品和违法所得外，还包括生产者专门用于生产假冒伪劣产品、不合格产品的原辅材料、包装物、生产工具。罚款的幅度最高可达违法生产、销售产品货值金额的3倍。

应当承担民事赔偿责任和缴纳罚款、罚金的，其财产不足以同时支付时，先承担民事赔偿责任。

(三)其他相关人的违法行为及责任

1.为违法行为提供便利条件的责任。已知或应知属于该法规定禁止生产、销售的产品而为其提供运输、保管、仓储等便利条件的，或者提供制假技术的，应没收其收入，并处罚款。

2.服务业经营者的责任。服务业经营者将禁止销售的产品用于经营性服务的，责令停止使用；对知道或应当知道该产品是禁止销售的产品的，依该法对销售者的处罚规定进行处罚。

(四)市场监督管理部门及相关行政部门的法律责任

1.地方政府和国家机关的责任。各级人民政府工作人员和其他国家机关工作人员，有下列行为之一的，给予行政处分；构成犯罪的，依法追究刑事责任：(1)包庇、放纵行为；(2)通风报信、帮助违法当事人逃避查处的行为；(3)阻挠、干预查处行为。

2.市场监督管理部门的法律责任。市场监督管理部门有下列行为的，应承担相应的法律责任：(1)监督抽查中超量索取样品或者向被检查人收取检验费用的，由其上级市场监督管理部门或者监察机关责令退还；情节严重的，对直接负责的主管人员和其他直接责任人员依法给予行政处分。(2)市场监督管理部门或者其他国家机关违反《产品质量法》第25条的规定，向社会推荐产品或者以某种方式参与产品经营活动的，由上级机关或者监察机关责令改正，消除影响，没收违法收入；情节严重的，对直接负责的主管人员和其他直接责任人员依法给予行政处分。产品质量检验机构有此行为的，市场监督管理部门可责令改正，消除影响，没收违法收入及罚款；情节严重的，撤销其质量检验资格。（3）市场监督管理部门的工作人员渎职构成犯罪的，依法追究刑事责任；尚未构成犯罪的，依法给予行政处分。

（五）社会团体、社会中介机构的法律责任

1.检验机构及认证机构的法律责任。

（1）产品质量检验机构、认证机构伪造检验结果或者出具虚假证明的，责令改正，对单位和直接负责的主管人员及其他直接责任人员处以罚款，没收违法所得；情节严重的，取消其检验资格、认证资格。

（2）产品质量检验机构、认证机构出具的检验结果或者证明不实，造成损失的，应当承担相应的赔偿责任；造成重大损失的，撤销其检验资格、认证资格。

（3）产品质量认证机构违反《产品质量法》第21条的规定，不履行质量跟踪检验义务的，对因产品不符合认证标准给消费者造成的损失，与产品的生产者、销售者承担连带责任；情节严重的，撤销其认证资格。

2.社会团体、社会中介机构的承诺、保证责任。社会团体、社会中介机构对产品质量的承诺和保证，对消费者而言，通常比生产者、销售者自己的保证更加有效，如果不实，欺骗性、危害性也更大。为了约束他们的行为，《产品质量法》第58条规定：社会团体、社会中介机构对产品质量作出承诺、保证，而该产品又不符合其承诺、保证的质量要求，给消费者造成损失的，与产品的生产者、销售者承担连带责任。

（六）刑事责任

与《反不正当竞争法》及《消费者权益保护法》相比，《产品质量法》的大量条款涉及刑事责任（详见《刑法》分则第三章第一节）。

第三节　食品安全法

一、食品安全法概述

（一）食品安全法立法背景及立法目的

食品安全法，是指调整与食品安全有关的行为的一系列法律规范的总称。我国于1982年11月19日通过《食品卫生法（试行）》，该法于1995年10月30日修订，形成比较成熟的《食品卫生法》。1995年《食品卫生法》虽然对保证食品安全、保障人民群众的身体健康发挥了重要的积极作用，但是由于食品安全日益成为全球性问题，我国也逐渐暴露出食品标准不统一、对违法行为处罚力度不够、食品检验机构不规范等制度上的瑕疵，再加上食品安全事故不断发生（如2004年的阜阳“大头娃娃”劣质奶粉事件，以及此后的“苏丹红”事件、福寿螺事件等），我国在食品领域的立法重心从“食品卫生”提升到“食品安全”，于2009年2月28日颁布《食品安全法》。从一定的意义上讲，新的《食品安全法》是食品安全事故催生出来的，并且也是第一部冠以“食品安全”字样的法律。

《食品安全法》第1条指出了该法的立法目的：“为了保证食品安全，保障公众身体健康和生命安全，制定本法。”这里包括两个要点：一是保证食品安全，即保证食品无毒、无害，符合应有的营养要求，对人体健康不造成任何急性、亚急性或者慢性危害。这是该法的直接目的。二是保障公众身体健康和生命安全。该条文从公众的健康权和生命权等基本人权的高度揭示食品安全的意义，表明了我国法律“以人为本”的根本宗旨。

最高人民法院于2013年12月9日通过并于2020年、2021年修正的《关于审理食品药品纠纷案件适用法律若干问题的规定》，对因食品、药品质量问题引起的侵权责任纠纷案件和合同纠纷案件审理中的若干问题作出了规定。

2015年4月24日，第十二届全国人民代表大会常务委员会第十四次会议通过了修订的《食品安全法》。该法加强了安全控制，完善了监督管理，强化了法律责任，被人们称为“史上最严”的食品安全法。

2018年12月29日第十三届全国人民代表大会常务委员会第七次会议通过《关于修改〈中华人民共和国产品质量法〉等五部法律的决定》，对《食品安全法》进行了修正，根据2018年《国务院机构改革方案》将“食品药品监督管理部门”修改为“食品安全监督管理部门”等。2021年4月29日，第十三届全国人民代表大会常务委员会第二十八次会议通过《关于修改〈中华人民共和国道路交通安全法〉等八部法律的决定》，对《食品安全法》进行了第二次修正，对食品行业许可制度作了适当调整，对仅销售预包装食品的情形实行备案制。

（二）食品安全法的适用范围

《食品安全法》作为一部调整与食品安全有关行为的专门法律，有其特定的适用范围。根据该法第2条第1款的规定，在我国境内从事下列活动，应受该法约束：（1）食品生产和加工（以下简称食品生产），食品销售和餐饮服务（以下简称食品经营）；（2）食品添加剂的生产经营；（3）用于食品的包装材料、容器、洗涤剂、消毒剂和用于食品生产经营的工具、设备（以下简称食品相关产品）的生产经营；（4）食品生产经营者使用食品添加剂、食品相关产品；（5）食品的贮存和运输；（6）对食品、食品添加剂、食品相关产品的安全管理。

二、食品安全风险监测和评估

食品安全和其他产品安全有共同的地方，也有不同的地方。其特殊性就在于它没有试错机会；一旦发生食品安全事故，将造成重大的甚至是难以弥补的损失。因此，建立和健全食品安全风险监测和评估制度，防范潜在的食品安全风险是非常重要和必要的。

（一）食品安全风险监测

1.食品安全风险监测的对象。国家建立食品安全风险监测制度，对食源性疾病、食品污染以及食品中的有害因素进行监测。

2.实施食品安全风险监测的机构。根据《食品安全法》的规定，国务院卫生行政部门会同国务院食品安全监督管理等部门，制订、实施国家食品安全风险监测计划。省级人民政府卫生行政部门会同同级食品安全监督管理等部门，根据国家食品安全风险监测计划，结合本行政区域的具体情况，制定、调整本行政区域的食品安全风险监测方案，报国务院卫生行政部门备案并实施。

国务院食品安全监督管理部门和其他有关部门获知有关食品安全风险信息后，应当立即核实并向国务院卫生行政部门通报。对有关部门通报的食品安全风险信息以及医疗机构报告的食源性疾病等有关疾病信息，国务院卫生行政部门应当会同国务院有关部门分析研究，认为必要的，及时调整国家食品安全风险监测计划。

承担食品安全风险监测工作的技术机构应当根据食品安全风险监测计划和监测方案开展监测工作，保证监测数据真实、准确，并按照食品安全风险监测计划和监测方案的要求报送监测数据和分析结果。

（二）食品安全风险评估

食品安全风险评估制度，是指运用科学方法，根据食品安全风险监测信息、科学数据以及有关信息，对食品及食品添加剂的生物性、化学性和物理性危害进行检测评定，以揭示或者预示其对人致损风险，为国家制定或者修订相关食品安全国家标准、提出食品安全风险警示及采取有关食品安全措施提供依据的法律制度。

1.食品安全风险评估机构。国务院卫生行政部门负责组织食品安全风险评估工作，成立由医学、农业、食品、营养、生物、环境等方面的专家组成的食品安全风险评估专家委员会进行食品安全风险评估。食品安全风险评估结果由国务院卫生行政部门公布。

对农药、肥料、兽药、饲料和饲料添加剂等的安全性评估，应当有食品安全风险评估专家委员会的专家参加。

食品安全风险评估不得向生产经营者收取费用，采集样品应当按照市场价格支付费用。有关国家标准的，国务院卫生行政部门应当会同国务院食品安全监督管理部门立即制定、修订。

2.食品安全风险评估的作用。食品安全风

险评估结果是制定、修订食品安全标准和对食品安全实施监督管理的科学依据。

经食品安全风险评估，得出食品、食品添加剂、食品相关产品不安全结论的，国务院食品安全监督管理等部门应当依据各自职责立即向社会公告，告知消费者停止食用或者使用，并采取相应措施，确保该食品、食品添加剂、食品相关产品停止生产经营；需要制定、修订相关食品安全国家标准的，国务院卫生行政部门应当会同国务院食品安全监督管理部门立即制定、修订。

国务院食品安全监督管理部门应当会同国务院有关部门，根据食品安全风险评估结果、食品安全监督管理信息，对食品安全状况进行综合分析。对经综合分析表明可能具有较高程度安全风险的食品，国务院食品安全监督管理部门应当及时提出食品安全风险警示，并向社会公布。

县级以上人民政府食品安全监督管理部门和其他有关部门、食品安全风险评估专家委员会及其技术机构，应当按照科学、客观、及时、公开的原则，组织食品生产经营者、食品检验机构、认证机构、食品行业协会、消费者协会以及新闻媒体等，就食品安全风险评估信息和食品安全监督管理信息进行交流沟通。

三、食品安全标准

（一）食品安全标准的效力

食品安全标准，是指国家为了保证食品安全，保障公众身体健康而制定的食品的生产经营者、食品添加剂的生产经营者以及食品相关产品的生产经营者在其经营活动中必须遵守的强制性标准。

食品安全标准可以分为食品安全国家标准和食品安全地方标准。食品安全国家标准，是指由国务院卫生行政部门依照法定职权和法定程序制定的，并经食品安全国家标准审评委员会审查通过的食品安全标准。食品安全地方标准，是指省、自治区、直辖市人民政府卫生行政部门依照法定职权和法定程序，参照有关食品安全国家标准制定，并报国务院卫生行政部门备案的食品安全标准。食品安全国家标准的效力高于地方标准的效力。地方标准的内容，不得与国家标准相抵触，但是可以制定严于国家标准的地方标准。

在没有食品安全国家标准或地方标准的情况下，企业可以制定作为本企业使用的食品安全标准，该标准必须向省级卫生行政部门进行备案，且只适用于该企业内部，对他人不具有强制力。

（二）食品安全的国家标准

1.食品安全国家标准的制定。食品安全国家标准由国务院卫生行政部门会同国务院食品安全监督管理部门制定、公布，国务院标准化行政部门提供国家标准编号。

食品中农药残留、兽药残留的限量规定及其检验方法与规程由国务院卫生行政部门、国务院农业行政部门会同国务院食品安全监督管理部门制定。屠宰畜、禽的检验规程由国务院农业行政部门会同国务院卫生行政部门制定。

制定食品安全国家标准，应当依据食品安全风险评估结果并充分考虑食用农产品安全风险评估结果，参照相关的国际标准和国际食品安全风险评估结果，并将食品安全国家标准草案向社会公布，广泛听取食品生产经营者、消费者、有关部门等方面的意见。

2.食品安全国家标准的审查。食品安全国家标准应当经国务院卫生行政部门组织的食品安全国家标准审评委员会审查通过。食品安全国家标准审评委员会由医学、农业、食品、营养、生物、环境等方面的专家以及国务院有关部门、食品行业协会、消费者协会的代表组成，对食品安全国家标准草案的科学性和实用性等进行审查。

（三）食品安全的地方标准和企业标准

对地方特色食品，没有食品安全国家标准的，省级人民政府卫生行政部门可以制定并公布食品安全地方标准，报国务院卫生行政部门备案。食品安全国家标准制定后，该地方标准即行废止。

国家鼓励食品生产企业制定严于食品安全国家标准或者地方标准的企业标准，在本企业适用，并报省级人民政府卫生行政部门备案。

（四）食品安全标准的公布和跟踪评价

省级以上人民政府卫生行政部门应当在其

网站上公布制定和备案的食品安全国家标准、地方标准和企业标准，供公众免费查阅、下载。

省级以上人民政府卫生行政部门应当会同同级食品安全监督管理、农业行政等部门，分别对食品安全国家标准和地方标准的执行情况进行跟踪评价，并根据评价结果及时修订食品安全标准。省级以上人民政府食品安全监督管理、农业行政等部门应当对食品安全标准执行中存在的问题进行收集、汇总，并及时向同级卫生行政部门通报。

食品生产经营者、食品行业协会发现食品安全标准在执行中存在问题的，应当立即向卫生行政部门报告。

四、食品安全控制

（一）食品生产经营中的安全控制制度

1.食品生产经营安全基准及负面清单制度。

（1）安全基准制度。我国《食品安全法》要求食品生产经营应当符合食品安全标准，并符合下列要求：①具有与生产经营的食品品种、数量相适应的食品原料处理和食品加工、包装、贮存等场所，保持该场所环境整洁，并与有毒、有害场所以及其他污染源保持规定的距离。②具有与生产经营的食品品种、数量相适应的生产经营设备或者设施，有相应的消毒、更衣、盥洗、采光、照明、通风、防腐、防尘、防蝇、防鼠、防虫、洗涤以及处理废水、存放垃圾和废弃物的设备或者设施。③有专职或者兼职的食品安全专业技术人员、食品安全管理人员和保证食品安全的规章制度。④具有合理的设备布局和工艺流程，防止待加工食品与直接入口食品、原料与成品交叉污染，避免食品接触有毒物、不洁物。⑤餐具、饮具和盛放直接入口食品的容器，使用前应当洗净、消毒，炊具、用具用后应当洗净，保持清洁。⑥贮存、运输和装卸食品的容器、工具和设备应当安全、无害，保持清洁，防止食品污染，并符合保证食品安全所需的温度、湿度等特殊要求，不得将食品与有毒、有害物品一同贮存、运输。⑦直接入口的食品应当使用无毒、清洁的包装材料、餐具、饮具和容器。⑧食品生产经营人员应当保持个人卫生，生产经营食品时，应当将手洗净，穿戴清洁的工作衣、帽等；销售无包装的直接入口食品时，应当使用无毒、清洁的容器、售货工具和设备。⑨用水应当符合国家规定的生活饮用水卫生标准。⑩使用的洗涤剂、消毒剂应当对人体安全、无害。⑪法律、法规规定的其他要求。这些要求属于强制性规范，违反者将被追究法律责任。

（2）负面清单制度。我国《食品安全法》明文禁止经营下列食品、食品添加剂、食品相关产品：①用非食品原料生产的食品或者添加食品添加剂以外的化学物质和其他可能危害人体健康物质的食品，或者用回收食品作为原料生产的食品；②致病性微生物，农药残留、兽药残留、生物毒素、重金属等污染物质以及其他危害人体健康的物质含量超过食品安全标准限量的食品、食品添加剂、食品相关产品；③用超过保质期的食品原料、食品添加剂生产的食品、食品添加剂；④超范围、超限量使用食品添加剂的食品；⑤营养成分不符合食品安全标准的专供婴幼儿和其他特定人群的主辅食品；⑥腐败变质、油脂酸败、霉变生虫、污秽不洁、混有异物、掺假掺杂或者感官性状异常的食品、食品添加剂；⑦病死、毒死或者死因不明的禽、畜、兽、水产动物肉类及其制品；⑧未按规定进行检疫或者检疫不合格的肉类，或者未经检验或者检验不合格的肉类制品；⑨被包装材料、容器、运输工具等污染的食品、食品添加剂；⑩标注虚假生产日期、保质期或者超过保质期的食品、食品添加剂；⑪无标签的预包装食品、食品添加剂；⑫国家为防病等特殊需要明令禁止生产经营的食品；⑬其他不符合法律、法规或者食品安全标准的食品、食品添加剂、食品相关产品。

2.食品行业许可制度。

（1）食品生产经营许可制度。国家对食品生产经营实行许可制度，即市场准入制度。从事食品生产、食品销售、餐饮服务，应当依法取得许可。销售食用农产品和仅销售预包装食品的，不需要取得许可。仅销售预包装食品的，应当报所在地县级以上地方人民政府食品安全监督管理部门备案。所谓预包装食品，是指预先定量装入包装材料或容器并加标签供直接销售的食品。这类食品的工业化标准化程度较高，安全风险相对较低，降低其市场准入门槛有利于优化营商环境。

县级以上地方人民政府食品安全监督管理部门应当依照《行政许可法》的规定，审核申请人提交的《食品安全法》规定要求的相关资料，必要时对申请人的生产经营场所进行现场核查；对符合规定条件的，准予许可；对不符合规定条件的，不予许可并书面说明理由。

（2）食品添加剂生产许可制度。食品添加剂是指为改善食品品质和色、香、味以及为防腐、保鲜和加工工艺的需要而加入食品中的人工合成或者天然物质，包括营养强化剂。从事食品添加剂生产，应当具有与所生产食品添加剂品种相适应的场所、生产设备或者设施、专业技术人员和管理制度，并依照《食品安全法》第35条第2款规定的程序，取得食品添加剂生产许可。生产食品添加剂应当符合法律、法规和食品安全国家标准。

食品添加剂应当在技术上确有必要且经过风险评估证明安全可靠，方可列入允许使用的范围；有关食品安全国家标准应当根据技术必要性和食品安全风险评估结果及时修订。食品生产经营者应当按照食品安全国家标准使用食品添加剂。

（3）食品相关产品生产许可制度。对直接接触食品的包装材料等具有较高风险的食品相关产品，按照国家有关工业产品生产许可证管理的规定实施生产许可。生产食品相关产品应当符合法律、法规和食品安全国家标准。

3.食品安全全程追溯制度。食品生产经营者应当依照《食品安全法》的规定，建立食品安全追溯体系，保证食品可追溯。国家鼓励食品生产经营者采用信息化手段采集、留存生产经营信息，建立食品安全追溯体系。国务院食品安全监督管理部门会同国务院农业行政等有关部门建立食品安全全程追溯协作机制。

4.生产经营企业食品安全管理制度。国家不仅对食品和食品添加剂的生产经营实行许可制度，而且还要求企业建立健全本单位的食品安全管理制度，加强对职工食品安全知识的培训，配备食品安全管理人员，加强食品检验工作，依法从事食品生产经营活动。具体包括以下几个方面：

（1）食品生产经营者应当建立并执行从业人员健康管理制度。

（2）食品生产流程控制制度。食品生产企业应当就下列事项制定并实施控制要求，保证所生产的食品符合食品安全标准：①原料采购、原料验收、投料等原料控制；②生产工序、设备、贮存、包装等生产关键环节控制；③原料检验、半成品检验、成品出厂检验等检验控制；④运输和交付控制。《食品安全法》第50条至第54条、第59条和第60条还就食品、食品添加剂在生产经营过程中的进货管理、出厂管理、贮存管理等环节的安全控制措施作出了具体的规定。

（3）食品安全自查制度。食品生产经营者应当定期对食品安全状况进行检查评价。生产经营条件发生变化，不再符合食品安全要求的，食品生产经营者应当立即采取整改措施；有发生食品安全事故潜在风险的，应当立即停止食品生产经营活动，并向所在地县级人民政府食品安全监督管理部门报告。

（4）食品企业良好生产认证制度。国家鼓励食品生产经营企业符合良好生产规范要求，实施危害分析与关键控制点体系，提高食品安全管理水平。对通过良好生产规范、危害分析与关键控制点体系认证的食品生产经营企业，认证机构应当依法实施跟踪调查；对不再符合认证要求的企业，应当依法撤销认证，及时向县级以上人民政府食品安全监督管理部门通报，并向社会公布。

5.食用农产品的安全保障。《食品安全法》规定：食用农产品生产者应当按照食品安全标准和国家有关规定使用农药、肥料、兽药、饲料和饲料添加剂等农业投入品，严格执行农业投入品使用安全间隔期或者休药期的规定，不得使用国家明令禁止的农业投入品。禁止将剧毒、高毒农药用于蔬菜、瓜果、茶叶和中草药材等国家规定的农作物。食用农产品的生产企业和农民专业合作经济组织应当建立农业投入品使用记录制度。县级以上人民政府农业行政部门应当加强对农业投入品使用的监督管理和指导，建立健全农业投入品安全使用制度。进入市场销售的食用农产品在包装、保鲜、贮存、运输中使用保鲜剂、防腐剂等食品添加剂和包装材料等食品相关产品，应当符合食品安全国家标准。此外，《食品安全法》还规定了食用农产品批发市场的抽样检查制度和食用农产品销售者的进货查验记录制度。

6.食品交易场所、消费场所的安全管理。《食品安全法》第55条至第58条、第61条和第62条对餐饮服务业、集中用餐单位食堂、集中交易市场和网络食品交易第三方平台的食品安全管理作出了具体规定。

7.标签、说明书和广告的安全管理。食品的相关信息披露不仅关系到消费者的知情权，也关系到消费者的健康和安全，《食品安全法》第67条至第73条对食品包装、说明书和广告中的相关信息披露作了具体规定，其中包括转基因食品信息、食品添加剂信息的专门规定。

8.特殊食品的安全管理规定。《食品安全法》第74条至第83条对保健食品、特殊医学用途配方食品、婴幼儿配方食品等特殊食品的安全管理作出了特别的具体规定。

(二)食品召回制度

1.食品召回的概念和类型。食品召回制度，是指按照食品安全法的规定，由食品生产者自己主动或者经国家有关部门责令，对已经上市销售的不符合食品安全标准的食品，由生产者公开回收并采取相应措施，及时消除或减少食品安全危害的制度。

食品召回可以分为主动召回和责令召回两种类型。主动召回，是指食品生产者对发现的其生产的不符合食品安全标准的食品或者有证据证明可能危害人体健康，主动停止生产，公开相关信息，召回已经上市销售的食品，通知相关生产经营者和消费者，并记录召回和通知情况，及时消除或减少食品安全危害的行为。同样地，若食品经营者发现其经营的食品不符合食品安全标准，无论是由于生产者的原因还是自己的原因，都应当立即停止经营，通知相关生产者和消费者，并记录停止经营和通知情况。食品生产者认为应当召回的，应当立即召回。

责令召回，是指食品生产经营者未依照法律规定召回或者停止经营不符合食品安全标准的食品的，县级以上人民政府食品安全监督管理部门责令其召回或者停止经营的行为。

2.对食品召回的处理。食品生产者应当对召回的食品采取补救、无害化处理、销毁等措施，防止其再次流入市场，并将食品召回和处理情况向所在地县级人民政府食品安全监督管理部门报告；需要对召回的食品进行无害化处理、销毁的，应当提前报告时间、地点。食品安全监督管理部门认为必要的，可以实施现场监督。

(三)食品检验制度

1.食品检验机构及其地位。食品检验机构，是指依照国家有关认证认可的规定取得食品检验资质，从事食品检验活动的机构。有关食品检验机构的资质认定条件和检验规范，由国务院食品安全监督管理部门规定。食品检验机构取得资质认定后，方可从事食品检验活动。但是，法律另有规定的除外。

2.食品检验机构与检验人负责制。食品检验由食品检验机构指定的检验人独立进行。检验人应当依照有关法律、法规的规定，并按照食品安全标准和检验规范对食品进行检验，尊重科学，恪守职业道德，保证出具的检验数据和结论客观、公正，不得出具虚假的检验报告。食品检验实行食品检验机构与检验人负责制。食品检验报告应当加盖食品检验机构公章，并有检验人的签名或盖章。食品检验机构和检验人对出具的食品检验报告负责。

3.不同机构和组织的食品检验活动。

(1)食品安全行政监督管理部门的抽样检验。县级以上人民政府食品安全监督管理部门应当对食品进行定期或者不定期的抽样检验，并依据有关规定公布检验结果，不得免检。

进行抽样检验，应当购买抽取的样品，委托符合《食品安全法》规定的食品检验机构进行检验，并支付相关费用；不得向食品生产经营者收取检验费和其他费用。

(2)自行检验。食品生产企业可以自行对所生产的食品进行检验，也可以委托符合《食品安全法》规定的食品检验机构进行检验。

（3）第三人委托检验。食品行业协会等组织、消费者也可以根据需要委托食品检验机构对食品进行检验。被委托的机构应当是符合《食品安全法》规定的合格食品检验机构。

4.检验异议制度。对依照《食品安全法》规定实施的检验结论有异议的，食品生产经营者可以向实施抽样检验的食品安全监督管理部门或者其上一级部门提出复检申请，由受理部门在公布的复检机构名录中随机确定复检机构进行复检。复检机构出具的复检结论为最终检验结论。复检机构与初检机构不得为同一机构。复检机构名录由国务院认证认可监督管理、食品安全监督管理、卫生行政、农业行政等部门共同公布。

采用国家规定的快速检测方法对食用农产品进行抽查检测，被抽查人对检测结果有异议的，可以自收到检测结果时起4小时内申请复检。复检不得采用快速检测方法。

（四）食品进出口管理制度

1.进出口管理机构。国家出入境检验检疫部门对进出口食品安全实施监督管理。

2.食品进口管理制度。

（1）安全标准。进口的食品、食品添加剂以及食品相关产品应当符合我国食品安全国家标准。

进口的食品、食品添加剂应当经出入境检验检疫机构依照进出口商品检验相关法律、行政法规的规定检验合格。进口的食品、食品添加剂应当按照国家出入境检验检疫部门的要求随附合格证明材料。

进口尚无食品安全国家标准的食品，由境外出口商、境外生产企业或者其委托的进口商向国务院卫生行政部门提交所执行的相关国家（地区）标准或者国际标准。国务院卫生行政部门对相关标准进行审查，认为符合食品安全要求的，决定暂予适用，并及时制定相应的食品安全国家标准。进口利用新的食品原料生产的食品或者进口食品添加剂新品种、食品相关产品新品种，依照《食品安全法》第37条的规定办理。出入境检验检疫机构按照国务院卫生行政部门的要求，对上述规定的食品、食品添加剂、食品相关产品进行检验。检验结果应当公开。

（2）境外企业的保证责任及进口商的审核义务。境外出口商、境外生产企业应当保证向我国出口的食品、食品添加剂、食品相关产品符合我国《食品安全法》及其他有关法律、行政法规的规定和食品安全国家标准的要求，并对标签、说明书的内容负责。对此，境内进口商应当加以审核；审核不合格的，不得进口。

（3）进出口企业备案和注册制度。向我国境内出口食品的境外出口商或者代理商、进口食品的进口商应当向国家出入境检验检疫部门备案。向我国境内出口食品的境外食品生产企业应当经国家出入境检验检疫部门注册。已经注册的境外食品生产企业提供虚假材料，或者因其自身的原因致使进口食品发生重大食品安全事故的，国家出入境检验检疫部门应当撤销注册并公告。

（4）预包装食品管理规定。《食品安全法》规定：进口的预包装食品、食品添加剂应当有中文标签；依法应当有说明书的，还应当有中文说明书。标签、说明书应当符合本法以及我国其他有关法律、行政法规的规定和食品安全国家标准的要求，并载明食品的原产地以及境内代理商的名称、地址、联系方式。预包装食品没有中文标签、中文说明书或者标签、说明书不符合本条规定的，不得进口。

（5）进口商的信息保存义务。进口商应当建立食品、食品添加剂进口和销售记录制度，如实记录食品、食品添加剂的名称、规格、数量、生产日期、生产或者进口批号、保质期、境外出口商和购货者名称、地址及联系方式、交货日期等内容，并保存相关凭证。记录和凭证保存期限不得少于法定期限。

（6）食品安全风险的预警和控制。境外发生的食品安全事件可能对我国境内造成影响，或者在进口食品、食品添加剂、食品相关产品中发现严重食品安全问题的，国家出入境检验检疫部门应当及时采取风险预警或者控制措施，并向国务院食品安全监督管理、卫生行政、农业行政部门通报。接到通报的部门应当及时采取相应措施。

3.食品出口管理制度。出口食品生产企业应当保证其出口食品符合进口国（地区）的标准或者合同要求。出口的食品由出入境检验检疫机构进行监督、抽检，海关凭出入境检验检疫机构签发的通关证明放行。出口食品生产企业和出口食品原料种植、养殖场应当向国家出入境检验检疫部门备案。

4.进出口食品安全信息管理制度。国家出入境检验检疫部门应当收集、汇总下列进出口食品安全信息，并及时通报相关部门、机构和企业：（1）出入境检验检疫机构对进出口食品实施检验检疫发现的食品安全信息；（2）食品行业协会和消费者协会等组织、消费者反映的进口食品安全信息；（3）国际组织、境外政府机构发布的风险预警信息及其他食品安全信息，以及境外食品行业协会等组织、消费者反映的食品安全信息；（4）其他食品安全信息。

5.进出口企业信用管理制度。国家出入境检验检疫部门应当对进出口食品的进口商、出口商和出口食品生产企业实施信用管理，建立信用记录，并依法向社会公布。对有不良记录的进口商、出口商和出口食品生产企业，应当加强对其进出口食品的检验检疫。

五、食品安全事故处置

（一）食品安全事故的概念

食品安全事故是对因食品安全问题造成的各类事故的总称。食品安全问题通常包括食品污染问题、食源性疾患问题、食物中毒问题、科技食品问题、食品标识问题等，实际生活中的食品安全问题，是由上述问题的一种或几种构成的。《食品安全法》附则中定义的食品安全事故指“食源性疾病、食品污染等源于食品，对人体健康有危害或者可能有危害的事故”。

（二）食品安全事故处置对策

食品安全事故的发生，会对人体健康和社会生活产生不同程度的负面影响。尽早预防、有针对性地处置、做好善后，可以将危害降至最低。我国的食品安全事故处置对策，涵盖了从食品安全事故的预防、认定到处理的各项措施，形成全面、立体的应对机制。

1.食品安全事故应急预案制度。《食品安全法》规定，国务院组织制定国家食品安全事故应急预案。县级以上地方人民政府应当根据有关法律、法规的规定和上级人民政府的食品安全事故应急预案以及本行政区域的实际情况，制定本行政区域的食品安全事故应急预案，并报上一级人民政府备案。食品安全事故应急预案应当对食品安全事故分级、事故处置组织指挥体系与职责、预防预警机制、处置程序、应急保障措施等作出规定。

除各级政府的应急预案之外，《食品安全法》还要求食品生产经营企业制定食品安全事故处置方案。同时，要求企业定期检查各项食品安全防范措施的落实情况，及时消除食品安全事故隐患。

2.食品安全事故报告和通报制度。在食品安全事故发生后，事故发生单位有义务立即采取措施，防止事故扩大。为了防止和避免事故的进一步扩大，及时上报和处置，显得尤其重要。因此，《食品安全法》对事故通报制度进行了详尽规定。

（1）事故发生单位和治疗单位的报告义务。事故发生后，事故单位和接收病人进行治疗的单位有义务及时向事故发生地县级人民政府食品安全监督管理、卫生行政部门报告。

（2）政府系统的通报和报告义务。县级以上人民政府农业行政等部门在日常监督管理中发现食品安全事故或者接到事故举报，应当立即向同级食品安全监督管理部门通报。发生食品安全事故，接到报告的县级人民政府食品安全监督管理部门应当按照应急预案的规定向本级人民政府和上级人民政府食品安全监督管理部门报告。县级人民政府和上级人民政府食品安全监督管理部门应当按照应急预案的规定上报。任何单位和个人不得对食品安全事故隐瞒、谎报、缓报，不得隐匿、伪造、毁灭有关证据。

（3）医疗机构的报告和通报义务。医疗机构发现其接收的病人属于食源性疾病病人或者疑似病人的，应当按照规定及时将相关信息向所在地县级人民政府卫生行政部门报告。县级人民政府卫生行政部门认为与食品安全有关的，应当及时通报同级食品安全监督管理部门。县级以上人民政府卫生行政部门在调查处理传染病或者其他突发公共卫生事件中发现与食品安全相关的信息，应当及时通报同级食品安全监督管理部门。

3.调查处理措施。食品安全事故发生之后，各级部门应当迅速反应，根据应急预案和实际情况进行调查处理。

县级以上人民政府食品安全监督管理部门接到食品安全事故的报告后，应当立即会同同级卫生行政、农业行政等部门进行调查处理，并采取下列措施，防止或者减轻社会危害：

（1）开展应急救援工作，组织救治因食品安全事故导致人身伤害的人员。

（2）封存可能导致食品安全事故的食品及其原料，并立即进行检验；对确认属于被污染的食品及其原料，责令食品生产经营者依照《食品安全法》第63条的规定召回或者停止经营。

（3）封存被污染的食品相关产品，并责令进行清洗消毒。

（4）做好信息发布工作，依法对食品安全事故及其处理情况进行发布，并对可能产生的危害加以解释、说明。

发生食品安全事故需要启动应急预案的，县级以上人民政府应当立即成立事故处置指挥机构，启动应急预案，依照相关规定进行处置。

4.调查的范围和内容。

（1）事故责任调查。发生食品安全事故，设区的市级以上人民政府食品安全监督管理部门应当立即会同有关部门进行事故责任调查，督促有关部门履行职责，向本级人民政府和上一级人民政府食品安全监督管理部门提出事故责任调查处理报告。

调查应当坚持实事求是、尊重科学的原则，及时、准确查清事故性质和原因，认定事故责任，提出整改措施。除查明事故单位的责任外，还应当查明有关监督管理部门、食品检验机构、认证机构及其工作人员的责任。

（2）流行病学调查。发生食品安全事故，县级以上疾病预防控制机构应当对事故现场进行卫生处理，并对与事故有关的因素开展流行病学调查，有关部门应当予以协助。县级以上疾病预防控制机构应当向同级食品安全监督管理、卫生行政部门提交流行病学调查报告。

六、政府监管机构及其职权

食品安全问题离不开政府机构的监督管理，《食品安全法》不仅对监管机构进行了专门的规定，还设专章对各级监管机构的职权进行了详细的规定。

（一）监督管理机构

1.各类各级监管机构概述。

（1）食品安全委员会。为协调食品安全的执法工作，《食品安全法》设置了全国性、综合性的监管机构，即食品安全委员会。该委员会是由国务院设立的专门委员会，其工作职责由国务院规定。

（2）其他各类各级监管机构。在食品安全委员会之外，主要的监管机构可以分为两级：一是国务院一级的食品安全监督管理、农业行政等部门，二是县级以上各级人民政府及其职能部门。各级人民政府按照行政级别，在各自的行政区域内行使监管权。

除监管机构外，食品行业协会、基层群众性组织、个人都可以对食品安全进行监督。

2.监管机构之间的分工。

（1）县级以上人民政府食品安全监督管理部门根据食品安全风险监测、风险评估结果和食品安全状况等，确定监督管理的重点、方式和频次，实施风险分级管理。

（2）县级以上地方人民政府组织本级食品安全监督管理、农业行政等部门制订本行政区域的食品安全年度监督管理计划，向社会公布并组织实施。

（二）监督管理措施

县级以上人民政府食品安全监督管理部门有权采取下列措施，对生产经营者遵守《食品安全法》的情况进行监督检查：进入生产经营场所实施现场检查；对生产经营的食品、食品添加剂、食品相关产品进行抽样检验；查阅、复制有关合同、票据、账簿以及其他有关资料；查封、扣押有证据证明不符合食品安全标准或者有证据证明存在安全隐患以及用于违法生产经营的食品、食品添加剂、食品相关产品；查封违法从事生产经营活动的场所。

（三）信用档案制度

县级以上人民政府食品安全监督管理部门应当建立食品生产经营者食品安全信用档案，记录许可颁发、日常监督检查结果、违法行为查处等情况，依法向社会公布并实时更新；对有不良信用记录的食品生产经营者增加监督检查频次，对违法行为情节严重的食品生产经营者，可以通报投资主管部门、证券监督管理机构和有关的金融机构。

（四）约谈制度

1.安全隐患约谈。食品生产经营过程中存在食品安全隐患，未及时采取措施消除的，县级以上人民政府食品安全监督管理部门可以对食品生产经营者的法定代表人或者主要负责人进行责任约谈。食品生产经营者应当立即采取措施，进行整改，消除隐患。责任约谈情况和整改情况应当纳入食品生产经营者食品安全信用档案。

2.部门问责约谈。县级以上人民政府食品安全监督管理等部门未及时发现食品安全系统性风险，未及时消除监督管理区域内的食品安全隐患的，本级人民政府可以对其主要负责人进行责任约谈。地方人民政府未履行食品安全职责，未及时消除区域性重大食品安全隐患的，上级人民政府可以对其主要负责人进行责任约谈。被约谈的食品安全监督管理等部门、地方人民政府应当立即采取措施，对食品安全监督管理工作进行整改。

（五）社会监督

1.一般规定。县级以上人民政府食品安全监督管理等部门应当公布本部门的电子邮件地址或者电话，接受咨询、投诉、举报。接到咨询、投诉、举报，对属于本部门职责的，应当受理并在法定期限内及时答复、核实、处理；对不属于本部门职责的，应当移交有权处理的部门并书面通知咨询、投诉、举报人。有权处理的部门应当在法定期限内及时处理，不得推诿。对查证属实的举报，给予举报人奖励。

2.对执法人员的监督。食品生产经营者、食品行业协会、消费者协会等发现食品安全执法人员在执法过程中有违反法律、法规规定的行为以及不规范执法行为的，可以向本级或者上级人民政府食品安全监督管理等部门或者监察机关投诉、举报。接到投诉、举报的部门或者机关应当进行核实，并将经核实的情况向食品安全执法人员所在部门通报；涉嫌违法违纪的，按照《食品安全法》和有关规定处理。

（六）食品安全信息平台

国家建立统一的食品安全信息平台，实行食品安全信息统一公布制度。国家食品安全总体情况、食品安全风险警示信息、重大食品安全事故及其调查处理信息和国务院确定需要统一公布的其他信息由国务院食品安全监督管理部门统一公布。食品安全风险警示信息和重大食品安全事故及其调查处理信息的影响限于特定区域的，也可以由有关省、自治区、直辖市人民政府食品安全监督管理部门公布。未经授权不得发布上述信息。县级以上人民政府食品安全监督管理、农业行政部门依据各自职责公布食品安全日常监督管理信息。

七、法律责任

食品安全法律责任，是指从事食品生产经营的企业、个人或其他组织因违反国家有关食品安全的法律、法规的禁止性规定，应当承担的法律上的不利后果。

（一）行政处罚

食品安全行政处罚是针对行政监管的相对人违反食品安全法的行为适用的行政制裁措施。由于食品安全涉及的范围很广，适用行政处罚的对象也多种多样。试分述之。

1.食品生产经营者。

（1）违反许可制度的违法行为。未经许可从事食品生产经营活动，或者未经许可生产食品添加剂的，由县级以上人民政府食品安全监督管理部门没收违法所得和违法生产经营的食品、食品添加剂以及用于违法生产经营的工具、设备、原料等物品；违法生产经营的食品、食品添加剂货值金额不足1万元的，并处5万元以上10万元以下罚款；货值金额1万元以上的，并处货值金额10倍以上20倍以下罚款。明知从事此类违法行为，仍为其提供生产经营场所或者其他条件的，由县级以上人民政府食品安全监督管理部门责令停止违法行为，没收违法所得，并处5万元以上10万元以下罚款；使消费者的合法权益受到损害的，应当与食品、食品添加剂生产经营者承担连带责任。

（2）生产经营过程中的违法行为。《食品安全法》根据行为的社会危害程度，对食品生产经营过程中的四类违法行为进行了分别规定。

第一类是《食品安全法》第123条规定的六种重大违法行为：①用非食品原料生产食品、在食品中添加食品添加剂以外的化学物质和其他可能危害人体健康的物质，或者用回收食品作为原料生产食品，或者经营上述食品；②生产经营营养成分不符合食品安全标准的专供婴幼儿和其他特定人群的主辅食品；③经营病死、毒死或者死因不明的禽、畜、兽、水产动物肉类，或者生产经营其制品；④经营未按规定检疫或者检疫不合格的肉类，或者生产经营未经检验或者检验不合格的肉类制品；⑤生产经营国家为防病等特殊需要明令禁止生产经营的食品；⑥生产经营添加药品的食品。对此类行为，可处以没收违法所得和违法生产经营的食品，并可没收用于违法生产经营的工具、设备、原料等物品；违法生产经营的食品货值金额不足1万元的，并处10万元以上15万元以下罚款；货值金额1万元以上的，并处货值金额15倍以上30倍以下罚款；情节严重的，吊销许可证，并可对直接责任人员处5日以上15日以下拘留。明知从事此类违法行为仍为其提供生产经营场所或者其他条件的，责令停止违法行为，没收违法所得，并处10万元以上20万元以下罚款；使消费者的合法权益受到损害的，应当与食品生产经营者承担连带责任。

第二类是《食品安全法》第124条规定的九种比较重大的违法行为：①生产经营致病性微生物，农药残留、兽药残留、生物毒素、重金属等污染物质以及其他危害人体健康的物质含量超过食品安全标准限量的食品、食品添加剂；②用超过保质期的食品原料、食品添加剂生产食品、食品添加剂，或者经营上述食品、食品添加剂；③生产经营超范围、超限量使用食品添加剂的食品；④生产经营腐败变质、油脂酸败、霉变生虫、污秽不洁、混有异物、掺假掺杂或者感官性状异常的食品、食品添加剂；⑤生产经营标注虚假生产日期、保质期或者超过保质期的食品、食品添加剂；⑥生产经营未按规定注册的保健食品、特殊医学用途配方食品、婴幼儿配方乳粉，或者未按注册的产品配方、生产工艺等技术要求组织生产；⑦以分装方式生产婴幼儿配方乳粉，或者同一企业以同一配方生产不同品牌的婴幼儿配方乳粉；⑧利用新的食品原料生产食品，或者生产食品添加剂新品种，未通过安全性评估；⑨食品生产经营者在食品安全监督管理部门责令其召回或者停止经营后，仍拒不召回或者停止经营。对此类行为，可处以没收违法所得和违法生产经营的食品、食品添加剂，并可没收用于违法生产经营的工具、设备、原料等物品；违法生产经营的食品、食品添加剂货值金额不足1万元的，并处5万元以上10万元以下罚款；货值金额1万元以上的，并处货值金额10倍以上20倍以下罚款；情节严重的，吊销许可证。

第三类是《食品安全法》第125条规定的四种相对较轻的违法行为：①生产经营被包装材料、容器、运输工具等污染的食品、食品添加剂；②生产经营无标签的预包装食品、食品添加剂或者标签、说明书不符合本法规定的食品、食品添加剂；③生产经营转基因食品未按规定进行标示；④食品生产经营者采购或者使用不符合食品安全标准的食品原料、食品添加剂、食品相关产品。对此类行为，可处以没收违法所得和违法生产经营的食品、食品添加剂，并可没收用于违法生产经营的工具、设备、原料等物品；违法生产经营的食品、食品添加剂货值金额不足1万元的，并处5000元以上5万元以下罚款；货值金额1万元以上的，并处货值金额5倍以上10倍以下罚款；情节严重的，责令停产停业，直至吊销许可证。此外，生产经营的食品、食品添加剂的标签、说明书存在瑕疵但不影响食品安全且不会对消费者造成误导的，责令改正；拒不改正的，处2000元以下罚款。

第四类是《食品安全法》第126条规定的十三种较轻微的违法行为，可责令改正，给予警告；拒不改正的，处5000元以上5万元以下罚款；情节严重的，责令停产停业，直至吊销许可证。

此外，《食品安全法》第127条规定，对食品生产加工小作坊、食品摊贩等的违法行为的处罚，依照省、自治区、直辖市制定的具体管理办法执行。

（3）食品安全事故发生后的违法行为。根据《食品安全法》第128条的规定：事故单位在发生食品安全事故后未进行处置、报告的，责令改正，给予警告；隐匿、伪造、毁灭有关证据的，责令停产停业，没收违法所得，并处10万元以上50万元以下罚款；造成严重后果的，吊销许可证。

2.其他管理对象。

（1）进出口商。《食品安全法》第129条规定，以下四种情形应当按照《食品安全法》第124条的规定处罚：①提供虚假材料，进口不符合我国食品安全国家标准的食品、食品添加剂、食品相关产品；②进口尚无食品安全国家标准的食品，未提交所执行的标准并经国务院卫生行政部门审查，或者进口利用新的食品原料生产的食品或者进口食品添加剂新品种、食品相关产品新品种，未通过安全性评估；③未遵守《食品安全法》的规定出口食品；④进口商在有关主管部门责令其依照规定召回进口的食品后，仍拒不召回。此外，进口商未建立并遵守食品、食品添加剂进口和销售记录制度、境外出口商或者生产企业审核制度的，依照《食品安全法》第126条的规定处罚。

（2）交易场所提供者。《食品安全法》第130条规定：集中交易市场的开办者、柜台出租者、展销会的举办者允许未依法取得许可的食品经营者进入市场销售食品，或者未履行检查、报告等义务的，责令改正，没收违法所得，并处5万元以上20万元以下罚款；造成严重后果的，责令停业，直至吊销许可证；使消费者的合法权益受到损害的，应当与食品经营者承担连带责任。

（3）网络食品交易第三方平台提供者。《食品安全法》第131条规定：网络食品交易第三方平台提供者未对入网食品经营者进行实名登记、审查许可证，或者未履行报告、停止提供网络交易平台服务等义务的，责令改正，没收违法所得，并处5万元以上20万元以下罚款；造成严重后果的，责令停业，直至吊销许可证；使消费者的合法权益受到损害的，应当与食品经营者承担连带责任。消费者通过网络食品交易第三方平台购买食品，其合法权益受到损害的，可以向入网食品经营者或者食品生产者要求赔偿。

（4）仓储、运输服务者。《食品安全法》第132条规定：未按要求进行食品贮存、运输和装卸的，责令改正，给予警告；拒不改正的，责令停产停业，并处1万元以上5万元以下罚款；情节严重的，吊销许可证。

（5）风险监测、评估机构。《食品安全法》第137条规定：承担食品安全风险监测、风险评估工作的技术机构、技术人员提供虚假监测、评估信息的，依法对技术机构直接负责的主管人员和技术人员给予撤职、开除处分；有执业资格的，吊销执业证书。

（6）食品检验机构。《食品安全法》第138条规定：食品检验机构、食品检验人员出具虚假检验报告的，撤销其检验资质，没收所收取的检验费用，并处检验费用5倍以上10倍以下罚款，检验费用不足1万元的，并处5万元以上10万元以下罚款；依法对直接负责的主管人员和食品检验人员给予撤职或者开除处分；导致发生重大食品安全事故的，对直接负责的主管人员和食品检验人员给予开除处分。受到开除处分的人员自处分决定作出之日起10年内不得从事食品检验工作；因食品安全违法行为受到刑事处罚或者因出具虚假检验报告导致发生重大食品安全事故受到开除处分的食品检验机构人员，终身不得从事食品检验工作。食品检验机构出具虚假检验报告使消费者的合法权益受损害的，应当与食品生产经营者承担连带责任。

（7）认证机构。《食品安全法》第139条规定：认证机构出具虚假认证结论，由认证认可监督管理部门没收所收取的认证费用，并处认证费用5倍以上10倍以下罚款，认证费用不足1万元的，并处5万元以上10万元以下罚款；情节严重的，责令停业，直至撤销认证机构批准文件，并向社会公布；对直接负责的主管人员和负有直接责任的认证人员，撤销其执业资格。

（8）广告宣传者。《食品安全法》第140条规定：在广告中对食品作虚假宣传，欺骗消费者，或者发布未取得批准文件、广告内容与批准文件不一致的保健食品广告的，依照《广告法》的规定给予处罚。广告经营者、发布者设计、制作、发布虚假食品广告，使消费者的合法权益受到损害的，应当与食品生产经营者承担连带责任。社会团体或者其他组织、个人在虚假广告或者其他虚假宣传中向消费者推荐食品，使消费者的合法权益受到损害的，应当与食品生产经营者承担连带责任。食品安全监督管理等部门、食品检验机构、食品行业协会以广告或者其他形式向消费者推荐食品，消费者组织以收取费用或者其他牟取利益的方式向消费者推荐食品的，没收违法所得，依法对直接负责的主管人员和其他直接责任人员给予记大过、降级或者撤职处分；情节严重的，给予开除处分。对食品作虚假宣传且情节严重的，暂停销售该食品，并向社会公布；仍然销售该食品的，没收违法所得和违法销售的食品，并处2万元以上5万元以下罚款。

3.特定违法行为人。

（1）妨碍执法者。《食品安全法》第133条规定：拒绝、阻挠、干涉有关部门、机构及其工作人员依法开展食品安全监督检查、事故调查处理、风险监测和风险评估的，责令停产停业，并处2000元以上5万元以下罚款；情节严重的，吊销许可证；构成违反治安管理行为的，给予治安管理处罚。

（2）虚假信息发布者。《食品安全法》第141条规定：编造、散布虚假食品安全信息，构成违反治安管理行为的，由公安机关依法给予治安管理处罚。媒体编造、散布虚假食品安全信息的，由有关主管部门依法给予处罚，并对直接负责的主管人员和其他直接责任人员给予处分；使公民、法人或者其他组织的合法权益受到损害的，依法承担消除影响、恢复名誉、赔偿损失、赔礼道歉等民事责任。这里所说的虚假信息，包括捏造食品公共安全事件、贬损合法经营者以及掩盖食品安全事件和违法行为的虚假信息。

4.行政处罚的加重、免除。

（1）累计加罚规定。《食品安全法》第134条规定，食品生产经营者在1年内累计3次因违反本法规定受到责令停产停业、吊销许可证以外处罚的，责令停产停业，直至吊销许可证。

（2）资格取消规定。《食品安全法》第135条规定，被吊销许可证的食品生产经营者及其法定代表人、直接负责的主管人员和其他直接责任人员自处罚决定作出之日起5年内不得申请食品生产经营许可，或者从事食品生产经营管理工作、担任食品生产经营企业食品安全管理人员。因食品安全犯罪被判处有期徒刑以上刑罚的，终身不得从事食品生产经营管理工作，也不得担任食品生产经营企业食品安全管理人员。

（3）免除规定。《食品安全法》第136条规定：食品经营者履行了本法规定的进货查验等义务，有充分证据证明其不知道所采购的食品不符合食品安全标准，并能如实说明其进货来源的，可以免予处罚，但应当依法没收其不符合食品安全标准的食品；造成人身、财产或者其他损害的，依法承担赔偿责任。

（二）行政问责

行政问责是针对行政监管主体在履行食品安全监管职责中的不作为和不当作为给予的行政处分。主要包括县级以上地方政府和政府职能部门。其中，地方政府负有组织协调辖区内食品安全管理和重大情况向上报告的义务，职能部门负有按照职能分工实施具体监督管理和严格行政执法的义务。对违反义务者，依法追究行政责任。

1.地方政府。《食品安全法》第142条、第143条按照两类情况对县级以上地方政府直接负责的主管人员和其他直接责任人员分别规定了行政问责规定。第一类包括：（1）对发生在本行政区域内的食品安全事故，未及时组织协调有关部门开展有效处置，造成不良影响或者损失；（2）对本行政区域内涉及多环节的区域性食品安全问题，未及时组织整治，造成不良影响或者损失；（3）隐瞒、谎报、缓报食品安全事故；(4)本行政区域内发生特别重大食品安全事故，或者连续发生重大食品安全事故。第二类包括：(1)未确定有关部门的食品安全监督管理职责，未建立健全食品安全全程监督管理工作机制和信息共享机制，未落实食品安全监督管理责任制；(2)未制定本行政区域的食品安全事故应急预案，或者发生食品安全事故后未按规定立即成立事故处置指挥机构、启动应急预案。两类情况均可按情节或后果适用警告、记过、记大过处分或者降级、撤职处分。此外，第一类情况后果严重的还可令主要负责人引咎辞职。

2.职能部门。《食品安全法》第144条、第145条按照两类情况对县级以上人民政府食品安全监督管理、卫生行政、农业行政等部门直接负责的主管人员和其他直接责任人员分别规定了行政问责规定。第一类包括：(1)隐瞒、谎报、缓报食品安全事故；(2)未按规定查处食品安全事故，或者接到食品安全事故报告未及时处理，造成事故扩大或者蔓延；(3)经食品安全风险评估得出食品、食品添加剂、食品相关产品不安全结论后，未及时采取相应措施，造成食品安全事故或者不良社会影响；(4)对不符合条件的申请人准予许可，或者超越法定职权准予许可；(5)不履行食品安全监督管理职责，导致发生食品安全事故。第二类包括：(1)在获知有关食品安全信息后，未按规定向上级主管部门和本级人民政府报告，或者未按规定相互通报；(2)未按规定公布食品安全信息；(3)不履行法定职责，对查处食品安全违法行为不配合，或者滥用职权、玩忽职守、徇私舞弊。两类情况均可按情节适用记大过处分、降级或撤职处分或者开除处分。此外，第一类情况后果严重的还可令主要负责人引咎辞职，第二类情况情节较轻者还可适用警告、记过处分。这里所说的“县级以上人民政府”，包括地方政府和中央政府。

此外，《食品安全法》第146条规定：食品安全监督管理等部门在履行食品安全监督管理职责过程中，违法实施检查、强制等执法措施，给生产经营者造成损失的，应当依法予以赔偿，对直接负责的主管人员和其他直接责任人员依法给予处分。

(三)民事赔偿

1.一般规定。根据《食品安全法》第147条的规定，凡违反《食品安全法》规定，造成人身、财产或者其他损害者，无论是民事主体还是行政主体，均应依法承担赔偿责任。确定赔偿责任的依据，除《食品安全法》外，还包括侵权法律规定和其他有关产品质量、消费者权益保护、妇女儿童保护等特别法的相关规定。

2.特别规定。

(1)民事赔偿优先原则。《食品安全法》第147条规定，生产经营者财产不足以同时承担民事赔偿责任和缴纳罚款、罚金时，先承担民事赔偿责任。

(2)消费者索赔选择权和首负责任制。《食品安全法》第148条第1款规定：消费者因不符合食品安全标准的食品受到损害的，既可以向经营者要求赔偿损失，也可以向生产者要求赔偿损失。接到消费者赔偿要求的生产经营者，应当实行首负责任制，先行赔付，不得推诿；属于生产者责任的，经营者赔偿后有权向生产者追偿；属于经营者责任的，生产者赔偿后有权向经营者追偿。

(3)惩罚性赔偿。《食品安全法》第148条第2款规定：生产不符合食品安全标准的食品或者经营明知是不符合食品安全标准的食品，消费者除要求赔偿损失外，还可以向生产者或者经营者要求支付价款10倍或者损失3倍的赔偿金；增加赔偿的金额不足1000元的，为1000元。但是，食品的标签、说明书存在不影响食品安全且不会对消费者造成误导的瑕疵的除外。2024年8月21日，最高人民法院《关于审理食品药品惩罚性赔偿纠纷案件适用法律若干问题的解释》对审理食品药品惩罚性赔偿纠纷案件的具体问题做出了规定。

(4)网络交易第三方平台的责任。根据《食品安全法》第131条第2款和最高人民法院《关于审理食品药品纠纷案件适用法律若干问题的规定》的规定，消费者通过网络交易第三方平台购买食品、药品遭受损害的，除可以向入网食品、药品生产者或销售者要求赔偿外，可以在以下三种情况下要求平台提供者承担责任：

①平台提供者不能提供入网食品、药品生产者或销售者的真实名称、地址和有效联系方式的，由平台提供者赔偿；该平台提供者承担赔偿责任后，有权向生产者或销售者追偿。②平台提供者知道或者应当知道食品、药品生产者或者销售者利用其平台侵害消费者合法权益，未采取必要措施，给消费者造成损害的，与生产者、销售者承担连带责任。③平台提供者作出更有利于消费者承诺的，应当履行其承诺。

（四）刑事责任

违反《食品安全法》规定，构成犯罪的，依法追究刑事责任。

【本章主要法律规定】

1.《消费者权益保护法》
2.《消费者权益保护法实施条例》
3.《产品质量法》
4.《食品安全法》
5.最高人民法院《关于审理食品药品纠纷案件适用法律若干问题的规定》

本章重点、难点与疑点辨析

法律名称	重点提示	难点提示
《消费者权益保护法》	十种消费者权利和十一种经营者义务、行政部门的职责、消费者组织的性质和作用、争议解决途径、经营者欺诈的惩罚性赔偿规则、违反消费者权益保护法的行政责任	消费者权利与经营者义务的对应关系、争议解决特殊规则的实际应用、经营者欺诈行为的识别与判断、网络交易平台提供者的责任
《产品质量法》	产品、产品标准和产品质量的概念，产品质量责任的概念，产品质量行政监督制度，产品质量检验、认证制度，生产者、销售者的产品质量义务和行政责任，社会团体、社会中介机构的法律责任	默示担保义务、产品缺陷的认定、产品责任的归责原则和人身损害赔偿规则（结合《民法典》理解应用）
《食品安全法》	食品安全风险监测和评估、食品安全标准的效力和分类、食品生产经营安全基准及负面清单制度、政府监管机构及其职权、食品安全违法的行政处罚制度、食品安全的进出口管理措施	食品召回制度的应用、食品安全事故处置规则的应用、食品生产经营过程中的四类违法行为、网络交易第三方平台的责任

第三章
银行业法

本章主要内容提示

银行业法也称银行法。在我国，金融业可大体分为银行业、证券业、保险业和金融中介服务业，其中银行业是我国社会融资的主要供给者。银行业法是金融法的一部分。我国现行的金融体制是以银行业为主导、以大银行为主力和以审慎监管为主控的“大银行金融体制”。虽然在我国的法律职业资格考试体系中，证券法和保险法归类于商法，银行业法归类于经济法，但我们并不能忽略证券法和保险法中的以监管制度为代表的经济法因素，也不能否认银行法中以投资制度和合同制度为代表的民商法因素。实际上，在银行业日常的信贷业务和中间业务中，大量地适用物权法律制度、合同法律制度、公司法律制度、票据法律制度等民商法制度。

本章由商业银行法和银行业监督管理法两部分构成，前者提供了商业银行的基本行为规范，后者提供了商业银行运行的制度环境，同时，二者构成了银行业监管体系的基本法律依据。

学习本章要把握银行业的特殊性——专业性、风险性和系统性，从行为规范到监管规则的理解和应用，都要以此为依据。

第一节　商业银行法

一、商业银行法概述

（一）商业银行立法概况

我国《商业银行法》于1995年5月10日通过，自同年7月1日起施行，经2003年12月和2015年8月两次修正。该法共有九章：总则、商业银行的设立和组织机构、对存款人的保护、贷款和其他业务的基本规则、财务会计、监督管理、接管和终止、法律责任、附则。与商业银行直接有关的法律有《银行业监督管理法》《票据法》《反洗钱法》等，相关的行政法规有《储蓄管理条例》《外资银行管理条例》等。为贯彻执行上述法律法规，中国人民银行和国务院银行业监督管理机构发布了大量的规章和其他规范性文件，如中国人民银行发布的《贷款通则》《支付结算办法》等，国务院银行业监督管理机构发布的《商业银行风险监管核心指标（试行）》《银行业金融机构全面风险管理指引》等。

（二）商业银行基本制度

1.商业银行法的调整对象。境内的所有商业银行的成立、变更、接管和清算等活动均由商业银行法所管辖，邮政企业办理商业银行的有关业务，以及外资商业银行、外国商业银行分行适用商业银行法的规定，法律、行政法规另有规定的，依照其规定。

2.商业银行的法律地位和组织形式。

（1）商业银行是指依照商业银行法和公司法规定的条件和程序，设立的吸收公众存款、发放贷款、办理结算等业务，具有独立的民事权利能力和民事行为能力的企业法人。

（2）商业银行的组织形式有两种：一是有限责任公司，二是股份有限公司。

3.商业银行的经营原则。

（1）安全性、流动性和效益性原则。这是商业银行经营中必须遵循的最重要的原则。其中，安全性原则要求银行所有的资产负债业务以安全性为首要条件，不能开展缺乏有效风险管理的业务；流动性要求银行的资产负债项目保持一定比例的变现能力。

（2）自主经营、自担风险、自负盈亏和自我约束的原则。

（3）按照国家的产业政策和发展政策的要求开展信贷业务，业务往来遵循平等、自愿、公平和诚实信用的原则。

（4）保障存款人利益的原则。

（5）独立经营原则。

（6）公平竞争原则。

（三）商业银行的职能

1.信用中介职能。信用中介职能是商业银行最基本的职能。商业银行通过负债业务（主要是吸收存款）把社会上的各种闲散货币集中起来，再通过资产业务（主要是贷款和投资）投向各经济部门。在这一过程中，商业银行作为资金的贷出者与借入者的中介人，实现着资金的融通，并从吸收资金的成本与发放贷款利息收入或者投资收益的差额中获取利润。

2.支付中介职能。支付中介即货币经营的职能，是指将债务人客户账上的存款式货币转到债权人客户账上，帮助交易当事人实现支付与转移。商业银行的中介职能主要表现在中间业务上，包括汇兑业务、代收代付业务和代理融资业务等。

3.信用创造职能。信用创造是商业银行区别于其他金融机构最显著的特征，商业银行在吸收存款的基础上发放贷款，在票据流通和转账结算的基础上，贷款又转化为存款，在此存款不提取的情况下，就增加了商业银行的资金来源，可再次转为贷款，最后整个银行体系形成了超过原始存款的派生存款，这就是商业银行的信用创造功能。

4.创造金融工具的职能。商业银行在其负债业务和中间业务中不断地创造着各种金融工具，如可转让大额定期存单，各种金融债券、银行支票、本票、银行承兑汇票、信用证、银行保函等能够代表一定货币的法律文件。

5.金融服务职能。商业银行除资产负债业务和汇兑、结算业务外，还有一些基本上无经营风险的业务，因为这些业务不列入资产负债表内，而且不影响银行资产与负债总额的经营活动，所以被称为表外业务。表外业务种类主要有：现金管理，代理保管，代理租赁，信息咨询业务，商业信用证，银行承兑汇票，备用信用证，贷款销售与资产证券化发行等业务。

（四）商业银行与中国人民银行和国务院银行业监督管理机构的关系

1.接受中国人民银行的业务指导和检查监督。商业银行依法向主管的人民银行分支机构报送资产负债表等报表和其他资料，接受中国人民银行的业务指导和检查监督。商业银行办理存款业务，须遵循中国人民银行规定利率幅度确定存款利率，向人民银行交存存款准备金，以及遵循中国人民银行关于资产负债比例管理的规定，保持合理的资产种类和资产期限结构。

2.商业银行接受国务院银行业监督管理机构的行政监督管理。商业银行的设立、变更和终止，须经国务院银行业监督管理机构批准；商业银行的资产负债比例管理制度和平时的业务接受国务院银行业监督管理机构的监管。

二、商业银行的设立和变更

（一）设立商业银行的条件

1.有完备的银行公司章程。章程是规定公司对外经营和对内管理各种权利能力的根本准则，也是公司对外公示其权利能力和对内规范股东和公司各机关的依据，公司的行为是否违法，主要看是否违反了公司章程的规定。

2.提交完备的可行性研究报告。可行性报告须说明投资者设立银行的动机，包括对金融市场、主要业务的可行性研究结论、对内部机构的设计、对银行章程草案的设计等内容。

3.符合法定最低要求的注册资本。商业银行的设立应经国务院银行业监督管理机构批准，有符合规定的最低注册资本限额的实缴资本额（设有分支机构的全国性商业银行为10亿元，城市商业银行为1亿元，农村合作商业银行为5000万元）。注册资本应当是实缴资本。国务院银行业监督管理机构根据审慎监管的要求可以调整注册资本最低限额，但不得少于《商业银行法》第13条规定的限额。

4.有符合要求的从业人员及任职资格。商业银行须有具备任职专业知识和业务工作经验的董事、高级管理人员：（1）商业银行的法定代表人和主要负责人须与党政机关脱钩，并不得兼任企业事业单位的法定代表人和主要负责人。（2）有下列情形之一的，不得担任商业银行的董事、高级管理员：因犯有贪污、贿赂、侵占财产、挪用财产罪或者破坏社会经济秩序罪，被判处刑罚，或者因犯罪被剥夺政治权利的；担任因经营管理不善破产清算的企业的董事或者厂长、经理，并对该企业的破产负有个人责任的；担任因违法被吊销营业执照的企业的法定代表人，并负有个人责任的；个人所负数额较大的债务到期未清偿的。

5.有健全的组织机构和管理制度。根据我国《公司法》和《商业银行法》的规定，按照有限责任公司和股份有限公司的标准要求，商业银行应设置必要的组织机构，其中国有独资商业银行设立监事会，监事会的产生办法由国务院规定。

6.其他条件。有符合法律法规要求的营业场所、安全防范设备和其他设施，还应当符合国务院银行业监督管理机构和中国人民银行规定的其他审慎性条件。

（二）商业银行的投资

1.对商业银行投资的监管。《商业银行法》规定，任何单位和个人购买商业银行股份总额5%以上的，应当事先经国务院银行业监督管理机构批准。

2.对商业银行的投资行为的限制。《商业银行法》规定：商业银行在我国境内不得从事信托投资和证券经营业务，不得向非自用不动产投资或向非银行金融机构和企业投资，但国家另有规定的除外。

（三）设立银行业金融机构的程序

1.设立银行业金融机构的申请。申请人应当填写正式申请表，并提交下列文件资料：（1）章程草案；（2）拟任职的董事和高级管理人员的资格证明；（3）法定验资机构出具的验资证明；（4）股东名册及其出资额、股份；（5）持有注册资本5%以上的股东的资信证明和有关资料；（6）经营方针和计划；（7）营业场所、安全防范措施和与业务有关的其他设施的资料；（8）国务院银行业监督管理机构规定的其他文件资料。

2.审批。对符合法定条件的设立商业银行的申请由国务院银行业监督管理机构颁发经营许可证并公告，由被批准者凭许可证向工商行政管理机关办理企业登记，领取营业执照。

3.公告。经批准设立的商业银行的分支机构由国务院银行业监督管理机构颁发经营许可证并公告，分支机构凭许可证向工商行政管理机关办理登记，领取营业执照。商业银行的分支机构不具有法人资格，在商业银行总行的授权范围内依法开展业务，民事责任由总行承担，总行对其分支机构实行全行统一核算、统一调度资金、分级管理的财务制度。

（四）设立商业银行分支机构的条件

1.由商业银行提出申请。设立商业银行的分支机构须报国务院银行业监督管理机构批准，在我国境内的商业银行分支机构不按行政区划设立，由商业银行总行根据业务发展需要自行决定。

2.对分支机构拨付资金的限制。商业银行在境内设立分支机构，应当按照规定拨付与其经营规模相适应的营运资金，所拨付的营运资金额的总和，不得超过总行资本金总额的60%。

3.申请文件。设立商业银行的分支机构的

申请人应当向国务院银行业监督管理机构提交下列文件、资料：申请书，申请人最近2年的财务会计报表，拟任职的高级管理人员的资格证明，经营方针和计划，营业场所、安全防范措施和与业务有关的其他设施的资料，以及国务院银行业监督管理机构规定的其他文件、资料。

（五）商业银行的变更

商业银行进行下列行为的，应当经国务院银行业监督管理机构批准：（1）变更银行名称；（2）变更注册资本；（3）变更总行或者分行所在地；（4）调整业务范围；（5）变更持有资本总额或者股份总额5%以上的股东；（6）修改章程；（7）国务院银行业监督管理机构规定的其他变更事项。

更换董事、高级管理人员时，应当报经国务院银行业监督管理机构审查其任职资格。

三、商业银行的管理机制

（一）商业银行的资产负债管理

1.资产负债管理的原理。银行的收益主要来自存放款的利差，而利差是银行资产负债结构的综合结果，风险则表现为利差的大小和变化。因此，银行要对持有的资产负债类型、数量，资产负债的总量及组合进行测算、计划、控制和调整，以实现风险的最小化和利润的最大化。商业银行的资产负债管理要遵循以下原理：

（1）偿还期对称原理，表现为银行的资产分配应根据资金来源的流转速度来决定，即银行资产与负债的偿还期应保持一定程度的对应关系。

（2）目标替代原理，商业银行可以通过资产安全性、流动性和效益性的组合，进行资产项目的比较或互相替代，达到不降低银行总效用的经营目标。

2.资产负债管理的内容。资产负债管理的基本内容，是指商业银行根据金融情况的变化，将银行的资产和负债在期限、结构、方式、数量和利率上进行不断的调整，以降低经营风险和增加获利机会，实现银行安全性、流动性和效益性的经营管理目标。具体来说，包括以下两个方面：

（1）流动性管理和准备金管理，其中流动性，是指银行在资产无损的情况下迅速变现的能力，准备金，是指银行持有的现金资产和短期有价证券。

（2）投资管理和贷款管理，其中商业银行的投资主要是购入各种有价证券（不包括股票），以便在贷款效益低时能维持银行利润，因此管理重点是有价证券的期限和利率。

3.对贷款的项目管理。

（1）贷款的原则及审查，中国人民银行《贷款通则》要求各商业银行对信贷业务实行审贷分离、分级审批制度。审查的内容：借款用途，偿还能力，还款方式。对贷款项目实行贷前调查、贷时审查和贷后检查。

（2）贷款担保，商业银行应当对保证人的偿还能力，抵押物、质物的权属和价值进行实质性审查，除对少数资信情况优良的借款人可以实行信用贷款外，对其余借款人均需提供有效担保。为防范人为的信贷风险，《商业银行法》规定对银行的关系人贷款不得采用信用贷款形式。

（3）对借款合同条款欠缺及履行的管理，包括对贷款种类、用途、金额、利率、还款期限、还款方式、违约责任和双方约定的其他事项进行持续审查和跟踪管理。

4.负债管理。负债管理的方式主要是以短期借入款来弥补提取的存款，保持营运资金的平衡，以及用借入款来应付增加的借款需求，资产和负债都增加，通过扩大负债来增加盈利资产，获得银行资本金以外的利润，负债管理的重点是在安全的前提下实现负债结构的合理化，在此基础上组织吸收资金的多样化和负债工具的不断创新，提高负债金额，增大可用作资产的现金流。

（二）资产负债比例管理

1.实行资产负债比例管理的内容。

（1）中国人民银行和国务院银行业监督管理机构对各商业银行的资金使用实行比例管理制度，以资产负债比例管理制度为基本考核内容，增强商业银行的自我约束和自我发展能力。

（2）贷款质量指标，是指国务院银行业监督管理机构考核商业银行资产质量的监控指标。历史原因导致商业银行的资产业务不能达到国务院银行业监督管理机构规定的贷款质量指标的，各商业银行应当提出逐年提高的计划，由国务院银行业监督管理机构和各商业银行的监事会监督执行。

（3）监控指标，是指各商业银行要根据国务院银行业监督管理机构制定的监控指标，按照自身资金营运特点，制定符合各行特点的资产负债比例管理的实施办法，报国务院银行业监督管理机构批准后在本系统内部组织实施。

（4）考核组织，是指对商业银行执行资产负债比例管理监控指标的情况以法人为单位进行考核。

2.商业银行资产负债比例管理监控指标。

（1）资本充足率不得低于8%。《商业银行资本管理办法》将商业银行资本充足率监管要求细化为最低资本要求、储备资本和逆周期资本要求、系统重要性银行附加资本要求以及第二支柱资本要求。其中，最低资本充足率的要求为：核心一级资本充足率不得低于5%，一级资本充足率不得低于6%，资本充足率不得低于8%。储备资本要求为风险加权资产的2.5%，由核心一级资本来满足。逆周期资本的计提与运用规则由中国人民银行会同国家金融监督管理总局另行规定。此外，国家金融监督管理总局及其派出机构有权在第二支柱框架下提出更审慎的资本要求，确保资本充分覆盖风险，包括：①根据风险判断，针对部分资产组合提出的特定资本要求；②根据监督检查结果，针对单家银行提出的特定资本要求。

（2）流动性资产余额与流动性负债余额的比例不得低于25%。

（3）对同一借款人的贷款余额与商业银行资本余额的比例不得超过10%。

（三）商业银行的风险管理

1.商业银行风险的概念。商业银行风险是指在商业银行经营过程中，不确定性因素的影响，使银行实际收益偏离预期收益，从而导致遭受损失或获取额外收益的可能性。商业银行的首要风险为：信用风险、市场风险、流动性风险和操作风险。其中，信用风险是指交易相对人的违约风险，如借款人到期不偿还本息甚至无力偿债的风险。市场风险是指因市场价格、利率、汇率、股票价格和商品价格的不利变动而使银行业务发生损失的风险。流动性风险是指商业银行无法以合理成本及时获得充足资金，用于偿付到期债务、履行其他支付义务和满足正常业务开展的其他资金需求的风险。操作风险是指不完善或有问题的内部程序、员工和信息科技系统，以及外部事件所造成损失的风险（包括法律风险，但不包括策略风险和声誉风险）。针对这些风险，国务院银行业监督管理机构制定了《银行业金融机构全面风险管理指引》《商业银行流动性风险管理办法》《商业银行资本管理办法》等一系列规范性文件。

2.全面风险管理框架。根据2016年《银行业金融机构全面风险管理指引》的要求，银行业金融机构应当建立全面风险管理体系，采取定性和定量相结合的方法，识别、计量、评估、监测、报告、控制或缓释所承担的各类风险。各类风险包括信用风险、市场风险、流动性风险、操作风险、国别风险、银行账户利率风险、声誉风险、战略风险、信息科技风险以及其他风险。银行业金融机构的全面风险管理体系应当考虑风险之间的关联性，审慎评估各类风险之间的相互影响，防范跨境、跨业风险。银行业金融机构全面风险管理体系应当包括但不限于以下要素：

（1）风险治理架构。银行业金融机构应当建立组织架构健全、职责边界清晰的风险治理架构，明确董事会、监事会、高级管理层、业务部门、风险管理部门和内审部门在风险管理中的职责分工，建立多层次、相互衔接、有效制衡的运行机制。

（2）风险管理策略、风险偏好和风险限额。银行业金融机构应当制定清晰的风险管理策略，至少每年评估一次其有效性。风险管理策略应当反映风险偏好、风险状况以及市场和宏观经济变化，并在银行内部得到充分传导。银行业金融机构应当制定书面的风险偏好，做到定性指标和定量指标并重。风险偏好的设定应当与战略目标、经营计划、资本规划、绩效考评和薪酬机制衔接，在机构内传达并执行。银行业金融机构应当制定风险限额管理的政策和程序，建立风险限额设定、限额调整、超限额报告和处理制度。

（3）风险管理政策和程序。银行业金融机构应当制定风险管理政策和程序，包括但不限于以下内容：①全面风险管理的方法，包括各类风险的识别、计量、评估、监测、报告、控制或缓释，风险加总的方法和程序；②风险定性管理和定量管理的方法；③风险管理报告；④压力测试安排；⑤新产品、重大业务和机构变更的风险评估；⑥资本和流动性充足情况评估；⑦应急计划和恢复计划。

（4）管理信息系统和数据质量。银行业金融机构应当具备完善的风险管理信息系统，能够在集团和法人层面计量、评估、展示、报告所有风险类别、产品和交易对手风险暴露的规模和构成。银行业金融机构应当建立健全数据质量控制机制，积累真实、准确、连续、完整的内部和外部数据，用于风险识别、计量、评估、监测、报告，以及资本和流动性充足情况的评估。

（5）内部控制和审计。银行业金融机构应当合理确定各项业务活动和管理活动的风险控制点，采取适当的控制措施，执行标准统一的业务流程和管理流程，确保规范运作。银行业金融机构应当将全面风险管理纳入内部审计范畴，定期审查和评价全面风险管理的充分性和有效性。

四、商业银行的业务规则

商业银行的业务大体分为资产业务、负债业务和中间业务三类。其中，资产业务和负债业务在财务上称为表内业务，中间业务称为表外业务。表内业务主要是存贷款业务。此外，发行金融债券、同业拆借、贸易融资、票据融资、融资租赁、发行固定收益理财产品、透支等业务，也属于表内业务。

（一）存贷款业务

商业银行在办理存款业务时，对个人储户应当坚持“存款自愿、取款自由、存款有息、为存款人保密”的原则，对单位储户应当坚持为客户保密和保护客户权益的原则，有权拒绝任何单位或个人查询（法律、行政法规另有规定的除外）或者冻结、扣划（法律另有规定的除外）。商业银行吸收存款应当约定存款利率，并保证存款本金和利息的支付。

商业银行的贷款业务应当遵循以下基本规则：

1.服从信贷政策。信贷政策是中央银行根据国家宏观经济政策、产业政策、区域经济发展政策和投资政策，并衔接财政政策、利用外资政策等制定的指导金融机构贷款投向的政策。《商业银行法》规定，商业银行根据国民经济和社会发展的需要，在国家产业政策指导下开展贷款业务。因此，商业银行开展贷款业务，有服从国家信贷政策的义务。

2.贷款审查制度。商业银行贷款，必须对借款人的借款用途、偿还能力、还款方式等情况进行严格审查，实行审贷分离、分级审批的制度。一般来说，商业银行新增贷款的审批程序包括以下几个步骤：第一步，经办行或者业务部门客户经理受理申请人申请后进行调查并形成尽职调查报告，提交客户经理、部门负责人、经办行行长逐级审批；第二步，提交分行公司业务部，经主审人审查并形成风险评价报告后，报部门经理；第三步，提交授信评审部评审，获得主审人评审意见；第四步，提交贷款审核委员会进行决策，根据项目情况形成支持、有条件支持、报更高一层决策部门决策或者不支持的意见；第五步，获得最终通过的，报信贷管理部按借款用途发放、支付。之后由经办行负责监控资金使用和贷款收回。

3.贷款担保制度。商业银行贷款原则上要求借款人提供担保。担保方式包括保证、抵押和质押。在办理贷款时，商业银行应当对保证人的偿还能力，抵押物、质物的权属和价值以及实现抵押权、质权的可行性进行严格审查。作为例外，经银行审查、评估，确认资信良好，确能偿还贷款的借款人，可以不提供担保。

4.借款合同制度。商业银行贷款，应当与

借款人订立书面合同。合同应当约定贷款种类、借款用途、金额、利率、还款期限、还款方式、违约责任和双方认为需要约定的其他事项。

5.资产负债比例管理制度。商业银行贷款，应当遵守《商业银行法》所规定的资产负债比例管理规定，特别是关于资本充足率、流动性资产余额与流动性负债余额的比例、对同一借款人的贷款余额与商业银行资本余额的比例的规定。

6.禁止性规定。第一，商业银行不得向关系人发放信用贷款；向关系人发放担保贷款的条件不得优于其他借款人同类贷款的条件。关系人包括商业银行的董事、监事、管理人员、信贷业务人员及其近亲属，以及他们投资或者担任高级管理职务的公司等经济组织。第二，任何单位和个人不得强令商业银行发放贷款或者提供担保，商业银行对此类行为有权拒绝。

7.担保物处分时限。因借款人到期不归还担保贷款，商业银行依法行使抵押权、质权而取得的不动产或者股权，应当自取得之日起2年内予以处分。

（二）中间业务

中间业务，是指商业银行利用技术、信息、机构网络、资金和信誉等方面的优势，不运用或较少运用银行的资财，以中间人的身份替客户办理收付、咨询、代理、担保、托管及其他委托事项，提供各类金融服务并收取一定费用的经营活动。目前我国商业银行开展的中间业务主要有：国内支付结算业务（单位结算、个人结算、代理同业清算、结汇售汇、票据结算），国际支付结算业务（进出口贸易结算、非贸易结算），银行卡业务（借记卡、贷记卡、准贷记卡、外卡），代理业务（代理收付款，代理股票、债权、保险，委托贷款，代理国库、承销理财产品等），担保及承诺业务（开具保函、贷款承诺、银行承兑、备用信用证等），交易类业务（金融衍生产品、资产证券化、银团安排与承销、保理等），托管存管业务（基金托管、支付机构客户备付金存管等），咨询顾问业务（财务顾问、并购与重整顾问、资信鉴证、委托调查等），等等。商业银行的中间业务将在金融市场的发展中不断创新。

我国关于商业银行中间业务的规则，目前散见于《票据法》等相关法律和中国人民银行、国务院银行业监督管理机构发布的部门规章和其他规范性文件。

五、商业银行的接管、清算和终止

（一）商业银行的接管

1.接管的条件。

（1）当商业银行已经或者可能发生信用危机，严重影响存款人的利益时，国务院银行业监督管理机构可决定对该商业银行实行接管。信用危机的主要表现为，商业银行不能应付存款人的提款，不能清偿到期的债务，以及同业拒绝拆借资金，原客户和市场普遍拒绝其服务。商业银行有以上情况之一的，即可被视为发生信用危机。

（2）接管商业银行，是指对被接管的商业银行采取必要的措施，以保护存款人的利益，恢复商业银行的正常经营能力。

2.接管商业银行的程序。

（1）接管商业银行的决定。国务院银行业监督管理机构认为商业银行出现信用危机或者即将出现信用危机时，可以决定对其接管，并组织实施。接管决定由国务院银行业监督管理机构予以公告，公告应载明下列主要内容：被接管的商业银行的名称、接管的理由、接管组织、接管期限和接管的内容。

（2）接管商业银行的法律后果。自接管开始之日起，由接管组织取代银行原管理层，行使商业银行的经营管理权力，接管组织的组成人员由国务院银行业监督管理机构指定，被接管的商业银行的债权债务关系不因接管发生变化。接管期限届满，国务院银行业监督管理机构可以决定延期，但接管期限最长不得超过2年，以维持金融行业的稳定。

3.接管商业银行的终止。

有下列情形之一的，接管终止：（1）接管决定规定的期限届满或者国务院银行业监督管理机构决定的接管延期届满；（2）接管期限届满前，该商业银行已经恢复正常经营能力；（3）接管期限届满前，该商业银行被合并或者被依法宣告破产。

(二)商业银行的清算及终止

1.分立、合并及解散的清算。

(1)解散的条件。商业银行因分立、合并或者出现公司章程规定的解散事由需要解散的，应当向国务院银行业监督管理机构提出申请，并附申请解散的理由和支付存款的本金和利息等债权债务清偿计划，经国务院银行业监督管理机构批准后解散。

(2)解散程序。商业银行解散的，应当依法成立清算组，清算组成员由国务院银行业监督管理机构指定，由清算组进行清算，按照既定的清算计划及时偿还个人的储蓄存款本金和利息等债务，然后再偿还银行其他的债务。国务院银行业监督管理机构监督清算过程，对清算的重大事项有否决权。

2.商业银行被撤销。商业银行因被吊销经营许可证被撤销的，国务院银行业监督管理机构应当依法及时组织成立清算组进行清算，按照清偿计划及时偿还存款本金和利息，程序与解散清算的程序相同。

3.商业银行的破产。

(1)破产前的行政拯救。商业银行出现重大经营风险的，国务院银行业监督管理机构可以采取接管、托管等行政拯救措施。在行政拯救期间，国务院银行业监督管理机构可以向人民法院申请中止以该银行为被告或者被执行人的民事诉讼程序或者执行程序。

(2)破产程序的启动。商业银行有《企业破产法》第2条规定的破产原因的，该银行可以经国务院银行业监督管理机构同意后向人民法院申请破产，或者由国务院银行业监督管理机构向人民法院提出该银行破产的申请。商业银行破产可适用重整程序或者破产清算程序。

(3)破产银行的管理。商业银行被宣告破产的，由人民法院组织国务院银行业监督管理机构等有关部门和有关人员成立清算组，进行清算。

(4)破产清偿顺序。商业银行破产清算时，在支付清算费用、所欠职工工资和劳动保险费用后，优先支付个人储蓄存款的本金和利息，在此之后剩余的破产财产依次用于支付税款和普通债权。

4.商业银行的终止。商业银行因解散、被撤销和被宣告破产而终止，商业银行的终止对金融市场有重大影响，对债权人利益也有重大利害关系。所以，商业银行不得自行决定终止，须经国务院银行业监督管理机构的批准，以及按照《商业银行法》《公司法》等法律法规的规定办理。

六、违反商业银行法的法律责任

(一)侵犯存款人利益应承担的法律责任

商业银行有下列情形之一，对存款人或者其他客户造成财产损害的，应当承担支付迟延履行的利息以及其他民事责任:(1)无故拖延、拒绝支付存款本金和利息的;(2)违反票据承兑等结算业务规定，不予兑现，不予收付入账，压单、压票或者违反规定退票的;(3)非法查询、冻结、扣划个人储蓄存款或者单位存款的;(4)违反《商业银行法》规定对存款人或者其他客户造成其他损害的。

(二)逃避国务院银行业监督管理机构监管应承担的法律责任

1.商业银行有下列情形之一，由国务院银行业监督管理机构责令改正，有违法所得的，没收违法所得，违法所得50万元以上的，并处违法所得1倍以上5倍以下罚款;没有违法所得或者违法所得不足50万元的，处50万元以上200万元以下罚款;情节特别严重或者逾期不改正的，可以责令停业整顿或者吊销其经营许可证;构成犯罪的，依法追究刑事责任:(1)未经批准设立分支机构的;(2)未经批准分立、合并或者违反规定对变更事项不报批的;(3)违反规定提高或者降低利率以及采用其他不正当手段，吸收存款，发放贷款的;(4)出租、出借经营许可证的;(5)未经批准买卖、代理买卖外汇的;(6)未经批准买卖政府债券或者发行、买卖金融债券的;(7)违反国家规定从事信托投资和证券经营业务、向非自用不动产投资或者向非银行金融机构和企业投资的;(8)向关系人发放信用贷款或者发放担保贷款的条件优于其他借款人同类贷款的条件的。

2.商业银行有下列情形之一，由国务院银行业监督管理机构责令改正，并处20万元以上50万元以下罚款；情节特别严重或者逾期不改正的，可以责令停业整顿或者吊销其经营许可证；构成犯罪的，依法追究刑事责任：（1）拒绝或者阻碍国务院银行业监督管理机构检查监督的；（2）提供虚假的或者隐瞒重要事实的财务会计报告、报表和统计报表的；（3）未遵守资本充足率、资产流动性比例、同一借款人贷款比例和国务院银行业监督管理机构有关资产负债比例管理的其他规定的。

（三）逃避中国人民银行监管应承担的法律责任

1.对商业银行的处罚。商业银行有下列情形之一，由中国人民银行责令改正，有违法所得的，没收违法所得，违法所得50万元以上的，并处违法所得1倍以上5倍以下罚款；没有违法所得或者违法所得不足50万元的，处50万元以上200万元以下罚款；情节特别严重或者逾期不改正的，中国人民银行可以建议国务院银行业监督管理机构责令停业整顿或者吊销其经营许可证；构成犯罪的，依法追究刑事责任：（1）未经批准办理结汇、售汇的；（2）未经批准在银行间债券市场发行、买卖金融债券或者到境外借款的；（3）违反规定同业拆借的。商业银行有下列情形之一，由中国人民银行责令改正，并处20万元以上50万元以下罚款；情节特别严重或者逾期不改正的，中国人民银行可以建议国务院银行业监督管理机构责令停业整顿或者吊销其经营许可证；构成犯罪的，依法追究刑事责任：（1）拒绝或者阻碍中国人民银行检查监督的；（2）提供虚假的或者隐瞒重要事实的财务会计报告、报表和统计报表的；（3）未按照中国人民银行规定的比例交存存款准备金的。

2.对商业银行管理层的处罚。《商业银行法》第89条规定：商业银行违反本法规定的，国务院银行业监督管理机构可以区别不同情形，取消其直接负责的董事、高级管理人员一定期限直至终身的任职资格，禁止直接负责的董事、高级管理人员和其他直接责任人员一定期限直至终身从事银行业工作。商业银行的行为尚不构成犯罪的，对直接负责的董事、高级管理人员和其他直接责任人员，给予警告，处5万元以上50万元以下罚款。

商业银行及其工作人员对国务院银行业监督管理机构、中国人民银行的处罚决定不服的，可以依照《行政诉讼法》的规定向人民法院提起诉讼。

（四）侵犯商业银行权利的法律责任

任何机构和个人有下列行为之一，情节或后果严重，构成犯罪的，将被依法追究刑事责任：（1）未经国务院银行业监督管理机构批准擅自设立商业银行，或者非法吸收公众存款、变相吸收公众存款的；（2）伪造、变造、转让商业银行经营许可证的；（3）借款人采取欺诈手段骗取贷款的；（4）商业银行的工作人员利用职务上的便利索取、收受贿赂，贪污、挪用、侵占本行资金或客户资金，玩忽职守，泄露国家秘密和商业秘密的。

第二节 银行业监督管理法

一、银行业监督管理法概述

为了加强银行业监管，确保银行业金融机构的合法、安全、稳健运行，第十届全国人民代表大会第一次会议于2003年3月审议通过了《国务院机构改革方案》，决定成立中国银行业监督管理委员会2003年12月27日，第十届全国人大常委会第六次会议通过了《银行业监督管理法》。2006年10月31日全国人大常委会对《银行业监督管理法》作了修正。2018年3月，国务院将原有的中国银行业监督管理委员会和中国保险业监督管理委员会合并，成立中国银行保险监督管理委员会。2023年3月16日，中共中央、国务院印发了《党和国家机构改革方案》，组建国家金融监督管理总局，不再保留中国银行保险监督管理委员会。

（一）银行业监督管理法的性质和特点

《银行业监督管理法》是为了加强对银行业的监督管理，规范监督管理行为，防范和化解银行业风险，保护存款人和其他客户的合法权益，促进银行业健康发展而制定的法律，其目的在于明确中国银行业监管的目标、原则，确定银行监管机构的法定地位和职责，加强和完善监管手段，规范监管程序，推进我国银行业监管向国际最佳做法靠拢，实现从合规监管向风险监管的转变，从而提高我国银行业监管的有效性。《银行业监督管理法》具有以下特点：

1.大量吸收和借鉴国际银行监管的先进理念和立法经验。《银行业监督管理法》的条文设计大量借鉴了巴塞尔银行监管委员会《有效银行监管核心原则》所提出的银行监管的最佳做法，参阅了巴塞尔委员会发布的其他指导性文件以及美国、英国、德国、日本、韩国、新加坡等国家银行业的法律制度。《银行业监督管理法》共有52条，其中50%以上的条款都直接体现了核心原则的思想。在吸收和借鉴国际先进经验的基础上，纳入银行业监督管理法的有关内容将有助于提高我国银行监管的有效性。明确监管者的目标和原则；保证监管者的独立性；为监管者提供法律保护；建立监管机构的内部和外部监督机制；加强对股东资格的审查；通过制定和实施对银行业金融机构的审慎经营规则，实现监管方式从合规监管向风险监管的转变；加强现场和非现场监管手段；建立与银行业金融机构董事、高级管理人员的监管会谈制度；提高并表监管能力；建立监管评级体系和风险预警机制；加强信息披露，强化市场约束；在法律中明确规定银行监管机构有权区别不同情况，对未遵守审慎经营规则的银行业金融机构采取监管强制措施；加强银行监管当局与中央银行和境内其他金融监管机构的协调合作；加强银行监管当局与境外银行监管当局的合作，共同实施有效的跨境监管；等等。

2.制定科学的监管措施。《银行业监督管理法》对监管机构使用监管手段和措施给予了适当授权，为实施有效监管提供了必要的法律支持。《银行业监督管理法》规定监管机构有权要求银行业金融机构报送各类报表和资料；有权采取必要的措施，实施现场检查；有权要求与银行业金融机构董事和高级管理人员进行监管会谈；有权要求银行业金融机构按照规定进行信息披露；有权区别不同情况，对未遵守审慎经营规则的银行业金融机构采取递进的监管强制措施；有权对有问题的银行业金融机构进行接管、重组或撤销，并对其直接负责的董事、高级管理人员和其他直接责任人员采取必要的限制措施；有权查询涉嫌金融违法行为人的存款或申请司法机关冻结违法资金等。同时，“法律责任”一章还授权监管机构对违反法律、法规的银行业金融机构直接负责的董事、高级管理人员和其他责任人员采取纪律处分、罚款、取消任职资格和禁止从事银行业工作等处罚措施。

3.对监管权力予以规范。《银行业监督管理法》强化了监管机构的内部监督机制，规定监管机构应当建立监督管理责任制度和内部监督制度；并对监管机构工作人员提出了一系列要求，如应当具备相应的专业知识和业务工作经验；应当依法办事，公正廉洁，不得利用职务便利牟取不正当利益，不得在金融机构等企业中兼任职务；应当承担相应的保密义务；等等。

4.规定监管的程序。《银行业监督管理法》对监管机构行使监管权力、采取监管措施规定了程序要求和监督制约措施，例如：规定监管机构自收到完整的申请文件之日起，应当在规定的时限内作出批准或者不批准的决定，并书面通知申请人，决定不批准的，应当说明理由；监管机构应当制定现场检查程序，规范现场检查行为；银行业金融机构经过整改，符合有关审慎经营规则的，监管机构应当在3日内解除对其采取的限制措施等。

5.协调外部监管机制。《银行业监督管理法》规定：国务院审计、监察等机关，依法对银行业监管机构实施外部监督；同时要求监管机构公开监督管理程序，增强监管工作的透明度，接受社会公众的监督。另外，根据《行政诉讼法》和《行政复议法》，银行业金融机构及其工作人员对监管机构的处罚决定不服的，可以申请行政复议，也可以向人民法院提起诉讼。

6.规定国务院银行业监督管理机构的法律责任。《银行业监督管理法》对监管机构履行职责和义务、行使监管权力、采取监管措施规定了相应的法律责任。

（二）银行业监督管理的对象

1.银行业金融机构。银行业金融机构，是指在中华人民共和国境内设立的商业银行、城市信用合作社、农村信用合作社等吸收公众存款的金融机构以及政策性银行。这是银行业监督管理的主要对象。

2.其他金融机构。在中华人民共和国境内设立的金融资产管理公司、信托投资公司、财务公司、金融租赁公司以及经国务院银行业监督管理机构批准设立的其他金融机构。

3.在境外设立的金融机构。经国务院银行业监督管理机构批准在境外设立的金融机构以及前两种金融机构在境外的业务活动。

（三）银行业监督管理的目标和原则

1.银行业监督管理的目标。银行业监督管理的目标是促进银行业的合法、稳健运行，维护公众对银行业的信心。同时，银行业监督管理应当保护银行业公平竞争，提高银行业竞争能力。

2.银行业监督管理的原则。

（1）依法、公开、公正和效率的原则。

（2）独立性原则，银行业监督管理机构及其从事监督管理工作的人员依法履行监督管理职责，受法律保护。地方政府、各级政府部门、社会团体和个人不得干涉。

（3）协同原则，国务院银行业监督管理机构应当和中国人民银行、国务院其他金融监督管理机构建立监督管理信息共享机制，以便它们在各自的职责范围内，开展对银行业和金融市场的有效监督。

二、监督管理机构

（一）机构设置

《银行业监督管理法》第2条第1款规定：“国务院银行业监督管理机构负责对全国银行业金融机构及其业务活动监督管理的工作。”

根据《银行业监督管理法》的规定，国务院银行业监督管理机构根据履行职责的需要设立派出机构，并对派出机构实行统一领导和管理。

（二）机构运行

《银行业监督管理法》对国务院银行业监督管理机构的运行有如下基本要求：（1）国务院银行业监督管理机构应当公开监督管理程序，建立监督管理责任制度和内部监督制度；（2）银行业监督管理机构在处置银行业金融机构风险、查处有关金融违法行为等监督管理活动中，地方政府、各级有关部门应当予以配合和协助；（3）国务院审计、监察等机关应当依照法律规定对国务院银行业监督管理机构的活动进行监督。

（三）从业人员基本规范

《银行业监督管理法》对银行业监督管理机构从业人员设立了如下基本规范：（1）应当具备与其任职相适应的专业知识和业务工作经验；（2）忠于职守，依法办事，公正廉洁，不得利用职务便利牟取不正当的利益，不得在金融机构等企业中兼任职务；（3）保守国家秘密，并有责任为其监督管理的银行业金融机构及当事人保守秘密。

三、监督管理职责

（一）监管职责的范围

1.制定规章。国务院银行业监督管理机构依照法律、行政法规制定并发布对银行业金融机构及其业务活动监督管理的规章、规则。

2.审批金融机构组织。国务院银行业监督管理机构依照法律、行政法规规定的条件和程序，审查批准银行业金融机构的设立、变更、终止以及业务范围。

3.审查金融机构的股东。国务院银行业监督管理机构在受理申请设立银行业金融机构时，或者银行业金融机构变更持有资本总额或者股份总额达到规定比例以上的股东时，负责对股东的资金来源、财务状况、资本补充能力和诚信状况进行审查。

4.审查金融机构的金融产品。国务院银行

业监督管理机构对银行业金融机构业务范围内的业务品种，按照规定进行审查批准或者备案。需要审查批准或者备案的业务品种，由国务院银行业监督管理机构依照法律、行政法规作出规定并公布。

5.对银行业市场准入实施管制。未经国务院银行业监督管理机构批准，任何单位或者个人不得设立银行业金融机构或者从事银行业金融机构的业务活动。

6.规定金融机构高管的任职资格。国务院银行业监督管理机构对银行业金融机构的董事和高级管理人员实行任职资格管理。

7.制定业务审慎经营规则。国务院银行业监督管理机构依照法律、行政法规制定银行业金融机构的审慎经营规则，包括风险管理、内部控制、资本充足率、资产质量、损失准备金、风险集中、关联交易、资产流动性等内容。

8.对银行业自律组织的活动进行指导和监督。银行业自律组织的章程应当报国务院银行业监督管理机构备案，国务院银行业监督管理机构对银行业自律组织的活动进行指导和监督。

9.国际合作。国务院银行业监督管理机构开展与银行业监督管理有关的国际交流、合作活动。

（二）监管职责的履行

1.审批时限规定。国务院银行业监督管理机构应当在规定的期限，对下列申请事项作出批准或者不批准的书面决定；决定不批准的，应当说明理由：（1）银行业金融机构的设立，自收到申请文件之日起6个月内；（2）银行业金融机构的变更、终止，以及业务范围和增加业务范围内的业务品种，自收到申请文件之日起3个月内；（3）审查董事和高级管理人员的任职资格，自收到申请文件之日起30日内。

2.非现场监督规定。银行业监督管理机构应当对银行业金融机构的业务活动及其风险状况进行非现场监管，建立银行业金融机构监督管理信息系统，分析、评价其风险状况。

3.现场检查规定。银行业监督管理机构应当对银行业金融机构的业务活动及其风险状况进行现场检查。为此，国务院银行业监督管理机构应当制定现场检查程序，规范现场检查行为。

4.并表监管规定。国务院银行业监督管理机构应当对银行业金融机构实行并表监督管理。

5.接受中国人民银行建议。国务院银行业监督管理机构对中国人民银行提出的检查银行业金融机构的建议，应当自收到建议之日起30日内予以回复。

6.金融监管评级体系和风险预警机制。国务院银行业监督管理机构应当建立银行业金融机构监督管理评级体系和风险预警机制，根据银行业金融机构的评级情况和风险状况，确定对其现场检查的频率、范围和需要采取的其他措施。

7.突发事件报告责任制度。国务院银行业监督管理机构应当建立银行业突发事件的发现、报告岗位责任制度。银行业监督管理机构一旦发现可能引发系统性银行业风险、严重影响社会稳定的突发事件，应当立即向国务院银行业监督管理机构负责人报告；国务院银行业监督管理机构负责人认为需要向国务院报告的，应当立即向国务院报告，并告知中国人民银行、国务院财政部门等有关部门。

8.突发事件处置制度。国务院银行业监督管理机构应当会同中国人民银行、国务院财政部门等有关部门建立银行业突发事件处置制度，制定银行业突发事件处置预案，明确处置机构和人员及其职责、处置措施和处置程序，及时、有效地处置银行业突发事件。

9.统一的统计制度。国务院银行业监督管理机构负责统一编制全国银行业金融机构的统计数据、报表，并按照国家有关规定予以公布。

四、监督管理措施

（一）强制信息披露

1.获取财务资料。银行业监督管理机构根据履行职责的需要，有权要求银行业金融机构按照规定报送资产负债表、利润表和其他财务会计、统计报表、经营管理资料以及注册会计师出具的审计报告。

2.现场检查。银行业监督管理机构根据审慎监管的要求，可以采取下列措施进行现场检查：（1）进入银行业金融机构进行检查；（2）询问银行业金融机构的工作人员，要求其对有关检查事项作出说明；（3）查阅、复制银行业金融机构与检查事项有关的文件、资料，对可能被转移、隐匿或者毁损的文件、资料予以封存；（4）检查银行业金融机构运用电子计算机管理业务数据的系统。为了规范现场检查行为，《银行业监督管理法》还规定：首先，进行现场检查应当经银行业监督管理机构负责人批准。其次，现场检查时，检查人员不得少于2人，并应当出示合法证件和检查通知书；检查人员少于2人或者未出示合法证件和检查通知书的，银行业金融机构有权拒绝检查。

3.询问制度。银行业监督管理机构根据履行职责的需要，可以与银行业金融机构董事、高级管理人员进行监督管理谈话，要求银行业金融机构董事、高级管理人员就银行业金融机构的业务活动和风险管理的重大事项作出说明。

4.信息披露制度。银行业监督管理机构应当责令银行业金融机构按照规定，如实向社会公众披露财务会计报告、风险管理状况、董事和高级管理人员变更以及其他重大事项等信息。

（二）强制整改制度

银行业金融机构违反审慎经营规则的，国务院银行业监督管理机构或者其省一级派出机构应当责令限期改正；逾期未改正的，或者其行为严重危及该银行业金融机构的稳健运行、损害存款人和其他客户合法权益的，经国务院银行业监督管理机构或者其省一级派出机构负责人批准，可以区别情形，采取下列措施：（1）责令暂停部分业务、停止批准开办新业务；（2）限制分配红利和其他收入；（3）限制资产转让；（4）责令控股股东转让股权或者限制有关股东的权利；（5）责令调整董事、高级管理人员或者限制其权利；（6）停止批准增设分支机构。

银行业金融机构整改后，应当向国务院银行业监督管理机构或者其省一级派出机构提交报告。国务院银行业监督管理机构或者其省一级派出机构经验收，符合有关审慎经营规则的，应当自验收完毕之日起3日内解除对其采取的上述规定的有关措施。

（三）接管、重组与撤销

1.接管、重组与撤销的事由。银行业金融机构已经或者可能发生信用危机，严重影响存款人和其他客户合法权益的，国务院银行业监督管理机构可以依法对该银行业金融机构实行接管或者促成机构重组，接管和机构重组依照有关法律和国务院的规定执行。银行业金融机构有违法经营、经营管理不善等情形，不予撤销将严重危害金融秩序、损害公众利益的，国务院银行业监督管理机构有权予以撤销。

2.接管、重组与撤销的措施。银行业金融机构被接管、重组或者被撤销的，国务院银行业监督管理机构有权要求该银行业金融机构的董事、高级管理人员和其他工作人员，按照国务院银行业监督管理机构的要求履行职责。

在接管、机构重组或者撤销清算期间，经国务院银行业监督管理机构负责人批准，对直接负责的董事、高级管理人员和其他直接责任人员，可以采取下列措施：（1）直接负责的董事、高级管理人员和其他直接责任人员出境将对国家利益造成重大损失的，通知出境管理机关依法阻止其出境；（2）申请司法机关禁止其转移、转让财产或者对其财产设定其他权利。

（四）冻结账户

经国务院银行业监督管理机构或者其省一级派出机构负责人批准，银行业监督管理机构有权查询涉嫌金融违法的银行业金融机构及其工作人员以及关联行为人的账户；对涉嫌转移或者隐匿违法资金的，经银行业监督管理机构负责人批准，可以申请司法机关予以冻结。

五、违反银行业监督管理法的法律责任

（一）银监机构工作人员的法律责任

《银行业监督管理法》第43条第1款规定，银行业监督管理机构从事监督管理工作的人员有下列情形之一的，依法给予行政处分；构成犯罪的，依法追究刑事责任：（1）违反规定审查批准银行业金融机构的设立、变更、终止，以及业务范围和业务范围内的业务品种的；（2）违反

规定对银行业金融机构进行现场检查的；（3）未依照《银行业监督管理法》第28条规定报告突发事件的；（4）违反规定查询账户或者申请冻结资金的；（5）违反规定对银行业金融机构采取措施或者处罚的；（6）违反《银行业监督管理法》第42条规定对有关单位或者个人进行调查的；（7）滥用职权、玩忽职守的其他行为。

银行业监督管理机构从事监督管理工作的人员贪污受贿，泄露国家秘密、商业秘密和个人隐私，构成犯罪的，依法追究刑事责任；尚不构成犯罪的，依法给予行政处分。

（二）银行业金融机构的法律责任

1.违反市场准入规定的法律责任。《银行业监督管理法》第44条规定：擅自设立银行业金融机构或者非法从事银行业金融机构的业务活动的，由国务院银行业监督管理机构予以取缔；构成犯罪的，依法追究刑事责任；尚不构成犯罪的，由国务院银行业监督管理机构没收违法所得，违法所得50万元以上的，并处违法所得1倍以上5倍以下罚款；没有违法所得或者违法所得不足50万元的，处50万元以上200万元以下罚款。

2.违反经营管制规定的法律责任。《银行业监督管理法》第45条规定，银行业金融机构有下列情形之一，由国务院银行业监督管理机构责令改正，有违法所得的，没收违法所得，违法所得50万元以上的，并处违法所得1倍以上5倍以下罚款；没有违法所得或者违法所得不足50万元的，处50万元以上200万元以下罚款；情节特别严重或者逾期不改正的，可以责令停业整顿或者吊销其经营许可证；构成犯罪的，依法追究刑事责任：（1）未经批准设立分支机构的；（2）未经批准变更、终止的；（3）违反规定从事未经批准或者未备案的业务活动的；（4）违反规定提高或者降低存款利率、贷款利率的。

3.违反诚实经营和审慎经营义务的法律责任。《银行业监督管理法》第46条规定，银行业金融机构有下列情形之一，由国务院银行业监督管理机构责令改正，并处20万元以上50万元以下罚款；情节特别严重或者逾期不改正的，可以责令停业整顿或者吊销其经营许可证；构成犯罪的，依法追究刑事责任：（1）未经任职资格审查任命董事、高级管理人员的；（2）拒绝或者阻碍非现场监管或者现场检查的；（3）提供虚假的或者隐瞒重要事实的报表、报告等文件、资料的；（4）未按照规定进行信息披露的；（5）严重违反审慎经营规则的；（6）拒绝执行《银行业监督管理法》第37条规定的措施的。

4.违反提交财务资料义务的法律责任。《银行业监督管理法》第47条规定，银行业金融机构不按照规定提供报表、报告等文件、资料的，由银行业监督管理机构责令改正，逾期不改正的，处10万元以上30万元以下罚款。所谓“不按照规定提供”，实践中包括拒绝提供、迟延提供、提供不完全和提供不真实等情形。

5.补充性制裁措施。《银行业监督管理法》第48条规定，银行业金融机构违反法律、行政法规以及国家有关银行业监督管理规定的，银行业监督管理机构除依照《银行业监督管理法》第44条至第47条规定处罚外，还可以区别不同情形，采取下列措施：（1）责令银行业金融机构对直接负责的董事、高级管理人员和其他直接责任人员给予纪律处分；（2）银行业金融机构的行为尚不构成犯罪的，对直接负责的董事、高级管理人员和其他直接责任人员给予警告，处5万元以上50万元以下罚款；（3）取消直接负责的董事、高级管理人员一定期限直至终身的任职资格，禁止直接负责的董事、高级管理人员和其他直接责任人员一定期限直至终身从事银行业工作。

【本章主要法律规定】

1.《商业银行法》

2.《银行业监督管理法》

本章重点、难点与疑点辨析

1.商业银行法。

我国的银行主要包括中央银行、商业银行和政策性银行三大类。其中商业银行是信贷市场金融服务的主要提供者。1995年颁布的《商业银行法》是我国金融市场化改革的重要历史节点。该法主要由组织法和行为法两大制度板块构成，其要点如下所示。

类别	主要内容	重点提示	难点提示
组织法	基本制度	商业银行的经营原则、商业银行的职能	信用中介职能、信用创造职能
	设立和变更	设立条件、设立程序	商业银行投资限制、分支机构设立条件
	管理机制	资产负债管理的原理、资产负债比例管理内容、风险管理框架	资产负债比例管理的监控指标、全面风险管理的风险分类和风险管理策略、风险管理政策和程序
	接管、清算和终止	分立、合并及解散的清算、被撤销、破产	解散程序、破产前的行政拯救、破产程序启动、破产清偿顺序
行为法	业务规范	存贷款业务、中间业务	贷款审查制度、资产负债比例管理制度、禁止性规定、中间业务的范围
	法律责任	逃避监管的法律责任、侵犯商业银行权利的法律责任	逃避监管的违法行为样态

2.银行业监督管理法。

《银行业监督管理法》奠定了我国银行业监督制度的基础。该法也主要由组织法和行为法两大制度板块构成，其要点如下所示。

类别	主要内容	重点提示	难点提示
组织法	基本制度	监管对象、监管目标和原则	其他金融机构的范围、协同原则
	监管机构	机构运行基本要求、监管职责范围	监管职责的履行规则
行为法	监管措施	强制信息披露、强制整改制度	接管、重组与撤销
	法律责任	银行业金融机构的法律责任	违反经营管制规定的行政处罚、违反审慎经营义务的法律责任

第四章 财税法

本章主要内容提示

财税法是财政法和税收法的总称。财政法包括《预算法》、《审计法》等法律以及《国家金库条例》、《国库券条例》等行政法规。广义的财政法包括税收法。

税收是国家财政收入的重要来源，审计制度是国家财政收支的运行保障。税法和审计法都具有较强的行政属性，它们不仅关系国家的财政利益，也关系纳税人和被审计者的合法权益。

首先，税法调整的是公民与国家的关系，宪法规定的公民依法纳税义务是《立法法》规定税收法定原则的依据。其次，税法调整的是国家税收机关与纳税人的关系。在税收法律关系中，纳税人负有向税收机关依法缴税的义务，也享有与税收机关相对的纳税人权利；税收机关有依法对纳税人征纳税款的权利，也有尊重纳税人权利的义务。税法的学习重点是增值税法、两个所得税法和税收征管法，难点是应税财产的范围、应纳税额的计算和税收机关的职权。

审计法是维护国家财政管理秩序的重要法律。审计法的学习重点有：审计法的适用范围（被审查单位范围、审查事项范围）、审计机关的权限和被审计单位违反《审计法》的责任，难点是审计机关的审计调查权限和处置措施。

学习本章时要准确把握税收权和审计权有效行使与合法行使的标准和程序。

第一节 税　法

一、税法概述

（一）税法的概念和调整对象

1.税收的概念与特征。税收是国家为了实现其职能的需要，凭借政治权力，依照法律规定的程序对满足法定课税要件的自然人和法人所征收的货币或实物。一般认为，税收具有三个基本特征：（1）法定性；（2）强制性；（3）无偿性。

2.税法的概念与体系。税法是调整税收关系的法律规范的总称。税法由税收体制法、税收征纳实体法、税收征纳程序法等子部门法所组成。其中，税收征纳实体法主要包括商品税法、所得税法、财产税法和行为税法。商品税法主要包括增值税法、消费税法、关税法和烟叶税法等。所得税法主要包括企业所得税法（2007年3月我国将《外商投资企业和外国企业所得税法》和《企业所得税暂行条例》合并，制定统一适用内外资企业的《企业所得税法》）和个人所得税法。财产税法主要包括资源税法、房产税法、土地增值税法、土地使用税法、耕地占用税法、契税法、车船税法等。行为税法主要包括印花税法等。

3.税法的调整对象。税法的调整对象是税收关系。税收关系是相关主体在税收活动中所发生的各种社会关系的总称。税收关系的基本构成是国家与纳税人的关系,其本质是国家为实现公共财政收入,运用公权力将私权主体所有的一部分财产无偿转为国家所有的过程。

4.税收法定原则。由立法机关决定全部税收制度,税收机关无相应法律依据不得征税,是税法的基本原则。《立法法》第11条规定,税种的设立、税率的确定和税收征收管理等税收基本制度只能制定法律。落实税收法定原则是我国税收法治建设的重要目标。只有落实税收法定原则,才能在税法中体现量能课税、公平负担、生存权保障等宪法性原则。我国目前有18个税种,其中,增值税、个人所得税、企业所得税、资源税、城市维护建设税、耕地占用税、车辆购置税、车船税、印花税、契税、烟叶税、关税、船舶吨税和环境保护税共14个税种已经有法律规定,消费税、城镇土地使用税、房产税和土地增值税共4个税种还在适用行政法规,其立法工作正在推进。

5.税法适用原则。税收部门在税法解释和税收征缴等具体税法适用过程中,应遵从以下原则:(1)实质课税原则。这是指对于一项税法规范是否适用于某一特定情况,除考虑是否符合税法规定的税收要素外,还应根据实际情况,尤其要根据是否有利于经济发展来判断决定是否征税的原则。(2)诚信原则。此原则要求征纳主体双方在履行各自义务时,要讲求诚实信用,不得违背对方的合理期待和信任,也不得以许诺错误为由而反悔。根据此原则,一方面,税收机关有权要求纳税人诚信地履行纳税义务;另一方面,税收机关要保护纳税人对税法和税收机关做出的有利于纳税人的规定、决定、解释和行为的信赖。(3)禁止类推适用原则。这是指当税法有漏洞时,依据税收法定原则,不允许以类推适用方法来弥补税法漏洞的原则。(4)禁止溯及课税原则。此原则要求新颁布实施的税收实体法仅对其生效后发生的应税事实或税收法律行为产生效力,而不对其生效之前发生的应税事实或税收法律行为溯及课税。

(二)税收法律关系

1.税收法律关系的概念。税收法律关系是由税收法律规范确认和调整的,国家和纳税人之间发生的具有权利和义务内容的社会关系。税收法律关系的一方主体始终是国家,税收法律关系主体双方具有单方面的权利与义务内容,税收法律关系的产生以纳税人发生了税法规定的行为或者事实为根据。

2.税收法律关系的要素。税收法律关系的要素包括:(1)税收法律关系的主体,也称为税法主体,是指在税收法律关系中享有权利和承担义务的当事人,主要包括国家、征税机关、纳税人和扣缴义务人。(2)税收法律关系的内容,是指税收法律关系主体所享有的权利和所承担的义务,主要包括纳税人的权利义务和征税机关的权利义务。(3)税收法律关系的客体,是指税收法律关系主体的权利义务所指向的对象,主要包括货币、实物和行为。

(三)税法的构成要素

税法的构成要素,是指构成税法所必需的基本要件,主要包括税法主体、征税对象、税基、税目、税率、税收减免、纳税地点、纳税时间和税法责任等。

税法主体,是指在税法中享有权利和承担义务的当事人,主要包括征税主体和纳税主体。征税主体包括国家和征税机关,纳税主体包括纳税人和扣缴义务人。纳税人是税法规定的享有税收权利、负有纳税义务的自然人和法人。征税对象是税法规定的征税客体,一般包括商品、所得、财产等。税基,又称为计税依据,是税法规定的计算应纳税额的依据。税目是税法规定的征税的具体品目,是对征税对象的分类和细化。税率是税法规定计算应纳税额的比率。包括定额税率、比例税率和累进税率三种基本形式。税基乘以税率就是应纳税额。税收减免是税法规定的对特定主体或客体予以减税或免税的特别优惠措施。其中,减税是对应纳税额少征一部分税款,免税是对应纳税额的全部免除。纳税地点是税法规定的纳税人缴纳税款的地点。纳税时间是税法规定的纳税人缴纳税款的期限和日期。税法责任是税收法律关系主体因违反税收法律规范而应承担的法律后果。

二、增值税法

（一）增值税的概念

增值税是以商品和劳务在流通各环节的增值额为计税依据的一种流转税。它通过逐环节征收、逐环节抵扣的方式，最终由终端消费者承担。增值税是现代税收制度中一种重要的间接税，广泛应用于世界各国。目前，增值税是我国的第一大税种，2024年全国增值税收入66672亿元，占全国税收总收入的38.11%。

我国增值税始于1993年《增值税暂行条例》。自2009年1月起，我国所有地区、所有行业由生产型增值税转为国际上通用的消费型增值税。2017年11月，国务院决定废止《营业税暂行条例》，对《增值税暂行条例》进行第二次修订。经过这次营业税改增值税，实现了增值税对货物和服务的全覆盖，基本消除了重复纳税，打通了增值税抵扣链条，有利于降低企业税负和促进第二、第三产业融合发展。2024年12月25日，全国人大常委会通过《增值税法》，按照税制平移的总体思路，保持现行税制框架和税负水平基本不变，将《增值税暂行条例》和有关政策规定上升为法律。该法自2026年1月1日起施行。

（二）增值税法的基本内容

1.纳税人。

增值税的纳税人为在中华人民共和国境内销售货物、服务、无形资产、不动产，以及进口货物的单位和个人。纳税人发生应税交易，应当按照一般计税方法，通过销项税额抵扣进项税额计算应纳税额的方式，计算缴纳增值税；《增值税法》另有规定的除外。

2.应税交易。

增值税征收范围为境内发生的应税交易，主要包括：(1)有偿转让货物；(2)有偿转让或租赁不动产、转让自然资源使用权；(3)有偿提供服务；(4)销售金融商品、有偿转让其他无形资产的所有权或者使用权；(5)进口货物。

有下列情形之一的，视同应税交易：(1)单位和个体工商户将自产或者委托加工的货物用于集体福利或者个人消费；(2)单位和个体工商户无偿转让货物；(3)单位和个人无偿转让无形资产、不动产或者金融商品。视同应税交易以及销售额为非货币形式的，按照市场价格确定销售额。

下列情形不属于应税交易，不征收增值税：(1)员工为受雇单位或者雇主提供取得工资、薪金的服务；(2)收取行政事业性收费、政府性基金；(3)依照法律规定被征收、征用而取得补偿；(4)取得存款利息收入。

3.计税依据。

纳税人销售货物、服务、无形资产、不动产的计税依据为其销售额，进口货物的计税依据为规定的组成计税价格。所谓销售额，是指纳税人发生应税交易取得的与之相关的价款，包括货币和非货币形式的经济利益对应的全部价款，不包括按照一般计税方法计算的销项税额和按照简易计税方法计算的应纳税额。增值税为价外税，应税交易的销售额不包括增值税税额。所谓组成计税价格，为关税计税价格加上关税和消费税。其计算公式为：组成计税价格=关税完税价格+关税+消费税。

4.税率。

适用一般计算方法的增值税税率分为以下4档：

(1)13%的基本税率。适用于纳税人销售货物、加工修理修配服务、有形动产租赁服务，进口货物，但以下第2、4档规定的除外。

(2)9%的低税率。适用于纳税人销售交通运输、邮政、基础电信、建筑、不动产租赁服务，销售不动产，转让土地使用权，销售或者进口下列货物：①农产品、食用植物油、食用盐；②自来水、暖气、冷气、热水、煤气、石油液化气、天然气、二甲醚、沼气、居民用煤炭制品；③图书、报纸、杂志、音像制品、电子出版物；④饲料、化肥、农药、农机、农膜，但以下第4档规定的除外。

(3)6%的低税率。适用于纳税人销售服

务、无形资产，但以上第1、2档和以下第4档规定的除外。

（4）零税率。适用于：纳税人出口货物，但国务院另有规定的除外；境内单位和个人跨境销售国务院规定范围内的服务、无形资产。

5.应纳税额计算。

（1）计税方法总览。纳税人发生应税交易，应当按照一般计税方法，通过销项税额抵扣进项税额计算应纳税额的方式，计算缴纳增值税；《增值税法》另有规定的除外。小规模纳税人可以按照销售额和征收率计算应纳税额的简易计税方法，计算缴纳增值税。中外合作开采海洋石油、天然气增值税的计税方法等，按照国务院有关规定执行。

（2）一般计税方法。按照一般计税方法计算的应纳税额，为当期销项税额抵扣当期进项税额后的余额。其计算公式为：应纳税额=当期销项税额–当期进项税额。当期销项税额小于当期进项税额不足抵扣时，其不足部分可以结转下期继续抵扣。但是，《增值税法》第22条规定的6种进项税额不得从其销项税额中抵扣。所谓销项税额，是指纳税人发生应税交易，按照销售额乘以《增值税法》规定的税率计算的增值税税额。其计算公式为：销项税额=销售额×税率。所谓进项税额，是指纳税人购进货物、服务、无形资产、不动产支付或者负担的增值税税额。

（3）简易计税方法。适用简易计税方法的增值税率为3%。简易计税方法主要适用于年应征增值税销售额未超过500万元的小规模纳税人的应税行为，以及一般纳税人在特定情况下的应税行为，例如公共交通运输、电影放映、劳务派遣等服务。按照简易计税方法计算缴纳增值税的，应纳税额为当期销售额乘以征收率。其计算公式为：应纳税额=不含税销售额×征收率。如果销售额为含税销售额，则要先换算为不含税销售额。其计算公式为：不含税销售额=含税销售额÷(1+征收率)。

（4）进口货物计税。进口货物按照《增值税法》规定的组成计税价格乘以适用税率计算缴纳增值税。其计算公式为：应纳税额=组成计税价格×税率。

（5）兼营行为计税。纳税人发生两项以上应税交易涉及不同税率、征收率的，应当分别核算适用不同税率、征收率的销售额；未分别核算的，从高适用税率。

（6）混合销售计税。纳税人发生一项应税交易涉及两个以上税率、征收率的，按照应税交易的主要业务适用税率、征收率。

6.税收优惠。

首先，小规模纳税人发生应税交易，销售额未达到国务院规定的起征点的，免征增值税；达到起征点的，依照《增值税法》规定全额计算缴纳增值税。根据国民经济和社会发展的需要，国务院可以对小规模纳税人的标准作出调整。其次，《增值税法》第24条规定的9类项目免征增值税。此外，根据国民经济和社会发展的需要，国务院对支持小微企业发展、扶持重点产业、鼓励创新创业就业、公益事业捐赠等情形可以制定增值税专项优惠政策。

7.征收管理。

增值税由税务机关征收，进口货物的增值税由海关代征。纳税人应当依法开具和使用增值税发票，电子发票与纸质发票具有同等法律效力。此外，《增值税法》还对增值税的纳税义务发生时间、纳税地点、计税期间、扣缴义务人、涉税信息共享等税收征管事项作了规定。

三、消费税法

（一）消费税的概念

消费税是以特定消费品的流转额为征税对象的一种税。

（二）消费税法的基本内容

1.消费税的纳税人。消费税的纳税人为在我国境内生产、委托加工和进口应税消费品的单位和个人。

2.消费税的征税对象。消费税的征税对象为应税消费品，主要为高耗能、高污染和高档消费品。目前，应税消费品包括：（1）烟；（2）酒；（3）化妆品；（4）贵重首饰及珠宝玉石；（5）鞭炮、焰火；（6）成品油（含铅汽油除外）和用于调和汽油的主要原材料；（7）250毫升以上排量的摩托车;(8)小汽车;(9)高尔夫球及球具;(10)高档手表;(11)游艇;(12)木制一次性筷子;(13)实木地板;(14)电池、涂料。

3.消费税的税基。消费税的税基为销售额或销售数量。销售额,为纳税人销售应税消费品向购买方收取的全部价款和价外费用。

4.消费税的税率。消费税实行从价定率或者从量定额的办法计算应纳税额,按不同消费品分别采用比例税率和定额税率。具体税率、税额表参见《消费税暂行条例》后所附的消费税税目税率(税额)表。

纳税人兼营不同税率的应税消费品,应当分别核算不同税率应税消费品的销售额、销售数量;未分别核算销售额、销售数量,或者将不同税率的应税消费品组成成套消费品销售的,从高适用税率。

5.消费税的税收减免。对纳税人出口应税消费品,免征消费税;国务院另有规定的除外。

四、个人所得税法

(一)个人所得税的概念

个人所得税是以个人的所得为征税对象的一种税。我国的《个人所得税法》颁布于1980年9月10日,后经7次修正,最近一次修正于2018年8月31日。

(二)个人所得税法的基本内容

1.个人所得税的纳税人。根据现行《个人所得税法》,个人所得税的纳税人包括两类。一是居民个人,即在中国境内有住所,或者无住所而一个纳税年度内在中国境内居住累计满183天的个人。居民个人从中国境内和境外取得的所得,依法缴纳个人所得税。二是非居民个人,即在中国境内无住所又不居住,或者无住所而一个纳税年度内在中国境内居住累计不满183天的个人。非居民个人从中国境内取得的所得,依法缴纳个人所得税。纳税年度自公历1月1日起至12月31日止。所谓"在中国境内有住所",是指因户籍、家庭、经济利益关系而在中国境内习惯性居住。

根据《个人所得税法实施条例》,除国务院财政、税务主管部门另有规定外,下列所得,不论支付地点是否在中国境内,均为源于中国境内的所得:(1)因任职、受雇、履约等在中国境内提供劳务取得的所得;(2)将财产出租给承租人在中国境内使用而取得的所得;(3)许可各种特许权在中国境内使用而取得的所得;(4)转让中国境内的不动产等财产或者在中国境内转让其他财产取得的所得;(5)从中国境内企业、事业单位、其他组织以及居民个人取得的利息、股息、红利所得。

在中国境内无住所的个人,有两种免缴个人所得税的情形:一是在中国境内居住累计满183天的年度连续不满6年的,经向主管税务机关备案,其源于中国境外且由境外单位或者个人支付的所得,免予缴纳个人所得税;在中国境内居住累计满183天的任一年度中有一次离境超过30天的,其在中国境内居住累计满183天的年度的连续年限重新起算。二是在一个纳税年度内在中国境内居住累计不超过90天的,其源于中国境内的所得,由境外雇主支付并且不由该雇主在中国境内的机构、场所负担的部分,免予缴纳个人所得税。

2.个人所得税的征税对象。个人所得税的征税对象为应税所得,具体包括:

(1)工资、薪金所得;(2)劳务报酬所得;(3)稿酬所得;(4)特许权使用费所得;(5)经营所得;(6)利息、股息、红利所得;(7)财产租赁所得;(8)财产转让所得;(9)偶然所得。其中,居民个人取得第(1)项至第(4)项所得(以下简称综合所得),按纳税年度合并计算个人所得税;非居民个人取得综合所得,按月或者按次分项计算个人所得税。其余第(5)项至第(9)项所得,依照《个人所得税法》规定分别计算个人所得税。

3.应纳税个人所得的范围。(1)工资、薪金所得,是指个人因任职或者受雇取得的工资、薪金、奖金、年终加薪、劳动分红、津贴、补贴以及与任职或者受雇有关的其他所得。(2)劳务报酬所得,是指个人从事劳务取得的所得,包括从事设计、装潢、安装、制图、化验、测试、医疗、法律、会计、咨询、讲学、翻译、审稿、书画、雕刻、影视、录音、录像、演出、表演、广告、展览、技术服务、介绍服务、经纪服务、代办服务以及其他劳务取得的所得。(3)稿酬所得，是指个人因其作品以图书、报刊等形式出版、发表而取得的所得。(4)特许权使用费所得，是指个人提供专利权、商标权、著作权、非专利技术以及其他特许权的使用权取得的所得；提供著作权的使用权取得的所得，不包括稿酬所得。(5)经营所得，是指：①个体工商户从事生产、经营活动取得的所得，个人独资企业投资人、合伙企业的个人合伙人源于境内注册的个人独资企业、合伙企业生产、经营的所得；②个人依法从事办学、医疗、咨询以及其他有偿服务活动取得的所得；③个人对企业、事业单位承包经营、承租经营以及转包、转租取得的所得；④个人从事其他生产、经营活动取得的所得。(6)利息、股息、红利所得，是指个人拥有债权、股权等而取得的利息、股息、红利所得。(7)财产租赁所得，是指个人出租不动产、机器设备、车船以及其他财产取得的所得。(8)财产转让所得，是指个人转让有价证券、股权、合伙企业中的财产份额、不动产、机器设备、车船以及其他财产取得的所得。(9)偶然所得，是指个人得奖、中奖、中彩以及其他偶然性质的所得。个人取得的所得，难以界定应纳税所得项目的，由国务院税务主管部门确定。

个人所得的形式，包括现金、实物、有价证券和其他形式的经济利益；所得为实物的，应当按照取得的凭证上所注明的价格计算应纳税所得额，无凭证的实物或者凭证上所注明的价格明显偏低的，参照市场价格核定应纳税所得额；所得为有价证券的，根据票面价格和市场价格核定应纳税所得额；所得为其他形式的经济利益的，参照市场价格核定应纳税所得额。

4.个人所得税的税率。个人所得税根据不同的税目适用不同的税率：(1)综合所得，适用3%～45%的超额累进税率；(2)经营所得，适用5%～35%的超额累进税率；(3)利息、股息、红利所得，财产租赁所得，财产转让所得和偶然所得，适用比例税率，税率为20%。

5.个人所得税的税收减免。下列各项个人所得，免征个人所得税：(1)省级人民政府、国务院部委和中国人民解放军军以上单位，以及外国组织、国际组织颁发的科学、教育、技术、文化、卫生、体育、环境保护等方面的奖金；(2)国债和国家发行的金融债券利息；(3)按照国家统一规定发给的补贴、津贴；(4)福利费、抚恤金、救济金；(5)保险赔款；(6)军人的转业费、复员费、退役金；(7)按照国家统一规定发给干部、职工的安家费、退职费、基本养老金或者退休费、离休费、离休生活补助费；(8)依照有关法律规定应予免税的各国驻华使馆、领事馆的外交代表、领事官员和其他人员的所得；(9)中国政府参加的国际公约、签订的协议中规定免税的所得；(10)国务院规定的其他免税所得(由国务院报全国人大常委会备案)。

有下列情形之一的，可以减征个人所得税(具体幅度和期限由省、自治区、直辖市人民政府规定，并报同级人大常委会备案)：(1)残疾、孤老人员和烈属的所得；(2)因自然灾害遭受重大损失的。国务院可以规定其他减税情形，报全国人大常委会备案。

纳税人从中国境外取得的所得，准予其在应纳税额中抵免已在境外缴纳的个人所得税税额，但抵免额不得超过该纳税人境外所得依照《个人所得税法》规定计算的应纳税额。

6.应纳税所得额的计算。(1)居民个人的综合所得，以每一纳税年度的收入额减除费用6万元以及专项扣除、专项附加扣除和依法确定的其他扣除后的余额，为应纳税所得额。此处的专项扣除包括居民个人按照国家规定的范围和标准缴纳的基本养老保险、基本医疗保险、失业保险等社会保险费和住房公积金等；专项附加扣除包括子女教育、继续教育、大病医疗、住房贷款利息或者住房租金、赡养老人等支出。(2)非居民个人的工资、薪金所得，以每月收入额减除费用5000元后的余额为应纳税所得额；劳务报酬所得、稿酬所得、特许权使用费所得，以每次收入额为应纳税所得额。(3)经营所得，以每一纳税年度的收入总额减除成本、费用以及损失后的余额，为应纳税所得额。(4)财产租赁所得，每次收入不超过4000元的，减除费用800元；4000元以上的，减除20%的费用，其余额为应纳税所得额。(5)财产转让所得，以转让财产的收入额减除财产原值和合理费用后的余额，为应纳税所得额。(6)利息、股息、红利所得和偶然所得，以每次收入额为应纳税所得额。

劳务报酬所得、稿酬所得、特许权使用费所得以收入减除20%的费用后的余额为收入额。稿酬所得的收入额减按70%计算。

个人将其所得对教育、扶贫、济困等公益慈善事业进行捐赠，捐赠额未超过纳税人申报的应纳税所得额30%的部分，可以从其应纳税所得额中扣除；国务院规定对公益慈善事业捐赠实行全额税前扣除的，从其规定。

7.个人所得税的纳税调整。税务机关针对纳税人的不合理避税行为，可以依法对特定纳税事项作出税务调整。有下列情形之一的，税务机关有权按照合理方法进行纳税调整：(1)个人与其关联方之间的业务往来不符合独立交易原则而减少本人或者其关联方应纳税额，且无正当理由；(2)居民个人控制的，或者居民个人和居民企业共同控制的设立在实际税负明显偏低的国家(地区)的企业，无合理经营需要，对应当归属于居民个人的利润不做分配或者减少分配；(3)个人实施其他不具有合理商业目的的安排而获取不当税收利益。税务机关依照上述规定作出纳税调整，需要补征税款的，应当补征税款，并依法加收利息。

8.个人所得税的纳税申报。个人所得税以所得人为纳税人，以支付所得的单位或者个人为扣缴义务人。有下列情形之一的，纳税人应当依法办理纳税申报：(1)取得综合所得需要办理汇算清缴；(2)取得应税所得没有扣缴义务人；(3)取得应税所得，扣缴义务人未扣缴税款；(4)取得境外所得；(5)因移居境外注销中国户籍；(6)非居民个人在中国境内从两处以上取得工资、薪金所得；(7)国务院规定的其他情形。

纳税申报的时间，按以下情形确定：(1)纳税人取得应税所得没有扣缴义务人的，应当在取得所得的次月15日内向税务机关报送纳税申报表，并缴纳税款。(2)纳税人取得应税所得，扣缴义务人未扣缴税款的，纳税人应当在取得所得的次年6月30日前缴纳税款；税务机关通知限期缴纳的，纳税人应当按照期限缴纳税款。(3)居民个人从中国境外取得所得的，应当在取得所得的次年3月1日至6月30日内申报纳税。(4)非居民个人在中国境内从两处以上取得工资、薪金所得的，应当在取得所得的次月15日内申报纳税。(5)纳税人因移居境外注销中国户籍的，应当在注销中国户籍前办理税款清算。

9.个人纳税识别号。纳税人有中国公民身份号码的，以中国公民身份号码为纳税人识别号；纳税人没有中国公民身份号码的，由税务机关赋予其纳税人识别号。扣缴义务人扣缴税款时，纳税人应当向扣缴义务人提供纳税人识别号。扣缴义务人应当按照国家规定办理全员全额扣缴申报，并向纳税人提供其个人所得和已扣缴税款等信息。

10.综合所得部分的预扣预缴。居民个人取得综合所得，按年计算个人所得税，有扣缴义务人的，由扣缴义务人按月或者按次预扣预缴税款；需要办理汇算清缴的，应当在取得所得的次年3月1日至6月30日内办理汇算清缴。汇算清缴时，按全年的应税收入额，依据税法规定计算征税。

五、企业所得税法

《企业所得税法》于2008年1月1日起施行。自此，我国对内外资企业实行统一的所得税法、统一的税率、统一的税前扣除范围和标准、统一的税收优惠政策。该法于2017年2月24日、2018年12月29日进行了两次修正。《企业所得税法实施条例》于2008年1月1日起施行，2019年4月23日修正。

(一)企业所得税的概念

企业所得税是以企业在一定期间内的纯所得为征税对象的一种税。

(二)企业所得税的纳税人

在中华人民共和国境内，企业和其他取得收入的组织(以下统称企业)为企业所得税的纳税人。个人独资企业、合伙企业除外。

企业分为居民企业和非居民企业。居民企业，是指依法在中国境内成立，或者依照外国

(地区)法律成立但实际管理机构在中国境内的企业。非居民企业,是指依照外国(地区)法律成立且实际管理机构不在中国境内,但在中国境内设立机构、场所的,或者在中国境内未设立机构、场所,但有源于中国境内所得的企业。

居民企业应当就其源于中国境内、境外的所得缴纳企业所得税。非居民企业在中国境内设立机构、场所的,应当就其所设机构、场所取得的源于中国境内的所得,以及发生在中国境外但与其所设机构、场所有实际联系的所得,缴纳企业所得税。非居民企业在中国境内未设立机构、场所的,或者虽设立机构、场所但取得的所得与其所设机构、场所没有实际联系的,应当就其源于中国境内的所得缴纳企业所得税。

(三)企业所得税的征税对象

企业所得税的征税对象为企业所获得的各种应税收入。企业以货币形式和非货币形式从各种来源取得的收入,为收入总额。包括:(1)销售货物收入;(2)提供劳务收入;(3)转让财产收入;(4)股息、红利等权益性投资收益;(5)利息收入;(6)租金收入;(7)特许权使用费收入;(8)接受捐赠收入;(9)其他收入。

收入总额中的下列收入为不征税收入:(1)财政拨款;(2)依法收取并纳入财政管理的行政事业性收费、政府性基金;(3)国务院规定的其他不征税收入。

(四)企业所得税的税率

企业所得税的税率为25%。非居民企业在中国境内未设立机构、场所的,或者虽设立机构、场所但取得的所得与其所设机构、场所没有实际联系的,适用税率为20%。

(五)企业所得税应纳税所得额的计算

企业每一纳税年度的收入总额,减除不征税收入、免税收入、各项扣除以及允许弥补的以前年度亏损后的余额,为应纳税所得额。

企业实际发生的与取得收入有关的、合理的支出,包括成本、费用、税金、损失和其他支出,准予在计算应纳税所得额时扣除。

企业当年发生以及以前年度结转的公益性捐赠支出,在年度利润总额12%以内的部分,准予在计算应纳税所得额时扣除;超过年度利润总额12%的部分,准予结转以后3年内在计算应纳税所得额时扣除。所谓公益性捐赠,是指企业通过公益性社会组织或者县级以上人民政府及其部门,用于符合法律规定的慈善活动、公益事业的捐赠。

企业发生的合理的工资薪金支出、劳动保护支出,准予扣除。

企业依照国务院有关主管部门或者省级人民政府规定的范围和标准为职工缴纳的基本养老保险费、基本医疗保险费、失业保险费、工伤保险费、生育保险费等基本社会保险费和住房公积金,准予扣除。

企业为投资者或者职工支付的补充养老保险费、补充医疗保险费,在国务院财政、税务主管部门规定的范围和标准内,准予扣除。

企业在生产经营活动中发生的合理的不需要资本化的借款费用,准予扣除。

企业发生的职工福利费支出,不超过工资薪金总额14%的部分,准予扣除。

企业拨缴的工会经费,不超过工资薪金总额2%的部分,准予扣除。

除国务院财政、税务主管部门另有规定外,企业发生的职工教育经费支出,不超过工资薪金总额2.5%的部分,准予扣除;超过部分,准予在以后纳税年度结转扣除。

企业发生的与生产经营活动有关的业务招待费支出,按照发生额的60%扣除,但最高不得超过当年销售(营业)收入的5‰。

企业发生的符合条件的广告费和业务宣传费支出,除国务院财政、税务主管部门另有规定外,不超过当年销售(营业)收入15%的部分,准予扣除;超过部分,准予在以后纳税年度结转扣除。

在计算应纳税所得额时,下列支出不得扣除:(1)向投资者支付的股息、红利等权益性投资收益款项;(2)企业所得税税款;(3)税收滞纳金;(4)罚金、罚款和被没收财物的损失;(5)公益性捐赠支出以外的捐赠支出;(6)赞助支出;(7)未经核定的准备金支出;(8)与取得收入无关的其他支出。

在计算应纳税所得额时，企业按照规定计算的固定资产折旧，准予扣除。下列固定资产不得计算折旧扣除：(1)房屋、建筑物以外未投入使用的固定资产；(2)以经营租赁方式租入的固定资产；(3)以融资租赁方式租出的固定资产；(4)已足额提取折旧仍继续使用的固定资产；(5)与经营活动无关的固定资产；(6)单独估价作为固定资产入账的土地；(7)其他不得计算折旧扣除的固定资产。

在计算应纳税所得额时，企业按照规定计算的无形资产摊销费用，准予扣除。下列无形资产不得计算摊销费用扣除：(1)自行开发的支出已在计算应纳税所得额时扣除的无形资产；(2)自创商誉；(3)与经营活动无关的无形资产；(4)其他不得计算摊销费用扣除的无形资产。

在计算应纳税所得额时，企业发生的下列支出作为长期待摊费用，按照规定摊销的，准予扣除：(1)已足额提取折旧的固定资产的改建支出；(2)租入固定资产的改建支出；(3)固定资产的大修理支出；(4)其他应当作为长期待摊费用的支出。

企业对外投资期间，投资资产的成本在计算应纳税所得额时不得扣除。

企业使用或者销售存货，按照规定计算的存货成本，准予在计算应纳税所得额时扣除。

企业转让资产，该项资产的净值，准予在计算应纳税所得额时扣除。

企业在汇总计算缴纳企业所得税时，其境外营业机构的亏损不得抵减境内营业机构的盈利。

企业纳税年度发生的亏损，准予向以后年度结转，用以后年度的所得弥补，但结转年限最长不得超过5年。

非居民企业取得《企业所得税法》第3条第3款规定的所得，按照下列方法计算其应纳税所得额：(1)股息、红利等权益性投资收益和利息、租金、特许权使用费所得，以收入全额为应纳税所得额；(2)转让财产所得，以收入全额减除财产净值后的余额为应纳税所得额；(3)其他所得，参照前两项规定的方法计算应纳税所得额。

在计算应纳税所得额时，企业财务、会计处理办法与税收法律、行政法规的规定不一致的，应当依照税收法律、行政法规的规定计算。

(六)企业所得税应纳税额的计算

企业的应纳税所得额乘以适用税率，减除依照《企业所得税法》关于税收优惠的规定减免和抵免的税额后的余额，为应纳税额。

企业取得的下列所得已在境外缴纳的所得税税额，可以从其当期应纳税额中抵免，抵免限额为该项所得依照《企业所得税法》规定计算的应纳税额；超过抵免限额的部分，可以在以后5个年度内，用每年度抵免限额抵免当年应抵税额后的余额进行抵补：(1)居民企业源于中国境外的应税所得；(2)非居民企业在中国境内设立机构、场所，取得发生在中国境外但与该机构、场所有实际联系的应税所得。

居民企业从其直接或者间接控制的外国企业分得的源于中国境外的股息、红利等权益性投资收益，外国企业在境外实际缴纳的所得税税额中属于该项所得负担的部分，可以作为该居民企业的可抵免境外所得税税额，在《企业所得税法》第23条规定的抵免限额内抵免。

(七)企业所得税税收优惠

国家对重点扶持和鼓励发展的产业和项目，给予企业所得税优惠。

企业的下列收入为免税收入：(1)国债利息收入；(2)符合条件的居民企业之间的股息、红利等权益性投资收益；(3)在中国境内设立机构、场所的非居民企业从居民企业取得与该机构、场所有实际联系的股息、红利等权益性投资收益；(4)符合条件的非营利组织的收入。

企业的下列所得，可以免征、减征企业所得税：(1)从事农、林、牧、渔业项目的所得；(2)从事国家重点扶持的公共基础设施项目投资经营的所得；(3)从事符合条件的环境保护、节能节水项目的所得；(4)符合条件的技术转让所得；(5)《企业所得税法》第3条第3款规定的所得。

具体而言，企业从事下列项目的所得，免征企业所得税：(1)蔬菜、谷物、薯类、油料、豆类、棉花、麻类、糖料、水果、坚果的种植；(2)农作物新品种的选育；(3)中药材的种植；(4)林木的培育和种植;(5)牲畜、家禽的饲养;(6)林产品的采集;(7)灌溉、农产品初加工、兽医、农技推广、农机作业和维修等农、林、牧、渔服务业项目;(8)远洋捕捞。企业从事下列项目的所得,减半征收企业所得税:(1)花卉、茶以及其他饮料作物和香料作物的种植;(2)海水养殖、内陆养殖。

企业从事国家重点扶持的公共基础设施项目的投资经营或符合条件的环境保护、节能节水项目的所得,自项目取得第1笔生产经营收入所属纳税年度起,第1年至第3年免征企业所得税,第4年至第6年减半征收企业所得税。

符合条件的技术转让所得免征、减征企业所得税,是指一个纳税年度内,居民企业技术转让所得不超过500万元的部分,免征企业所得税;超过500万元的部分,减半征收企业所得税。

非居民企业在中国境内未设立机构、场所的,或者虽设立机构、场所但取得的所得与其所设机构、场所没有实际联系的,减按10%的税率征收企业所得税。而以下所得可免征企业所得税:(1)外国政府向中国政府提供贷款取得的利息所得;(2)国际金融组织向中国政府和居民企业提供优惠贷款取得的利息所得;(3)经国务院批准的其他所得。

符合条件的小型微利企业(从事国家非限制和禁止行业,并符合《企业所得税法实施条例》第92条规定的企业),减按20%的税率征收企业所得税。国家需要重点扶持的高新技术企业(拥有核心自主知识产权,并同时符合《企业所得税法实施条例》第93条规定的企业),减按15%的税率征收企业所得税。

民族自治地方的自治机关对本民族自治地方的企业应缴纳的企业所得税中属于地方分享的部分,可以决定减征或者免征。自治州、自治县决定减征或者免征的,须报省、自治区、直辖市人民政府批准。

企业的下列支出,可以在计算应纳税所得额时加计扣除:(1)开发新技术、新产品、新工艺发生的研究开发费用;(2)安置残疾人员及国家鼓励安置的其他就业人员所支付的工资。

创业投资企业从事国家需要重点扶持和鼓励的创业投资,可以按投资额的一定比例抵扣应纳税所得额。

企业的固定资产由于技术进步等原因,确需加速折旧的,可以缩短折旧年限或者采取加速折旧的方法。

企业综合利用资源,生产符合国家产业政策规定的产品所取得的收入,可以在计算应纳税所得额时减计收入。即是指企业以《资源综合利用企业所得税优惠目录》规定的资源作为主要原材料,生产国家非限制和禁止并符合国家和行业相关标准的产品取得的收入,减按90%计入收入总额。

企业购置用于环境保护、节能节水、安全生产等专用设备的投资额,该专用设备的投资额的10%可以从企业当年的应纳税额中抵免;当年不足抵免的,可以在以后5个纳税年度结转抵免。

根据国民经济和社会发展的需要,或者由于突发事件等原因对企业经营活动产生重大影响的,国务院可以制定企业所得税专项优惠政策,报全国人民代表大会常务委员会备案。

(八)企业所得税的源泉扣缴

对非居民企业取得《企业所得税法》第3条第3款规定的所得应缴纳的所得税,实行源泉扣缴,以支付人为扣缴义务人。税款由扣缴义务人在每次支付或者到期应支付时,从支付或者到期应支付的款项中扣缴。

对非居民企业在中国境内取得工程作业和劳务所得应缴纳的所得税,税务机关可以指定工程价款或者劳务费的支付人为扣缴义务人。

依照《企业所得税法》第37条、第38条规定应当扣缴的所得税,扣缴义务人未依法扣缴或者无法履行扣缴义务的,由纳税人在所得发生地缴纳。纳税人未依法缴纳的,税务机关可以从该纳税人在中国境内其他收入项目的支付人应付的款项中,追缴该纳税人的应纳税款。

扣缴义务人每次代扣的税款,应当自代扣之日起7日内缴入国库,并向所在地的税务机关报送扣缴企业所得税报告表。

(九)企业所得税的特别纳税调整

企业与其关联方之间的业务往来,不符合独

立交易原则而减少企业或者其关联方应纳税收入或者所得额的，税务机关有权按照合理方法调整。企业与其关联方共同开发、受让无形资产，或者共同提供、接受劳务发生的成本，在计算应纳税所得额时应当按照独立交易原则（没有关联关系的交易各方，按照公平成交价格和营业常规进行业务往来遵循的原则）进行分摊。

企业可以向税务机关提出与其关联方之间业务往来的定价原则和计算方法，税务机关与企业协商、确认后，达成预约定价安排。

企业向税务机关报送年度企业所得税纳税申报表时，应当就其与关联方之间的业务往来，附送年度关联业务往来报告表。税务机关在进行关联业务调查时，企业及其关联方，以及与关联业务调查有关的其他企业，应当按照规定提供相关资料。

企业不提供与其关联方之间业务往来资料，或者提供虚假、不完整资料，未能真实反映其关联业务往来情况的，税务机关有权依法核定其应纳税所得额。

由居民企业，或者由居民企业和中国居民控制的设立在实际税负明显低于《企业所得税法》第4条第1款规定税率水平（25%）的国家（地区）的企业，并非由于合理的经营需要而对利润不作分配或者减少分配的，上述利润中应归属于该居民企业的部分，应当计入该居民企业的当期收入。

企业从其关联方接受的债权性投资与权益性投资的比例超过规定标准而发生的利息支出，不得在计算应纳税所得额时扣除。

企业实施其他不具有合理商业目的（以减少、免除或者推迟缴纳税款为主要目的）的安排而减少其应纳税收入或者所得额的，税务机关有权按照合理方法调整。

税务机关依照《企业所得税法》规定作出纳税调整，需要补征税款的，应当补征税款，并按照国务院规定加收利息。

（十）企业所得税的征收管理

除税收法律、行政法规另有规定外，居民企业以企业登记注册地为纳税地点；但登记注册地在境外的，以实际管理机构所在地为纳税地点。居民企业在中国境内设立不具有法人资格的营业机构的，应当汇总计算并缴纳企业所得税。

非居民企业取得《企业所得税法》第3条第2款规定的所得，以机构、场所所在地为纳税地点。非居民企业在中国境内设立2个或者2个以上机构、场所，符合国务院税务主管部门规定条件的，可以选择由其主要机构、场所汇总缴纳企业所得税。非居民企业取得《企业所得税法》第3条第3款规定的所得，以扣缴义务人所在地为纳税地点。

除国务院另有规定外，企业之间不得合并缴纳企业所得税。

企业所得税按纳税年度计算。纳税年度自公历1月1日起至12月31日止。企业在一个纳税年度中间开业，或者终止经营活动，使该纳税年度的实际经营期不足12个月的，应当以其实际经营期为一个纳税年度。企业依法清算时，应当以清算期间作为一个纳税年度。

企业所得税分月或者分季预缴。企业应当自月份或者季度终了之日起15日内，向税务机关报送预缴企业所得税纳税申报表，预缴税款。企业应当自年度终了之日起5个月内，向税务机关报送年度企业所得税纳税申报表，并汇算清缴，结清应缴应退税款。企业在报送企业所得税纳税申报表时，应当按照规定附送财务会计报告和其他有关资料。

企业在年度中间终止经营活动的，应当自实际经营终止之日起60日内，向税务机关办理当期企业所得税汇算清缴。企业应当在办理注销登记前，就其清算所得向税务机关申报并依法缴纳企业所得税。

依照《企业所得税法》缴纳的企业所得税，以人民币计算。所得以人民币以外的货币计算的，应当折合成人民币计算并缴纳税款。

六、车船税法

（一）车船税的纳税人

在中国境内，《车船税法》所附《车船税税目税额表》规定的车辆、船舶（以下简称车船）的所有人或者管理人为车船税的纳税人。

（二）车船税的征税对象

根据《车船税税目税额表》，车船税的征收对象包括乘用车、商用车（客车、货车）、挂车、其他车辆（专用作业车、轮式专用机械车）、摩托车和船舶（机动船舶、游艇）。

（三）车船税的减免

下列车船免征车船税：（1）捕捞、养殖渔船；（2）军队、武装警察部队专用的车船；（3）警用车船；（4）悬挂应急救援专用号牌的国家综合性消防救援车辆和国家综合性消防救援专用船舶；（5）依照法律规定应当予以免税的外国驻华使领馆、国际组织驻华代表机构及其有关人员的车船。

对节约能源、使用新能源的车船可以减征或者免征车船税；对受严重自然灾害影响纳税困难以及有其他特殊原因确需减税、免税的，可以减征或者免征车船税。

省、自治区、直辖市人民政府根据当地实际情况，可以对公共交通车船，农村居民拥有并主要在农村地区使用的摩托车、三轮汽车和低速载货汽车定期减征或者免征车船税。

（四）车船税的税额

乘用车、商用车中的客车和摩托车以每辆为计税单位，商用车中的货车、挂车和其他车辆以整备质量（通常所说的“空车重量”）每吨为计税单位，船舶中的机动船舶以净吨位每吨、游艇以艇身长度每米为计税单位，依照《车船税税目税额表》规定的年基准税额征收车船税。

（五）车船税的申报缴纳和扣缴

车船税按年申报缴纳。车船税的纳税地点为车船的登记地或者车船税扣缴义务人所在地。依法不需要办理登记的车船，车船税的纳税地点为车船的所有人或者管理人所在地。

从事机动车第三者责任强制保险业务的保险机构为机动车车船税的扣缴义务人，应当在收取保险费时依法代收车船税，并出具代收税款凭证。

七、税收征收管理法

（一）税收征收管理制度概述

1.税收征收管理法的概念。税收征收管理法，简称税收征管法，是调整征税机关在税款的征收和税务管理过程中所发生的社会关系的法律规范的总称。我国现行的税收征管法包括1992年9月4日通过，1995年2月28日、2001年4月28日、2013年6月29日和2015年4月24日四次修改的《税收征收管理法》以及2002年9月7日公布，2012年11月9日、2013年7月18日、2016年2月6日三次修改的《税收征收管理法实施细则》，另外还包括财政部、国家税务总局等部门所颁布的大量的部门规章和规范性法律文件。

2.税收征管法的宗旨。税收征管法的宗旨包括：（1）加强税收征收管理；（2）规范税收征收和缴纳行为；（3）保障国家税收收入；（4）保护纳税人的合法权益；（5）促进经济和社会发展。

3.税收征管法的适用范围。凡依法由税务机关征收的各种税收的征收管理，均适用税收征管法。耕地占用税、契税、农业税（2005年12月29日第十届全国人大常委会第十九次会议通过决定，自2006年1月1日起废止《农业税条例》）、牧业税征收管理的具体办法，由国务院另行制定。关税及海关代征税收的征收管理，依照法律、行政法规的有关规定执行。

4.纳税人权利。纳税人权利包括：（1）信息权。纳税人、扣缴义务人有权向税务机关了解国家税收法律、行政法规的规定以及与纳税程序有关的情况。（2）秘密权。纳税人、扣缴义务人有权要求税务机关为纳税人、扣缴义务人的情况保密。税务机关应当依法为纳税人、扣缴义务人的情况保密。为纳税人、扣缴义务人保密的情况，是指纳税人、扣缴义务人的商业秘密及个人隐私。纳税人、扣缴义务人的税收违法行为不属于保密范围。（3）申请减、免、退税的权利。（4）陈述权、申辩权。纳税人、扣缴义务人对税务机关所作出的决定，享有陈述权、申辩权。（5）申请行政复议、提起行政诉讼、请求国家赔偿权。（6）控告和检举权。纳税人、扣缴义务人有权控告和检举税务机关、税务人员的违法违纪行为。任何单位和个人都有权检举违反税收法律、行政法规的行为。收到检举的机关和负责查处的机关应当为检举人保密。（7）奖励权。税务机关应当按照规定对检举人给予奖励。（8）请求回避权。税务人员在核定应纳税额、调整税收定额、进行税务检查、实施税务行政处罚、办理税务行政复议时，与纳税人、扣缴义务人或者其法定代表人、直接责任人有下列关系之一的，应当回避：①夫妻关系；②直系血亲关系；③三代以内旁系血亲关系；④近姻亲关系；⑤可能影响公正执法的其他利害关系。

（二）税务管理

税务管理是税收征管程序中的基础性环节，主要包括三项制度：税务登记、账簿凭证管理和纳税申报。

1.税务登记。税务登记又称为纳税登记，是指纳税人在开业、歇业前或其他生产经营期间发生的重大变动，在法定期间内向主管税务机关办理书面登记的一项制度。税务登记可分为开业登记、变更登记和注销登记。

（1）开业登记制度。开业登记制度是指企业在外地设立的分支机构和从事生产、经营的场所，个体工商户和从事生产、经营的事业单位（以下统称从事生产、经营的纳税人）自领取营业执照之日起30日内，持有关证件，向税务机关申报办理税务登记。税务机关应当于收到申报的当日办理登记并发给税务登记证件。市场监督管理部门应当将办理登记注册、核发营业执照的情况，定期向税务机关通报。

（2）变更、注销登记制度。从事生产、经营的纳税人，税务登记内容发生变化的，自工商行政管理机关办理变更登记之日起30日内或者在向市场监督管理部门申请办理注销登记之前，持有关证件向税务机关申报办理变更或者注销税务登记。纳税人在办理注销税务登记前，应当向税务机关结清应纳税款、滞纳金、罚款，缴销发票、税务登记证件和其他税务证件。

（3）税务登记证件的使用制度。纳税人按照国务院税务主管部门的规定使用税务登记证件。税务登记证件不得转借、涂改、损毁、买卖或者伪造。

税务登记证件具有重要作用，除按照规定不需要发给税务登记证件的外，纳税人办理下列事项时，必须持税务登记证件：①开立银行账户；②申请减税、免税、退税；③申请办理延期申报、延期缴纳税款；④领购发票；⑤申请开具外出经营活动税收管理证明；⑥办理停业、歇业；⑦其他有关税务事项。

纳税人应当将税务登记证件正本在其生产、经营场所或者办公场所公开悬挂，接受税务机关检查。纳税人遗失税务登记证件的，应当在15日内书面报告主管税务机关，并登报声明作废。

（4）外出经营税务登记的管理制度。从事生产、经营的纳税人到外县（市）临时从事生产、经营活动的，应当持税务登记证副本和所在地税务机关填开的外出经营活动税收管理证明，向营业地税务机关报验登记，接受税务管理。从事生产、经营的纳税人外出经营，在同一地累计超过180日的，应当在营业地办理税务登记手续。

2.账簿凭证管理。账簿凭证管理制度包括账簿凭证的设置制度、财务会计制度、账簿凭证的文字管理、发票管理制度、税控装置制度和账簿凭证的保管制度等。

（1）账簿凭证的设置。从事生产、经营的纳税人应当自领取营业执照或者发生纳税义务之日起15日内，按照国家有关规定设置账簿。账簿，是指总账、明细账、日记账以及其他辅助性账簿。总账、日记账应当采用订本式。

（2）财务会计制度。从事生产、经营的纳税人应当自领取税务登记证件之日起15日内，将其财务、会计制度或者财务、会计处理办法报送主管税务机关备案。纳税人使用计算机记账的，应当在使用前将会计电算化系统的会计核算软件、使用说明书及有关资料报送主管税务机关备案。纳税人建立的会计电算化系统应当符合国家有关规定，并能正确、完整核算其收入或者所得。扣缴义务人应当自税收法律、行政法规规定的扣缴义务发生之日起10日内，按照所代扣、代收的税种，分别设置代扣代缴、代收代缴税款账簿。纳税人、扣缴义务人会计制度健全，能够通过计算机正确、完整计算其收入和所得或者代扣代缴、代收代缴税款情况的，其计算机输出的完整的书面会计记录，可视同会计账簿。

纳税人、扣缴义务人的财务、会计制度或

者财务、会计处理办法与国务院或者国务院财政、税务主管部门有关税收的规定抵触的，依照国务院或者国务院财政、税务主管部门有关税收的规定计算应纳税款、代扣代缴和代收代缴税款。

（3）账簿凭证的文字管理。账簿、会计凭证和报表，应当使用中文。民族自治地方可以同时使用当地通用的一种民族文字。外商投资企业和外国企业可以同时使用一种外国文字。

（4）发票管理制度。税务机关是发票的主管机关，负责发票印制、领购、开具、取得、保管、缴销的管理和监督。单位、个人在购销商品、提供或者接受经营服务以及从事其他经营活动中，应当按照规定开具、使用、取得发票。增值税专用发票由国务院税务主管部门指定的企业印制；其他发票，按照国务院税务主管部门的规定，分别由省、自治区、直辖市税务机关指定企业印制。

（5）税控装置制度。国家根据税收征收管理的需要，积极推广使用税控装置。纳税人应当按照规定安装、使用税控装置，不得损毁或者擅自改动税控装置。

（6）账簿凭证的保管制度。账簿、记账凭证、报表、完税凭证、发票、出口凭证以及其他有关涉税资料应当合法、真实、完整。账簿、记账凭证、报表、完税凭证、发票、出口凭证以及其他有关涉税资料应当保存10年；但是，法律、行政法规另有规定的除外。

3.纳税申报。纳税申报是纳税人按照法律规定的期限和内容，向征税机关提交有关纳税事项的书面报告的一项制度。包括纳税申报的方式、期限、内容等方面的制度。

（1）纳税申报一般要求。纳税人必须依照法律、行政法规规定或者税务机关依照法律、行政法规的规定确定的申报期限、申报内容如实办理纳税申报，报送纳税申报表、财务会计报表以及税务机关根据实际需要要求纳税人报送的其他纳税资料。扣缴义务人必须依照法律、行政法规规定或者税务机关依照法律、行政法规的规定确定的申报期限、申报内容如实报送代扣代缴、代收代缴税款报告表以及税务机关根据实际需要要求扣缴义务人报送的其他有关资料。纳税人在纳税期内没有应纳税款的，也应当按照规定办理纳税申报。纳税人享受减税、免税待遇的，在减税、免税期间应当按照规定办理纳税申报。

（2）纳税申报的方式。税务机关应当建立、健全纳税人自行申报纳税制度。纳税人、扣缴义务人可以采取邮寄、数据电文方式办理纳税申报或者报送代扣代缴、代收代缴税款报告表。数据电文方式，是指税务机关确定的电话语音、电子数据交换和网络传输等电子方式。纳税人采取邮寄方式办理纳税申报的，应当使用统一的纳税申报专用信封，并以邮政部门收据作为申报凭据。邮寄申报以寄出的邮戳日期为实际申报日期。

实行定期定额缴纳税款的纳税人，可以实行简易申报、简并征期等申报纳税方式。

（3）纳税申报表的内容和申报资料。纳税人、扣缴义务人的纳税申报或者代扣代缴、代收代缴税款报告表的主要内容包括：税种、税目，应纳税项目或者应代扣代缴、代收代缴税款项目，计税依据，扣除项目及标准，适用税率或者单位税额，应退税项目及税额、应减免税项目及税额，应纳税额或者应代扣代缴、代收代缴税额，税款所属期限、延期缴纳税款、欠税、滞纳金等。

纳税人办理纳税申报时，应当如实填写纳税申报表，并根据不同的情况相应报送下列有关证件、资料：财务会计报表及其说明材料；与纳税有关的合同、协议书及凭证；税控装置的电子报税资料；外出经营活动税收管理证明和异地完税凭证；境内或者境外公证机构出具的有关证明文件；税务机关规定应当报送的其他有关证件、资料。

（4）延期申报。纳税人、扣缴义务人按照规定的期限办理纳税申报或者报送代扣代缴、代收代缴税款报告表确有困难，需要延期的，应当在规定的期限内向税务机关提出书面延期申请，经税务机关核准，在核准的期限内办理。纳税人、扣缴义务人因不可抗力，不能按期办理纳税申报或者报送代扣代缴、代收代缴税款报告表的，可以延期办理；但是，应当在不可抗力情形消除后立即向税务机关报告。税务机关应当查明事实，予以核准。

（三）税款征收

税款征收是税收征管制度中的核心内容，具体包括税款征收基本制度、税收减免制度和税款征收保障制度。

1.税款征收基本制度。税款征收基本制度主要包括征纳主体制度、征纳期限制度、退税制度、应纳税额的确定制度、税款入库制度和文书送达制度。

（1）征纳主体制度。征税主体是税务机关、税务人员以及经税务机关依照法律、行政法规委托的单位和人员，其他任何单位和个人不得进行税款征收活动。

纳税主体包括纳税人和扣缴义务人。扣缴义务人依照法律、行政法规的规定履行代扣、代收税款的义务。对法律、行政法规没有规定负有代扣、代收税款义务的单位和个人，税务机关不得要求其履行代扣、代收税款义务。

（2）征纳期限制度。征纳期限制度主要包括纳税主体的纳税期限和征税主体的征税期限。征税期限主要表现在征税机关的补征期和追征期上。

纳税人、扣缴义务人按照法律、行政法规规定或者税务机关依照法律、行政法规的规定确定的期限，缴纳或者解缴税款。纳税人因有特殊困难，不能按期缴纳税款的，经省、自治区、直辖市税务机关批准，可以延期缴纳税款，但是最长不得超过3个月。纳税人的特殊困难包括：①因不可抗力，导致纳税人发生较大损失，正常生产经营活动受到较大影响的；②当期货币资金在扣除应付职工工资、社会保险费后，不足以缴纳税款的。

因税务机关的责任，致使纳税人、扣缴义务人未缴或者少缴税款的，税务机关在3年内可以要求纳税人、扣缴义务人补缴税款，但是不得加收滞纳金。因纳税人、扣缴义务人计算错误等失误，未缴或者少缴税款的，税务机关在3年内可以追征税款、滞纳金；有特殊情况的，追征期可以延长到5年。特殊情况，是指纳税人或者扣缴义务人因计算错误等失误，未缴或者少缴、未扣或者少扣、未收或者少收税款，累计数额在10万元以上的。对偷税、抗税、骗税的，税务机关追征其未缴或者少缴的税款、滞纳金或者所骗取的税款，则没有期限的限制。

（3）退税制度。纳税人超过应纳税额缴纳的税款，税务机关发现后应当立即退还；纳税人自结算缴纳税款之日起3年内发现的，可以向税务机关要求退还多缴的税款并加算银行同期存款利息，税务机关及时查实后应当立即退还；涉及从国库中退库的，依照法律、行政法规有关国库管理的规定退还。

（4）应纳税额的确定制度。应纳税额的确定一般由征税机关根据纳税人的纳税申报来确定，在纳税人申报不实或不纳税申报时，税务机关享有核定权和调整权。

纳税人有下列情形之一的，税务机关有权核定其应纳税额：①依照法律、行政法规的规定可以不设置账簿的；②依照法律、行政法规的规定应当设置账簿但未设置的；③擅自销毁账簿或者拒不提供纳税资料的；④虽设置账簿，但账目混乱或者成本资料、收入凭证、费用凭证残缺不全，难以查账的；⑤发生纳税义务，未按照规定的期限办理纳税申报，经税务机关责令限期申报，逾期仍不申报的；⑥纳税人申报的计税依据明显偏低，又无正当理由的。

核定应纳税额的方法包括：①参照当地同类行业或者类似行业中经营规模和收入水平相近的纳税人的税负水平核定；②按照营业收入或者成本加合理的费用和利润的方法核定；③按照耗用的原材料、燃料、动力等推算或者测算核定；④按照其他合理方法核定。采用一种方法不足以正确核定应纳税额时，可以同时采用两种以上的方法核定。纳税人对税务机关采取上述方法核定的应纳税额有异议的，应当提供相关证据，经税务机关认定后，调整应纳税额。

企业或者外国企业在中国境内设立的从事生产、经营的机构、场所与其关联企业之间的业务往来，应当按照独立企业之间的业务往来收取或者支付价款、费用；不按照独立企业之间的业务往来收取或者支付价款、费用，而减少其应纳税的收入或者所得额的，税务机关有权进行合理调整。关联企业，是指有下列关系之一的公司、企业和其他经济组织：①在资金、经营、购销等方面，存在直接或者间接的拥有或者控制关系；②直接或者间接地同为第三者所拥有或者控制；③在利益上具有相关联的其他关系。

纳税人与其关联企业之间的业务往来有下列情形之一的，税务机关可以调整其应纳税额：①购销业务未按照独立企业之间的业务往来作价；②融通资金所支付或者收取的利息超过或者低于没有关联关系的企业之间所能同意的数额，或者利率超过或者低于同类业务的正常利率；③提供劳务，未按照独立企业之间业务往来收取或者支付劳务费用；④转让财产、提供财产使用权等业务往来，未按照独立企业之间业务往来作价或者收取、支付费用；⑤未按照独立企业之间业务往来作价的其他情形。

税务机关调整计税收入额或者所得额的方法包括：①按照独立企业之间进行的相同或者类似业务活动的价格；②按照再销售给无关联关系的第三者的价格所应取得的收入和利润水平；③按照成本加合理的费用和利润；④按照其他合理的方法。

纳税人与其关联企业未按照独立企业之间的业务往来支付价款、费用的，税务机关自该业务往来发生的纳税年度起3年内进行调整；有特殊情况的，可以自该业务往来发生的纳税年度起10年内进行调整。

纳税人可以向主管税务机关提出与其关联企业之间业务往来的定价原则和计算方法，主管税务机关审核、批准后，与纳税人预先约定有关定价事项，监督纳税人执行。

（5）税款入库制度。税务机关应当按照国家规定的税收征收管理范围和税款入库预算级次，将征收的税款缴入国库。对审计机关、财政机关依法查出的税收违法行为，税务机关应当根据有关机关的决定、意见书，依法将应收的税款、滞纳金按照税款入库预算级次缴入国库，并将结果及时回复有关机关。

（6）文书送达制度。税务机关送达税务文书，应当直接送交受送达人。受送达人是公民的，应当由本人直接签收；本人不在的，交其同住成年家属签收。受送达人是法人或者其他组织的，应当由法人的法定代表人、其他组织的主要负责人或者该法人、组织的财务负责人、负责收件的人签收。受送达人有代理人的，可以送交其代理人签收。

送达税务文书应当有送达回证，并由受送达人或者法律规定的其他签收人在送达回证上记明收到日期，签名或者盖章，即为送达。

送达的方式包括直接送达、委托送达、留置送达、邮寄送达和公告送达。如果同一送达事项的受送达人众多，且采用其他送达方式无法送达的，可以公告送达，公告送达的期限为30日。

需要送达的税务文书包括：①税务事项通知书；②责令限期改正通知书；③税收保全措施决定书；④税收强制执行决定书；⑤税务检查通知书；⑥税务处理决定书；⑦税务行政处罚决定书；⑧行政复议决定书；⑨其他税务文书。

2.税收减免制度。纳税人可以依照法律、行政法规的规定办理减税、免税。地方各级人民政府、各级人民政府主管部门、单位和个人违反法律、行政法规规定，擅自作出的减税、免税决定无效，税务机关不得执行，并应向上级税务机关报告。

享受减税、免税优惠的纳税人，减税、免税期满，应当自期满次日起恢复纳税；减税、免税条件发生变化的，应当在纳税申报时向税务机关报告；不再符合减税、免税条件的，应当依法履行纳税义务；未依法纳税的，税务机关应当予以追缴。

3.税款征收保障制度。税款征收保障制度包括税收保全制度、税收强制执行制度和其他保障制度。

（1）税收保全制度。税收保全制度包括责令限期缴纳税款、冻结存款、扣押查封财产、税收代位权和撤销权等制度。

对未按照规定办理税务登记的从事生产、经营的纳税人以及临时从事经营的纳税人，由税务机关核定其应纳税额，责令缴纳；不缴纳的，税务机关可以扣押其价值相当于应纳税款的商品、货物。扣押后缴纳应纳税款的，税务机关必须立即解除扣押，并归还所扣押的商品、货物；扣押后仍不缴纳应纳税款的，经县以上税务局（分局）局长批准，依法拍卖或者变卖所扣押的商品、货物，以拍卖或者变卖所得抵缴税款。

税务机关有根据认为从事生产、经营的纳税人有逃避纳税义务行为的，可以在规定的纳税期之前，责令限期缴纳应纳税款；在限期内发现纳税人有明显的转移、隐匿其应纳税的商品、货物以及其他财产或者应纳税的收入的迹象的，税务机关可以责成纳税人提供纳税担保。如果纳税人不能提供纳税担保，经县以上税务局（分局）局长批准，税务机关可以采取下列税收保全措施：①书面通知纳税人开户银行或者其他金融机构冻结纳税人的金额相当于应纳税款的存款；②扣押、查封纳税人的价值相当于应纳税款的商品、货物或者其他财产。其他财产包括纳税人的房地产、现金、有价证券等不动产和动产。

纳税人在规定的限期内缴纳税款的，税务机关必须立即解除税收保全措施；限期期满仍未缴纳税款的，经县以上税务局（分局）局长批准，税务机关可以书面通知纳税人开户银行或者其他金融机构从其冻结的存款中扣缴税款，或者依法拍卖或者变卖所扣押、查封的商品、货物或者其他财产，以拍卖或者变卖所得抵缴税款。

个人及其所扶养家属维持生活必需的住房和用品，不在税收保全措施的范围之内。机动车辆、金银饰品、古玩字画、豪华住宅或者一处以外的住房不属于个人及其所扶养家属维持生活必需的住房和用品。税务机关对单价5000元以下的其他生活用品，不采取税收保全措施和强制执行措施。

欠缴税款的纳税人因怠于行使到期债权，或者放弃到期债权，或者无偿转让财产，或者以明显不合理的低价转让财产而受让人知道该情形，对国家税收造成损害的，税务机关可以依照相关法律规定行使代位权、撤销权。

（2）税收强制执行制度。从事生产、经营的纳税人、扣缴义务人未按照规定的期限缴纳或者解缴税款，纳税担保人未按照规定的期限缴纳所担保的税款，由税务机关责令限期缴纳，逾期仍未缴纳的，经县以上税务局（分局）局长批准，税务机关可以采取下列强制执行措施：①书面通知其开户银行或者其他金融机构从其存款中扣缴税款；②扣押、查封、依法拍卖或者变卖其价值相当于应纳税款的商品、货物或者其他财产，以拍卖或者变卖所得抵缴税款。税务机关采取强制执行措施时，对纳税人、扣缴义务人、纳税担保人未缴纳的滞纳金同时强制执行。拍卖或者变卖所得抵缴税款、滞纳金、罚款以及拍卖、变卖等费用后，剩余部分应当在3日内退还被执行人。个人及其所扶养家属维持生活必需的住房和用品，不在强制执行措施的范围之内。

（3）其他税收保障制度。其他税收保障制度主要包括税收优先权制度、纳税担保制度和离境清税制度。

税务机关征收税款，税收优先于无担保债权，法律另有规定的除外；纳税人欠缴的税款发生在纳税人以其财产设定抵押、质押或者纳税人的财产被留置之前的，税收应当先于抵押权、质权、留置权执行。纳税人欠缴税款，同时被行政机关决定处以罚款、没收违法所得的，税收优先于罚款、没收违法所得。

纳税担保，包括经税务机关认可的纳税保证人为纳税人提供的纳税保证，以及纳税人或者第三人以其未设置或者未全部设置担保物权的财产提供的担保。纳税担保人同意为纳税人提供纳税担保的，应当填写纳税担保书，写明担保对象、担保范围、担保期限和担保责任以及其他有关事项。担保书须经纳税人、纳税担保人签字盖章并经税务机关同意，方为有效。纳税人或者第三人以其财产提供纳税担保的，应当填写财产清单，并写明财产价值以及其他有关事项。纳税担保财产清单须经纳税人、第三人签字盖章并经税务机关确认，方为有效。

欠缴税款的纳税人或者他的法定代表人需要出境的，应当在出境前向税务机关结清应纳税款、滞纳金或者提供担保。未结清税款、滞纳金，又不提供担保的，税务机关可以通知出境管理机关阻止其出境。

（四）税务检查

税务检查制度是税收征管制度中的保障性制度，主要包括税务检查的事项、纳税人在税务检查中的义务和税务机关在税务检查中的权利义务。

1.税务检查的事项。税务机关有权进行下列税务检查：（1）检查纳税人的账簿、记账凭证、报表和有关资料，检查扣缴义务人代扣代缴、代收代缴税款账簿、记账凭证和有关资料；（2）到纳税人的生产、经营场所和货物存放地检查纳税人应纳税的商品、货物或者其他财产，检查扣缴义务人与代扣代缴、代收代缴税款有关的经营情况；（3）责成纳税人、扣缴义务人提供与纳税或者代扣代缴、代收代缴税款有关的文件、证明材料和有关资料；（4）询问纳税人、扣缴义务人与纳税或者代扣代缴、代收代缴税款有关的问题和情况；（5）到车站、码头、机场、邮政企业及其分支机构检查纳税人托运、邮寄应纳税商品、货物或者其他财产的有关单据、凭证和有关资料；（6）经县以上税务局（分局）局长批准，凭全国统一格式的检查存款账户许可证明，查询从事生产、经营的纳税人、扣缴义务人在银行或者其他金融机构的存款账户。税务机关在调查税收违法案件时，经设区的市、自治州以上税务局（分局）局长批准，可以查询案件涉嫌人员的储蓄存款。

2.纳税人在税务检查中的义务。纳税人、扣缴义务人必须接受税务机关依法进行的税务检查，如实反映情况，提供有关资料，不得拒绝、隐瞒。

3.税务机关在税务检查中的权利义务。税务机关依法进行税务检查时，有权向有关单位和个人调查纳税人、扣缴义务人和其他当事人与纳税或者代扣代缴、代收代缴税款有关的情况，有关单位和个人有义务向税务机关如实提供有关资料及证明材料。税务机关调查税务违法案件时，对与案件有关的情况和资料，可以记录、录音、录像、照相和复制。

税务机关派出的人员进行税务检查时，应当出示税务检查证和税务检查通知书，并有责任为被检查人保守秘密；未出示税务检查证和税务检查通知书的，被检查人有权拒绝检查。

（五）法律责任

法律责任是税收法律关系的主体因违反税收法律规范所应承担的不利法律后果。税收法律责任制度包括法律责任的主体、违法行为类型、法律责任的形式、主要违法行为的法律责任及追究法律责任的主体和期限等制度。

1.税收法律责任的主体。税收法律责任的主体包括税收法律关系中的所有主体，主要包括纳税人、扣缴义务人、征税机关及其工作人员、其他具有法定义务的主体。

2.税收法律责任的违法行为类型。

（1）纳税人的违法行为类型。纳税人的税收违法行为主要包括违反税收征收管理制度的行为、偷税行为、欠税行为、抗税行为、骗取出口退税行为和其他违法行为。

纳税人伪造、变造、隐匿、擅自销毁账簿、记账凭证，或者在账簿上多列支出或者不列、少列收入，或者经税务机关通知申报而拒不申报或者进行虚假的纳税申报，不缴或者少缴应纳税款的，是偷税。以暴力、威胁方法拒不缴纳税款的，是抗税。纳税人、扣缴义务人在规定期限内不缴或者少缴应纳或者应解缴的税款的，是欠税。

（2）扣缴义务人的违法行为类型。扣缴义务人的违法行为类型主要包括违反税收征收管理制度的行为、偷税行为、欠税行为和其他违法行为。

（3）征税机关及其工作人员的税收违法行为。征税机关及其工作人员的税收违法行为主要包括违反税收征收管理制度的行为、徇私舞弊行为、渎职行为、滥用职权行为等。

（4）其他主体的违法行为。其他主体的违法行为如纳税人、扣缴义务人的开户银行或者其他金融机构拒绝接受税务机关依法检查纳税人、扣缴义务人存款账户，或者拒绝执行税务机关作出的冻结存款或者扣缴税款的决定，或者在接到税务机关的书面通知后帮助纳税人、扣缴义务人转移存款。

3.法律责任的形式。法律责任的形式一般

包括经济责任、行政责任和刑事责任。

（1）经济责任。经济责任主要包括加收滞纳金和赔偿损失。

（2）行政责任。行政责任主要包括行政处罚和行政处分。前者主要是针对纳税人和扣缴义务人的，主要包括责令限期改正，责令缴纳税款；采取税收保全措施和税收强制执行措施；罚款；吊销税务登记证，收回税务机关发给的票证，吊销营业执照等。行政处分是针对税务机关的工作人员的，主要包括警告、记过、记大过、降级、撤职和开除。

（3）刑事责任。刑事责任形式主要包括罚金、拘役、有期徒刑、无期徒刑和死刑。

4.主要违法行为的法律责任。

（1）纳税人未按照规定期限缴纳税款的，扣缴义务人未按照规定期限解缴税款的，税务机关除责令限期缴纳外，从滞纳税款之日起，按日加收滞纳税款0.05%的滞纳金。

（2）纳税人有下列行为之一的，由税务机关责令限期改正，可以处2000元以下的罚款；情节严重的，处2000元以上1万元以下的罚款：①未按照规定的期限申报办理税务登记、变更或者注销登记的；②未按照规定设置、保管账簿或者保管记账凭证和有关资料的；③未按照规定将财务、会计制度或者财务、会计处理办法和会计核算软件报送税务机关备查的；④未按照规定将其全部银行账号向税务机关报告的；⑤未按照规定安装、使用税控装置，或者损毁或者擅自改动税控装置的。

（3）2009年2月28日第十一届全国人大常委会第七次会议通过了《刑法修正案（七）》，修订后的《刑法》第201条以“逃税罪”取代“偷税罪”，并以概括方式取代了列举式的犯罪客观要件，同时删除原偷税罪的具体数额标准，增加了初犯补税免罪的规定。第201条修改为：“纳税人采取欺骗、隐瞒手段进行虚假纳税申报或者不申报，逃避缴纳税款数额较大并且占应纳税额百分之十以上的，处三年以下有期徒刑或者拘役，并处罚金；数额巨大并且占应纳税额百分之三十以上的，处三年以上七年以下有期徒刑，并处罚金。扣缴义务人采取前款所列手段，不缴或者少缴已扣、已收税款，数额较大的，依照前款的规定处罚。对多次实施前两款行为，未经处理的，按照累计数额计算。有第一款行为，经税务机关依法下达追缴通知后，补缴应纳税款，缴纳滞纳金，已受行政处罚的，不予追究刑事责任；但是，五年内因逃避缴纳税款受过刑事处罚或者被税务机关给予二次以上行政处罚的除外。”

（4）纳税人欠缴应纳税款，采取转移或者隐匿财产的手段，妨碍税务机关追缴欠缴的税款的，由税务机关追缴欠缴的税款、滞纳金，并处欠缴税款50%以上5倍以下的罚款；欠缴税款数额在1万元以上不满10万元的，处3年以下有期徒刑或者拘役，并处或者单处欠缴税款1倍以上5倍以下罚金；数额在10万元以上的，处3年以上7年以下有期徒刑，并处欠缴税款1倍以上5倍以下罚金。

（5）以暴力、威胁方法拒不缴纳税款的，除由税务机关追缴其拒缴的税款、滞纳金外，处3年以下有期徒刑或者拘役，并处拒缴税款1倍以上5倍以下罚金；情节严重的，处3年以上7年以下有期徒刑，并处拒缴税款1倍以上5倍以下罚金。情节轻微，未构成犯罪的，由税务机关追缴其拒缴的税款、滞纳金，并处拒缴税款1倍以上5倍以下的罚款。

（6）纳税人、扣缴义务人的开户银行或者其他金融机构拒绝接受税务机关依法检查纳税人、扣缴义务人存款账户，或者拒绝执行税务机关作出的冻结存款或者扣缴税款的决定，或者在接到税务机关的书面通知后帮助纳税人、扣缴义务人转移存款，造成税款流失的，由税务机关处10万元以上50万元以下的罚款，对直接负责的主管人员和其他直接责任人员处1000元以上1万元以下的罚款。

（7）税务机关违反规定擅自改变税收征收管理范围和税款入库预算级次的，责令限期改正，对直接负责的主管人员和其他直接责任人员依法给予降级或者撤职的行政处分。

（8）未经税务机关依法委托征收税款的，责令退还收取的财物，依法给予行政处分或者行政处罚；致使他人合法权益受到损失的，依法承担赔偿责任；构成犯罪的，依法追究刑事责任。

(9)税务人员利用职务上的便利，收受或者索取纳税人、扣缴义务人财物或者谋取其他不正当利益，构成犯罪的，依法追究刑事责任；尚不构成犯罪的，依法给予行政处分。

(10)税务人员徇私舞弊或者玩忽职守，不征或者少征应征税款，致使国家税收遭受重大损失，构成犯罪的，依法追究刑事责任；尚不构成犯罪的，依法给予行政处分。

(11)违反法律、行政法规的规定，擅自作出税收的开征、停征或者减税、免税、退税、补税以及其他同税收法律、行政法规相抵触的决定的，除依照税收征管法规定撤销其擅自作出的决定外，补征应征未征税款，退还不应征收而征收的税款，并由上级机关追究直接负责的主管人员和其他直接责任人员的行政责任；构成犯罪的，依法追究刑事责任。

5.追究法律责任的主体和期限。追究法律责任的主体主要包括征税机关和人民法院。行政处罚，罚款额在2000元以下的，可以由税务所决定。

违反税收法律、行政法规应当给予行政处罚的行为，在5年内未被发现的，不再给予行政处罚。

第二节 审计法

一、审计法概述

(一)审计法的概念

审计，是指审计机关依据法律，独立检查被审计单位的会计凭证、会计账簿、会计报表以及其他财政收支、财务收支有关的资料和资产，监督财政收支、财务收支真实、合法、效益的活动。审计法是调整审计关系的法律规范的总称。现行审计法主要包括《审计法》和《审计法实施条例》。

(二)审计法的调整范围

国家实行审计监督制度。坚持中国共产党对审计工作的领导，构建集中统一、全面覆盖、权威高效的审计监督体系。国务院和县级以上地方人民政府设立审计机关。国务院各部门和地方各级人民政府及其各部门的财政收支，国有的金融机构和企业事业组织的财务收支，以及其他依照《审计法》规定应当接受审计的财政收支、财务收支，依照法律规定接受审计监督。审计机关依据有关财政收支、财务收支的法律、法规和国家其他有关规定进行审计评价，在法定职权范围内作出审计决定。

(三)审计法的基本原则

审计法的基本原则包括合法性原则、客观公正原则、实事求是原则、廉洁奉公原则和保守秘密原则。

二、审计机关和审计人员

(一)审计机关

1.国务院和县级以上地方人民政府设立审计机关。国务院设立审计署，在国务院总理领导下，主管全国的审计工作。审计长是审计署的行政首长。

2.省、自治区、直辖市、设区的市、自治州、县、自治县、不设区的市、市辖区的人民政府的审计机关，分别在省长、自治区主席、市长、州长、县长、区长和上一级审计机关的领导下，负责本行政区域内的审计工作。地方各级审计机关对本级人民政府和上一级审计机关负责并报告工作，审计业务以上级审计机关领导为主。

3.审计机关根据工作需要，经本级人民政府批准，可以在其审计管辖范围内设立派出机构。派出机构根据审计机关的授权，依法进行审计工作。

4.审计机关履行职责所必需的经费，应当列入预算予以保证。

(二)审计人员

1. 审计机关应当建设信念坚定、为民服务、业务精通、作风务实、敢于担当、清正廉洁的高素质专业化审计队伍。

2.审计机关应当加强对审计人员遵守法律

和执行职务情况的监督，督促审计人员依法履职尽责。审计机关和审计人员应当依法接受监督。

3.审计人员应当具备与其从事的审计工作相适应的专业知识和业务能力。审计机关根据工作需要，可以聘请具有与审计事项相关专业知识的人员参加审计工作。

4.审计机关和审计人员应当遵守以下行为准则：(1)不得参加可能影响其依法独立履行审计监督职责的活动，不得干预、插手被审计单位及其相关单位的正常生产经营和管理活动。(2)办理审计事项时，与被审计单位或者审计事项有利害关系的审计人员应当回避。(3)对在执行职务中知悉的国家秘密、工作秘密、商业秘密、个人隐私和个人信息，应当予以保密，不得泄露或者向他人非法提供。

5.审计人员依法执行职务，受法律保护。任何组织和个人不得拒绝、阻碍审计人员依法执行职务，不得打击报复审计人员。

6.审计机关负责人依照法定程序任免。审计机关负责人没有违法失职或者其他不符合任职条件的情况的，不得随意撤换。地方各级审计机关负责人的任免，应当事先征求上一级审计机关的意见。

三、审计职责

(一)职责范围

1.审计机关对本级各部门(含直属单位)和下级政府预算的执行情况和决算以及其他财政收支情况，进行审计监督。

2.审计署在国务院总理领导下，对中央预算执行情况、决算草案以及其他财政收支情况进行审计监督，向国务院总理提出审计结果报告。地方各级审计机关分别在省长、自治区主席、市长、州长、县长、区长和上一级审计机关的领导下，对本级预算执行情况、决算草案以及其他财政收支情况进行审计监督，向本级人民政府和上一级审计机关提出审计结果报告。

3.审计署对中央银行的财务收支，进行审计监督。

4.审计机关对国家的事业组织和使用财政资金的其他事业组织的财务收支，进行审计监督。

5.审计机关对国有企业、国有金融机构和国有资本占控股地位或者主导地位的企业、金融机构的资产、负债、损益以及其他财务收支情况，进行审计监督。除此之外的金融机构，在涉及国家财政金融重大利益的情形下，为维护国家经济安全，经国务院批准，审计署可以对其进行专项审计调查或者审计。

6.审计机关对政府投资和以政府投资为主的建设项目的预算执行情况和决算，对其他关系国家利益和公共利益的重大公共工程项目的资金管理使用和建设运营情况，进行审计监督。

7.审计机关对国有资源、国有资产进行审计监督。

8.审计机关对政府部门管理的和其他单位受政府委托管理的社会保险基金、全国社会保障基金、社会捐赠资金以及其他公共资金的财务收支，进行审计监督。

9.审计机关对国际组织和外国政府援助、贷款项目的财务收支，进行审计监督。

10.根据经批准的审计项目计划安排，审计机关可以对被审计单位贯彻落实国家重大经济社会政策措施情况进行审计监督。

11.除《审计法》规定的审计事项外，审计机关对其他法律、行政法规规定应当由审计机关进行审计的事项，依照《审计法》和有关法律、行政法规的规定进行审计监督。

(二)职责履行

1.全面审计与专项审计。审计机关可以对被审计单位依法应当接受审计的事项进行全面审计，也可以对其中的特定事项进行专项审计。

2.专项审计调查。审计机关有权对与国家财政收支有关的特定事项，向有关地方、部门、单位进行专项审计调查，并向本级人民政府和上一级审计机关报告审计调查结果。

3.风险隐患通报。审计机关履行审计监督职责，发现经济社会运行中存在风险隐患的，应当及时向本级人民政府报告或者向有关主管机关、单位通报。

4.审计管辖确定。审计机关根据被审计单

位的财政、财务隶属关系或者国有资源、国有资产监督管理关系，确定审计管辖范围。审计机关之间对审计管辖范围有争议的，由其共同的上级审计机关确定。上级审计机关对其审计管辖范围内的审计事项，可以授权下级审计机关进行审计，但属于上述职责范围前三项的审计事项不得进行授权；上级审计机关对下级审计机关审计管辖范围内的重大审计事项，可以直接进行审计，但是应当防止不必要的重复审计。

5.指导监督。审计机关应当对被审计单位的内部审计工作进行业务指导和监督。

6.审计核查。社会审计机构审计的单位依法属于被审计单位的，审计机关按照国务院的规定，有权对该社会审计机构出具的相关审计报告进行核查。

四、审计权限及流程

(一)审计权限

1.资料获取。审计机关有权要求被审计单位按照审计机关的规定提供财务、会计资料以及与财政收支、财务收支有关的业务、管理等资料，包括电子数据和有关文档。被审计单位不得拒绝、拖延、谎报。被审计单位负责人应当对本单位提供资料的及时性、真实性和完整性负责。审计机关对取得的电子数据等资料进行综合分析，需要向被审计单位核实有关情况的，被审计单位应当予以配合。

2.信息共享。国家政务信息系统和数据共享平台应当按照规定向审计机关开放。审计机关通过政务信息系统和数据共享平台取得的电子数据等资料能够满足需要的，不得要求被审计单位重复提供。

3.审计检查。审计机关进行审计时，有权检查被审计单位的财务、会计资料以及与财政收支、财务收支有关的业务、管理等资料和资产，有权检查被审计单位信息系统的安全性、可靠性、经济性，被审计单位不得拒绝。

4.调查取证。审计机关进行审计时，有权就审计事项的有关问题向有关单位和个人进行调查，并取得有关证明材料。有关单位和个人应当支持、协助审计机关工作，如实向审计机关反映情况，提供有关证明材料。

5.账户查询。审计机关经县级以上人民政府审计机关负责人批准，有权查询被审计单位在金融机构的账户。审计机关有证据证明被审计单位违反国家规定将公款转入其他单位、个人在金融机构账户的，经县级以上人民政府审计机关主要负责人批准，有权查询有关单位、个人在金融机构与审计事项相关的存款。

6.保全措施。审计机关进行审计时，被审计单位不得转移、隐匿、篡改、毁弃财务、会计资料以及与财政收支、财务收支有关的业务、管理等资料，不得转移、隐匿、故意毁损所持有的违反国家规定取得的资产。对被审计单位违反这一规定的行为，审计机关有权予以制止；必要时，经县级以上人民政府审计机关负责人批准，有权封存有关资料和违反国家规定取得的资产；对其中在金融机构的有关存款需要予以冻结的，应当向人民法院提出申请。审计机关对被审计单位正在进行的违反国家规定的财政收支、财务收支行为，有权予以制止；制止无效的，经县级以上人民政府审计机关负责人批准，通知财政部门和有关主管机关、单位暂停拨付与违反国家规定的财政收支、财务收支行为直接有关的款项，已经拨付的，暂停使用。审计机关采取上述措施不得影响被审计单位合法的业务活动和生产经营活动。

7.纠正措施。审计机关认为被审计单位所执行的上级主管机关、单位有关财政收支、财务收支的规定与法律、行政法规相抵触的，应当建议有关主管机关、单位纠正；有关主管机关、单位不予纠正的，审计机关应当提请有权处理的机关、单位依法处理。

8.通报公布。审计机关可以向政府有关部门通报或者向社会公布审计结果。审计机关通报或者公布审计结果，应当保守国家秘密、工作秘密、商业秘密、个人隐私和个人信息，遵守法律、行政法规和国务院的有关规定。

9.部门协同。审计机关履行审计监督职责，可以提请公安、财政、自然资源、生态环境、海关、税务、市场监督管理等机关予以协助。有关机关应当依法予以配合。

（二）审计流程

1.程序启动。审计机关根据经批准的审计项目计划确定的审计事项组成审计组，并应当在实施审计3日前，向被审计单位送达审计通知书；遇有特殊情况，经县级以上人民政府审计机关负责人批准，可以直接持审计通知书实施审计。

2.审计调查。审计人员通过审查财务、会计资料，查阅与审计事项有关的文件、资料，检查现金、实物、有价证券和信息系统，向有关单位和个人调查等方式进行审计，并取得证明材料。向有关单位和个人进行调查时，审计人员应当不少于2人，并出示其工作证件和审计通知书副本。

3.审计报告。审计组对审计事项实施审计后，应当向审计机关提出审计组的审计报告。审计组的审计报告报送审计机关前，应当征求被审计单位的意见。被审计单位应当自接到审计组的审计报告之日起10日内，将其书面意见送交审计组。审计组应当将被审计单位的书面意见一并报送审计机关。

4.审计决定。审计机关按照审计署规定的程序对审计组的审计报告进行审议，并对被审计单位对审计组的审计报告提出的意见一并研究后，出具审计机关的审计报告。对违反国家规定的财政收支、财务收支行为，依法应当给予处理、处罚的，审计机关在法定职权范围内作出审计决定；需要移送有关主管机关、单位处理、处罚的，审计机关应当依法移送。审计机关应当将审计机关的审计报告和审计决定送达被审计单位和有关主管机关、单位，并报上一级审计机关。审计决定自送达之日起生效。

5.决定的变更、撤销。上级审计机关认为下级审计机关作出的审计决定违反国家有关规定的，可以责成下级审计机关予以变更或者撤销，必要时也可以直接作出变更或者撤销的决定。

五、违反审计法的责任

（一）被审计单位的违法责任

1.妨碍审计行为。被审计单位违反《审计法》的规定，拒绝、拖延提供与审计事项有关的资料的，或者提供的资料不真实、不完整的，或者拒绝、阻碍检查、调查、核实有关情况的，由审计机关责令改正，可以通报批评，给予警告；拒不改正的，依法追究法律责任。

2.转移隐匿行为。被审计单位违反《审计法》的规定，转移、隐匿、篡改、毁弃财务、会计资料以及与财政收支、财务收支有关的业务、管理等资料，或者转移、隐匿、故意毁损所持有的违反国家规定取得的资产，审计机关认为对直接负责的主管人员和其他直接责任人员依法应当给予处分的，应当向被审计单位提出处理建议，或者移送监察机关和有关主管机关、单位处理，有关机关、单位应当将处理结果书面告知审计机关；构成犯罪的，依法追究刑事责任。

3.违法收支行为。对本级各部门（含直属单位）和下级政府违反预算的行为或者其他违反国家规定的财政收支行为，审计机关、人民政府或者有关主管机关、单位在法定职权范围内，依照法律、行政法规的规定，区别情况采取下列处理措施：(1)责令限期缴纳应当上缴的款项；(2)责令限期退还被侵占的国有资产；(3)责令限期退还违法所得；(4)责令按照国家统一的财务、会计制度的有关规定进行处理；(5)其他处理措施。对被审计单位违反国家规定的财务收支行为，审计机关、人民政府或者有关主管机关、单位在法定职权范围内，依照法律、行政法规的规定，区别情况采取上述处理措施，并可以依法给予处罚。

4.拒不上缴行为。审计机关依法责令被审计单位缴纳应当上缴的款项，被审计单位拒不执行的，审计机关应当通报有关主管机关、单位，有关主管机关、单位应当依照有关法律、行政法规的规定予以扣缴或者采取其他处理措施，并将处理结果书面告知审计机关。

5.拒不整改行为。被审计单位应当按照规定时间整改审计查出的问题，将整改情况报告审计机关，同时向本级人民政府或者有关主管机关、单位报告，并按照规定向社会公布。拒不整改或者整改时弄虚作假的，依法追究法律责任。

6.报复陷害行为。报复陷害审计人员的，依法给予处分；构成犯罪的，依法追究刑事责任。

7.行政问责。被审计单位的财政收支、财务收支违反国家规定，审计机关认为对直接负责的主管人员和其他直接责任人员依法应当给予处分的，应当向被审计单位提出处理建议，或者移送监察机关和有关主管机关、单位处理，有关机关、单位应当将处理结果书面通知审计机关。

8.刑事追责。被审计单位的财政收支、财务收支违反法律、行政法规的规定，构成犯罪的，依法追究刑事责任。

（二）审计人员的违法责任

审计人员滥用职权、徇私舞弊、玩忽职守或者泄露、向他人非法提供所知悉的国家秘密、工作秘密、商业秘密、个人隐私和个人信息的，依法给予处分；构成犯罪的，依法追究刑事责任。

【本章主要法律规定】

1.《税收征收管理法》
2.《税收征收管理法实施细则》
3.《增值税法》
4.《个人所得税法》
5.《企业所得税法》
6.《车船税法》
7.《审计法》

本章重点、难点与疑点辨析

税法主要包括实体税法和程序税法两部分。本书收入各税收法律的要点如下。

类别	法律名称	重点提示	难点提示
实体税法	《税收征收管理法》	纳税人权利	信息权、秘密权、减免退税申请权、请求回避权
	《企业所得税法》	纳税人范围、征税对象和税率、应纳税所得额计算方法、税收优惠	应纳税所得额的扣除、源泉扣缴、特别纳税调整
	《增值税法》	应税交易、计税依据、税率、应纳税额计算、税收优惠	分档税率的范围，应纳税额的抵扣计算，一般计税与简易计税
	《个人所得税法》	纳税人范围、征税对象和税率、税收减免、纳税申报	累进税率与比例税率、应纳税额计算、预扣预缴与汇算清缴
	《车船税法》	免征对象、计税方法	
程序税法	《税收征收管理法》	税务登记制度、纳税申报制度、征缴期限、税收强制执行、税务检查权限、税收违法的经济责任和行政责任	账簿凭证管理制度、退税制度、应纳税额确定方法、税收保全制度、纳税人税收违法的行为类型
	《企业所得税法》	征收管理特别规定	非居民企业的纳税地、纳税年度、预缴制度

审计法主要包括组织法和程序法两部分，其要点如下：

<table>
<tr><th>类别</th><th>主要内容</th><th>重点提示</th><th>难点提示</th></tr>
<tr><td rowspan="4">审计组织法</td><td>审计机关</td><td>机构设置和领导体制</td><td>地方审计机关的本地行政首长和上级审计机关双重领导体制</td></tr>
<tr><td>审计人员</td><td>行为准则</td><td>独立性维护制度、回避制度、保密制度</td></tr>
<tr><td rowspan="2">审计职责</td><td>职责范围</td><td>中央和地方预算执行和财政收支的审计分工、财务收支审计的对象、对建设项目的审计监督</td></tr>
<tr><td>职责履行</td><td>全面审计与专项审计的区分、审计管辖的确定</td></tr>
<tr><td rowspan="3">审计程序法</td><td>审计权限</td><td>资料获取、审计检查、调查取证、账户查询、保全措施、纠正措施</td><td>被审计单位的配合义务、账户查询的批准权限、适用保全措施的条件和方式、纠正措施的对象</td></tr>
<tr><td>审计流程</td><td>启动、调查、报告、决定</td><td>审计调查的方式、审计报告的报送程序、审计决定的作出和生效、审计决定的变更和撤销</td></tr>
<tr><td>法律责任</td><td>被审计单位的违法责任</td><td>转移隐匿行为的认定、违法收支行为的处理措施</td></tr>
</table>

第五章
土地法和房地产法

本章主要内容提示

我国土地法调整的法律关系包括土地民事关系和土地行政关系。土地民事关系包括土地产权关系和土地流转关系，其中既有国家、集体作为土地所有者与土地使用者之间的关系，也有与土地使用利益相关的民事主体之间的关系。土地权利制度是土地民事法律的核心，其法律依据包括《宪法》《民法典》《土地管理法》等。我国土地权利制度具有兼顾公共利益与私人利益的特性。土地流转制度决定于土地权利制度，故土地市场秩序服从于公私利益兼顾的要求，其法律体系也要顺应国家和集体两种土地所有权有所差别的现实情况和城乡两个土地市场在城乡一体化过程中逐步融合的历史趋势。一言以蔽之，我国土地民事制度的特点是“公有私用，两轨并行”。

我国的土地行政关系主要围绕土地利用和土地保护两个中心，其调整规范也具有兼顾公共利益与私人利益、长远利益与当前利益的特点。因此，土地行政管理承担了保护土地资源合理利用和可持续利用的使命。同时，土地的利用和保护也要与国家生态文明建设相适应。与此同时，土地管理也负有维护土地产权秩序、土地流转秩序和服务民生的使命。无论是城乡规划制度、城市房地产管理制度，还是不动产登记制度，都体现了上述总体理念。

本章各节之间具有密切联系：土地管理法规定的土地基本制度，既是房地产市场的前提和基础，也是城乡规划的重要依据，而城乡规划法既是土地管理法的实施保障，也是房地产市场秩序的重要组成部分，不动产登记体系为土地和不动产的权利保护和市场流转提供了重要的保障。

学习本章时要注意准确把握土地和房地产领域中民事关系和行政关系的协同，其中的不动产民事关系与《民法典》“物权编”的规定有密切联系，而相关的行政管理制度则既有维护社会整体利益的目标，也有保护民事主体合法权益的任务。

第一节　土地管理法

一、概述

我国《宪法》第10条对我国土地制度做了原则规定，民法对土地物权制度做了较全面的规定。《土地管理法》于1986年6月25日通过，1988年12月29日第一次修正，1998年8月29日修订，2004年8月28日第二次修正，2019年8月26日第三次修正。第三次修正对于依法保障农村土地征收、集体经营性建设用地入市、宅基地管理制度等改革在全国范围内实行，对促进乡村振兴和城乡融合发展具有重大意义。

土地制度的调整对象包括土地民事关系和土地行政关系。在我国，调整土地民事关系的制度包括土地所有权制度、土地使用权制度和土地流转制度。土地行政关系体现为国家运用政府职能为土地资源合理利用而建立的公共政策和行政管理秩序。土地管理的功能，一是服务土地民事关系，即保护土地权利和维护土地流转秩序；二是实现土地上的公共利益，即保护土地资源，并配合生态环境保护、自然资源保护、城乡建设规划、土地税收等法律制度的实施。土地管理法是土地行政管理的基本法。与土地制度密切相关的立法还有《民法典》、《城市房地产管理法》、《农村土地承包法》、《城乡规划法》等法律和《土地管理法实施条例》、《不动产登记暂行条例》、《基本农田保护条例》等相关行政法规。

二、土地管理法的基本原则

1.土地公有制原则。我国实行土地的社会主义公有制，即全民所有制和劳动群众集体所有制。全民所有，即国家所有。我国的土地管理制度是在土地的社会主义公有制前提下，依托土地所有权和土地使用权的产权架构，通过市场机制和政府管理的作用，为社会经济可持续发展建立的土地资源分配、开发、利用和保护的规则体系和治理体系。土地公有制在土地管理法上的主要体现为：(1)土地所有权归公。城市市区的土地属于国家所有；农村和城市郊区的土地，除由法律规定属于国家所有的以外，属于农民集体所有；农村的宅基地和自留地、自留山，属于农民集体所有。(2)土地使用在民。我国禁止侵占、买卖或者以其他形式非法转让土地。民事主体不能通过事实行为或者法律行为取得土地所有权。但是，国有土地和农民集体所有的土地可以依法确定给单位或者个人使用。土地使用权可以依法转让。(3)公共利益优先。国家为了公共利益的需要，可以依法对土地实行征收或者征用并给予补偿。(4)国有土地有偿使用。除在法定范围内无偿划拨使用的情形外，国家实行国有土地有偿使用制度。

2.土地合理利用原则。我国将十分珍惜、合理利用土地和切实保护耕地作为基本国策，要求各级政府采取措施，全面规划，严格管理，保护、开发土地资源，制止非法占用土地的行为。

3.土地用途管制原则，土地管理法将土地按用途分为三类：(1)农用地，指直接用于农业生产的土地，包括耕地、林地、草地、农田水利用地、养殖水面等；(2)建设用地，指建造建筑物、构筑物的土地，包括城乡住宅和公共设施用地、工矿用地、交通水利设施用地、旅游用地、军事设施用地等；(3)未利用地，指农用地和建设用地以外的土地。我国实行土地用途管制制度，国家编制土地利用总体规划，规定土地用途，严格限制农用地转为建设用地，控制建设用地总量，对耕地实行特殊保护。使用土地的单位和个人必须严格按照土地利用总体规划确定的用途使用土地。

三、土地所有权

(一)概述

土地所有权是国家或者农民集体依法对归其所有的土地所享有的占有、使用、收益和处分的权利。

土地所有权的效力及于地表及其之上的空中和之下的地下空间。集体土地在用途所需范围以外的空中和地下空间，在保护土地所有人和使用权人合法权益的前提下，国家有权支配。水流、海域和矿藏属于国家所有。森林、山岭、草原、荒地、滩涂，除法律规定属于集体所有的外，属于国家所有。

(二)国家土地所有权

国家土地所有权属于中华人民共和国全体人民。国有土地所有权由国务院代表国家行使。地方人民政府可以在国务院授权范围内行使国有土地所有权。

人民政府对国有土地有规划、管理、开发、保护和设立土地使用权及其他用益物权的权利。国家土地所有权不得转让。

城市市区的土地属于国家所有。农村和城市郊区的土地，除法律规定属于国家所有的以外，属于农民集体所有；宅基地和自留地、自留山，属于农民集体所有。

（三）集体土地所有权

农民集体对其所有的土地有直接使用、设置土地使用权、获取土地收益和维护所有权归属的权利。除国家依法征收和法律允许的情形外，集体土地所有权不得转让。集体所有的土地被依法征收时，所有权人有权获得补偿。

农民集体所有的土地，属于集体组织的全体成员共同所有。集体土地所有权行使的重大事项由集体成员依照法定程序决定。集体土地所有权的主体及其代表包括三种情形：(1)农民集体所有的土地依法属于村农民集体所有的，由村集体经济组织或者村民委员会作为所有者代表经营、管理；(2)在一个村范围内存在两个以上农村集体经济组织，且农民集体所有的土地已经分别属于该两个以上组织的农民集体所有的，由村内各该农村集体经济组织或者村民小组作为所有者代表经营、管理；(3)农民集体所有的土地，已经属于乡（镇）农民集体所有的，由乡（镇）农村集体经济组织作为所有者代表经营、管理。

农民集体土地所有权依照有关不动产登记的法律、行政法规进行登记。

四、土地使用权

（一）概述

国有土地和农民集体所有的土地，可以依法确定给单位或者个人使用。土地使用权在民法上属于用益物权。土地使用权人享有按照规定用途对国家所有或者集体所有的土地进行占有、使用和收益的权利，并有权以依法转让或者其他合法方式处分其土地使用权益。同时，土地使用权人负有保护、管理和合理利用土地的义务。

土地使用权按照权利来源分为国有土地使用权和集体土地使用权，按照用途分为农用地使用权和建设用地使用权。农用地使用权按照权利来源分为国有农用地使用权和土地承包经营权。建设用地使用权按照权利来源分为国有建设用地使用权和集体建设用地使用权。

荒山、荒沟、荒丘、荒滩和荒漠化土地等未利用土地，可以设立农用地使用权和建设用地使用权。

（二）农用地使用权

1.农用地使用权的承包取得。

农民集体所有和国家所有依法由农民集体使用的耕地、林地、草地，以及其他依法用于农业的土地，采取农村集体经济组织内部的家庭承包方式承包，不宜采取家庭承包方式的荒山、荒沟、荒丘、荒滩等可以采取招标、拍卖、公开协商等方式承包，从事种植业、林业、畜牧业、渔业生产。家庭承包的耕地的承包期为30年，草地的承包期为30年至50年，林地的承包期为30年至70年；耕地承包期届满后再延长30年，草地、林地承包期届满后依法相应延长。

国家所有依法用于农业的土地可以由单位或者个人承包经营，从事种植业、林业、畜牧业、渔业生产。发包方和承包方应当依法订立承包合同，约定双方的权利和义务。承包方有保护和按照承包合同约定的用途合理利用土地的义务。

2.农用地使用权的开发取得。

开发未确定使用权的国有荒山、荒地、荒滩从事种植业、林业、畜牧业、渔业生产的，经县级以上人民政府依法批准，可以确定给开发单位或者个人长期使用。开垦未利用的土地，必须经过科学论证和评估，在土地利用总体规划划定的可开垦的区域内，经依法批准后进行。禁止毁坏森林、草原开垦耕地，禁止围湖造田和侵占江河滩地。

（三）建设用地使用权

1.国有建设用地使用权。

根据国有土地有偿使用原则，建设单位使用国有土地，应当按照国务院规定的标准和办法，通过出让、出租等有偿方式，在缴纳土地使用权出让金等土地有偿使用费和其他费用后，取得国有土地使用权。

作为有偿使用原则的例外，下列建设用地可以经县级以上人民政府依法批准，以划拨方式取得：(1)国家机关用地和军事用地；(2)城市基础设施用地和公益事业用地；(3)国家重点扶持的能源、交通、水利等基础设施用地；(4)法律、行政法规规定的其他用地。

有下列情形之一的，由有关人民政府自然资源主管部门报经原批准用地的人民政府或者有批准权的人民政府批准，可以收回国有土地使用权：(1)为实施城市规划进行旧城区改建以及其他公共利益需要，确需使用土地的；(2)土地出让等有偿使用合同约定的使用期限届满，土地使用者未申请续期或者申请续期未获批准的；(3)因单位撤销、迁移等原因，停止使用原划拨的国有土地的；(4)公路、铁路、机场、矿场等经核准报废的。其中，依照第(1)项规定收回国有土地使用权的，对土地使用权人应当给予适当补偿。

2.集体建设用地使用权。

土地利用总体规划、城乡规划确定为工业、商业等经营性用途，并经依法登记的集体经营性建设用地，土地所有权人可以通过出让、出租等方式交由单位或者个人使用，并应当签订书面合同，载明土地界址、面积、动工期限、使用期限、土地用途、规划条件和双方其他权利义务。依此规定设定集体经营性建设用地使用权的，应当经本集体经济组织成员的村民会议2/3以上成员或者2/3以上村民代表的同意。集体建设用地的使用者应当严格按照土地利用总体规划、城乡规划确定的用途使用土地。

有下列情形之一的，农村集体经济组织报经原批准用地的人民政府批准，可以收回土地使用权：(1)为乡(镇)村公共设施和公益事业建设，需要使用土地的；(2)不按照批准的用途使用土地的；(3)因撤销、迁移等原因而停止使用土地的。依第(1)种情形收回土地的，应当给予土地使用权人适当补偿。除法律、行政法规另有规定的外，集体经营性建设用地使用权可以依照双方签订的书面合同收回。

3.农村宅基地使用权。

农村宅基地是用于保障农村村民居住的特殊的集体建设用地。其使用权人依法对宅基地享有占有和使用的权利，有权依法利用宅基地建造住宅及其附属设施。

农村村民一户只能拥有一处宅基地(“一户一宅”原则)，其宅基地的面积不得超过省、自治区、直辖市规定的标准。人均土地少、不能保障“一户一宅”的地区，县级人民政府在充分尊重农村村民意愿的基础上，可以采取措施，按照省、自治区、直辖市规定的标准保障农村村民实现户有所居。

农村村民住宅用地，由乡(镇)人民政府审核批准；其中，涉及占用农用地的，应当依法办理审批手续。农村村民出卖、出租、赠与住宅后，再申请宅基地的，不予批准。国务院农业农村主管部门负责全国农村宅基地改革和管理有关工作。

国家允许进城落户的农村村民依法自愿有偿退出宅基地，鼓励农村集体经济组织及其成员盘活利用闲置宅基地和闲置住宅。

(四)建设用地使用权流转制度

1.制度沿革。我国自1990年《城镇国有土地使用权出让和转让暂行条例》起，历经1994年《城市房地产管理法》和2007年《物权法》，建立了比较完善的国有建设用地流转制度。但是，在长期以来的城乡二元体制下，农村集体建设用地的流转缺乏制度支持。2013年中共中央《关于全面深化改革若干重大问题的决定》提出“建立城乡统一的建设用地市场”的任务，要求“在符合规划和用途管制前提下，允许农村集体经营性建设用地出让、租赁、入股，实行与国有土地同等入市、同权同价”。在改革试点的基础上，2019年修改的《土地管理法》废除了原有“农民集体所有的土地的使用权不得出让、转让或者出租用于非农业建设”的规定，建立了集体经营性建设用地流转的法律框架。

2.国有建设用地流转。国有建设用地使用权的转让、互换、出资、赠与或者抵押，适用《城市房地产管理法》等法律的规定。

3.集体经营性建设用地流转。通过出让等方式取得的集体经营性建设用地使用权可以转让、互换、出资、赠与或者抵押，但法律、行政法规另有规定或者土地所有权人、土地使用权人签订的书面合同另有约定的除外。集体经营性建设用地的出租，集体建设用地使用权的出让及其最高年限、转让、互换、出资、赠与、抵押等，参照同类用途的国有建设用地执行。具体办法由国务院制定。

五、土地规划制度

（一）土地利用总体规划

1.概念。

土地利用总体规划是指各级人民政府在一定的规划区域内，依据国民经济和社会发展规划、国土整治和资源环境保护的要求、土地供给能力以及各项建设对土地的需求，对土地的开发、利用、治理、保护在空间上、时间上所作的总体安排和布局，是国家实行土地用途管制的基础。土地利用总体规划对各主要用地部门的用地规模提出控制性指标，划分土地利用区域，确定实施规划的方针政策和措施，是编制地区和专项土地利用规划以及审批土地的依据。

2.编制体系和基本要求。

土地利用总体规划实行从国务院到地方各级人民政府分级编制、分级审批的体制。下级土地利用总体规划应当依据上一级土地利用总体规划编制。省级土地利用总体规划报国务院批准。省级人民政府所在地的市、人口在100万以上的城市以及国务院指定的城市的土地利用总体规划，经省、自治区人民政府审查同意后，报国务院批准。除此之外的土地利用总体规划，逐级上报省级人民政府批准；其中，乡（镇）土地利用总体规划可以由省级人民政府授权的设区的市、自治州人民政府批准。

地方各级人民政府编制的土地利用总体规划中的建设用地总量不得超过上一级土地利用总体规划确定的控制指标，耕地保有量不得低于上一级土地利用总体规划确定的控制指标。省级人民政府编制的土地利用总体规划，应当确保本行政区域内耕地总量不减少。

县级土地利用总体规划应当划分土地利用区，明确土地用途。乡（镇）土地利用总体规划应当划分土地利用区，根据土地使用条件，确定每一块土地的用途，并予以公告。

3.编制原则。

土地利用总体规划按照下列原则编制：

（1）落实国土空间开发保护要求，严格土地用途管制；（2）严格保护永久基本农田，严格控制非农业建设占用农用地；（3）提高土地节约集约利用水平；（4）统筹安排城乡生产、生活、生态用地，满足乡村产业和基础设施用地合理需求，促进城乡融合发展；（5）保护和改善生态环境，保障土地的可持续利用；（6）占用耕地与开发复垦耕地数量平衡、质量相当。

4.规划的约束力。

土地利用总体规划一经批准，必须严格执行。

城市总体规划、村庄和集镇规划，应当与土地利用总体规划相衔接，其中的建设用地规模不得超过土地利用总体规划确定的城市和村庄、集镇建设用地规模。在城市规划区内、村庄和集镇规划区内，城市和村庄、集镇建设用地应当符合城市规划、村庄和集镇规划。

各级人民政府应当根据国民经济和社会发展计划、国家产业政策、土地利用总体规划以及建设用地和土地利用的实际状况编制土地利用年度计划，加强土地利用计划管理，实行建设用地总量控制。省级人民政府应当将土地利用年度计划的执行情况列为国民经济和社会发展计划执行情况的内容，向同级人民代表大会报告。

集体建设用地的使用者应当严格按照土地利用总体规划、城乡规划确定的用途使用土地。乡镇企业、乡（镇）村公共设施、公益事业、农村村民住宅等乡（镇）村建设，应当按照村庄和集镇规划，合理布局，综合开发，配套建设；建设用地，应当符合乡（镇）土地利用总体规划和土地利用年度计划，并按建设用地管理制度的相关规定办理审批手续。

（二）国土空间规划

2013年中共中央《关于全面深化改革若干重大问题的决定》提出“建立空间规划体系，划定生产、生活、生态空间开发管制界限，落实用途管制”的要求后，我国开始推进将主体功能区规划、土地利用规划、城乡规划等空间规划融合为统一国土空间规划的“多规合一”制度升级进程。

2019年5月，中共中央、国务院发布了《关于建立国土空间规划体系并监督实施的若干意见》，提出：到2020年，基本建立国土空间规划体系，逐步建立“多规合一”的规划编制审批体系、实施监督体系、法规政策体系和技术标准体系；基本完成市县以上各级国土空间总体规划编制，初步形成全国国土空间开发保护“一张图”。到2025年，健全国土空间规划法规政策和技术标准体系；全面实施国土空间监测预警和绩效考核机制；形成以国土空间规划为基础，以统一用途管制为手段的国土空间开发保护制度。到2035年，全面提升国土空间治理体系和治理能力现代化水平，基本形成生产空间集约高效、生活空间宜居适度、生态空间山清水秀，安全和谐、富有竞争力和可持续发展的国土空间格局。

根据上述决策部署，2019年修改的《土地管理法》增设规定：国家建立国土空间规划体系。编制国土空间规划应当坚持生态优先，绿色、可持续发展，科学有序统筹安排生态、农业、城镇等功能空间，优化国土空间结构和布局，提升国土空间开发、保护的质量和效率。经依法批准的国土空间规划是各类开发、保护、建设活动的基本依据。已经编制国土空间规划的，不再编制土地利用总体规划和城乡规划。

（三）规划管理配套制度

1.国家建立土地调查制度。县级以上人民政府自然资源主管部门会同同级有关部门进行土地调查，并根据土地调查成果、规划土地用途和国家制定的统一标准，评定土地等级。土地所有者、使用者应当配合调查，并提供有关资料。

2.国家建立土地统计制度。县级以上人民政府统计机构和自然资源主管部门依法进行土地统计调查，定期发布土地统计资料；其共同发布的土地面积统计资料是各级人民政府编制土地利用总体规划的依据。土地所有者或者使用者应当提供有关资料，不得拒报、迟报，不得提供不真实、不完整的资料。

3.国家建立全国土地管理信息系统，对土地利用状况进行动态监测。

六、耕地保护制度

（一）耕地保护的基本政策

1.保持耕地总量。

国家保护耕地，严格控制耕地转为非耕地。非农业建设经批准占用耕地的，按照“占多少，垦多少”的原则，由占用耕地的单位负责开垦与所占用耕地的数量和质量相当的耕地；没有条件开垦或者开垦的耕地不符合要求的，应当按照省、自治区、直辖市的规定缴纳耕地开垦费，专款用于开垦新的耕地。

非农业建设必须节约使用土地，可以利用荒地的，不得占用耕地；可以利用劣地的，不得占用好地。禁止占用耕地建窑、建坟或者擅自在耕地上建房、挖砂、采石、采矿、取土等。

因挖损、塌陷、压占等造成土地破坏，用地单位和个人应当按照国家有关规定负责复垦；没有条件复垦或者复垦不符合要求的，应当缴纳土地复垦费，专项用于土地复垦。复垦的土地应当优先用于农业。

2.提高耕地质量。

各级人民政府应当采取措施，引导因地制宜轮作休耕，改良土壤，提高地力，维护排灌工程设施，防止土地荒漠化、盐渍化、水土流失和土壤污染。县级以上地方人民政府可以要求占用耕地的单位将所占用耕地耕作层的土壤用于新开垦耕地、劣质地或者其他耕地的土壤改良。

国家鼓励土地整理。县、乡（镇）人民政府应当组织农村集体经济组织，按照土地利用总体规划，对田、水、路、林、村综合整治，提高耕地质量，增加有效耕地面积，改善农业生产条件和生态环境。

地方各级人民政府应当采取措施，改造中、低产田，整治闲散地和废弃地。

3.扩大耕地增量。

国家鼓励单位和个人按照土地利用总体规划，在保护和改善生态环境、防止水土流失和土地荒漠化的前提下，开发未利用的土地；适宜开发为农用地的，应当优先开发成农用地。国家依法保护开发者的合法权益。

（二）耕地保护的政府责任制

为了落实土地利用总体规划中的耕地保护要求，省、自治区、直辖市人民政府应当严格执行土地利用总体规划和土地利用年度计划，采取措施，确保本行政区域内耕地总量不减少、质量不降低。耕地总量减少的，由国务院责令在规定期限内组织开垦与所减少耕地的数量与质量相当的耕地；耕地质量降低的，由国务院责令在规定期限内组织整治。新开垦和整治的耕地由国务院自然资源主管部门会同农业农村主管部门验收。

（三）永久基本农田保护制度

1.永久基本农田的划定。

国家实行永久基本农田保护制度。下列耕地应当根据土地利用总体规划划为永久基本农田，实行严格保护：（1）经国务院农业农村主管部门或者县级以上地方人民政府批准确定的粮、棉、油、糖等重要农产品生产基地内的耕地；（2）有良好的水利与水土保持设施的耕地，正在实施改造计划以及可以改造的中、低产田和已建成的高标准农田；（3）蔬菜生产基地；（4）农业科研、教学试验田；（5）国务院规定应当划为永久基本农田的其他耕地。各省、自治区、直辖市划定的永久基本农田一般应当占本行政区域内耕地的80%以上，具体比例由国务院规定。

永久基本农田划定以乡（镇）为单位进行，由县级人民政府自然资源主管部门会同同级农业农村主管部门组织实施。永久基本农田应当落实到地块，纳入国家永久基本农田数据库严格管理。乡（镇）人民政府应当将永久基本农田的位置、范围向社会公告，并设立保护标志。

2.永久基本农田的保护。

永久基本农田经依法划定后，任何单位和个人不得擅自占用或者改变其用途。国家能源、交通、水利、军事设施等重点建设项目选址确实难以避让永久基本农田，涉及农用地转用或者土地征收的，必须经国务院批准。

禁止通过擅自调整县级土地利用总体规划、乡（镇）土地利用总体规划等方式规避永久基本农田农用地转用或者土地征收的审批。禁止占用永久基本农田发展林果业和挖塘养鱼。农村村民建住宅，不得占用永久基本农田。

七、建设用地管理制度

（一）农用地转用审批制度

建设占用土地，涉及农用地转为建设用地的，应当办理农用地转用审批手续。审批权限划分如下：

1.永久基本农田转为建设用地的，由国务院批准。

2.永久基本农田以外的农用地转为建设用地的，分为两种情形：（1）在土地利用总体规划确定的城市和村庄、集镇建设用地规模范围内，为实施该规划所需的，按土地利用年度计划分批次按照国务院规定由原批准土地利用总体规划的机关或者其授权的机关批准；在已批准的农用地转用范围内，具体建设项目用地可以由市、县人民政府批准。（2）在土地利用总体规划确定的城市和村庄、集镇建设用地规模范围以外的，由国务院或者国务院授权的省、自治区、直辖市人民政府批准。

（二）土地征收制度

国家为了公共利益的需要，确需征收农民集体所有的土地的，可以对农民集体所有的土地进行征收。土地征收由政府依照法律规定的条件和程序实施。

根据2013年中共中央《关于全面深化改革若干重大问题的决定》提出的“缩小征地范围，规范征地程序，完善对被征地农民合理、规范、多元保障机制”的要求，2019年对《土地管理法》关于土地征收的规定进行了重大修改。

1.土地征收条件。

实施土地征收，必须确实是为公共利益所需要，即具备下列法定情形之一：（1）军事和外交需要用地的；（2）由政府组织实施的能源、交通、水利、通信、邮政等基础设施建设需要用地的；（3）由政府组织实施的科技、教育、文化、卫生、体育、生态环境和资源保护、防灾减灾、文物保护、社区综合服务、社会福利、市政公用、优抚安置、英烈保护等公共事业需要用地的；(4)由政府组织实施的扶贫搬迁、保障性安居工程建设需要用地的；(5)在土地利用总体规划确定的城镇建设用地范围内，经省级以上人民政府批准由县级以上地方人民政府组织实施的成片开发建设需要用地的；(6)法律规定为公共利益需要可以征收农民集体所有的土地的其他情形。

上述征地需求，必须符合以下条件：首先，各项建设活动均符合国民经济和社会发展规划、土地利用总体规划、城乡规划和专项规划；其次，上述第(4)项、第(5)项规定的建设活动还应当纳入国民经济和社会发展年度计划；最后，第(5)项规定的成片开发还应当符合国务院自然资源主管部门规定的标准。

2.征地审批。

征收土地的审批权限分为国务院和省级人民政府两级。下列土地的征收，须经国务院批准：(1)永久基本农田；(2)永久基本农田以外的耕地超过35公顷的；(3)其他土地超过70公顷的。此范围以外的土地征收，由省级人民政府批准。

征收农用地的，应当先行办理农用地转用审批。其中，经国务院批准农用地转用的，同时办理征地审批手续，不再另行办理征地审批；经省级人民政府在征地批准权限内批准农用地转用的，同时办理征地审批手续，不再另行办理征地审批，超过征地批准权限的，应当依照上述关于国务院批准情形的规定另行办理征地审批。

征收土地依法定程序批准后，由县级以上地方人民政府予以公告并组织实施。

3.征地申请前期工作。

县级以上地方人民政府拟申请征收土地的，应当开展拟征收土地现状调查和社会稳定风险评估，并将征收范围、土地现状、征收目的、补偿标准、安置方式和社会保障等在拟征收土地所在的乡(镇)和村、村民小组范围内公告至少30日，听取被征地的农村集体经济组织及其成员、村民委员会和其他利害关系人的意见。多数被征地的农村集体经济组织成员认为征地补偿安置方案不符合法律、法规规定的，县级以上地方人民政府应当组织召开听证会，并根据法律、法规的规定和听证会情况修改方案。

拟征收土地的所有权人、使用权人应当在公告规定期限内，持不动产权属证明材料办理补偿登记。县级以上地方人民政府应当组织有关部门测算并落实有关费用，保证足额到位，与拟征收土地的所有权人、使用权人就补偿、安置等签订协议；个别确实难以达成协议的，应当在申请征收土地时如实说明。

相关前期工作完成后，县级以上地方人民政府方可申请征收土地。

4.征地补偿。

(1)总体要求。征收土地应当给予公平、合理的补偿，保障被征地农民原有生活水平不降低、长远生计有保障。

(2)农地征收补偿。征收土地应当依法及时足额支付土地补偿费、安置补助费以及农村村民住宅、其他地上附着物和青苗等的补偿费用，并安排被征地农民的社会保障费用。征收农用地的土地补偿费、安置补助费标准由省、自治区、直辖市通过制定公布区片综合地价确定。制定区片综合地价应当综合考虑土地原用途、土地资源条件、土地产值、土地区位、土地供求关系、人口以及经济社会发展水平等因素，并至少每3年调整或者重新公布一次。

(3)非农地征收补偿。征收农用地以外的其他土地、地上附着物和青苗等的补偿标准，由省、自治区、直辖市制定。对其中的农村村民住宅，应当按照先补偿后搬迁、居住条件有改善的原则，尊重农村村民意愿，采取重新安排宅基地建房、提供安置房或者货币补偿等方式给予公平、合理的补偿，并对因征收造成的搬迁、临时安置等费用予以补偿，保障农村村民居住的权利和合法的住房财产权益。

(4)社会保障。县级以上地方人民政府应当将被征地农民纳入相应的养老等社会保障体系。被征地农民的社会保障费用主要用于符合条件的被征地农民的养老保险等社会保险缴费补贴。

（5）补偿监督。被征地的农村集体经济组织应当将征收土地的补偿费用的收支状况向本集体经济组织的成员公布，接受监督。禁止侵占、挪用被征收土地单位的征地补偿费用和其他有关费用。

（三）建设用地使用管理

1.国有建设用地管理。建设单位使用国有土地的，应当按照土地使用权出让等有偿使用合同的约定或者土地使用权划拨批准文件的规定使用土地；确需改变该幅土地建设用途的，应当经有关人民政府自然资源主管部门同意，报原批准用地的人民政府批准。其中，在城市规划区内改变土地用途的，在报批前，应当先经有关城市规划行政主管部门同意。

2.集体建设用地管理。（1）经营性建设用地。农村集体经济组织使用乡（镇）土地利用总体规划确定的建设用地兴办企业或者与其他单位、个人以土地使用权入股、联营等形式共同举办企业的，应当持有关批准文件，向县级以上地方人民政府自然资源主管部门提出申请，按照省、自治区、直辖市规定的批准权限，由县级以上地方人民政府批准。（2）公益性建设用地。乡（镇）村公共设施、公益事业建设，需要使用土地的，经乡（镇）人民政府审核，向县级以上地方人民政府自然资源主管部门提出申请，按照省、自治区、直辖市规定的批准权限，由县级以上地方人民政府批准。以上建设项目中涉及占用农用地的，应当办理农用地转用审批手续。

3.临时用地管理。建设项目施工和地质勘查需要临时使用国有土地或者农民集体所有的土地的，由县级以上人民政府自然资源主管部门批准。其中，在城市规划区内的临时用地，在报批前，应当先经有关城市规划行政主管部门同意。土地使用者应当根据土地权属，与有关自然资源主管部门或者农村集体经济组织、村民委员会签订临时使用土地合同，并按照合同的约定支付临时使用土地补偿费。临时使用土地的使用者应当按照临时使用土地合同约定的用途使用土地，并不得修建永久性建筑物。临时使用土地期限一般不超过2年。

八、监督检查制度

（一）监督检查机关

对违反土地管理法律、法规的行为，由县级以上人民政府自然资源主管部门进行监督检查。

对违反农村宅基地管理法律、法规的行为，由县级以上人民政府农业农村主管部门进行监督检查。

（二）监督检查措施

监督检查机关履行监督检查职责时，有权采取下列措施：（1）要求被检查的单位或者个人提供有关土地权利的文件和资料，进行查阅或者予以复制；（2）要求被检查的单位或者个人就有关土地权利的问题作出说明；（3）进入被检查单位或者个人非法占用的土地现场进行勘测；（4）责令非法占用土地的单位或者个人停止违反土地管理法律、法规的行为。

土地管理监督检查人员履行职责，需要进入现场进行勘测、要求有关单位或者个人提供文件、资料和作出说明的，应当出示土地管理监督检查证件。有关单位和个人对土地管理监督检查机关就土地违法行为进行的监督检查应当支持与配合，并提供工作方便，不得拒绝与阻碍土地管理监督检查人员依法执行职务。

（三）违法行为查处

监督检查机关在监督检查工作中发现的违法行为，按以下两类情形予以查处：（1）对国家工作人员的违法行为，依法应予处分的，应当依法予以处理；自己无权处理的，应当依法移送监察机关或者有关机关处理。（2）对土地违法行为，构成犯罪的，应当将案件移送有关机关，依法追究刑事责任；尚不构成犯罪的，应当依法给予行政处罚。

对于应予行政处罚的行为，监督检查机关不给予行政处罚的，上级主管部门有权责令该机关作出行政处罚决定或者直接给予行政处罚，并给予该机关负责人处分。

九、法律责任和争议处理

（一）违反土地管理法的法律责任

1.妨碍土地流转秩序的法律责任。

（1）买卖或者以其他形式非法转让土地的，

由县级以上人民政府自然资源主管部门没收违法所得；对违反土地利用总体规划擅自将农用地改为建设用地的，限期拆除在非法转让的土地上新建的建筑物和其他设施，恢复土地原状，对符合土地利用总体规划的，没收在非法转让的土地上新建的建筑物和其他设施，可以并处罚款；对直接负责的主管人员和其他直接责任人员，依法给予处分；构成犯罪的，依法追究刑事责任。

（2）擅自将农民集体所有的土地通过出让、转让使用权或者出租等方式用于非农业建设，或者违反《土地管理法》规定，将集体经营性建设用地通过出让、出租等方式交由单位或者个人使用的，由县级以上人民政府自然资源主管部门责令限期改正，没收违法所得，并处罚款。

2.违反土地产权秩序的法律责任。

（1）未经批准或者采取欺骗手段骗取批准，非法占用土地的，由县级以上人民政府自然资源主管部门责令退还非法占用的土地，对违反土地利用总体规划擅自将农用地改为建设用地的，限期拆除在非法占用的土地上新建的建筑物和其他设施，恢复土地原状，对符合土地利用总体规划的，没收在非法占用的土地上新建的建筑物和其他设施，可以并处罚款；对非法占用土地单位的直接负责的主管人员和其他直接责任人员，依法给予处分；构成犯罪的，依法追究刑事责任。超过批准的数量占用土地，多占的土地以非法占用土地论处。

（2）农村村民未经批准或者采取欺骗手段骗取批准，非法占用土地建住宅的，由县级以上人民政府农业农村主管部门责令退还非法占用的土地，限期拆除在非法占用的土地上新建的房屋。超过省、自治区、直辖市规定的标准，多占的土地以非法占用土地论处。

（3）责令限期拆除在非法占用的土地上新建的建筑物和其他设施的，建设单位或者个人必须立即停止施工，自行拆除；对继续施工的，作出处罚决定的机关有权制止。建设单位或者个人对责令限期拆除的行政处罚决定不服的，可以自接到责令限期拆除决定之日起15日内，向人民法院起诉；期满不起诉又不自行拆除的，由作出处罚决定的机关依法申请人民法院强制执行，费用由违法者承担。

（4）依法收回国有土地使用权当事人拒不交出土地的，临时使用土地期满拒不归还的，或者不按照批准的用途使用国有土地的，由县级以上人民政府自然资源主管部门责令交还土地，处以罚款。

3.违反耕地保护秩序的法律责任。

（1）占用耕地建窑、建坟或者擅自在耕地上建房、挖砂、采石、采矿、取土等，破坏种植条件的，或者因开发土地造成土地荒漠化、盐渍化的，由县级以上人民政府自然资源主管部门、农业农村主管部门等按照职责责令限期改正或者治理，可以并处罚款；构成犯罪的，依法追究刑事责任。

（2）拒不履行土地复垦义务的，由县级以上人民政府自然资源主管部门责令限期改正；逾期不改正的，责令缴纳复垦费，专项用于土地复垦，可以处以罚款。

4.违反土地征收秩序的法律责任。

（1）无权批准征收、使用土地的单位或者个人非法批准占用土地的，超越批准权限非法批准占用土地的，不按照土地利用总体规划确定的用途批准用地的，或者违反法律规定的程序批准占用、征收土地的，其批准文件无效，对非法批准征收、使用土地的直接负责的主管人员和其他直接责任人员，依法给予处分；构成犯罪的，依法追究刑事责任。非法批准、使用的土地应当收回，有关当事人拒不归还的，以非法占用土地论处。非法批准征收、使用土地，对当事人造成损失的，依法应当承担赔偿责任。

（2）侵占、挪用被征收土地单位的征地补偿费用和其他有关费用，构成犯罪的，依法追究刑事责任；尚不构成犯罪的，依法给予处分。

5.违反土地行政秩序的法律责任。

自然资源主管部门、农业农村主管部门的工作人员玩忽职守、滥用职权、徇私舞弊，构成犯罪的，依法追究刑事责任；尚不构成犯罪的，依法给予处分。

（二）土地权属争议处理

土地权属争议，包括土地所有权争议和土

地使用权争议。土地所有权争议可能发生于集体组织之间，也可能发生于国有单位与集体组织之间。实践中较常见的土地使用权争议包括不同主体之间因土地使用权的设定、变更、消灭或者相邻用地权利冲突而引发的确权纠纷，以及与权利救济相关的确权争议。有关土地承包经营权的争议，可适用《农村土地承包法》的相关规定。涉及侵害不动产物权的纠纷，适用侵权法律的相关规定。

根据《土地管理法》的规定，土地权属争议的处理方法包括三个层次：(1)当事人协商解决。(2)协商不成的，由人民政府处理。其中，单位之间的争议由县级以上人民政府处理，个人之间、个人与单位之间的争议由乡级人民政府或者县级以上人民政府处理。(3)当事人对有关人民政府的处理决定不服的，可以自接到处理决定通知之日起30日内，向人民法院起诉。

需要明确的是，无论采用以上哪一种处理方法，任何一方都不得在权属争议解决前改变土地利用现状。

第二节　城乡规划法

一、概述

《城乡规划法》是为加强城乡规划管理，协调城乡空间布局，改善人居环境，促进城乡经济社会全面协调可持续发展而制定的法律。该法于2007年10月28日颁布，2015年4月24日、2019年4月23日进行了两次修正。该法在施行的同时废止了1989年制定的《城市规划法》。这标志着我国的规划立法由城乡二元体系转变为城乡统筹体系。从此，我国实行了城乡统一的规划管理制度；凡是制定和实施城乡规划，在规划区内进行建设活动，都必须遵守该法。

《城乡规划法》强调，制定和实施城乡规划，应当遵循城乡统筹、合理布局、节约土地、集约发展和先规划后建设的原则，改善生态环境，促进资源、能源节约和综合利用，保护耕地等自然资源和历史文化遗产，保持地方特色、民族特色和传统风貌，防止污染和其他公害，并符合区域人口发展、国防建设、防灾减灾和公共卫生、公共安全的需要。该法要求，在规划区内进行建设活动，应当遵守土地管理、自然资源和环境保护等法律、法规的规定。

二、城乡规划和规划区

所谓城乡规划，包括城镇体系规划、城市规划、镇规划、乡规划和村庄规划。城市规划、镇规划分为总体规划和详细规划。详细规划分为控制性详细规划和修建性详细规划。所谓规划区，是指城市、镇和村庄的建成区以及因城乡建设和发展需要，必须实行规划控制的区域。规划区的具体范围由有关人民政府在组织编制的城市总体规划、镇总体规划、乡规划和村庄规划中，根据城乡经济社会发展水平和统筹城乡发展的需要划定。

经依法批准的城乡规划，是城乡建设和规划管理的依据，未经法定程序不得修改。

任何单位和个人都应当遵守经依法批准并公布的城乡规划，服从规划管理，并有权就涉及其利害关系的建设活动是否符合规划的要求向城乡规划主管部门查询。

三、城乡规划的制定

（一）体系规划和总体规划

国务院组织编制全国城镇体系规划；省、自治区人民政府组织编制省域城镇体系规划；城市人民政府组织编制城市总体规划；县人民政府组织编制所在地镇的总体规划；镇人民政府组织编制镇总体规划。其中，省、市、县级的规划，应当先经本级人大常委会审议，镇规划经镇人大审议，然后报上一级人民政府审批。

城市总体规划、镇总体规划的内容应当包括：城市、镇的发展布局，功能分区，用地布局，综合交通体系，禁止、限制和适宜建设的地域范围，各类专项规划等。规划区范围、规划区内建设用地规模、基础设施和公共服务设施用地、水源地和水系、基本农田和绿化用地、环境保护、自然与历史文化遗产保护以及防灾减灾等内容，应当作为城市总体规划、镇总体规划的强制性内容。城市总体规划、镇总体规划的规划期限一般为20年。

（二）控制性详细规划

城市人民政府城乡规划主管部门根据城市总体规划的要求，组织编制城市的控制性详细规划，经本级人民政府批准后，报本级人大常委会和上一级人民政府备案。镇人民政府根据镇总体规划的要求，组织编制镇的控制性详细规划，报上一级人民政府审批。

（三）修建性详细规划

城市、县人民政府城乡规划主管部门和镇人民政府可以组织编制重要地块的修建性详细规划。修建性详细规划应当符合控制性详细规划。

城乡规划报送审批前，组织编制机关应当依法将城乡规划草案予以公告，并采取论证会、听证会或者其他方式征求专家和公众的意见。公告的时间不得少于30日。审批机关批准前，应当组织专家和有关部门进行审查。

城乡规划组织编制机关应当委托具有相应资质等级的单位承担城乡规划的具体编制工作。

四、城乡规划的实施

（一）基本要求

地方各级人民政府应当根据当地经济社会发展水平，量力而行，尊重群众意愿，有计划、分步骤地组织实施城乡规划。《城乡规划法》对城乡建设和发展提出了一系列的基本要求。

（二）近期建设规划

城市、县、镇人民政府应当根据城市总体规划、镇总体规划、土地利用总体规划和年度计划以及国民经济和社会发展规划，制定近期建设规划，报总体规划审批机关备案。

（三）建设规划许可

建设规划许可制度是城乡规划管理的重要制度。城乡规划主管部门不得在城乡规划确定的建设用地范围以外作出建设规划许可。建设规划许可分为建设用地规划许可、建设工程规划许可和乡村建设规划许可。

1.建设用地规划许可。

在城市、镇规划区内以出让方式提供国有土地使用权的，在国有土地使用权出让前，城市、县人民政府城乡规划主管部门应当依据控制性详细规划，提出出让地块的位置、使用性质、开发强度等规划条件，作为国有土地使用权出让合同的组成部分。未确定规划条件的地块，不得出让国有土地使用权。

以出让方式取得国有土地使用权的建设项目，建设单位在取得建设项目的批准、核准、备案文件和签订国有土地使用权出让合同后，向城市、县人民政府城乡规划主管部门领取建设用地规划许可证。

城市、县人民政府城乡规划主管部门不得在建设用地规划许可证中，擅自改变作为国有土地使用权出让合同组成部分的规划条件。

规划条件未纳入国有土地使用权出让合同的，该国有土地使用权出让合同无效；对未取得建设用地规划许可证的建设单位批准用地的，由县级以上人民政府撤销有关批准文件；占用土地的，应当及时退回；给当事人造成损失的，应当依法给予赔偿。

2.建设工程规划许可。

在城市、镇规划区内进行建筑物、构筑物、道路、管线和其他工程建设的，建设单位或者个人应当向城市、县人民政府城乡规划主管部门或者省、自治区、直辖市人民政府确定的镇人民政府申请办理建设工程规划许可证。

申请办理建设工程规划许可证，应当提交使用土地的有关证明文件、建设工程设计方案等材料。需要建设单位编制修建性详细规划的建设项目，还应当提交修建性详细规划。对符合控制性详细规划和规划条件的，由城市、县人民政府城乡规划主管部门或者省、自治区、直辖市人民政府确定的镇人民政府核发建设工程规划许可证。

城市、县人民政府城乡规划主管部门或者

省、自治区、直辖市人民政府确定的镇人民政府应当依法将经审定的修建性详细规划、建设工程设计方案的总平面图予以公布。

3.乡村建设规划许可。

在乡、村庄规划区内进行乡镇企业、乡村公共设施和公益事业建设的，建设单位或者个人应当向乡、镇人民政府提出申请，由乡、镇人民政府报城市、县人民政府城乡规划主管部门核发乡村建设规划许可证。

在乡、村庄规划区内进行乡镇企业、乡村公共设施和公益事业建设以及农村村民住宅建设，不得占用农用地；确需占用农用地的，应当依照《土地管理法》有关规定办理农用地转用审批手续后，由城市、县人民政府城乡规划主管部门核发乡村建设规划许可证。

建设单位或者个人在取得乡村建设规划许可证后，方可办理用地审批手续。

（四）建设规划变更

城乡规划主管部门依法作出的建设规划许可，具有严格的法律效力，任何人不得随意变更。确需变更的，必须向城市、县人民政府城乡规划主管部门提出申请。变更内容不符合控制性详细规划的，城乡规划主管部门不得批准。城市、县人民政府城乡规划主管部门应当及时将依法变更后的规划条件通报同级土地主管部门并公示。

（五）临时建设规划管理

在城市、镇规划区内进行临时建设的，应当经城市、县人民政府城乡规划主管部门批准。临时建设影响近期建设规划或者控制性详细规划的实施以及交通、市容、安全等的，不得批准。临时建设应当在批准的使用期限内自行拆除。

（六）核实与监督检查

县级以上地方人民政府城乡规划主管部门按照国务院规定对建设工程是否符合规划条件予以核实。未经核实或者经核实不符合规划条件的，建设单位不得组织竣工验收。建设单位应当在竣工验收后6个月内向城乡规划主管部门报送有关竣工验收资料。

县级以上人民政府城乡规划主管部门对城乡规划的实施情况进行监督检查，有权采取以下措施：要求有关单位和人员提供与监督事项有关的文件、资料，并进行复制；要求有关单位和人员就监督事项涉及的问题作出解释和说明，并根据需要进入现场进行勘测；责令有关单位和人员停止违反有关城乡规划的法律、法规的行为。

五、城乡规划的修改

有下列情形之一的，组织编制机关方可按照规定的权限和程序修改省域城镇体系规划、城市总体规划、镇总体规划：（1）上级人民政府制定的城乡规划发生变更，提出修改规划要求的；（2）行政区划调整确需修改规划的；（3）因国务院批准重大建设工程确需修改规划的；（4）经评估确需修改规划的；（5）城乡规划的审批机关认为应当修改规划的其他情形。修改前，组织编制机关应当对原规划的实施情况进行总结，并向原审批机关报告；修改涉及城市总体规划、镇总体规划强制性内容的，应当先向原审批机关提出专题报告，经同意后，方可编制修改方案。修改后的省域城镇体系规划、城市总体规划、镇总体规划，应当依照规划编制的审批程序报批。

修改控制性详细规划、乡规划、村庄规划和近期建设规划的，也应依照《城乡规划法》的相关规定报批或备案。

六、监督检查和法律责任

地方各级人民政府应当向本级人大常委会或者乡、镇人大报告城乡规划的实施情况，并接受监督。

县级以上人民政府城乡规划主管部门对城乡规划的实施情况进行监督检查，有权采取以下措施：（1）要求有关单位和人员提供与监督事项有关的文件、资料，并进行复制；（2）要求有关单位和人员就监督事项涉及的问题作出解释和说明，并根据需要进入现场进行勘测；（3）责令有关单位和人员停止违反有关城乡规划的法律、法规的行为。城乡规划主管部门在查处违反本法规定的行为时，发现国家机关工作人员依法应当给予行政处分的，应当向其任免机关或者监察机关提出处分建议。

《城乡规划法》规定了一系列应当追究法律责任的情形，概括起来主要有以下几方面：（1）违反本法规定编制或者不编制各种规划的；（2）违反本法规定核发批准文件或者发放许可证的；（3）违反相关的程序公开规则的；（4）违反规定从事建设的。追究责任的方式包括责令改正、通报批评、对责任人员给予处分、责令停业整顿、责令赔偿损失、限期拆除、罚款等。

第三节　城市房地产管理法

一、概述

《城市房地产管理法》于1994年7月5日颁布，2007年8月30日、2009年8月27日和2019年8月26日进行了三次修正。该法是我国城市规划区范围内取得房地产开发用地使用权，从事房地产开发、房地产交易和实施房地产管理的基本行为规范。

二、房地产开发用地制度

（一）土地使用权出让

土地使用权出让，是指国家将国有土地使用权（以下简称土地使用权）在一定年限内出让给土地使用者，由土地使用者向国家支付土地使用权出让金的行为。土地使用权出让，必须符合土地利用总体规划、城市规划和年度建设用地计划。

土地使用权出让，可以采取拍卖、招标或者双方协议的方式。商业、旅游、娱乐和豪华住宅用地，有条件的，必须采取拍卖、招标方式；没有条件，不能采取拍卖、招标方式的，可以采取双方协议的方式。土地使用者必须按照出让合同约定，支付土地使用权出让金；未按照出让合同约定支付土地使用权出让金的，土地管理部门有权解除合同，并可以请求违约赔偿。

土地使用权出让最高年限由国务院规定。国家对土地使用者依法取得的土地使用权，在出让合同约定的使用年限届满前不收回；在特殊情况下，根据社会公共利益的需要，可以依照法律程序提前收回，并根据土地使用者使用土地的实际年限和开发土地的实际情况给予相应的补偿。

土地使用权出让合同约定的使用年限届满，土地使用者需要继续使用土地的，应当至迟于届满前1年申请续期，除根据社会公共利益需要收回该幅土地的，应当予以批准。经批准准予续期的，应当重新签订土地使用权出让合同，依照规定支付土地使用权出让金。土地使用权出让合同约定的使用年限届满，土地使用者未申请续期或者虽申请续期但依照上述规定未获批准的，土地使用权由国家无偿收回。需要注意的是，从2007年10月1日以后，住宅建设用地期满的，不再适用此规定，而应当适用《物权法》第149条（现为《民法典》第359条）的自动续期规定。

（二）土地使用权划拨

土地使用权划拨，是指县级以上人民政府依法批准，在土地使用者缴纳补偿、安置等费用后将该幅土地交付其使用，或者将土地使用权无偿交付给土地使用者使用的行为。以划拨方式取得土地使用权的，除法律、行政法规另有规定外，没有使用期限的限制。需要注意的是，今后的土地使用权划拨必须遵守《民法典》第347条“严格限制以划拨方式设立建设用地使用权”和“工业、商业、旅游、娱乐和商品住宅等经营性用地以及同一土地有两个以上意向用地者的，应当采取招标、拍卖等公开竞价的方式出让”的规定。这意味着，划拨方式供地范围将局限于国防建设、国家机关、基础设施、公共设施、生态保护等公益性用地。

（三）城市规划区内的集体土地流转

根据中共中央“建立城乡统一的建设用地市场”的改革决策，为了与《土地管理法》修改相衔接，扫清集体经营性建设用地入市的法律障碍，2019年对《城市房地产管理法》第9条关于“城市规划区内的集体土地必须先征收为国有后才能出让”的规定作出修改，增加了“法律另有规定的除外”。这里的“法律另有规定”，主要指《土地管理法》第63条的规定（参见本章第一节第四部分中的“集体建设用地使用权”条目）。

三、房地产开发制度

（一）概述

房地产开发，一般是对土地和地上建筑物进行的投资开发建设活动。在我国，依照《城市房地产管理法》的规定，房地产开发是指在依法取得国有土地使用权的土地上进行基础设施、房屋建设的行为。

房地产开发是一项高投入、高风险的投资经营活动，也是一项涉及面较广的经济活动，其对国计民生产生重大影响，因此，国家通过立法及其他手段对其加以调控管理。

（二）房地产开发项目管理

《城市房地产管理法》对此作出以下几方面规定：

1.开发规划要求。房地产开发必须严格遵守《城乡规划法》，对房地产开发项目产生直接法律约束力的是城市规划中的详细规划。

2.开发土地使用权用途与开发期限要求。以出让方式取得土地使用权进行房地产开发的，必须按照土地使用权出让合同约定的土地用途、动工开发期限开发土地。超过出让合同约定的动工开发日期满1年未动工开发的，可以征收相当于土地使用权出让金20%以下的土地闲置费；满2年未动工开发的，可以无偿收回土地使用权。但是，因不可抗力或者政府、政府有关部门的行为或者动工开发必需的前期工作造成动工开发迟延的除外。

3.开发安全性要求。房地产开发项目的设计、施工，必须符合国家的有关标准和规范；房地产开发项目竣工，经验收合格后，方可交付使用。取得竣工验收合格证也是申请取得房屋所有权的一个重要条件。

（三）房地产开发企业管理

1.房地产开发企业的概念与分类。

房地产开发企业即所谓房地产开发商或发展商，按照《城市房地产管理法》的规定，是以营利为目的，从事房地产开发和经营的企业。

房地产开发企业可分为房地产开发专营企业、兼营企业和项目公司。

2.房地产开发企业的设立条件。设立房地产开发企业，应当具备下列条件：

（1）有自己的名称和组织机构。

（2）有固定的经营场所。

（3）有符合国务院规定的注册资本。房地产开发企业是资金密集性企业，对其注册资金的要求高于一般经营性、劳务性、中介性的企业。目前，按房地产开发企业的资质等级不同规定了不同的注册资本要求。这有助于遏制房地产开发领域过于严重的投机态势，降低房地产投资风险，保障交易安全。

（4）有足够的专业技术人员。房地产开发是一项专业性很强的经营活动。开发商拥有足够的专业技术人员系保障开发项目产品的安全及开发中其他社会效益和环境效益实现的必要条件。目前，按房地产开发企业的资质等级不同规定了不同的专业技术人员要求。

（5）法律、行政法规规定的其他条件。

3.房地产开发企业的设立程序。设立房地产开发企业应经过以下程序：

（1）应当向市场监督管理部门申请设立登记。

（2）房地产开发企业在领取营业执照后的1个月内，应当到登记机关所在地的县级以上地方人民政府规定的部门备案。

上述规定主要为协调企业设立中，一般行政管理（工商行政管理）与特殊行政管理（房地产开发行业管理）的关系。

4.房地产开发企业的注册资本与投资总额的比例应当符合国家有关规定。

5.房地产开发企业分期开发房地产的，分期投资额应当与项目规模相适应，并按照土地使用权出让合同的约定，按期投入资金，用于项目建设。

四、房地产交易制度

（一）概述

1.房地产交易的分类。

（1）按交易形式的不同，可分为房地产转让、房地产抵押、房地产租赁。

（2）按交易客体中土地权利的不同，可分为国有土地使用权及其地上房产的交易与集体土地使用权及其地上房产的交易。前者还可进一步按土地使用权的出让或划拨性质的不同进行分类。

（3）按交易客体所受限制的程度不同，可分为受限交易（如划拨土地使用权及其地上房产的交易，带有福利性的住房及其占用土地使用权的交易等）和非受限交易（如商品房交易等）。

（4）按交易客体存在状况的不同，可分为单纯的土地使用权交易、房地产期权交易和房地产现权交易。

2.房地产交易的一般规则。房地产交易应遵循以下一般规则：

（1）房产权与地产权一同交易。房地产转让、抵押时，房屋所有权和该房屋占用范围内的土地使用权同时转让、抵押。房产权与地产权是不能分割的，同一房地产的房屋所有权与土地使用权只能由同一主体享有，而不能由两个主体分别享有；如果由两个主体分别享有，他们的权利就会发生冲突，各自的权利都无法行使。在房地产交易中只有遵循这一规则，才能保障交易的安全、公平。

（2）权利、义务承接。房地产交易时，土地使用权出让合同载明的权利、义务随之转移；房地产交易中，前一权利人负载于房地产上的权利义务依法或依约按序承接给后一权利人。

（3）房地产价格评估。我国刚刚建立市场机制，目前仍未形成合理的完全市场化的房地产价格体系，房地产价格构成复杂，非经专业评估难以恰当确定，故法律规定房地产交易中实行房地产价格评估制度。房地产价格评估，应当遵循公正、公平、公开的原则，按照国家规定的技术标准和评估程序，以基准地价、标定地价和各类房屋的重置价格为基准，参照当地的市场价格进行评估。

（4）房地产成交价格申报。房地产权利人转让房地产，应当向县级以上地方人民政府规定的部门如实申报成交价，不得瞒报或者作不实申报。实施该制度的意义在于：进行房地产交易要依法缴纳各种税费，要求当事人如实申报成交价格，便于以此作为计算税费的依据。当事人作不实申报时，国家将依法委托有关部门评估，按评估的价格作为计算税费的依据。

（5）依法登记。房地产转让、抵押当事人应当依法办理权属变更或抵押登记，房屋租赁当事人应当依法办理租赁登记备案。房地产的特殊性决定了实际占有或签订契约都难以成为判断房地产权利变动的科学公示方式，现代各国多采用登记公示的方法以标示房地产权利的变动。我国法律也确立了这一规则，并规定：房地产转让、抵押，未办理权属登记，转让、抵押行为无效。

（二）房地产转让

房地产转让，是指房地产权利人通过买卖、赠与或者其他合法方式将其房地产转移给他人的行为。

1.房地产转让的一般性禁止。下列房地产不得转让：以出让方式取得土地使用权的，不符合法定条件的；司法机关和行政机关依法裁定、决定查封或者以其他形式限制房地产权利的；依法收回土地使用权的；共有房地产，未经其他共有人书面同意的；权属有争议的；未依法登记领取权属证书的；法律、行政法规规定禁止转让的其他情形。

2.房地产转让的一般条件与程序。房地产转让，转让人应持有合法取得的土地使用权证书；转让房地产时房屋已经建成的，还应当持有房屋所有权证书。被转让的房地产权利应属于可依法转让的类型并具备依法转让的条件。

房地产转让一般经过洽谈、审核、估价与定价、签订转让合同（或发生转让的法律事实）、缴纳税费、产权过户登记等程序。

3.出让土地使用权的转让。为防止用地者单纯实施土地投机、炒卖地皮，哄抬地价，《城市房地产管理法》规定，以出让方式取得土地使用权的，转让房地产时，应当符合下列条件：

按照出让合同约定已经支付全部土地使用权出让金，并取得土地使用权证书；按照出让合同约定进行投资开发，属于房屋建设工程的，完成开发投资总额的25%以上，属于成片开发工地的，形成工业用地或者其他建设用地条件。房地产转让时，土地使用权出让合同载明的权利、义务随之转移。

以出让方式取得土地使用权的，转让房地产后，其土地使用权的使用年限为原土地使用权出让合同约定的使用年限减去原土地使用者已经使用年限后的剩余年限。

以出让方式取得土地使用权的，转让房地产后，受让人改变原土地使用权出让合同约定的土地用途的，必须取得原出让方和市、县人民政府城市规划行政主管部门的同意，签订土地使用权出让合同变更协议或者重新签订土地使用权出让合同，相应调整土地使用权出让金。

4.划拨土地使用权的转让。划拨土地使用权人权利内容不充分，其对土地仅有占有权、使用权和部分收益权，而无处分权，也无完全的收益权。其实施房地产转让时，应依法获取国有土地所有者代表同意并与之分享土地收益。因此，《城市房地产管理法》规定：

（1）以划拨方式取得土地使用权的，转让房地产时，应当按照国务院规定，报有批准权的人民政府审批。有批准权的人民政府准予转让的，应当由受让方办理土地使用权出让手续，并依照国家的有关规定缴纳土地使用权出让金。

（2）以划拨方式取得土地使用权的，转让房地产报批时，有批准权的人民政府按照国务院规定决定可以不办理土地使用权出让手续的，转让方应当按照国务院规定将转让房地产所获收益中的土地收益上缴国家或者作其他处理。

（三）房地产抵押

房地产抵押，是抵押人以其合法的房地产以不转移占有的方式向抵押权人提供债务履行担保的行为。债务人不履行债务时，抵押权人有权依法以抵押的房地产拍卖所得的价款优先受偿。

1.可抵押的房地产。依抵押权理论，只有抵押人有处分权的可依法流通且具有独立交换价值的财产，方可成为抵押权客体。《城市房地产管理法》规定，以下两类房地产可以设定抵押权：

（1）依法取得的房屋所有权连同该房屋所占用范围内的国有土地使用权。这里所指的土地使用权，包括出让、划拨两种国有土地使用权。

（2）以出让方式取得的国有土地使用权。该类土地使用权在无地上房屋或地上房屋未建成时可单独成为抵押权客体，而划拨土地使用权则只能同地上房屋一同成为抵押权客体。

2.程序。设定房地产抵押时，抵押人和抵押权人应当签订书面抵押合同，当事人凭土地使用权证书、房屋所有权证书到不动产登记机关办理抵押登记。

3.划拨土地上房地产的抵押。以划拨方式取得的土地使用权不得单纯设定抵押，但如果该土地上有房产，以房产设定抵押时需同时抵押房屋所占用的划拨土地使用权。这时由于抵押人对土地无处分权，需按划拨土地使用权转让的规定，报有审批权的人民政府审批，同时由于抵押人对土地无完全收益权，故设定房地产抵押权的土地使用权是以划拨方式取得的，依法拍卖该房地产后，应当从拍卖所得的价款中缴纳相当于应缴的土地使用权出让金的款额后，抵押权人方可优先受偿。

4.新增地上物处置。房地产抵押合同签订后，土地上新增的房屋不属于抵押财产。需要拍卖该抵押的房地产时，因新增房屋与抵押财产无法实际分割，可以依法将土地上新增的房屋与抵押财产一同拍卖，但对拍卖新增房屋所得，抵押权人无权优先受偿。

（四）房屋租赁

房屋租赁，是房屋所有权人作为出租人将其房屋出租给承租人使用，由承租人向出租人支付租金的行为。

1.程序。房屋租赁，出租人和承租人应当签订书面租赁合同，约定租赁期限、租赁用途、租赁价格、修缮责任等条款，以及双方的其他权利和义务，并向房产管理部门登记备案。

2.住宅租赁与非住宅租赁。住宅用房的租

赁，特别是公有住房及其他带有福利性的住房租赁应当执行国家和房屋所在城市人民政府规定的租赁政策。租用房屋从事生产、经营活动的，由租赁双方协商议定租金及其他租赁条款。

3.划拨土地上房屋的租赁。以营利为目的，房屋所有权人将以划拨方式取得使用权的国有土地上建成的房屋出租的，应当将租金中所含土地收益上缴国家。

（五）商品房预售与按揭

1.商品房预售。商品房预售，是指房地产开发商（预售人）将期房预先出售给购房人（预购人），由预购人根据预售合同支付房款；在期房竣工验收合格后，交付购房人占有使用，并由预售人负责将房屋所有权及其占用的出让土地使用权转移至预购人名下的房地产买卖形式。

商品房预售专业性强，涉及法律关系复杂。由于合同的订立早于商品房建成，合同的履行面临很多未知因素，具有不确定性；预售人具有一定投机性，预购人具有较大风险性。如不加以控制，预购人权益易受到侵犯，引发纠纷。因此，《城市房地产管理法》对商品房预售规定了较之一般出让土地使用权转让更加严格的限制性条件和程序。

商品房预售应当符合下列条件：已支付全部土地使用权出让金，取得土地使用权证书；持有建设工程规划许可证；按提供预售的商品房计算，投入开发建设的资金达到工程建设总投资的25%以上，并已经确定施工进度和竣工交付日期；向县级以上人民政府房产管理部门办理预售登记，取得商品房预售许可证明。

商品房预售人应当按照国家有关规定将预售合同报县级以上人民政府房产管理部门和土地管理部门登记备案。商品房预售所得款项，必须用于有关的工程建设。

2.商品房按揭。商品房按揭一般是指不能或不愿一次性支付房款的按揭购房借贷人将其与开发商已签订之商品房预售或销售合同项下的所有权益作为向商业银行贷款的担保。

按揭需有三方主体：购房借贷人、开发商与银行。在开发商负责为购房借贷人办理完成房地产权证过户手续，为银行与购房借贷人办理完成正式的抵押登记，并将购房借贷人的房地产权证交银行收押之前，开发商需为购房借贷人向银行贷款提供阶段性担保，购房借贷人与银行之间，不是真正意义上的抵押关系。

商品房按揭的流程如下：

（1）开发商选定按揭贷款银行，并与之签订按揭贷款合作协议书，银行承诺在特定条件下向开发商的客户（购房借贷人）提供贷款。

（2）购房人选定欲购买的商品房，与开发商签订商品房预售或销售合同。其中约定采取向开发商选定的银行申请按揭贷款的方式付款的，购房人需向开发商支付购房首付款。

（3）银行委托律师或自行对购房合同、购房借贷人贷款资格主要是个人资信予以审查。

（4）购房借贷人、开发商与银行签订按揭保证贷款合同，开发商为购房借贷人向银行按揭贷款提供保证担保。

（5）银行占管商品房预售或销售合同，并办理按揭备案。

（6）银行一次性向开发商支付购房借贷人的贷款。

（7）购房借贷人依约按月向银行交纳贷款本息。

（8）开发商负责将购房借贷人《房屋所有权证》和《土地使用权证》交银行收押并办理正式的抵押登记。

五、物业服务管理制度

（一）概述

1.物业服务管理。物业服务管理，是指业主通过选聘物业服务企业，由业主和物业服务企业按照物业服务合同约定，对房屋及配套的设施设备和相关场地进行维修、养护、管理，维护物业管理区域内的环境卫生和相关秩序的活动。

2.物业服务管理模式。物业服务管理模式有福利型管理模式和市场化管理模式。市场化管理模式又可分为委托服务型和自主经营型。

委托服务型物业服务管理是指业主将自己的物业委托专业机构进行经营管理，是典型的物业服务管理方式。双方通过物业服务合同约定管理服务事项，明确双方权利义务，实现物业所有权与管理权的分离。按其委托内容又可分为管理服务为主的委托和出租经营与管理服务并重的委托。

自主经营型物业服务管理，是指物业业主自己直接对物业实施自我管理经营，其物业业主即物业经营管理人，物业所有权与管理权未实现分离，适用于业主单一、规模较小的物业。

3.物业服务管理的内容。物业服务管理的内容主要是对物的管理、维护和对人的管理、服务。主要包括：

（1）常规性的公共管理、服务。这是物业服务管理的基本业务内容。其主要包括：房屋建筑主体的管理；物业公共设施、设备的管理；公共环境卫生的管理；绿化管理；保安管理；消防管理；车辆道路管理；公共代办性质的服务；物业管理维修基金的管理；做好管理费用的核收和使用管理；协助政府进行社会管理。

（2）针对性的专项服务。这些服务项目一般不在统一的物业管理服务合同约定的范围之内，属于委托性的特约服务，为满足业主、使用人的个别需求，受其委托而提供，需由业主单独提出服务要求并支付服务费用。包括：日常生活类服务，如收洗衣服、代购物品、接送小孩上学等；商业服务类，如商业网点的开发与管理，餐饮及各项经营活动的开展；文化、教育、卫生、体育类，如在高级住宅区提供游泳等健身活动场所；金融服务类；代理与中介服务，包括代办物业的租赁等。

（二）物业服务法律关系的主体

1.业主。业主是物业的所有权人。按其拥有的物业所有权的状况，又可分为独立所有权人和区分所有权人。独立所有权是典型的传统不动产所有权形态，现代物业区域各业主的权利形态一般是区分所有权。

业主享有以下权利：按照物业服务合同的约定，接受物业服务企业提供的服务；提议召开业主大会会议，并就物业服务管理的有关事项提出建议；提出制定和修改管理规约、业主大会议事规则的建议；参加业主大会会议，行使投票权；选举业主委员会委员长，并享有被选举权；监督业主委员会的工作；监督物业服务企业履行物业服务合同；对物业共用部位、共用设施设备和相关场地使用情况享有知情权和监督权；监督物业共用部位、共用设施设备专项维修资金的管理和使用；法律、法规规定的其他权利。

业主负有以下义务：遵守管理规约、业主大会议事规则；遵守物业服务管理区域内物业共用部位和共用设施设备的使用、公共秩序和环境卫生的维护等方面的规章制度；执行业主大会的决定和业主大会授权业主委员会作出的决定；按照国家有关规定交纳专项维修资金；按时交纳物业服务费用；法律、法规规定的其他义务。

2.业主大会与业主委员会。业主大会由物业管理区域内全体业主组成。

一个物业管理区域成立一个业主大会。同一个物业服务管理区域内的业主，应当在物业所在地的区、县人民政府房地产行政主管部门或者街道办事处、乡镇人民政府的指导下成立业主大会，并选举产生业主委员会。业主大会应当代表和维护物业服务管理区域内全体业主在物业服务管理活动中的合法权益。

只有一个业主的，或者业主人数较少且经全体业主一致同意，决定不成立业主大会的，由业主共同履行业主大会、业主委员会职责。

物业服务管理区域内全体业主第一次大会，在物业已交付使用的建筑面积达到一定比例时召开。业主大会会议分为定期会议和临时会议。业主大会定期会议，应当按照业主大会议事规则的规定召开。业主大会的临时会议，经20%以上业主提议，由业主委员会组织召开。

下列事项由业主召开业主大会等共同决定：制定和修改业主大会议事规则；制定和修改管理规约；选举业主委员会或者更换业主委员会成员；选聘和解聘物业服务企业；筹集和使用专项维修资金；改建、重建建筑物及其附属设施；有关共有和共同管理权利的其他重大事项。

业主委员会是物业区域内全体业主对物业

实施自治管理的组织，由业主大会选举产生，是业主大会的常设执行机构，对业主大会负责。

业主委员会的委员应当由业主担任，其成员不得兼任本物业区内物业管理公司的工作。

业主委员会执行业主大会的决定事项，履行下列职责：召集业主大会会议，报告物业服务管理的实施情况；代表业主与业主大会选聘的物业服务企业签订物业服务合同；及时了解业主、物业使用人的意见和建议，监督和协助物业服务企业履行物业服务合同；监督管理规约的实施；业主大会赋予的其他职责。

业主委员会应当自选举产生之日起30日内，向物业所在地的区、县人民政府房地产行政主管部门和街道办事处、乡镇人民政府备案。

业主大会或者业主委员会的决定，对业主具有约束力；侵害业主合法权益的，受侵害的业主可以请求人民法院予以撤销；违反法律、法规的，物业所在地的区、县人民政府房地产行政主管部门或者街道办事处、乡镇人民政府，应当责令限期改正或者撤销其决定，并通告全体业主。业主大会、业主委员会应当依法履行职责，不得作出与物业服务管理无关的决定，不得从事与物业管理无关的活动。

3.物业服务企业。物业服务企业是对物业实施专业化、企业化、社会化管理服务的，具有法人地位的经济实体。物业服务企业一般以公司形式出现，依合同实施物业服务管理，其管理服务权源于业主大会及业主委员会的委托授予。物业服务企业通常是独立的法人，与业主在法律地位上是平等的，物业服务企业与业主必须合作，实施对物业的管理。

国家对从事物业服务管理活动的企业实行资质等级管理制度，一般分为一、二、三级，每两年核定一次。

物业服务企业的权利与义务由《物业管理条例》予以规定，此外由物业服务合同具体确定。

(三)物业服务合同

1.物业服务合同是物业服务人在物业服务区域内，为业主提供建筑物及其附属设施的维修养护、环境卫生和相关秩序的管理维护等物业服务，业主支付物业费的合同。物业服务人包括物业服务企业和其他管理人。

2.物业服务合同的内容一般包括服务事项、服务质量、服务费用的标准和收取办法、维修资金的使用、服务用房的管理和使用、服务期限、服务交接等条款。物业服务人公开作出的有利于业主的服务承诺，为物业服务合同的组成部分。物业服务合同应当采用书面形式。

(四)商品房销售与前期物业服务

前期物业服务，是指在房地产开发项目销售前及过程中(业主、业主大会选聘物业服务企业之前)，由建设单位(发展商)代替未来业主选聘物业服务企业，并与之签订物业服务委托合同，由该企业所实施的物业服务。

前期物业服务合同可以约定期限；但是，期限未满、业主委员会与物业服务企业签订的物业服务合同生效的，前期物业服务合同终止。

建设单位应当在销售物业之前，制定临时管理规约，对有关物业的使用、维护、管理，业主的共同利益，业主应当履行的义务，违反临时管理规约应当承担的责任等事项依法作出约定。建设单位制定的临时管理规约，不得侵害物业买受人的合法权益。

建设单位应当在物业销售前将临时管理规约向物业买受人明示，并予以说明。物业买受人在与建设单位签订物业买卖合同时，应当对遵守临时管理规约予以书面承诺。建设单位与物业买受人签订的买卖合同应当包含前期物业服务合同约定的内容。

业主依法享有的物业共用部位、共用设施设备的所有权或者使用权，建设单位不得擅自处分。

物业服务企业承接物业时，应当对物业共用部位、共用设施设备进行查验。在办理物业承接验收手续时，建设单位应当向物业服务企业移交下列资料：竣工总平面图，单体建筑、结构、设备竣工图，配套设施、地下管网工程竣工图等竣工验收资料；设施设备的安装、使用和维护保养等技术资料；物业质量保修文件和物业使用说明文件；物业服务所必需的其他资料。物业服务企业应当在前期物业服务合同终止时将上述资料移交给业主委员会。

建设单位应当按照规定在物业服务区域内配置必要的物业服务用房。建设单位应当按照国家规定的保修期限和保修范围，承担物业的保修责任。

第四节　不动产登记

一、概述

不动产登记，是指不动产登记机构依法将不动产权利归属、变动等法定事项记载于不动产登记簿的行为。2007年颁布的《物权法》规定了统一不动产登记的基本原则和制度框架。2014年11月国务院制定《不动产登记暂行条例》（2019年、2024年两次修订），使我国不动产登记进入统一化、规范化和信息化的发展轨道。2020年颁布的《民法典》对不动产登记的具体规定进行了细化和完善。这对于保护不动产权利，便利不动产交易和提供高效的服务型管理，都具有重要的意义。

二、登记对象、登记种类和登记机构

（一）登记对象

不动产登记所称的不动产，是指土地、海域以及房屋、林木等定着物。国家实行不动产统一登记制度。因此，所有的不动产都必须在一个登记体系下进行登记和公示。可以进入不动产登记的权利包括：（1）集体土地所有权；（2）房屋等建筑物、构筑物所有权；（3）森林、林木所有权；（4）耕地、林地、草地等土地承包经营权；（5）建设用地使用权；（6）宅基地使用权；（7）海域使用权；（8）地役权；（9）抵押权；（10）法律规定需要登记的其他不动产权利。

（二）登记种类

不动产登记包括首次登记、变更登记、转移登记、注销登记、更正登记、异议登记、预告登记、查封登记等。所有的这些登记，都必须遵循严格管理、稳定连续、方便群众的原则。

不动产登记是对既有的不动产权利和权利变动事实的记载。不动产登记必须依据这些客观事实。不动产权利人已经依法享有的不动产权利，不因登记机构和登记程序的改变而受到影响。

（三）登记机构

国务院自然资源主管部门负责指导、监督全国不动产登记工作。县级以上地方人民政府确定的一个部门为本行政区域的不动产登记机构，负责不动产登记工作，并接受上级人民政府不动产登记主管部门的指导、监督。不动产登记由不动产所在地的县级人民政府不动产登记机构办理；直辖市、设区的市人民政府可以确定本级不动产登记机构统一办理所属各区的不动产登记。跨县级行政区域的不动产登记，由所跨县级行政区域的不动产登记机构分别办理。不能分别办理的，由所跨县级行政区域的不动产登记机构协商办理；协商不成的，由共同的上一级人民政府不动产登记主管部门指定办理。国务院确定的重点国有林区的森林、林木和林地，国务院批准项目用海、用岛，中央国家机关使用的国有土地等不动产登记，由国务院自然资源主管部门会同有关部门规定。

三、不动产登记簿

不动产登记簿是物权归属和内容的根据。严格规范登记簿的管理有利于保护不动产权利人的合法权益。登记机构应当设置统一的登记簿，载明不动产自然状况、权属状况等相关事项，并对登记簿的介质形式、登记机构的保管保存义务等进行明确。

不动产登记簿应当记载的主要事项有：不动产的坐落、界址、空间界限、面积、用途等自然状况；不动产权利的主体、类型、内容、来源、期限、权利变化等权属状况；涉及不动产权利限制、提示的事项；其他相关事项。

不动产登记簿应当采用电子介质，暂不具备条件的，可以采用纸质介质。不动产登记簿由不动产登记机构永久保存。

四、登记程序

（一）申请登记

因买卖、设定抵押权等申请不动产登记的，应当由当事人双方共同申请。属于下列情形之一的，可以由当事人单方申请：（1）尚未登记的不动产首次申请登记的；（2）继承、接受遗赠取得不动产权利的；（3）人民法院、仲裁委员会生效的法律文书或者人民政府生效的决定等设立、变更、转让、消灭不动产权利的；（4）权利人姓名、名称或者自然状况发生变化，申请变更登记的；（5）不动产灭失或者权利人放弃不动产权利，申请注销登记的；（6）申请更正登记或者异议登记的；（7）法律、行政法规规定可以由当事人单方申请的其他情形。申请登记时应当按规定提交相关材料。

（二）受理登记

不动产登记机构收到登记申请后，应当区别不同情况，采用受理并书面告知、不予受理并告知补正、不予受理并告知向其他机构申请等方式处理。不动产登记机构未当场书面告知申请人不予受理的，视为受理。

不动产登记机构受理申请后，应当按规定要求进行查验，并可以在规定情形下进行实地查看。对可能存在权属争议，或者可能涉及他人利害关系的登记申请，不动产登记机构可以向申请人、利害关系人或者有关单位进行调查。

不动产登记机构应当自受理登记申请之日起30个工作日内办结不动产登记手续，法律另有规定的除外。登记事项自记载于不动产登记簿时完成登记。

登记申请有下列情形之一的，不动产登记机构应当不予登记，并书面告知申请人：违反法律、行政法规规定的；存在尚未解决的权属争议的；申请登记的不动产权利超过规定期限的；法律、行政法规规定不予登记的其他情形。

五、登记信息共享与保护

（一）信息平台

统一不动产登记信息平台是不动产统一登记工作的重要内容，为加强登记信息共享与保护，国务院自然资源主管部门牵头建立统一的不动产登记信息管理基础平台，各级登记机构的信息要纳入统一基础平台，实现信息实时共享。

（二）信息共享

首先，不动产登记有关信息与住房城乡建设、农业农村、林业草原等部门审批信息、交易信息等应当实时互通共享。不动产登记机构能够通过实时互通共享取得的信息，不得要求不动产登记申请人重复提交。其次，自然资源、公安、民政、财政、税务、市场监管、金融、审计、统计等部门应当加强不动产登记有关信息互通共享，同时有义务对不动产登记信息保密。

（三）信息查询

首先，权利人、利害关系人有权依法查询、复制不动产登记资料，不动产登记机构应当提供。其次，有关国家机关可以依照法律、行政法规的规定查询、复制与调查处理事项有关的不动产登记资料。

查询不动产登记资料的单位、个人应当向不动产登记机构说明查询目的，不得将查询获得的不动产登记资料用于其他目的；未经权利人同意，不得泄露查询获得的不动产登记资料。

六、法律责任

有以下情形之一的，行为人应当承担赔偿责任：（1）不动产登记机构登记错误给他人造成损害，或者当事人提供虚假材料申请登记给他人造成损害的；（2）不动产登记机构工作人员进行虚假登记，损毁、伪造不动产登记簿，擅自修改登记事项，或者有其他滥用职权、玩忽职守行为，给他人造成损害的；（3）伪造、变造不动产权属证书、不动产登记证明，或者买卖、使用伪造、变造的不动产权属证书、不动产登记证明，给他人造成损害的；（4）不动产登记机构、不动产登记信息共享单位及其工作人员，查询不动产登记资料的单位或者个人违反国家规定，泄露不动产登记资料、登记信息，或者利用不动产登记资料、登记信息进行不正当活动，给他人造成损害的。

以上行为，具备法定情形的，还应当给予行政处分；构成犯罪的，依法追究刑事责任。

【本章主要法律规定】

1.《土地管理法》

2.《城乡规划法》

3.《城市房地产管理法》

4.《不动产登记暂行条例》

本章重点、难点与疑点辨析

1.土地管理法。

《土地管理法》是中华人民共和国最早的土地立法，是一部土地民事关系和土地行政关系并存的法律。2007年《物权法》的颁布推动了《土地管理法》的修改。现行《土地管理法》体现了党的十八届三中全会以后土地制度改革的成果。《土地管理法》的要点如下所示。

类别	主要内容	重点提示	难点提示
总则	基本原则	土地公有制，土地合理利用，土地用途管制	土地公有制的法律体现，土地用途的分类
土地民事关系	土地所有权	土地所有权的效力范围，国家土地所有权的范围，集体所有权的性质	国家所有权与集体所有权的差别
	土地使用权	土地使用权的分类，农地承包经营的方式，国有建设用地的取得方式，国有建设用地流转制度，集体建设用地流转方式	农用地使用权的开发取得，国有建设用地划拨取得的限制，国有建设用地收回制度，农村宅基地流转限制
土地行政关系	土地规划	土地利用总体规划编制原则，规划管理配套制度，违反土地管理秩序的行为分类	土地规划的约束力，国土空间规划的意义
	耕地保护	耕地保护的基本政策，耕地保护的政府责任制	永久基本农田的范围，违反耕地保护的法律责任
	建设用地管理	农用地转用审批，土地征收的条件和程序，建设用地管理审批，集体建设用地的分类管理	实施土地征收的公共利益认定，征地补偿制度，临时用地管理
	监督检查	监督检查措施，违法查处	行政处罚权的行使要求
法律责任和争议处理	法律责任	违反《土地管理法》的行为样态及相应行政处置手段	土地流转中的违法行为，非法占用土地的制裁措施
	争议处理	土地权属争议的处理方法	土地争议适用的多种法律

2.城乡规划法。

《城乡规划法》是一部城乡统一的规划立法，尽管在一定程度上反映了城乡差别的现实，但其立法目标是朝着城乡一体化方向的。该法的实施对于规范土地利用和土地流转的秩序，具有“源头治理”的意义。《城乡规划法》的要点如下所示。

内容	重点提示	难点提示
基本概念	城乡规划的分类，规划区的意义	对规划修改行为的规范
城乡规划的制定	体系规划编制程序，总体规划的强制性内容，修建性详细规划的编制	规划编制程序中审批与备案的区别，规划编制的透明度要求
城乡规划的实施	建设规划与总体规划的关系，建设规划许可制度，建设规划变更的限制，监督检查措施	用地规划许可与工程规划许可的区别与联系，临时建设规划的控制措施
城乡规划的修改	允许修改的事由，修改的程序	防止城乡规划修改的滥用
监督检查和法律责任	监督检查的措施，违反城乡规划法的行为样态	采取限期拆除措施的法律依据和适用条件

3.城市房地产管理法。

《城市房地产管理法》是在城乡二元背景下根据城市地区（含城市规划区和建成区）房地产市场需求制定的法律，具有一定的历史局限性。未来的发展方向是通过土地制度改革和乡村振兴战略的实施，吸取城市房地产法的实施经验，逐步实现城乡建设市场从接轨到并轨，最终实现城乡房地产市场统一立法。该法涵盖城市房地产市场从规划、土地、投资、企业、建筑到房地产交易、房地产金融和物业服务等多方面行政管理，体现了经济法“多部门综合”的特点。《城市房地产管理法》的要点如下所示。

分类	内容	重点提示	难点提示
开发用地	土地使用权出让	出让方式，出让使用权的年限	土地使用出让中的强制性规定，土地使用权期满续期规定
	土地使用权划拨	划拨方式的特点	《民法典》对划拨方式的限制
	集体土地流转	城市规划区集体土地流转制度改革情况	与《土地管理法》的衔接
房地产开发	开发项目管理	开发项目管理要求	项目超过开发期限的处理
	开发企业管理	开发企业的分类，设立条件，设立程序	资质等级与注册资本要求
房地产交易	一般规则	房地一同交易，权利义务概括承接，价格评估，成交价申报，依法登记	价格评估基准，不如实申报成交价在税法上的后果
	房地产转让	转让程序，土地使用权转让条件，划拨土地转让规定	禁止转让的情形
	房地产抵押	可抵押的房地产，划拨土地上房地产抵押	新增地上物的处理
	房地产租赁	住宅房屋租赁	划拨土地上房屋租金上缴
	商品房预售与按揭	商品房预售条件，商品房按揭流程	商品房预售备案按揭前期的阶段性担保

续表

分类	内容	重点提示	难点提示
物业服务	物业管理的内容	物业服务管理模式，常规性管理服务的内容	物业管理与社区管理的协调融合
	业主和业主组织	业主的法律地位，业主的权利义务，业主组织的职责	业主委员会的组织规范
	物业服务企业	物业服务企业的法律地位	物业服务企业的行业自律
	物业服务合同	物业服务合同的必要内容，物业服务收费的规范	业主组织的物业服务选择权
	前期物业服务	前期物业服务的主体，临时管理规约	业主对共有物产的权利

4.不动产登记。

不动产登记制度的基本法律依据是《民法典》第209~223条的规定。现行《不动产登记暂行条例》是政府确定的登记机构实施不动产登记的行为规范。从行政法律关系的性质上讲，该条例属于服务性规范，即政府通过登记服务为不动产权利人和利害关系人提供产权保护和交易安全的便利。这体现了建设服务型政府的要求。该条例具体规定了不动产登记的财产范围、登记种类、登记机构，不动产登记簿的统一制作要求，不动产登记的申请和受理程序，登记信息的共享与保护规则，以及违反条例的法律责任。读者对有关规定的理解，需要对照《民法典》的规定，按照当事人权利和登记机构义务两条主线进行梳理贯通。

环境资源法

第一章 环境保护法

本章主要内容提示

环境保护法是以人类共同利益为依据、以污染破坏环境的人类活动为规制对象、以政府主导下的制度性技术性措施为手段的社会治理规范的总和。我国的环境保护立法采用总分结合的体系，即在环境保护基本法的总体制度框架下，制定针对具体环境领域或环境问题的单行法律和技术性规范，辅之以相关法律部门的配套措施。

本章介绍总体制度框架，包括环境保护法概述、环境保护法的基本制度和环境法律责任。其中重点介绍环境保护法的基本制度，包括环境规划制度，清洁生产制度，环境影响评价制度，"三同时" 制度，环境保护税制度，总量控制制度，环境保护许可管理制度，环境标准制度，环境监测制度，信息公开和公众参与制度，跨行政区污染防治制度，农村环境综合治理制度，生态保护制度，政府监管责任制度。

第一节　环境保护法概述

一、环境和环境问题

（一）环境

人们在一般意义上使用"环境"这一词汇时，往往是相对于某一中心事物而言的，即围绕某个中心事物的外部空间、条件和状况，便构成某一中心事物的"环境"。人类环境，是指围绕着人群的空间，以及其中可以直接、间接影响人类生存和发展的各种天然的和经过人工改造过的自然因素的总体。我国环境保护法把环境定义为"影响人类生存和发展的各种天然的和经过人工改造的自然因素的总体，包括大气、水、海洋、土地、矿藏、森林、草原、湿地、野生生物、自然遗迹、人文遗迹、自然保护区、风景名胜区、城市和乡村等"。

（二）环境问题

环境问题，是指由于自然原因或人为原因使环境条件发生变化，以致影响人类的生产和生活的现象。自然原因引起的环境问题称原生环境问题或第一环境问题，人为原因引起的环境问题称次生环境问题或第二环境问题。环境法主要研究的是第二环境问题。

第二环境问题又可以分为两类：环境破坏和环境污染。环境破坏，是指由于不合理开发利用资源（如进行大型工程建设），使自然环境和自然资源遭到破坏，引起一系列环境问题，如水土流失、土壤沙化、盐碱化、资源枯竭、气候变异、生态平衡失调等。环境破坏造成的后果往往需要很长时间才能恢复，有的甚至不可逆转。环境污染主要是工农业生产和城市生活把大量污染物排入环境，使环境质量下降，以致危害人体健康，损害生物资源，影响工农业生产。环境破坏和环境污染又有密切联系，二者具有复合效应。环境破坏可以降低环境的自净能力，如森林减少会加重大气污染，而环境污染又会降低生物生产量，加剧环境破坏。

当今世界五大问题，人口、资源、能源、粮食和环境，广义上都属于环境问题。20世纪70年代末以来现代环境问题引起的全球性的环境危机，最为严重的问题包括酸雨、臭氧层破坏、温室效应、突发性环境污染事故和大规模的生态破坏等。

二、环境保护法的概念和特点

（一）环境保护法的概念

环境保护法是一个处于迅速发展和变化中的法律部门，其称谓在各国立法和理论上的表述有相当的差异。有称环境法，有称公害法，有称污染控制法，有称自然资源保护法等。我国在立法上称为环境保护法。

一般认为，环境保护法是指调整因保护和改善环境，合理利用自然资源，防治污染和其他公害而产生的社会关系的法律规范的总称。环境保护法的目的是协调人类与环境的关系，保护人民健康，保障经济社会的可持续发展。

（二）环境保护法的特点

1.综合性。环境保护法保护的对象相当广泛，包括自然环境要素、人为环境要素和整个地球的生物圈；法律关系主体不仅包括一般法律主体的公民、社会经济组织，也包括国家乃至全人类，甚至包括尚未出生的后代人；运用的手段采取直接“命令—控制”式、市场调节式、行政指导式等多元机制相结合的方式。由于环境保护法调整的范围广泛、涉及的社会关系复杂、运用的手段多样，从而决定了其所采取的法律措施的综合性。环境问题不仅可以适用诸如宪法、行政法、刑法等公法予以解决，也可以适用民法等私法予以解决，甚至还可以适用国际法予以解决。

2.技术性。由于环境保护法不仅协调人与人的关系，也协调人与自然的关系，因此环境保护法必须与环境科学技术相结合，必须体现自然规律特别是生态科学规律的要求，这些要求往往通过一系列技术规范、环境标准、操作规程等形式体现出来。环境保护法的立法中经常大量直接对技术名词和术语赋予法律定义，并将环境技术规范作为环境法律法规的附件，使其具有法律效力。

3.社会性。首先，环境保护法的社会性表现在它与阶级性和政治职能较强的一些立法不同，它并非不同阶级、利益集团对立冲突与矛盾调和的结果，而是人与自然矛盾冲突加剧的产物。环境保护法所关注和规范的是社会公共利益和保障基本人权，它反映了全体社会成员的共同愿望和要求，代表人类的共同利益，侧重于社会领域的法律调整。其次，环境作为全人类的共同生存条件，并不能为某个人或某个国家所私有或独占，它必须符合整个社会和整个人类的利益，是以社会利益、人类利益为本位的法。

三、环境保护法的体系

我国环境保护法体系由以下各部分构成：

（一）宪法中关于环境保护的规定

我国《宪法》第26条第1款规定：国家保护和改善生活环境和生态环境，防治污染和其他公害。此外，宪法的一些其他条款也有关于环境保护的规定，这些规定是我国环境保护法律、法规的立法依据。

（二）环境保护基本法

我国曾于1979年制定《环境保护法（试行）》。1989年颁布的《环境保护法》是我国的环境保护基本法。经过25年的实施，全国人大常委会于2014年4月24日表决通过了环境保护法修订案，自2015年1月1日起施行。该法进一步强化了环境保护的战略地位，首次将保护环境规定为国家的基本国策。

（三）环境保护单行法

我国现行由全国人民代表大会常务委员会审议通过并颁布的环境保护单行法律主要有：《海洋环境保护法》《水污染防治法》《大气污染防治法》《野生动物保护法》《水土保持法》《固体

废物污染环境防治法》《噪声污染防治法》《防沙治沙法》《清洁生产促进法》《环境影响评价法》《可再生能源法》《循环经济促进法》，等等。此外，关于土地、矿产、海洋、水资源、森林、草原、农业、渔业、港口、种子、煤炭、城乡规划、防洪、防灾减灾、突发事件应对等领域的法律，也有关于环境保护的规定。

除以上单行法律之外，还有关于放射性污染防治、化学危险物品管理、农药安全使用、电磁辐射环境保护及其他方面的大量的行政法规和规章。

(四)环境标准

在环境保护法体系中，有一个特殊的又是不可缺少的组成部分——环境标准，如《生活饮用水卫生标准》《渔业水质标准》《环境空气质量标准》《污水综合排放标准》，等等。

(五)其他部门法中关于环境保护的法律规范

我国民事法律、刑法、治安管理处罚法和经济法中有不少关于环境保护的规定，体现了环境保护法综合性的特点，同时反映了法律生态化的趋势。

(六)环境污染民事、刑事案件司法解释

最高人民法院《关于审理生态环境侵权责任纠纷案件适用法律若干问题的解释》和最高人民法院、最高人民检察院《关于办理环境污染刑事案件适用法律若干问题的解释》等司法文件，对正确审理生态环境侵权案件、环境污染刑事案件作出了具体规定。

(七)我国参加的国际法中的环境保护规范

我国参加并已对我国生效的一般性国际条约中的环境保护规范和专门性国际环境保护条约中的环境保护规范，包括我国参加或缔结的有关环境资源保护的双边、多边协定和国际条约及履行这些协定和条约的国内法律等，也是我国环境保护法体系的主要组成部分。我国参加的重要的环境保护国际条约有：《联合国海洋法公约》《控制危险废物越境转移及其处置巴塞尔公约》《保护臭氧层维也纳公约》《联合国气候变化框架公约》《联合国生物多样性公约》等。

四、环境保护法的基本原则

(一)保护优先原则

保护优先原则，是指环境保护在经济建设和社会发展的战略和规划中处于优先地位，坚持经济效益、社会效益必须与环境效益相一致的原则。为此，环境保护法规定，国家采取有利于节约和循环利用资源、保护和改善环境、促进人与自然和谐的经济、技术政策和措施，使经济社会发展与环境保护相协调。并要求各级人民政府加大保护和改善环境、防治污染和其他公害的财政投入，提高财政资金的使用效益。

(二)预防为主、综合治理原则

预防为主、综合治理原则，是指采取各种预防措施，对环境问题防患于未然；对已产生的污染积极进行治理；在治理环境问题时，要正确处理防与治、单项治理与区域治理的关系，综合运用各种防治手段治理污染、保护和改善环境。环境保护法的一系列基本制度，如环境规划制度、环境影响评价制度、跨行政区污染防治制度等，都体现了这一原则。

(三)公众参与原则

公众参与原则，是指广大公众有参与环境保护的权利和义务。人们享有在良好的环境中生活的权利，依法参与环境管理的权利，对污染和破坏环境的行为进行监督的权利，同时有保护和改善环境的义务。为此，环境保护法规定，一切单位和个人都有保护环境的义务；公民应当增强环境保护意识，采取低碳、节俭的生活方式，自觉履行环境保护义务。同时，该法还规定了公众参与环境保护社会监督的权利，设立了环境公益诉讼制度，并规定政府对保护和改善环境有显著成绩的单位和个人给予奖励。为了在全社会普及环境保护法规和知识，增强公众的环保意识，环境保护法规定每年6月5日为环境日。

(四)污染者担责原则

污染者担责原则，是指确定造成环境污染和环境破坏的危害后果和不利影响的责任归属的基本原则。该原则内容包括污染者付费、利用者补偿、开发者保护、破坏者恢复、致损者赔偿，即排污者承担污染环境造成的损失及治理污染的费用，开发利用环境资源者承担经济补偿的责任，开发利用环境资源者有保护环境资源的义务，造成环境资源破坏的单位和个人负有恢复整治环境资源的义务，追究造成损害者的赔偿责任和其他法律责任。

第二节　环境保护法的基本制度

一、环境规划制度

环境规划，是指为使环境与社会、经济协调发展，国家把“社会—经济—环境”作为一个复合生态系统，依据社会经济规律、生态规律和地学原理，对其发展变化趋势进行研究而对人类自身活动所做的时间和空间的合理安排。在环境保护中，规划有重要作用，是在环境保护中贯彻预防原则，防止污染发生从而改变被动治理局面的根本措施。

《环境保护法》第13条第1款、第2款、第3款规定：县级以上人民政府应当将环境保护工作纳入国民经济和社会发展规划。国务院生态环境主管部门会同有关部门，根据国民经济和社会发展规划编制国家环境保护规划，报国务院批准并公布实施。县级以上地方人民政府生态环境主管部门会同有关部门，根据国家环境保护规划的要求，编制本行政区域的环境保护规划，报同级人民政府批准并公布实施。

（一）环境规划的分类和内容

首先，按规划的时间期限分为短期规划、中期规划和长期规划。通常短期规划以5年为限，中期规划以15年为限，长期规划以20年、30年、50年为限。

其次，按规划的法定效力分为强制性规划和指导性规划。

最后，按规划的性质可以分为污染控制规划、国民经济整体规划和国土利用规划三大类，每一类还可以按范围、行业或专业再细化成子项规划。其中，污染控制规划是针对污染引起的环境问题编制的，主要是对工农业生产、交通运输、城市生活等人类活动对环境造成的污染而规定的防治目标和措施。国民经济整体规划是在国民经济发展规划中相应地安排环境规划。国土利用规划，是指国家根据各地区的自然条件、资源状况和经济发展需要，通过制订土地利用的全面规划，对城镇设置、工农业布局、交通设施进行总体安排，以保证在经济发展过程中避免环境污染和生态破坏。

环境保护规划的内容应当包括生态保护和污染防治的目标、任务、保障措施等，并与主体功能区规划、土地利用总体规划和城乡规划等相衔接。

（二）环境规划的编制程序

1.对象调查。这是制定规划的第一步，要通过周密细致的调查，摸清规划对象本身现状及与外界事物的联系。

2.历史比较及有关环境问题的分类排队。其目的在于总结各方面的经验教训，从中发现规律，用以指导规划的制定。

3.目标导向预测。主要是预测环境的发展趋势和防治的可能成就。

4.拟制方案。根据规模目标预测结果和现实条件，拟订实现目标的不同备选方案，并确定主要污染物的目标削减量。

5.系统分析，择优决策。根据经济、社会和环境协调发展的原则，进行近期与远期的全面考虑，兼顾全局和局部利益，择优选择方案，以保证经济、社会发展和环境保护的全面开展。

二、清洁生产制度

清洁生产，是指不断采取改进设计、使用清洁的能源和原料、采用先进的工艺技术与设备、改善管理、综合利用等措施，从源头削减污染，提高资源利用效率，减少或者避免生产、服务和产品使用过程中污染物的产生和排放，以减轻或者消除对人类健康和环境的危害。清洁生产制度则是对上述各环节、内容和措施的法定化、正规化和制度化。2002年，我国颁布了《清洁生产促进法》(2012年修正)。2014年修订后的《环境保护法》规定，国家促进清洁生产和资源循环利用。国务院有关部门和地方各级人民政府应当采取措施，推广清洁能源的生产和使用。中央和地方各级人民政府应当采取措施，推广清洁能源的生产和使用。国家对严重污染环境的工艺、设备和产品实行淘汰制度。

(一)清洁生产义务

根据环境保护法的规定，在中华人民共和国境内从事生产和服务活动的企业事业单位和其他生产经营者，应当承担以下义务：

1.提高清洁生产能力的义务。企业应当优先使用清洁能源，采用资源利用率高、污染物排放量少的工艺、设备以及废弃物综合利用技术和污染物无害化处理技术，减少污染物的产生。

2.防止污染的义务。排放污染物的企业事业单位和其他生产经营者，应当采取措施，防治在生产建设或者其他活动中产生的废气、废水、废渣、医疗废物、粉尘、恶臭气体、放射性物质以及噪声、振动、光辐射、电磁辐射等对环境的污染和危害。这些单位还应当建立环境保护责任制度，明确单位负责人和相关人员的责任。生产、储存、运输、销售、使用、处置化学物品和含有放射性物质的物品，应当遵守国家有关规定，防止污染环境。

3.检测义务。重点排污单位应当按照国家有关规定和监测规范安装使用监测设备，保证监测设备正常运行，保存原始监测记录。

4.接受监管的义务。排污单位应当接受政府生态环境部门的监管。严禁通过暗管、渗井、渗坑、灌注或者篡改、伪造监测数据，或者不正常运行防治污染设施等逃避监管的方式违法排放污染物。

5.采用合规技术的义务。任何单位和个人不得生产、销售或者转移、使用严重污染环境的工艺、设备和产品。禁止引进不符合我国环境保护规定的技术、设备、材料和产品。

(二)清洁生产的推行

根据《清洁生产促进法》的规定，清洁生产的推行以政府为主，主要采取行政指导的方式。主要措施包括：

1.清洁生产规划制度。国务院清洁生产综合协调部门会同国务院其他有关部门编制国家清洁生产推行规划。国务院有关行业主管部门制定行业专项清洁生产推行规划并组织实施。地方人民政府制定推行清洁生产的实施规划并组织落实。

2.清洁生产的财政保障。国务院制定有利于实施清洁生产的财政税收政策。中央预算应当加强对清洁生产促进工作的资金投入。地方人民政府统筹地方财政安排的清洁生产促进工作资金。

3.清洁生产信息和技术服务。政府有关部门组织和支持建立促进清洁生产信息系统和技术咨询服务体系，向社会提供有关清洁生产方法和技术、可再生利用的废物供求以及清洁生产政策等方面的信息和服务。

4.清洁生产的政府指导。政府有关部门定期发布清洁生产技术、工艺、设备和产品导向目录，组织编制重点行业或者地区的清洁生产指南，指导实施清洁生产。

5.落后生产技术限期淘汰制度。国务院有关部门按照职责分工，制定并发布限期淘汰的生产技术、工艺、设备以及产品的名录。

(三)清洁生产的实施

清洁生产的实施以企业为主。《清洁生产促进法》明确了企业在清洁生产方面的一系列义务。其中，既包括第19条规定的企业普遍遵守的一般性义务，也有第20条至第26条针对产品设计、包装、特定产品标准牌号、农业生产、服务行业、建筑业、矿业、废物回收利用等特定对象规定的特殊义务。此外，还设立了以下两项制度：

1.清洁生产审核制度。除企业对自己的生产和服务进行自我检测和审核外，地方政府应当对排污超标、高耗能和使用有毒、有害原料进行生产或者在生产中排放有毒、有害物质的企业实施强制性清洁生产审核。

2.清洁生产认证制度。企业可以根据自愿原则，按照国家有关环境管理体系等认证的规定，委托经国务院认证认可监督管理部门认可的认证机构进行认证，提高清洁生产水平。

三、环境影响评价制度

环境影响评价，是指对规划和建设项目实施后可能造成的环境影响进行分析、预测和评估，提出预防或者减轻不良环境影响的对策和措施，进行跟踪监测的方法与制度。2002年我国颁布了《环境影响评价法》，该法分别在2016年7月2日、2018年12月29日进行了修正。《环境保护法》规定，编制有关开发利用规划，建设对环境有影响的项目，应当依法进行环境影响评价。未依法进行环境影响评价的开发利用规划，不得组织实施；未依法进行环境影响评价的建设项目，不得开工建设。建设单位未依法提交建设项目环境影响评价文件或者环境影响评价文件未经批准，擅自开工建设的，由负有环境保护监督管理职责的部门责令停止建设，处以罚款，并可以责令恢复原状。

（一）环境影响评价的适用范围

1.规划的环境影响评价。

（1）总体规划。国务院有关部门、设区的市级以上地方人民政府及其有关部门，对其组织编制的土地利用的有关规划，区域、流域、海域的建设、开发利用规划，应当在规划编制过程中组织进行环境影响评价，编写该规划有关环境影响的篇章或者说明。未编写有关环境影响的篇章或者说明的规划草案，审批机关不予审批。

（2）专项规划。国务院有关部门、设区的市级以上地方人民政府及其有关部门，对其组织编制的工业、农业、畜牧业、林业、能源、水利、交通、城市建设、旅游、自然资源开发的有关专项规划，应当在该专项规划草案上报审批前，组织进行环境影响评价，并向审批该专项规划的机关提出环境影响报告书。

2.建设项目的环境影响评价。国家根据建设项目对环境的影响程度，对建设项目的环境影响评价实行分类管理。建设单位应当按照下列规定组织编制环境影响报告书、环境影响报告表或者填报环境影响登记表（统称环境影响评价文件）：（1）可能造成重大环境影响的，应当编制环境影响报告书，对产生的环境影响进行全面评价；（2）可能造成轻度环境影响的，应当编制环境影响报告表，对产生的环境影响进行分析或者专项评价；（3）对环境影响很小、不需要进行环境影响评价的，应当填报环境影响登记表。

（二）环境影响报告书的内容

1.专项规划的环境影响报告书应当包括下列内容：实施该规划对环境可能造成影响的分析、预测和评估；预防或者减轻不良环境影响的对策和措施；环境影响评价的结论。

2.建设项目的环境影响报告书应当包括下列内容：建设项目概况；建设项目周围环境现状；建设项目对环境可能造成影响的分析、预测和评估；建设项目环境保护措施及其技术、经济论证；建设项目对环境影响的经济损益分析；对建设项目实施环境监测的建议；环境影响评价的结论。

（三）环境影响评价的程序

1.专项规划的环境影响评价的程序。（1）国务院有关部门、设区的市级以上地方人民政府及其有关部门，应当在该专项规划草案上报审批前，组织进行环境影响评价，并向审批该专项规划的机关提出环境影响报告书；（2）对可能造成不良环境影响并直接涉及公众环境权益的规划，应当在该规划草案报送审批前，举行论证会、听证会，或者采取其他形式，征求有关单位、专家和公众对环境影响报告书草案的意见；（3）编制机关在报批规划草案时，应当将环境影响评价报告书一并附送审批机关审查；（4）设区的市级以上人民政府作出审批决策前，应当先由人民政府指定的生态环境主管部门或者其他部门召集有关部门代表和专家组成审查小组，对环境影响报告书进行审查，提出书面审查意见；（5）对环境有重大影响的规划实施后，编制机关应当及时组织环境影响的跟踪评价，并将评价结果报告审批机关。

2.建设项目的环境影响评价的程序。（1）建设单位可以委托技术单位对其建设项目开展环境影响评价，编制建设项目环境影响报告书、环境影响报告表；建设单位具备环境影响评价技术能力的，可以自行对其建设项目开展环境影响评价，编制建设项目环境影响报告书、环境影响报告表。(2)对环境可能造成重大影响的建设项目，建设单位应当在报批环境影响报告书前，举行论证会、听证会，或者采取其他形式，征求有关单位、专家和公众的意见。(3)建设单位将建设项目的环境影响报告书、环境影响报告表报有审批权的生态环境主管部门审批。其中，下列建设项目的环境影响评价文件由国务院生态环境主管部门负责审批：①核设施、绝密工程等特殊性质的建设项目；②跨省、自治区、直辖市行政区域的建设项目；③由国务院审批的或者由国务院授权有关部门审批的建设项目。除此之外的建设项目的环境影响评价文件的审批权限，由省级人民政府规定。建设项目可能造成跨行政区域的不良环境影响，有关生态环境主管部门对该项目的环境影响评价结论有争议的，其环境影响评价文件由共同的上一级生态环境主管部门审批。(4)审批部门应当自收到环境影响报告书之日起60日内，收到环境影响报告表之日起30日内，分别作出审批决定并书面通知建设单位。(5)建设项目的环境影响评价文件经批准后，建设项目的性质、规模、地点、采用的生产工艺或者防治污染、防止生态破坏的措施发生重大变动的，建设单位应当重新报批建设项目的环境影响评价文件。(6)建设项目建设过程中，建设单位应当同时实施环境影响报告书、环境影响报告表以及环境影响评价文件审批部门审批意见中提出的环境保护对策措施。(7)在项目建设、运行过程中产生不符合经审批的环境影响评价文件的情形的，建设单位应当组织环境影响的后评价，采取改进措施，并报原环境影响评价文件审批部门和建设项目审批部门备案；原环境影响评价文件审批部门也可以责成建设单位进行环境影响的后评价，采取改进措施。(8)生态环境主管部门应当对建设项目投入生产或者使用后所产生的环境影响进行跟踪检查，对造成严重环境污染或者生态破坏的，应当查清原因、查明责任。

四、“三同时”制度

“三同时”制度，是指按照环境保护法的规定，建设项目中防治污染的设施应当与主体工程同时设计、同时施工、同时投产使用的环境法律制度。该制度系我国首创。

(一)“三同时”制度的适用范围

在我国领土和领海范围内对环境有影响的建设项目需要配置环境保护设施的，必须适用“三同时”制度。

(二)“三同时”制度的实施程序

1.建设项目的初步设计，应当按照环境保护设计规范的要求，编制环境保护篇章，并依据经批准的建设项目环境影响报告书或者环境影响报告表，在环境保护篇章中落实防治环境污染和生态破坏的措施以及环境保护设施投资概算。

2.建设项目的主体工程完工后，需要进行试生产，其配套建设的环境保护设施必须与主体工程同时投入试运行，建设项目试生产期间，建设单位应当对环境保护设施运行情况和建设项目对环境的影响进行监测。

3.编制环境影响报告书、环境影响报告表的建设项目竣工后，建设单位应当按照国务院环境保护行政主管部门规定的标准和程序，对配套建设的环境保护设施进行验收，编制验收报告。除按照国家规定需要保密的情形外，建设单位应当依法向社会公开验收报告。

4.建设项目需要配套建设的环境保护设施经验收合格，该建设项目方可投入生产或者使用。投入使用后的环保设施，不得擅自拆除或者闲置。

五、环境保护税制度

2018年1月1日《环境保护税法》正式施行，取代了排污费征收制度。这是党的十八届三中全会提出“落实税收法定原则”要求后，全国人大常委会审议通过的第一部单行税法，也是我国第一部专门体现“绿色税制”、推进生态文明建设的单行税法。为实施该法，国务院发布了《环境保护税法实施条例》。

(一)环境保护税征收对象

《环境保护税法》规定，在中华人民共和国领域和中华人民共和国管辖的其他海域，直接向环境排放应税污染物的企业事业单位和其他生产经营者为环境保护税的纳税人，应当依照本法规定缴纳环境保护税。应税污染物，是指大气污染物、水污染物、固体废物和噪声。

以上主体有下列情形之一的，不属于直接向环境排放污染物，不缴纳相应污染物的环境保护税：(1)向依法设立的污水集中处理、生活垃圾集中处理场所排放应税污染物的；(2)在符合国家和地方环境保护标准的设施、场所贮存或者处置固体废物的。

以下情形应当缴纳环境保护税：(1)依法设立的城乡污水集中处理、生活垃圾集中处理场所超过国家和地方规定的排放标准向环境排放应税污染物的；(2)企业事业单位和其他生产经营者贮存或者处置固体废物不符合国家和地方环境保护标准的。

(二)计税依据

应税污染物依据《环境保护税法》所附《环境保护税税目税额表》《应税污染物和当量值表》计税。其中，应税大气污染物按照污染物排放量折合的污染当量数确定，应税水污染物按照污染物排放量折合的污染当量数确定，应税固体废物按照固体废物的排放量确定，应税噪声按照超过国家规定标准的分贝数确定。

(三)税收优惠

下列情形，暂予免征环境保护税：(1)农业生产(不包括规模化养殖)排放应税污染物的；(2)机动车、铁路机车、非道路移动机械、船舶和航空器等流动污染源排放应税污染物的；(3)依法设立的城乡污水集中处理、生活垃圾集中处理场所排放相应应税污染物，不超过国家和地方规定的排放标准的；(4)纳税人综合利用的固体废物，符合国家和地方环境保护标准的；(5)国务院批准免税的其他情形。

(四)征收管理

环境保护税由税务机关依照税收征收管理法和环境保护税法的有关规定征收管理。生态环境主管部门依照环境保护税法和有关环境保护法律法规的规定负责对污染物的监测管理。生态环境主管部门和税务机关应当建立涉税信息共享平台和机制。

环境保护税按月计算，按季申报缴纳。不能按固定期限计算缴纳的，可以按次申报缴纳。

六、总量控制制度

总量控制制度，是指国家环境管理机关依据所勘定的区域环境容量，决定区域中的重点污染物质排放总量，根据排放总量削减计划，向区域内的企业个别分配各自的污染物排放总量额度的方式的一项法律制度。

(一)总量控制的对象

总量控制主要针对重点污染物排放的地区和流域。例如，酸雨控制区和二氧化硫控制区；淮河、海河、辽河流域；太湖、滇池、巢湖流域。自2017年起，通过实施排污许可制，落实企事业单位污染物排放总量控制要求，逐步实现由行政区域污染物排放总量控制向企事业单位污染物排放总量控制的转变，控制的范围逐渐统一到固定污染源。

(二)总量控制的实施程序

1.国务院在各省、自治区、直辖市申报的基础上，经全国综合平衡，编制全国污染物排放总量控制指标，下达到各省、自治区、直辖市人民政府。

2.各省、自治区、直辖市把省级控制计划指标分解下达，逐级落实。企业事业单位在执行国家和地方污染物排放标准的同时，应当遵守分解落实到本单位的重点污染物排放总量控制指标。

3.对超过国家重点污染物排放总量控制指标或者未完成国家确定的环境质量目标的地区，省级以上人民政府生态环境主管部门应当暂停审批其新增重点污染物排放总量的建设项目环境影响评价文件。

4.对环境质量不达标的地区，要通过提高排放标准或加严许可排放量等措施，对企业事业单位实施更为严格的污染物排放总量控制，推动改善环境质量。

七、环境保护许可管理制度

环境保护许可管理制度，是指从事有害或可能有害环境的活动之前，必须向有关管理机关提出申请，经审查批准，发放许可证，方可按许可证的规定进行该活动的一整套法律制度措施。在环境保护许可证制度中，使用最广泛的是排污许可证。《环境保护法》第45条规定：国家依照法律规定实行排污许可管理制度。实行排污许可管理的企业事业单位和其他生产经营者应当按照排污许可证的要求排放污染物；未取得排污许可证的，不得排放污染物。

（一）排污许可证的适用范围

根据国务院部署，我国将分步实现排污许可全覆盖。排污许可证适用范围主要包括大气污染物、水污染物，并依法逐步纳入其他污染物。

《大气污染防治法》和《水污染防治法》规定，排放工业废气或者法定名录中所列有毒有害大气污染物的企业事业单位、集中供热设施的燃煤热源生产运营单位以及其他依法实施排污许可管理的单位，直接或者间接向水体排放工业废水和医疗污水以及其他按照规定应当取得排污许可证方可排放的废水、污水的企业事业单位和其他生产经营者，城镇污水集中处理设施的运营单位，应当取得排污许可证。

（二）排污许可证制度的实施程序

根据《排污许可管理办法（试行）》，排污许可证制度的实施程序如下：

1.主管部门信息公开。省级生态环境主管部门应当根据管理权限和固定污染源排污许可分类管理名录，确定本行政区域内负责受理排污许可证申请的核发生态环境部门、申请程序等相关事项，并向社会公告。

2.重点排污单位信息公开。实行重点管理的排污单位在提交排污许可申请材料前，应当将承诺书、基本信息以及拟申请的许可事项向社会公开。

3.排污单位提交申请。排污单位应当在全国排污许可证管理信息平台上填报并提交排污许可证申请，同时向有核发权的生态环境主管部门提交通过全国排污许可证管理信息平台印制的书面申请材料。

4.核发部门审查决定。有核发权的生态环境主管部门收到排污单位提交的申请材料后，对材料的完整性、规范性进行审查，在全国排污许可证管理信息平台上作出受理或者不予受理排污许可证申请的决定，同时向排污单位出具受理单或者不予受理告知单。其中：（1）决定准予许可的，须向全国排污许可证管理信息平台提交审核结果，获取全国统一的排污许可证编码，并将排污许可证正本以及副本中基本信息、许可事项及承诺书在全国排污许可证管理信息平台上公告；（2）决定不予许可的，应当制作不予许可决定书，书面告知排污单位不予许可的理由，以及依法申请行政复议或者提起行政诉讼的权利，并在全国排污许可证管理信息平台上公告。

（三）排污许可证制度与环境影响评价制度的衔接

环境影响评价制度是建设项目的环境准入门槛，排污许可制是企业事业单位生产运营期排污的法律依据。二者充分衔接，才能实现从污染预防到污染治理和排放控制的全过程监管。为此，有两点基本要求：（1）新建项目必须在发生实际排污行为之前申领排污许可证；（2）环境影响评价文件及批复中与污染物排放相关的主要内容应当纳入排污许可证，其排污许可证执行情况应作为环境影响后评价的重要依据。

八、环境标准制度

环境标准制度是国家为了保护环境质量、控制污染，按照法定程序制定并实施各种环境技术规范的法律制度。

（一）环境标准的体系

环境标准分为国家环境标准、地方环境标准和部门环境标准。

国家环境标准主要是环境质量标准和污染物排放标准，由国务院生态环境主管部门制定。

地方环境标准是省、自治区、直辖市人民政府对国家环境质量标准和污染物排放标准中未作规定的项目制定的适用于本地区的环境标准，以及对国家环境标准中已作规定的项目制定的严于国家环境标准的地方环境标准。地方环境标准应当报国务院生态环境主管部门备案。

部门环境标准是国务院生态环境主管部门

制定的各种技术性标准，如国家环境监测方法标准、国家环境样品标准和国家环境基础标准。部门标准是环境保护的行业标准。

（二）环境质量标准和污染物排放标准的法律意义

环境质量标准和污染物排放标准是环境标准体系中最重要的两类标准。

环境质量标准是环境中所允许含有有害物质或因素的最高限额。环境质量标准是确认环境是否被污染以及排污者是否应承担相应民事责任的主要根据。

污染物排放标准是允许污染源（如工厂或设施等）排放污染物或有害环境的能量的最高限额。污染物排放标准是认定排污行为是否合法以及排污者是否应承担相应行政法律责任的主要根据。

九、环境监测制度

《环境保护法》第17条第1款规定，国家建立、健全环境监测制度。国务院生态环境主管部门制定监测规范，会同有关部门组织监测网络，统一规划国家环境质量监测站（点）的设置，建立监测数据共享机制，加强对环境监测的管理。

（一）监测规范

国务院生态环境主管部门负责制定环境监测的各种规范，如针对大气环境监测、水环境监测、土壤环境监测、噪声环境监测、辐射环境监测、固体废物监测和其他监测的方法标准，以及各种监测的技术路线。

（二）监测机构

环境监测是一项全面、持续的信息采集、处理和发送系统，需要动员社会各方面的力量共同参与，密切协同。目前，我国环境监测组织体系包括中央部委、地方政府设立的监测机构和网点，排污企业的自行监测站点，以及科研院所、公益组织等社会力量开办的环境监测机构。无论何种监测机构，开展监测活动都应当使用符合国家标准的监测设备，遵守监测规范。监测机构及其负责人对监测数据的真实性和准确性负责。

（三）监测活动

环境监测活动主要是采集、处理和发送监测数据。在环境污染的重点区域、流域，以及针对重点污染源，地方各级政府应当组织有关部门或者委托专业机构，对环境状况进行调查、评价，建立环境资源承载能力监测预警机制。负责环境监测的政府机关，还担负着发布环境评价报告的职责。社会监测机构可以受政府或企业委托出具环境监测数据和评价报告。

（四）环境突发事件应对机制

1.基本要求。各级人民政府及其有关部门和企业事业单位，应当依照突发事件应对法的规定，做好突发环境事件的风险控制、应急准备、应急处置和事后恢复等工作。

2.政府的职责。（1）建立环境污染公共监测预警机制，组织制定预警方案；环境受到污染，可能影响公众健康和环境安全时，依法及时公布预警信息，启动应急措施。（2）突发环境事件应急处置工作结束后，立即组织评估事件造成的环境影响和损失，并及时将评估结果向社会公布。

3.企业事业单位的义务。（1）按照国家有关规定制定突发环境事件应急预案，报生态环境主管部门和有关部门备案。（2）在发生或者可能发生突发环境事件时，立即采取措施处理，及时通报可能受到危害的单位和居民，并向生态环境主管部门和有关部门报告。

十、信息公开和公众参与制度

在我国，广大公众既有获取环境信息和监督政府、企业的权利，也有参与环境保护的需求。《环境保护法》第53条第1款规定：公民、法人和其他组织依法享有获取环境信息、参与和监督环境保护的权利。

（一）信息公开

1.政府信息公开。环境保护法规定，各级人民政府生态环境主管部门和其他负有环境保护监督管理职责的部门，应当依法公开环境信息、完善公众参与程序，为公民、法人和其他组织参与和监督环境保护提供便利。其具体要求为：（1）国务院生态环境主管部门统一发布国家环境质量、重点污染源监测信息及其他重大环境信息。(2)省级以上人民政府生态环境主管部门定期发布环境状况公报。(3)县级以上人民政府生态环境主管部门和其他负有环境保护监督管理职责的部门，应当依法公开环境质量、环境监测、突发环境事件以及环境行政许可、行政处罚、排污费的征收和使用情况等信息。(4)县级以上地方人民政府生态环境主管部门和其他负有环境保护监督管理职责的部门，应当将企业事业单位和其他生产经营者的环境违法信息记入社会诚信档案，及时向社会公布违法者名单。

2.企业信息公开。重点排污单位应当如实向社会公开其主要污染物的名称、排放方式、排放浓度和总量、超标排放情况，以及防治污染设施的建设和运行情况，接受社会监督。

3.项目信息公开。对依法应当编制环境影响报告书的建设项目，建设单位应当在编制时向可能受影响的公众说明情况，充分征求意见。负责审批建设项目环境影响评价文件的部门在收到建设项目环境影响报告书后，除涉及国家秘密和商业秘密的事项外，应当全文公开；发现建设项目未充分征求公众意见的，应当责成建设单位征求公众意见。

(二)公众参与

1.公众举报权。

(1)对违法行为的举报权。公民、法人和其他组织发现任何单位和个人有污染环境和破坏生态行为的，有权向生态环境主管部门或者其他负有环境保护监督管理职责的部门举报。

(2)对政府不作为的举报权。公民、法人和其他组织发现地方各级人民政府、县级以上人民政府生态环境主管部门和其他负有环境保护监督管理职责的部门不依法履行职责的，有权向其上级机关或者监察机关举报。

(3)对举报人的保护。接受举报的机关应当对举报人的相关信息予以保密，保护举报人的合法权益。

2.环境公益诉讼。

环境公益诉讼，是指根据《民事诉讼法》第58条、《环境保护法》第58条等法律以及最高人民法院《关于审理环境民事公益诉讼案件适用法律若干问题的解释》的规定，由法律规定的机关和有关组织以及人民检察院对损害社会公共利益或者具有损害社会公共利益重大风险的污染环境、破坏生态的行为提起的民事诉讼。

一般来说，负责环境监督管理的国家机关有权依法提起环境公益诉讼。例如，根据《海洋环境保护法》的规定，行使海洋环境监督管理权的部门有权代表国家对破坏海洋生态、海洋水产资源、海洋保护区，给国家造成重大损失的责任者提出损害赔偿要求。

对污染环境、破坏生态，损害社会公共利益的行为，符合下列条件的社会组织提起诉讼的，人民法院应当依法受理：(1)依法在设区的市级以上人民政府民政部门登记的社会团体、民办非企业单位以及基金会等；(2)专门从事环境保护公益活动连续5年以上且无违法记录。社会组织章程确定的宗旨和主要业务范围是维护社会公共利益，且从事环境保护公益活动的，可以认定为“专门从事环境保护公益活动”。提起诉讼的社会组织不得通过诉讼牟取经济利益。环境公益诉讼不受地域限制，也就是说，环保社会组织可以跨地区提起环境公益诉讼。

人民检察院在履行职责中发现破坏生态环境和资源保护的行为，在没有法律规定的机关和组织提起诉讼或者法定机关和组织不提起诉讼的情况下，可以向人民法院提起诉讼。法定机关或者组织提起诉讼的，人民检察院可以支持起诉。

环境公益诉讼不影响同一污染行为的受害人提起私益诉讼；环境公益诉讼的生效判决有利于私益诉讼原告的，该原告可以在诉讼中主张适用。

十一、跨行政区污染防治制度

国家建立跨行政区域的重点区域、流域环境污染和生态破坏联合防治协调机制，实行统一规划、统一标准、统一监测、统一的防治措施。此范围以外的跨行政区域的环境污染和生态破坏的防治，由上级人民政府协调解决，或者由有关地方人民政府协商解决。

十二、农村环境综合治理制度

为了加强对农业和农村污染问题的治理，环境保护法作出了以下规定。

（一）政府职责

1.农业环境保护。农业环境保护，是指对影响农业发展的农业用地、农业用水、大气及农业生物等的保护。环境保护法规定了各级人民政府加强农业环境保护的职责。首先，管理职责，包括促进农业环境保护新技术的使用，加强对农业污染源的监测预警，统筹有关部门采取措施，防治土壤污染和土地沙化、盐渍化、贫瘠化、石漠化、地面沉降以及防治植被破坏、水土流失、水体富营养化、水源枯竭、种源灭绝等生态失调现象，推广植物病虫害的综合防治。其次，指导职责，包括指导农业生产经营者科学种植和养殖，科学合理施用农药、化肥等农业投入品，科学处置农用薄膜、农作物秸秆等农业废弃物，防止农业面源污染。

2.农村环境保护。农村环境保护，是指对农村居民生产环境和生活环境的保护。环境保护法规定了各级人民政府的以下职责：一是资金支持，即在财政预算中安排资金，支持农村饮用水水源地保护、生活污水和其他废弃物处理、畜禽养殖和屠宰污染防治、土壤污染防治和农村工矿污染治理等环境保护工作。二是公共服务，即提高农村环境保护公共服务水平，推动农村环境综合整治；县级人民政府负责组织农村生活废弃物的处置工作。

3.城乡统筹保护。为了适应城乡一体发展的趋势，环境保护法规定，各级人民政府应当统筹城乡建设污水处理设施及配套管网，固体废物的收集、运输和处置等环境卫生设施，危险废物集中处置设施、场所以及其他环境保护公共设施，并保障其正常运行。

（二）行为规则

为了防止农村地区因生产、生活行为造成的环境污染，环境保护法规定，禁止将不符合农用标准和环境保护标准的固体废物、废水施入农田。施用农药、化肥等农业投入品及进行灌溉，应当采取措施，防止重金属和其他有毒有害物质污染环境。畜禽养殖场、养殖小区、定点屠宰企业等的选址、建设和管理应当符合有关法律法规规定。从事畜禽养殖和屠宰的单位和个人应当采取措施，对畜禽粪便、尸体和污水等废弃物进行科学处置，防止污染环境。

十三、生态保护制度

《环境保护法》将推进生态文明建设写入立法宗旨，并将生态破坏作为与环境污染相并列的治理对象，明确规定环境保护规划的内容应当包括生态保护和污染防治的目标、任务、保障措施等。同时，建立了以下生态保护制度。

（一）生态保护红线制度

生态保护红线由生态功能红线、环境质量红线和资源利用红线构成，实质上是生态环境的安全底线。划定生态保护红线是维护国家生态安全的需要。2014年1月，原环境保护部印发了《国家生态保护红线——生态功能基线划定技术指南（试行）》。《环境保护法》就生态功能红线作出明确规定：国家在重点生态功能区、生态环境敏感区和脆弱区等区域划定生态保护红线，实行严格保护。各级人民政府对具有代表性的各种类型的自然生态系统区域，珍稀、濒危的野生动植物自然分布区域，重要的水源涵养区域，具有重大科学文化价值的地质构造、著名溶洞和化石分布区、冰川、火山、温泉等自然遗迹，以及人文遗迹、古树名木，应当采取措施予以保护，严禁破坏。

（二）生态保护补偿制度

生态保护补偿是以保护和可持续利用生态系统为目的，以经济手段调节相关主体的利益关系的制度安排。主要包括：对生态系统本身保护、恢复成本的补偿；对个人或区域保护生态系统和环境的投入或放弃发展机会的损失的经济补偿；对具有重大生态价值的区域或对象的保护性投入。《环境保护法》第31条规定，国家建立、健全生态保护补偿制度。国家加大对生态保护地区的财政转移支付力度。有关地方人民政府应当落实生态保护补偿资金，确保其用于生态保护补偿。国家指导受益地区和生态保护地区人民政府通过协商或者按照市场规则进行生态保护补偿。

（三）生物多样性保护制度

生物多样性是生物（动物、植物、微生物）与环境形成的生态复合体以及与此相关的各种生态过程的总和，包括生态系统、物种和基因三个层次。1992年，联合国通过了《生物多样性公约》。1994年，原国家环境保护局会同相关部门发布了《中国生物多样性保护行动计划》。《环境保护法》第30条规定，开发利用自然资源，应当合理开发，保护生物多样性，保障生态安全，依法制定有关生态保护和恢复治理方案并予以实施。引进外来物种以及研究、开发和利用生物技术，应当采取措施，防止对生物多样性的破坏。

十四、政府监管责任制度

（一）目标责任制和考核评价制度

地方各级人民政府应当对本行政区域的环境质量负责。县级以上人民政府应当将环境保护目标完成情况纳入对本级人民政府负有环境保护监督管理职责的部门及其负责人和下级人民政府及其负责人的考核内容，作为对其考核评价的重要依据。考核结果应当向社会公开。

（二）重大环境事件报告制度

县级以上人民政府应当每年向本级人民代表大会或者人大常委会报告环境状况和环境保护目标完成情况，对发生的重大环境事件应当及时向本级人大常委会报告，依法接受监督。

（三）限期达标制度

地方各级人民政府应当根据环境保护目标和治理任务，采取有效措施，改善环境质量。未达到国家环境质量标准的重点区域、流域的有关地方人民政府，应当制定限期达标规划，并采取措施按期达标。

（四）引咎辞职制度

《环境保护法》第68条规定，地方各级人民政府和县级以上人民政府环境主管部门有违反行政许可、包庇环境违法、执法不力、弄虚作假、截留排污费等违法行为，造成严重后果的，除对直接责任人员追究责任外，其主要负责人应当引咎辞职。

（五）行政强制措施

为了使政府能够有效地履行环境监督管理职责，环境保护法授权政府在必要时采取以下强制性措施。

1.现场检查。县级以上人民政府生态环境主管部门及其委托的环境监察机构和其他负有环境保护监督管理职责的部门，有权对排放污染物的企业事业单位和其他生产经营者进行现场检查。被检查者应当如实反映情况，提供必要的资料。实施现场检查的部门、机构及其工作人员应当为被检查者保守商业秘密。

2.查封、扣押。企业事业单位和其他生产经营者违反法律法规规定排放污染物，造成或者可能造成严重污染的，县级以上人民政府生态环境主管部门和其他负有环境保护监督管理职责的部门，可以查封、扣押造成污染物排放的设施、设备。

第三节　环境法律责任

一、环境行政责任

（一）行政法律责任

行政法律责任，是指经济活动的主体违反法律法规而依法应承担的行政法律后果，包括行政处罚和行政处分。根据环境保护法的规定，对于违反环境保护法律法规的企业事业单位和其他生产经营者，根据以下不同情形，由有关行政机关追究其行政责任。

1.违法排放的行政责任。违法排放污染物的，予以罚款并责令改正。受到处罚后拒不改正的，依法作出处罚决定的行政机关可以自责令改正之日的次日起，按照原处罚数额按日连续处罚，上不封顶。罚款的数额，按照防治污染设施的运行成本、违法行为造成的直接损失或者违法所得等因素确定。地方性法规可以根据环境保护的实际需要，增加按日连续处罚的违法行为的种类。

2.超标排放的行政责任。超过污染物排放标准或者超过重点污染物排放总量控制指标排放污染物的，县级以上人民政府生态环境主管部门可以责令其采取限制生产、停产整治等措施；情节严重的，报经有批准权的人民政府批准，责令停业、关闭。

3.擅自开工建设的行政责任。建设单位未依法提交建设项目环境影响评价文件或者环境影响评价文件未经批准，擅自开工建设的，由负有环境保护监督管理职责的部门责令停止建设，处以罚款，并可以责令恢复原状。

4.违反信息公开义务的行政责任。重点排污单位不公开或者不如实公开环境信息的，由县级以上地方人民政府生态环境主管部门责令公开，处以罚款，并予以公告。

5.直接责任人员的行政责任。企业事业单位和其他生产经营者有下列行为之一，尚不构成犯罪的，除上述处罚外，案件移送公安机关，对其直接负责的主管人员和其他直接责任人员，处10日以上15日以下拘留；情节较轻的，处5日以上10日以下拘留：（1）建设项目未依法进行环境影响评价，被责令停止建设，拒不执行的；（2）违反法律规定，未取得排污许可证排放污染物，被责令停止排污，拒不执行的；（3）通过暗管、渗井、渗坑、灌注或者篡改、伪造监测数据，或者不正常运行防治污染设施等逃避监管的方式违法排放污染物的；（4）生产、使用国家明令禁止生产、使用的农药，被责令改正，拒不改正的。

（二）行政问责制

行政问责制，是指一级政府对现任该级政府负责人、其所属工作部门或者其下级政府主要负责人由于过错，不履行或者未正确履行法定职责，影响行政秩序、贻误行政工作或者损害行政管理相对人合法权益的行为，进行内部监督和责任追究的制度。环境保护法对违反环境保护职责的行政过错，规定了严格的行政问责制度。

1.问责职权。上级人民政府及其生态环境主管部门应当加强对下级人民政府及其有关部门环境保护工作的监督。发现有关工作人员有违法行为，依法应当给予处分的，应当向其任免机关或者监察机关提出处分建议。依法应当给予行政处罚，而有关生态环境主管部门不给予行政处罚的，上级人民政府生态环境主管部门可以直接作出行政处罚的决定。

2.问责方式。地方各级人民政府、县级以上人民政府生态环境主管部门和其他负有环境保护监督管理职责的部门有下列行为之一的，对直接负责的主管人员和其他直接责任人员给予记过、记大过或者降级处分；造成严重后果的，给予撤职或者开除处分，其主要负责人应当引咎辞职：（1）不符合行政许可条件准予行政许可的；（2）对环境违法行为进行包庇的；（3）依法应当作出责令停业、关闭的决定而未作出的；（4）对超标排放污染物、采用逃避监管的方式排放污染物、造成环境事故以及不落实生态保护措施造成生态破坏等行为，发现或者接到举报未及时查处的；（5）违反《环境保护法》规定，查封、扣押企业事业单位和其他生产经营者的设施、设备的；（6）篡改、伪造或者指使篡改、伪造监测数据的；（7）应当依法公开环境信息而未公开的；（8）将征收的排污费截留、挤占或者挪作他用的；（9）法律法规规定的其他违法行为。

二、环境民事责任

环境民事责任，即生态环境侵权责任。根据《环境保护法》的规定，因污染环境和破坏生态造成损害的，应当依照民事法律中侵权法律的有关规定承担侵权责任。最高人民法院《关于审理生态环境侵权责任纠纷案件适用法律若干问题的解释》（法释〔2023〕5号）对污染环境、破坏生态行为的侵权责任作了具体规定。关于环境生态侵权责任的规定有如下要点。

1.无过错责任原则。污染环境、破坏生态造成他人损害，行为人无论有无过错，都应当承担侵权责任。实践中，具备三个要件即可成立生态环境侵权责任：（1）行为人有环境污染、破坏生态的行为，包括：①排放废气、废水、废渣、医疗废物、粉尘、恶臭气体、放射性物质等污染环境的；②排放噪声、振动、光辐射、电磁辐射等污染环境的；③不合理开发利用自然资源的；④违反国家规定，未经批准，擅自引进、释放、丢弃外来物种的；⑤其他污染环境、破坏生态的行为。（2）被侵权人受到损害。（3）该行为和该损害之间有因果关系。

根据司法解释，下列污染环境、破坏生态的情形，不作为生态环境侵权行为，应依照相关法律规定确定民事责任：（1）未经由大气、水、土壤等生态环境介质，直接造成损害的；（2）在室内、车内等封闭空间内造成损害的；（3）不动产权利人在日常生活中造成相邻不动产权利人损害的（但是，不动产权利人因经营活动污染环境、破坏生态造成相邻不动产权利人损害的应承担生态环境侵权责任）；（4）劳动者在职业活动中受到损害的。

2.举证责任倒置规则。被要求承担生态环境侵权责任的行为人，应当就法律规定的不承担责任或者减轻责任的情形及其行为与损害之间不存在因果关系承担举证责任。

3.多因一果的处理规则。两个以上侵权人分别污染环境、破坏生态，每一个侵权人的行为都不足以造成全部损害的，侵权人应根据《民法典》第1172条的规定承担按份责任。两个以上侵权人分别排放的物质相互作用产生污染物造成他人损害，侵权人应承担连带责任。多个侵权人之间的责任分配，应当根据行为有无许可，污染物的种类、浓度、排放量、危害性，破坏生态的方式、范围、程度，以及行为对损害后果所起的作用等因素确定。

4.第三人过错的处理规则。（1）因第三人的过错污染环境、破坏生态造成损害的，被侵权人可以向侵权人请求赔偿，也可以向第三人请求赔偿。侵权人对损害的发生没有过错的，在承担责任后有权向第三人追偿。（2）排污单位将所属的环保设施委托第三方治理机构运营，或者将污染物交由第三方治理机构集中处置，第三方治理机构在合同履行过程中污染环境造成他人损害的，第三方治理机构应承担侵权责任。（3）侵权人污染环境、破坏生态造成他人损害，未尽到安全保障义务的经营场所、公共场所的经营者、管理者或者群众性活动的组织者应承担相应补充责任。（4）依照法律规定应当履行生态环境风险管控和修复义务的民事主体，未履行法定义务造成他人损害的，承担相应的责任。

5.环境服务机构的连带责任。环境影响评价机构、环境监测机构以及从事环境监测设备和防治污染设施维护、运营的机构存在下列情形之一的，除依照有关法律法规规定予以处罚外，还应当与造成环境污染、生态破坏的其他责任人承担连带责任：（1）故意出具失实评价文件的；（2）隐瞒委托人超过污染物排放标准或者超过重点污染物排放总量控制指标的事实的；（3）故意不运行或者不正常运行环境监测设备或者防治污染设施的；（4）其他根据法律规定应当承担连带责任的情形。

6.诉讼时效。《环境保护法》规定，提起环境损害赔偿诉讼的时效期间为3年，从当事人知道或者应当知道其受到损害时起计算。

三、环境刑事责任

《环境保护法》规定，违反环境保护法的规定，构成犯罪的，依法追究刑事责任。

我国1997年《刑法》涉及14项环境犯罪的罪名，分别是：重大环境污染事故罪；非法处置进口的固体废物罪；擅自进口固体废物罪；非法捕捞水产品罪；非法猎捕、杀害珍贵、濒危野生动物罪；非法收购、运输、出售珍贵、濒危野生动物，珍贵、濒危野生动物制品罪；非法狩猎罪；非法占用耕地罪；非法采矿罪；破坏性采矿罪；非法采伐、毁坏珍贵树木罪；盗伐林木罪；滥伐林木罪；非法收购盗伐、滥伐的林木罪。此外，我国刑法还在其他章节里规定了与破坏环境资源保护罪相关的一些犯罪，大致有三个方面：一是可能造成或者导致严重的环境污染和资源破坏的危害公共安全罪，如放火罪、决水罪、爆炸罪、投毒罪，以危险方法危害公共安全罪、重大责任事故罪、危险物品肇事罪；二是可能导致环境污染的走私罪，如走私固体废物罪；三是可能导致环境污染和资源破坏的渎职罪，如滥用职权罪、玩忽职守罪、国家机关工作人员徇私舞弊罪、违反规定发放林木采伐许可证罪、环境监管失职罪。《刑法修正案（四）》增加了有关生态犯罪的条款，《刑法修正案（八）》对环境犯罪条款作出了修订，最高人民法院、最高人民检察院《关于办理环境污染刑事案件适用法律若干问题的解释》(法释〔2023〕7号)就惩治环境污染犯罪作出了具体解释,使我国环境刑法得到了重大发展。

【本章主要法律规定】

1.《环境保护法》

2.《环境影响评价法》

本章重点、难点与疑点辨析

学习本章,要在全面了解的基础上,着重掌握以下要点。

知识点	重点提示	难点提示
概述	基本概念,环境保护法的体系,基本原则	第二环境问题的类别,污染者担责原则的内容
环境规划制度	规划的分类和内容,编制程序	三大类规划的相互关系
清洁生产制度	清洁生产义务,推行措施,审核认证制度	防止污染义务的具体要求
环境影响评价制度	适用范围,评价程序	建设项目环境影响评价文件的审批规定
“三同时”制度	适用范围,实施程序	建设项目的主体工程完工后的“三同时”要求
环境保护税制度	征收对象,计税依据,征收管理	暂予免征环境保护税的情形
总量控制制度	控制对象,实施程序	对污染严重地区的控制措施
许可管理制度	适用范围,实施程序	排污许可证制度与环境影响评价制度的衔接要求
环境标准制度	环境标准的体系	环境质量标准与排污标准的区别
环境监测制度	监测规范,环境突发事件应对机制	环境突发事件应对中的单位义务
信息公开和公众参与制度	政府信息公开的要求,环境公益诉讼	环境公益诉讼的受理条件
跨行政区污染防治制度	跨区协防机制的“四统一”要求	
农村环境综合治理制度	农业、农村环境保护的政府职责	农村环境保护的特别规定
生态保护制度	生态保护红线制度,生态保护补偿制度	生态功能红线规定
政府监管责任制度	考核评价制度,限期达标制度	行政强制措施的权限范围
环境行政责任	违法排放、超标排放、擅自开工建设的行政责任	对直接责任人员的责任追究规定
行政问责制	问责职权	直接责任人员的问责事由
环境民事责任	无过错责任原则,举证责任倒置规则,多因一果的处理规则	第三人过错的处理规则
环境刑事责任	涉环境犯罪的14项罪名	

第二章
自然资源法

本章主要内容提示

自然资源法调整的是人们开发利用自然资源的行为，其调整方式是通过建立有序利用和有效保护的秩序，使自然资源更加充分和持久地造福人类。因此，法律有充分的理由本着权利义务相一致原则和公共利益优先原则，设立必要的义务规范、责任规范和管理规范，对自然资源开发利用的个体权利和意思自由加以必要的限制，对违反自然资源保护秩序的行为施加必要的制裁。

在我国，自然资源除依法属于集体所有的外，属于国家所有。公民、法人及其他民事主体对资源的占有和利用权利都属于用益物权或特许物权的性质。因此，即使从民法的角度来看，国家通过立法和行政管理对资源利用活动进行管束和干预，也具有法理上的正当性。当然，法律承认社会成员对自然资源的合法、合理的利用，更鼓励保护性、修复性的利用。保护权利人的合法权益，也是自然资源法律秩序的重要组成部分。

自然资源是经济发展和文化传承的物质基础，也是生态平衡的关键。因此，响应自然资源配置、利用和保护方面的社会需求和国家战略需要，是自然资源法之经济法属性的体现，也是自然资源法实施与完善的重点。

自然资源法种类较多，本章在介绍自然资源法概况的基础上，重点介绍了森林法、矿产资源法的主要制度。森林资源与矿产资源的一个区别，就是前者具有可再生性，后者具有不可再生性。由于这种区别，两种法律在具体制度上存在一些差异，读者不妨略加比较。

第一节　自然资源法概述

一、自然资源的概念

自然环境中与人类社会发展有关的、能被利用来产生使用价值并影响劳动生产率的自然诸要素，通常称为自然资源，可分为有形自然资源（如土地、水体、动植物、矿藏等）和无形的自然资源（如光资源、热资源等）。自然资源具有可用性、整体性、变化性、空间分布不均匀性和区域性，是人类生存和发展的物质基础和社会物质财富的源泉。

广义的自然资源包括实物性自然资源和舒适性自然资源。舒适性自然资源是指能够给人类带来精神享受的自然景观。狭义的自然资源只包括实物性资源，即在一定社会经济技术条件下能够产生经济价值或生态价值，从而提高人类当前或可预见未来生存质量的天然物质和自然能量的总和。

自然资源又分为耗竭性自然资源和非耗竭性自然资源。前者指经人类开发利用后，在相当长时间内不可再生的自然资源。我国《宪法》第9条“矿藏、水流、森林、山岭、草原、荒地、滩涂等自然资源，都属于国家所有”的规定，是从所有权的角度，重点关注对国计民生有重要意义的耗竭性自然资源。至于非耗竭性自然资源，如太阳辐射能、风能、潮汐能，没有设定所有权的需要。

自然资源的价值，除产生物质财富的微观经济价值外，还包括环境生态和可持续发展的宏观经济价值。因此，对自然资源保护的认识不能以狭义的经济价值为标准。例如，禁止对具有重要生态价值的湿地进行工业和农业开发，虽不能直接产生经济价值甚至需要花费管理和保护成本，但湿地的环境生态效益却具有宏观和长远的经济价值。此外，对资源利用的正面价值和负面价值，如森林采伐的正价值和过度采伐的负价值，水资源利用的正价值和水污染的负价值，也需要在立法中给予全面认识。

二、自然资源法的概念

法律调整的是人与人之间的社会关系。自然资源法不是以物质客体为调整对象的法律部门，而是以围绕物质客体的归属、利用和管理、保护所形成的社会关系，包括平等主体之间的产权关系、交易关系和非平等主体之间的管理关系、行为矫正关系。调整这些关系的法律制度，形成了人类在自然资源领域的社会秩序的常态，而这些法律制度的实施，则成为人类社会维护秩序常态的持之以恒的实践，以及由这些实践所达成的社会共识。

目前，人们一般认为自然资源法是调整人们在开发、利用、保护和管理自然资源过程中所发生的各种社会关系的法律规范的总称。因此，自然资源法是一个综合性的概念，它主要由各种自然资源法规所组成，主要包括土地资源法、矿产资源法、水资源法、森林资源法、草原资源法、海洋资源法、野生动植物资源法等。实质上的自然资源法是指调整人们在自然资源开发利用、保护和管理过程中发生的各种社会关系的法律规范的总称，即自然资源法律规范的总和。形式上的自然资源法，是指土地法、水法、矿业法、林业法、草原法、渔业法、野生动物保护法、自然保护区法、防止水土流失法等自然资源立法。

我国现行的自然资源法按其效力可以分为四个层次：一是宪法；二是自然资源法律；三是自然资源法规；四是自然资源规章。

1.宪法。宪法在整个国家的法律体系中具有最高的法律地位和法律效力，自然资源立法就是在宪法精神的指导下产生的。《宪法》第9条和第10条对我国自然资源的产权关系和利用都做出了规定。这些规定构成了我国自然资源立法的基本依据。

2.单行法律。自然资源单行法律指由全国人大及其常委会制定的，以某种国土资源的开发利用和保护为内容的规范性文件，如土地管理法、森林法、矿产资源法、水法等。它们对不同类型自然资源的具体管理制度、开发利用制度以及培植保护治理制度都作了明确规定，是我国建设自然资源法治的主要依据。

3.行政法规和地方性法规。自然资源行政法规是由国务院颁布的有关自然资源法律实施细则，以及解决自然资源行政管理过程中的问题的规范性文件，如《基本农田保护条例》《矿产资源开采登记管理办法》等。自然资源地方性法规即地方人民代表大会及其常委会结合地方的具体情况，依照宪法、法律所制定的有关自然资源开发利用和保护的规范性文件，如《青海省矿产资源管理条例》《浙江省渔业管理条例》等。

4.规章。自然资源规章包括两部分：一是部门规章；二是地方政府规章。部门规章是国务院各部委根据法律、行政法规在各自权限范围内发布的有关自然资源管理的命令、决定，用于规范自然资源管理部门日常活动中的具体行为，如《土地复垦条例实施办法》等。地方政府规章是指省、自治区、直辖市和设区的市、自治州的人民政府制定的有关自然资源管理的规范性文件，如《青岛市海洋渔业管理条例》等。

三、我国自然资源立法现状

（一）概况

我国自然资源立法以宪法为基础，以单行资源法为主要内容。目前已经制定颁布了森林、草原、渔业、矿产、土地、海域、水、煤炭、减灾等自然资源开发利用和保护的法律20余部，同时，国务院也制定了环境、资源、灾害方面的行政法规和规章100余部，为法律的实施提供了具体切实可行的办法细则。此外，还有非针对单一自然资源、根据特别方面的需要而制定的法律法规，如《清洁生产促进法》《可再生能源法》《环境影响评价法》《建设项目环境保护管理条例》《循环经济促进法》等。

通过这些土地资源、水资源、矿产资源、草原资源、森林资源、海洋资源等自然资源法律法规，我国建立并逐步完善一系列自然资源利用和保护制度，包括自然资源权属制度（资源所有权和资源使用权）、自然资源有偿使用制度、自然资源宏观调控制度（资源规划、资源勘查、资源档案、资源登记）、自然资源利用管理制度（准入管理、许可管理、行为监管、行业标准）、自然资源保护制度（自然保护区、资源培育、资源维护、违法惩治）等。我国已初步实现了自然资源保护、管理的有法可依。

（二）我国自然资源立法的主要门类

1.土地资源法。

土地资源的法律保护，是指为了达到土地资源高效而合理的利用，将土地资源的开发、利用、治理等过程纳入法治轨道，为维持土地资源的数量、质量、有效产出和保值增值而进行的法律调整。改革开放以来，我国的土地资源使用管理法律体系逐步建立和完善，在尊重人民群众的产权需求和资源市场配置的客观规律的同时，强调保护耕地、保护基本农田，重视规划管理和用途管制，并力求与其他资源保护和生态环境建设的需求相适应，以实现土地利用与可持续发展的有机统一。

目前，涉及土地资源保护、利用的法律主要有：（1）宪法。我国现行宪法规定，一切使用土地的组织和个人必须合理地利用土地，为我国土地资源保护立法提供了基本依据。（2）法律。包括直接调整土地资源保护关系的法律和间接调整土地资源保护关系的法律。目前，已颁布直接调整土地资源保护关系的法律有《土地管理法》《农村土地承包法》《农业法》《森林法》《水土保持法》《防沙治沙法》《土壤污染防治法》等。间接调整土地资源保护关系的法律主要有三类：一是民事法律中的规定；二是《刑法》中关于非法占用农用地罪和非法批准征收、征用、占用土地罪的规定；三是与土地资源保护密切相关的环境保护法律。（3）行政法规。主要包括《土地管理法实施条例》《基本农田保护条例》《土地复垦条例》《不动产登记暂行条例》等。

根据上述法律法规，目前，我国已建成土地利用规划制度、土地权属制度、土地用途管制制度、国有土地有偿使用制度、土地调查制度、土地统计制度、耕地特殊保护制度、土地整治制度、退耕还林还牧还湖制度、土地复垦制度、统一不动产登记制度等一系列土地资源利用、保护、管理的制度。

2.森林资源法。

我国关于森林资源的现行法律规范有：《森林法》《野生动物保护法》《防沙治沙法》《种子法》《农村土地承包法》等法律；国务院颁布的《森林法实施条例》《自然保护区条例》《植物新品种保护条例》《森林防火条例》《森林病虫害防治条例》《野生植物保护条例》《退耕还林条例》《关于开展全民义务植树运动的实施办法》等多部行政法规；国务院原林业主管部门制定颁布的50多件部门规章。它们为保护、发展和合理利用森林资源，维护生态安全，提供了有力的法律保障。可以说，林业法律法规基本覆盖了林业建设的主要领域，门类齐全、功能完备、内部协调统一，基本做到了有法可依、有章可循。

在具体制度方面，主要包括森林资源权属制度、森林资源保护制度、森林资源培育制度和森林资源管理制度。在森林资源权属方面建立了森林资源所有权、森林资源使用权、森林资源权属登记、林木所有权及收益权等制度。在森林资源保护方面建立了重点保护、护林、森林灾害防控、林地保护、珍稀资源保护等制度。在森林资源培育方面建立了造林绿化、生态修复等制度。在森林资源管理方面建立了发展规划、调查监测、公益林管理、商品林管理、林地占用审批、森林经营方案、森林采伐管理和监督检查等制度。

3.草原资源法。

草原法的宗旨是保护、建设和合理利用草原，改善生态环境，维护生物多样性，发展现代畜牧业，促进经济和社会的可持续发展，其调整对象是人们在保护、建设、利用和改善生态环境的活动中所产生的各种社会关系。我国现行的草原法律体系主要包括《宪法》关于保护草原资源环境的规定，《草原法》以及有关草原资源的单行法，其他部门法中关于保护草原资源的法律规范，以及地方性实施细则和管理规定。

1985年出台的《草原法》是对有关草原方面的重大问题做出规定和调整的综合性立法。2002年修订后的《草原法》总结了多年的草原法实践，进一步健全和完善了对草原保护、建设和合理利用等方面的法律制度，对于调动广大农牧民保护和合理利用草原的积极性，改善草原生态环境、实现草原的永续利用和畜牧业的可持续发展有重大意义。其他部门法中关于保护草原资源的法律规范是对《草原法》的必要支持和补充，如《土地管理法》《环境保护法》《防沙治沙法》《水土保持法》《种子法》《野生植物保护条例》等。

4.矿产资源法。

我国的矿产资源法律体系以宪法为基础，以矿产资源法为核心，此外还包括《矿产资源开采登记管理办法》等一系列相关的行政法规。1996年对1986年施行的《矿产资源法》进行了部分修改，明确了由国务院代表国家行使对矿产资源的所有权，肯定了探矿权、采矿权的财产权属性以及有偿转让制度，完善了矿权审批管理制度。2024年11月《矿产资源法》修订草案通过，自2025年7月1日起施行。新矿产资源法适应新时期发展要求，将立法宗旨确定为“促进矿产资源合理开发利用，加强矿产资源和生态环境保护，维护矿产资源国家所有者权益和矿业权人合法权益，推动矿业高质量发展，保障国家矿产资源安全，适应全面建设社会主义现代化国家的需要”。

矿产资源涉及的主要法律制度包括矿产资源国家所有权制度、矿产资源有偿使用制度、矿业权制度、矿产资源保护制度、生态环境保护制度、资源规划管理制度等。

5.海洋资源法。

我国自20世纪80年代以来，制定了《领海及毗连区法》《海洋环境保护法》《海商法》等一系列涉海法律，以及《防治船舶污染海洋环境管理条例》《海洋倾废管理条例》等一系列涉海法规，使海洋资源开发利用、环境保护、海上交通运输、海洋科学研究等主要的海洋开发利用活动有法可依，有章可循。

此外，作为重要海洋资源之一的海洋矿产资源，虽然没有单独立法，但相关制度规定于《矿产资源法》《矿产资源法实施细则》等法律法规之中，确立了我国海洋矿产资源开发利用的法律制度，包括海洋矿产资源权属制度、海底矿产资源的探矿权和采矿权制度、海底矿产资源探矿权采矿权的转让制度、对外合作开采海洋石油管理规定等。

6.水资源法。

我国对于水资源的立法采取的是资源利用与污染防治相分立的模式。目前，涉及水资源的立法有多部。从水资源利用的角度来看，有《水法》《渔业法》等；从防治污染和保护的角度来看，有《水污染防治法》《海洋环境保护法》等。这些立法分别从水资源的某一特性或价值出发，对水资源保护有一些原则性的规定，但各个立法之间缺乏沟通和协调。

在具体管理方面，水法规定了流域管理机构对流域水资源从宏观的规划、区划等到微观的水量分配、取水许可、监督检查等方面内容，实现了对水资源的流域整体性管理，确立了水资源流域管理秩序，并在实践中形成了一定程度的管理和执法能力。

在产权方面，依据水法的规定，我国水资源属于国家所有。除农村集体经济组织及其成员对本集体的水塘、水库中的水享有无偿的使用权外，我国对水资源实行有偿使用制度。

7.野生动物资源法。

我国关于野生动物资源保护的现行立法是1988年出台的《野生动物保护法》，此外还有原国家林业局2013年发布的《湿地保护管理规定》及地方性的湿地保护条例。此外，《森林法》《自然保护区条例》《陆生野生动物保护实施条例》等法规有关于野生动物保护的规定，《渔业法》有关于保护渔业资源的规定。

《野生动物保护法》的保护对象是珍贵、濒危的陆生、水生野生动物和有重要生态、科学、社会价值的陆生野生动物。该法明确了野生动物资源属于国家所有，规定了对野生动物实行保护优先、规范利用、严格监管的原则，建立了野生动物栖息地保护制度和野生动物管理制度，规定了组织和个人保护野生动物及其栖息地的义务和违反野生动物保护法的法律责任。自该法实施以来，各级政府不断强化野生动物保护执法，严厉打击乱捕滥猎滥食野生动物和走私、非法经营野生动物产品的违法犯罪活动，加大对森林、湿地和野生动物栖息地的保护性投入，取得了显著成效。广大人民群众积极参与野生动物保护，形成了群防群治的良好局面。

第二节 森林法

一、森林法概述

（一）立法宗旨和调整对象

1984年颁布，1998年、2009年两次修正和2019年修订的《森林法》，是调整我国森林资源法律关系的基本法。修订后的森林法以习近平生态文明思想为指导，以践行绿水青山就是金山银山理念，保护、培育和合理利用森林资源，加快国土绿化，保障森林生态安全，建设生态文明，实现人与自然和谐共生为立法宗旨，坚持生态优先，生态效益、经济效益和社会效益相统一；坚持保护优先，促进森林资源可持续发展；坚持分类经营管理，实现森林资源永续利用；坚持尊重自然规律和经济规律，保护林业经营者的合法权益。

森林法调整的对象，是在我国境内从事森林、林木的保护、培育、利用和森林、林木、林地的经营管理活动，以及由此形成的权属关系、行政管理关系和资源培育保护关系。其中，权属关系包括森林资源所有权、使用权的归属与变动关系；行政管理关系包括政府主管部门对森林资源保护培育和各种资源利用行为的统筹、扶持和管理关系；资源培育保护关系包括各级政府对森林资源培育、保护的职责以及社会成员的相应义务。

（二）森林资源的定义

森林资源包括森林、林木、林地以及依托森林、林木、林地生存的野生动物、植物和微生物。其中，森林包括乔木林、竹林和国家特别规定的灌木林，林木包括树木和竹子，林地包括郁闭度0.20以上的乔木林地以及竹林地、灌木林地、疏林地、采伐迹地、火烧迹地、未成林造林地、苗圃地等。所谓森林郁闭度，是指树冠在地面的垂直投影面积和占全部林地面积的比例，据联合国粮农组织规定，0.70（含0.70）以上的为密林，0.20～0.69的为中度郁闭林，小于0.20的为疏林。

（三）森林的分类

1.森林按所有权归属分为国有林和集体林。

2.森林按功能分为公益林和商品林。国家根据生态保护的需要，将森林生态区位重要或者生态状况脆弱，以发挥生态效益为主要目的的林地和林地上的森林划定为公益林。未划定为公益林的林地和林地上的森林属于商品林。国家对公益林和商品林实行分类经营管理，突出主导功能，发挥多种功能，实现森林资源永续利用。

3.森林按用途可以分为五类：（1）防护林：以防护为主要目的的森林、林木和灌木丛，包括水源涵养林，水土保持林，防风固沙林，农田、牧场防护林，护岸林，护路林。（2）特种用途林：以国防、环境保护、科学实验等为主要目的的森林和林木，包括国防林、实验林、母树林、环境保护林、风景林，名胜古迹和革命纪念地的林木，自然保护区的森林。（3）用材林：以生产木材为主要目的的森林和林木，包括以生产竹材为主要目的的竹林。（4）经济林：以生产果品，食用油料、饮料、调料，工业原料和药材等为主要目的的林木。（5）能源林：以生产生物质能源为主要培育目的的林木，包括木质能源林、油料能源林。

二、森林资源权属制度

（一）森林资源所有权

森林资源属于国家所有，由法律规定属于集体所有的除外。

国家所有的森林资源的所有权由国务院代表国家行使。国务院可以授权国务院自然资源主管部门统一履行国有森林资源所有者职责。

（二）森林资源使用权

1.国有林使用权。

国家所有的林地和林地上的森林、林木可以依法确定给林业经营者使用。林业经营者依法取得的国有林地和林地上的森林、林木的使用权，经批准可以转让、出租、作价出资等。具体办法由国务院制定。林业经营者应当履行保护、培育森林资源的义务，保证国有森林资源稳定增长，提高森林生态功能。

2.集体林使用权（集体林地经营权）。

（1）承包经营。集体所有和国家所有依法由农民集体使用的林地（以下简称集体林地）实行承包经营的，承包方享有林地承包经营权和承包林地上的林木所有权，合同另有约定的从其约定。承包方可以依法采取出租（转包）、入股、转让等方式流转林地经营权、林木所有权和使用权。

（2）集体经营。未实行承包经营的集体林地以及林地上的林木，由农村集体经济组织统一经营。经本集体经济组织成员的村民会议2/3以上成员或者2/3以上村民代表同意并公示，可以通过招标、拍卖、公开协商等方式依法流转林地经营权、林木所有权和使用权。

（3）林地经营权流转合同。集体林地经营权流转应当签订书面合同。林地经营权流转合同一般包括流转双方的权利义务、流转期限、流转价款及支付方式、流转期限届满林地上的林木和固定生产设施的处置、违约责任等内容。

（4）林地经营权收回。受让方违反法律规定或者合同约定造成森林、林木、林地严重毁坏的，发包方或者承包方有权收回林地经营权。

（三）森林资源权属登记

林地和林地上的森林、林木的所有权、使用权，由不动产登记机构统一登记造册，核发证书。国务院确定的国家重点林区（以下简称重点林区）的森林、林木和林地，由国务院自然资源主管部门负责登记。

（四）林木所有权及收益权

国有企业事业单位、机关、团体、部队营造的林木，由营造单位管护并按照国家规定支配林木收益。

农村居民在房前屋后、自留地、自留山种植的林木，归个人所有。城镇居民在自有房屋的庭院内种植的林木，归个人所有。

集体或者个人承包国家所有和集体所有的宜林荒山荒地荒滩营造的林木，归承包的集体或者个人所有；合同另有约定的从其约定。

其他组织或者个人营造的林木，依法由营造者所有并享有林木收益；合同另有约定的从其约定。

（五）林地、林木的征收、征用

为了生态保护、基础设施建设等公共利益的需要，确需征收、征用林地、林木的，应当依照《土地管理法》等法律、行政法规的规定办理审批手续，并给予公平、合理的补偿。

（六）权利保护及权利人义务

森林、林木、林地的所有者和使用者的合法

权益受法律保护，任何组织和个人不得侵犯。

森林、林木、林地的所有者和使用者应当依法保护和合理利用森林、林木、林地，不得非法改变林地用途和毁坏森林、林木、林地。

（七）争议解决

单位之间发生的林木、林地所有权和使用权争议，由县级以上人民政府依法处理。个人之间、个人与单位之间发生的林木所有权和林地使用权争议，由乡镇人民政府或者县级以上人民政府依法处理。当事人对有关人民政府的处理决定不服的，可以自接到处理决定通知之日起30日内向人民法院起诉。

在林木、林地权属争议解决前，除因森林防火、林业有害生物防治、国家重大基础设施建设等需要外，当事人任何一方不得砍伐有争议的林木或者改变林地现状。

三、森林资源保护制度

（一）森林保护的目标及相关职责

国家加强森林资源保护，发挥森林蓄水保土、调节气候、改善环境、维护生物多样性和提供林产品等多种功能。

各级人民政府应当加强林业基础设施建设，应用先进适用的科技手段，提高森林防火、林业有害生物防治等森林管护能力。

各有关单位应当加强森林管护。国有林业企业事业单位应当加大投入，加强森林防火、林业有害生物防治，预防和制止破坏森林资源的行为。

（二）重点保护制度

1.生态效益补偿制度。

国家建立森林生态效益补偿制度，加大公益林保护支持力度。中央和地方财政分别安排资金，用于公益林的营造、抚育、保护、管理和非国有公益林权利人的经济补偿等，实行专款专用。

2.重点林区保护制度。

国家支持重点林区的转型发展和森林资源保护修复。重点林区按照规定享受国家重点生态功能区转移支付等政策。

国家在不同自然地带的典型森林生态地区、珍贵动物和植物生长繁殖的林区、天然热带雨林区和具有特殊保护价值的其他天然林区，建立以国家公园为主体的自然保护地体系，加强保护管理。国家支持生态脆弱地区森林资源的保护修复。县级以上人民政府应当采取措施对具有特殊价值的野生植物资源予以保护。

国家实行天然林全面保护制度，严格限制天然林采伐，加强天然林管护能力建设，保护和修复天然林资源，逐步提高天然林生态功能。具体办法由国务院规定。

（三）护林制度

地方各级人民政府应当组织有关部门建立护林组织，负责护林工作；根据实际需要建设护林设施，加强森林资源保护；督促相关组织订立护林公约、组织群众护林、划定护林责任区、配备专职或者兼职护林员。

县级或者乡镇人民政府可以聘用护林员，其主要职责是巡护森林，发现火情、林业有害生物以及破坏森林资源的行为，应当及时处理并向当地林业等有关部门报告。

（四）森林灾害防控制度

1.森林防火制度。

地方各级人民政府负责本行政区域的森林防火工作，发挥群防作用；县级以上人民政府组织领导应急管理、林业、公安等部门按照职责分工密切配合做好森林火灾的科学预防、扑救和处置工作：（1）组织开展森林防火宣传活动，普及森林防火知识；（2）划定森林防火区，规定森林防火期；（3）设置防火设施，配备防灭火装备和物资；（4）建立森林火灾监测预警体系，及时消除隐患；（5）制定森林火灾应急预案，发生森林火灾，立即组织扑救；（6）保障预防和扑救森林火灾所需费用。

国家综合性消防救援队伍承担国家规定的森林火灾扑救任务和预防相关工作。

2.森林生物灾害防治制度。

县级以上人民政府林业主管部门（以下简称县以上林管部门）负责本行政区域的林业有害生物的监测、检疫和防治。省级以上人民政府林业主管部门负责确定林业植物及其产品的检疫性有害生物，划定疫区和保护区。

重大林业有害生物灾害防治实行地方人民政府负责制。发生暴发性、危险性等重大林业有害生物灾害时，当地人民政府应当及时组织除治。

林业经营者在政府支持引导下，对其经营管理范围内的林业有害生物进行防治。

（五）林地保护制度

国家保护林地，严格控制林地转为非林地，实行占用林地总量控制，确保林地保有量不减少。各类建设项目占用林地不得超过本行政区域的占用林地总量控制指标。

禁止毁林开垦、采石、采砂、采土以及其他毁坏林木和林地的行为。禁止向林地排放重金属或者其他有毒有害物质含量超标的污水、污泥，以及可能造成林地污染的清淤底泥、尾矿、矿渣等。禁止在幼林地砍柴、毁苗、放牧。禁止擅自移动或者损坏森林保护标志。

（六）珍稀资源保护制度

国家保护古树名木和珍贵树木。禁止破坏古树名木和珍贵树木及其生存的自然环境。

四、森林资源培育制度

（一）造林绿化

1.总体要求。

国家统筹城乡造林绿化，开展大规模国土绿化行动，绿化美化城乡，推动森林城市建设，促进乡村振兴，建设美丽家园。各级人民政府应当组织各行各业和城乡居民造林绿化。国家鼓励公民通过植树造林、抚育管护、认建认养等方式参与造林绿化。

各级人民政府组织造林绿化，应当科学规划、因地制宜，优化林种、树种结构，鼓励使用乡土树种和林木良种、营造混交林，提高造林绿化质量。国家投资或者以国家投资为主的造林绿化项目，应当按照国家规定使用林木良种。

2.荒地造林绿化。

宜林荒山荒地荒滩，属于国家所有的，由县以上林管部门和其他有关主管部门组织开展造林绿化；属于集体所有的，由集体经济组织组织开展造林绿化。国家所有和集体所有的宜林荒山荒地荒滩可以由单位或者个人承包造林绿化。

3.城区造林绿化。

城市规划区内、铁路公路两侧、江河两侧、湖泊水库周围，由各有关主管部门按照有关规定因地制宜组织开展造林绿化；工矿区、工业园区、机关、学校用地，部队营区以及农场、牧场、渔场经营地区，由各该单位负责造林绿化。

（二）生态修复

各级人民政府应当采取以自然恢复为主、自然恢复和人工修复相结合的措施，科学保护修复森林生态系统。新造幼林地和其他应当封山育林的地方，由当地人民政府组织封山育林。

各级人民政府应当对国务院确定的坡耕地、严重沙化耕地、严重石漠化耕地、严重污染耕地等需要生态修复的耕地，有计划地组织实施退耕还林还草。

各级人民政府应当对自然因素等导致的荒废和受损山体、退化林地以及宜林荒山荒地荒滩，因地制宜实施森林生态修复工程，恢复植被。

五、森林资源管理制度

（一）发展规划制度

县级以上人民政府应当将森林资源保护和林业发展纳入国民经济和社会发展规划，落实国土空间开发保护要求，合理规划森林资源保护利用结构和布局，制定森林资源保护发展目标，提高森林覆盖率、森林蓄积量，提升森林生态系统质量和稳定性。县以上林管部门应当根据森林资源保护发展目标，编制林业发展规划。

（二）调查监测制度

国家建立森林资源调查监测制度，对全国森林资源现状及变化情况进行调查、监测和评价，并定期公布。

（三）公益林管理制度

1.公益林的划定及调整。公益林由国务院和省、自治区、直辖市人民政府划定并公布。下列区域的林地和林地上的森林，应当划定为公益林：(1)重要江河源头汇水区域；(2)重要江河干流及支流两岸、饮用水水源地保护区；(3)重要湿地和重要水库周围；(4)森林和陆生野生动物类型的自然保护区；(5)荒漠化和水土流失严重地区的防风固沙林基干林带；(6)沿海防护林基干林带；(7)未开发利用的原始林地区；(8)需要划定的其他区域。公益林划定涉及非国有林地的，应当与权利人签订书面协议，并给予合理补偿。

2.公益林的保护和利用。国家对公益林实施严格保护。县以上林管部门应当有计划地组织公益林经营者对公益林中生态功能低下的疏林、残次林等低质低效林，采取林分改造、森林抚育等措施，提高公益林的质量和生态保护功能。在符合公益林生态区位保护要求和不影响公益林生态功能的前提下，经科学论证，可以合理利用公益林林地资源和森林景观资源，适度开展林下经济、森林旅游等。利用公益林开展上述活动应当严格遵守国家有关规定。

(四)商品林管理制度

我国的商品林发展坚持市场化导向和国家鼓励支持相结合方针。商品林由林业经营者依法自主经营。经营者在不破坏生态的前提下，可以采取集约化经营措施，合理利用森林、林木、林地，提高商品林经济效益。

国家鼓励发展下列商品林：(1)以生产木材为主要目的的森林；(2)以生产果品、油料、饮料、调料、工业原料和药材等林产品为主要目的的森林；(3)以生产燃料和其他生物质能源为主要目的的森林；(4)其他以发挥经济效益为主要目的的森林。在保障生态安全的前提下，国家鼓励建设速生丰产、珍贵树种和大径级用材林，增加林木储备，保障木材供给安全。

(五)林地占用审批制度

1.为林业目的的占用审批。在林地上修筑下列直接为林业生产经营服务的工程设施，符合国家有关部门规定的标准的，由县以上林管部门批准，不需要办理建设用地审批手续；超出标准需要占用林地的，应当依法办理建设用地审批手续：(1)培育、生产种子、苗木的设施；(2)贮存种子、苗木、木材的设施；(3)集材道、运材道、防火巡护道、森林步道；(4)林业科研、科普教育设施；(5)野生动植物保护、护林、林业有害生物防治、森林防火、木材检疫的设施；(6)供水、供电、供热、供气、通讯基础设施；(7)其他直接为林业生产服务的工程设施。

2.为非林业目的的占用审批及植被恢复。矿藏勘查、开采以及其他各类工程建设，应当不占或者少占林地；确需占用林地的，应当经县以上林管部门审核同意，依法办理建设用地审批手续。占用林地的单位应当缴纳森林植被恢复费。森林植被恢复费征收使用管理办法由国务院财政部门会同林业主管部门制定。县以上林管部门应当按照规定安排植树造林，恢复森林植被，植树造林面积不得少于因占用林地而减少的森林植被面积。上级林业主管部门应当定期督促下级林业主管部门组织植树造林、恢复森林植被，并进行检查。

3.临时占用审批及植被恢复。需要临时使用林地的，应当经县以上林管部门批准；临时使用林地的期限一般不超过2年，并不得在临时使用的林地上修建永久性建筑物。临时使用林地期满后1年内，用地单位或者个人应当恢复植被和林业生产条件。

(六)森林经营方案制度

国有林业企业事业单位应当编制森林经营方案，明确森林培育和管护的经营措施，报县以上林管部门批准后实施。重点林区的森林经营方案由国务院林业主管部门批准后实施。

国家支持、引导其他林业经营者编制森林经营方案。

(七)森林采伐管理制度

1.采伐限额制度。

国家严格控制森林年采伐量。省、自治区、直辖市人民政府林业主管部门根据消耗量低于生长量和森林分类经营管理的原则，编制本行政区域的年采伐限额，经征求国务院林业主管部门意见，报本级人民政府批准后公布实施，并报国务院备案。重点林区的年采伐限额，由国务院林业主管部门编制，报国务院批准后公布实施。

2.分类限伐制度。

采伐森林、林木应当遵守下列规定：（1）公益林只能进行抚育、更新和低质低效林改造性质的采伐。但是，因科研或者实验、防治林业有害生物、建设护林防火设施、营造生物防火隔离带、遭受自然灾害等需要采伐的除外。（2）商品林应当根据不同情况，采取不同采伐方式，严格控制皆伐面积，伐育同步规划实施。（3）自然保护区的林木，禁止采伐。但是，因防治林业有害生物、森林防火、维护主要保护对象生存环境、遭受自然灾害等特殊情况必须采伐的和实验区的竹林除外。

3.采伐许可证制度。

（1）适用范围。采伐林地上的林木应当申请采伐许可证，并按照采伐许可证的规定进行采伐；采伐自然保护区以外的竹林，不需要申请采伐许可证，但应当符合林木采伐技术规程。农村居民采伐自留地和房前屋后个人所有的零星林木，不需要申请采伐许可证。非林地上的农田防护林、防风固沙林、护路林、护岸护堤林和城镇林木等的更新采伐，由有关主管部门按照有关规定管理。采挖移植林木按照采伐林木管理。具体办法由国务院林业主管部门制定。禁止伪造、变造、买卖、租借采伐许可证。

（2）发证机关。采伐许可证由县以上林管部门核发。农村居民采伐自留山和个人承包集体林地上的林木，由县以上林管部门或者其委托的乡镇人民政府核发采伐许可证。

（3）发证条件。符合林木采伐技术规程的，审核发放采伐许可证的部门应当及时核发采伐许可证。但是，审核发放采伐许可证的部门不得超过年采伐限额发放采伐许可证。

（4）负面清单。有下列情形之一的，不得核发采伐许可证：①采伐封山育林期、封山育林区内的林木；②上年度采伐后未按照规定完成更新造林任务；③上年度发生重大滥伐案件、森林火灾或者林业有害生物灾害，未采取预防和改进措施；④法律法规和国务院林业主管部门规定的禁止采伐的其他情形。

4.更新造林制度。

采伐林木的组织和个人应当按照有关规定完成更新造林。更新造林的面积不得少于采伐的面积，更新造林应当达到相关技术规程规定的标准。

（八）监督检查制度

县以上林管部门依照森林法的规定，对森林资源的保护、修复、利用、更新等进行监督检查，依法查处破坏森林资源等违法行为。其履行森林资源保护监督检查职责时，有权采取下列措施：（1）进入生产经营场所进行现场检查；（2）查阅、复制有关文件、资料，对可能被转移、销毁、隐匿或者篡改的文件、资料予以封存；（3）查封、扣押有证据证明来源非法的林木以及从事破坏森林资源活动的工具、设备或者财物；（4）查封与破坏森林资源活动有关的场所。

省级以上人民政府林业主管部门对森林资源保护发展工作不力、问题突出、群众反映强烈的地区，可以约谈所在地区县级以上地方人民政府及其有关部门主要负责人，要求其采取措施及时整改。约谈整改情况应当向社会公开。

破坏森林资源造成生态环境损害的，县级以上人民政府自然资源主管部门、林业主管部门可以依法向人民法院提起诉讼，对侵权人提出损害赔偿要求。

审计机关按照国家有关规定对国有森林资源资产进行审计监督。

六、涉林违法行为的法律责任

（一）涉林违法行为的概念

涉林违法行为，是指违反森林法及其他森林保护法规的规定，侵害森林资源、权利人合法权益或者森林管理秩序，依照森林法规定应当承担法律责任的行为。

森林法规定以外的涉林违法行为，如放火毁林、盗窃或毁坏林区生产设施、盗猎野生动物等行为，依照其他法律、法规予以追究。

（二）涉林违法行为的样态及责任

违反森林法的规定，实施下列行为的，构成涉林违法行为，承担相应的行政责任和民事责任。构成违反治安管理行为的，依法给予治安管理处罚；构成犯罪的，依法追究刑事责任。

1.行政渎职。

县以上林管部门或者其他有关国家机关未依照《森林法》的规定履行职责的，对直接负责的主管人员和其他直接责任人员依法给予处分。依照《森林法》的规定应当作出行政处罚决定而未作出的，上级主管部门有权责令下级主管部门作出行政处罚决定或者直接给予行政处罚。

2.民事侵权。

侵害森林、林木、林地的所有者或者使用者的合法权益的，依法承担侵权责任。相关侵权责任的确定，适用民法的规定。

3.国有单位失责。

国有林业企业事业单位未履行保护培育森林资源义务、未编制森林经营方案或者未按照批准的森林经营方案开展森林经营活动的，由县以上林管部门责令限期改正，对直接负责的主管人员和其他直接责任人员依法给予处分。

4.违法用地。

未经县以上林管部门审核同意擅自改变林地用途的，由县以上林管部门责令限期恢复植被和林业生产条件，可以处恢复植被和林业生产条件所需费用3倍以下的罚款。

在临时使用的林地上修建永久性建筑物，或者临时使用林地期满后1年内未恢复植被或者林业生产条件的，依照上述规定处罚。

虽经县以上林管部门审核同意，但未办理建设用地审批手续擅自占用林地的，依照《土地管理法》的有关规定处罚。

根据最高人民法院《关于审理破坏森林资源刑事案件适用法律若干问题的解释》的规定，违反土地管理法规，非法占用林地，改变被占用林地用途，具有下列情形之一的，应当认定为《刑法》第342条规定的造成林地“毁坏”：（1）在林地上实施建窑、建坟、建房、修路、硬化等工程建设的；（2）在林地上实施采石、采砂、采土、采矿等活动的；（3）在林地上排放污染物、堆放废弃物或者进行非林业生产、建设，造成林地被严重污染或者原有植被、林业生产条件被严重破坏的。

5.毁坏林木。

进行开垦、采石、采砂、采土或者其他活动，造成林木毁坏的，由县以上林管部门责令停止违法行为，限期在原地或者异地补种毁坏株数1倍以上3倍以下的树木，可以处毁坏林木价值5倍以下的罚款；造成林地毁坏的，由县以上林管部门责令停止违法行为，限期恢复植被和林业生产条件，可以处恢复植被和林业生产条件所需费用3倍以下的罚款。对此种行为，公安机关可以行使行政处罚权。

在幼林地砍柴、毁苗、放牧造成林木毁坏的，由县以上林管部门责令停止违法行为，限期在原地或者异地补种毁坏株数1倍以上3倍以下的树木。

毁坏林木被责令恢复植被和林业生产条件或者补种树木而拒不履行，或者其履行不符合国家有关规定的，由县以上林管部门依法组织代为履行，所需费用由违法者承担。

6.污染林地。

向林地排放重金属或者其他有毒有害物质含量超标的污水、污泥，以及可能造成林地污染的清淤底泥、尾矿、矿渣等的，依照《土壤污染防治法》的有关规定处罚。

7.破坏森林保护标志。

擅自移动或者毁坏森林保护标志的，由县以上林管部门恢复森林保护标志，所需费用由违法者承担。

8.盗伐、滥伐林木。

以非法占有为目的，擅自砍伐国家、集体、企业事业单位或者个人所有、经营或者营造的林木的，构成盗伐林木行为，由县以上林管部门责令限期在原地或者异地补种盗伐株数1倍以上5倍以下的树木，并处盗伐林木价值5倍以上10倍以下的罚款。

盗伐森林或者其他林木，涉案林木具有下列情形之一的，应当认定为《刑法》第345条第1款规定的“数量较大”：（1）立木蓄积5立方米以上的；（2）幼树200株以上的；（3）数量虽未分别达前两项规定标准，但按相应比例折算合计达到有关标准的；（4）价值2万元以上的。实施盗伐行为达到上述标准10倍、50倍以上的，应当分别认定为《刑法》第345条第1款规定的“数量巨大”“数量特别巨大”。

无采伐许可证或者虽然持有采伐许可证但违背采伐证所规定的地点、数量、树种、方式而任意采伐属于自己或者他人的林木的，构成滥伐林木行为，由县以上林管部门责令限期在原地或者异地补种滥伐株数1倍以上3倍以下的树木，可以处滥伐林木价值3倍以上5倍以下的罚款。具有下列情形之一的，应当认定为《刑法》第345条第2款规定的“滥伐森林或者其他林木”：（1）未取得采伐许可证，或者违反采伐许可证规定的时间、地点、数量、树种、方式，任意采伐本单位或者本人所有的林木的；（2）违反《森林法》第56条第3款的规定，任意采伐本单位或者本人所有的林木的；（3）在采伐许可证规定的地点，超过规定的数量采伐国家、集体或者他人所有的林木的。林木权属存在争议，一方未取得采伐许可证擅自砍伐的，以滥伐林木论处。滥伐行为涉案林木达到以下标准的，构成《刑法》第345条第2款规定的“数量较大”：（1）立木蓄积20立方米以上的；（2）幼树1000株以上的；（3）数量虽未分别达到前两项规定标准，但按相应比例折算合计达到有关标准的；（4）价值5万元以上的。达到以上第（1）~（4）项规定的标准5倍以上的，构成“数量巨大”。

盗伐、滥伐林木被责令补种树木而拒不履行，或者其履行不符合国家有关规定的，由县以上林管部门依法组织代为履行，所需费用由违法者承担。

对盗伐、滥伐行为，公安机关可以行使行政处罚权。

9.毁坏野生植物。

违反国家规定，非法采伐、毁坏列入《国家重点保护野生植物名录》的野生植物，或者非法收购、运输、加工、出售明知是非法采伐、毁坏的上述植物及其制品，具有下列情形之一的，应当依照《刑法》第344条的规定，以危害国家重点保护植物罪定罪处罚：（1）危害国家一级保护野生植物1株以上或者立木蓄积1立方米以上的；（2）危害国家二级保护野生植物2株以上或者立木蓄积2立方米以上的；（3）危害国家重点保护野生植物，数量虽未分别达到前两项标准，但按相应比例折算合计达到有关标准的。（4）涉案国家重点保护野生植物及其制品价值2万元以上的。

10.伪造、买卖采伐许可证。

伪造、变造、买卖、租借采伐许可证的，无论是否实施采伐，由县以上林管部门没收证件和违法所得，并处违法所得1倍以上3倍以下的罚款；没有违法所得的，可以处2万元以下的罚款。对本项行为，公安机关可以行使行政处罚权。

有上述行为实施采伐的，其采伐行为另按盗伐、滥伐林木予以处罚。

11.交易被盗伐、滥伐林木。

收购、加工、运输明知是盗伐、滥伐等非法来源的林木的，由县以上林管部门责令停止违法行为，没收违法收购、加工、运输的林木或者变卖所得，可以处违法收购、加工、运输林木价款3倍以下的罚款。对本项行为，公安机关可以行使行政处罚权。

非法收购、运输明知是盗伐、滥伐的林木，具有下列情形之一的，应当认定为《刑法》第345条第3款规定的“情节严重”：（1）涉案林木立木蓄积20立方米以上的；（2）涉案幼树1000株以上的；（3）涉案林木数量虽未分别达到前两项规定标准，但按相应比例折算合计达到有关标准的；（4）涉案林木价值5万元以上的；（5）其他情节严重的情形。

12.未完成更新造林。

采伐林木的单位或者个人未完成更新造林任务的，由县以上林管部门责令限期完成；逾期未完成的，可以处未完成造林任务所需费用2倍以下的罚款；对直接负责的主管人员和其他直接责任人员，依法给予处分。

13.妨碍林业执法。

拒绝、阻碍县以上林管部门依法实施监督检查的，可以处5万元以下的罚款，情节严重的，可以责令停产停业整顿。

第三节　矿产资源法

一、矿产资源权属制度

（一）国家所有权

矿产资源属于国家所有，由国务院行使矿产资源的所有权。地表或者地下的矿产资源的国家所有权，不因其所依附的土地的所有权或者使用权的不同而改变。

在中华人民共和国领域及管辖的其他海域勘查、开采矿产资源，开展矿区生态修复等活动，适用《矿产资源法》。《矿产资源法》授权对这些活动实施监督管理的政府部门主要有：国务院自然资源主管部门（以下简称国务院主管部门），国务院自然资源主管部门会同有关部门（以下合称国务院有关部门），县级以上地方政府自然资源主管部门（以下简称地方主管部门）。

（二）矿业权

1.矿业权的概念。

矿业权是探矿权、采矿权的统称。探矿权，是指在登记的勘查区域内勘查矿产资源的权利。采矿权，是指在登记的开采区域内，开采有关矿产资源并获得采出的矿产品的权利。依法取得探矿权、采矿权的单位或个人，分别被称为探矿权人、采矿权人。矿业权具有物权属性，可以依法转让、出资、抵押。

2.矿业权取得的一般规定。

（1）取得方式。国家实行探矿权、采矿权有偿取得的制度。矿业权应当通过招标、拍卖、挂牌等竞争性方式出让，法律、行政法规或者国务院规定可以通过协议出让或者其他方式设立的除外。

（2）出让规则。通过竞争性方式出让矿业权的，矿业权出让部门应当提前公告拟出让矿业权的基本情况、竞争规则、受让人的技术能力等条件及其权利义务等事项，不得以不合理的条件对市场主体实行差别待遇或者歧视待遇。矿业权出让权限划分由国务院规定。地方主管部门按照规定权限组织矿业权出让。矿业权出让应当按照国家规定纳入统一的公共资源交易平台体系。

（3）出让合同。出让矿业权的，矿业权出让部门应当与受让人签订矿业权出让合同，明确勘查或者开采的矿种、区域，勘查、开采、矿区生态修复和安全要求，矿业权出让收益数额与缴纳方式，矿业权的期限等事项；涉及特定战略性矿产资源的，还应当明确保护性开采的有关要求。

3.矿业权取得的特殊规定。

（1）探矿权转采矿权。探矿权人探明可供开采的矿产资源后，可以在探矿权期限内申请将其探矿权转为采矿权。

（2）矿业权人优先权。矿业权人有权依法优先取得其勘查、开采区域内新发现的其他矿产资源的矿业权。

（3）油气采矿权延迟取得。石油、天然气等矿产资源勘查过程中发现可供开采的石油、天然气等矿产资源的，可以“先开采，后办证”，即履行相关报告程序后即可进行开采，但应当在国务院主管部门规定的期限内依法取得采矿权和采矿许可证。

4.矿业权登记。

设立矿业权的，应当向矿业权出让部门申请矿业权登记。符合登记条件的，矿业权出让部门应当将相关事项记载于矿业权登记簿，并向矿业权人发放矿业权证书。矿业权变更、转让、抵押和消灭的，应当依法办理登记。矿业权的设立和物权变动未经依法登记，不发生效力。在已经登记的勘查、开采区域内不得设立其他矿业权，但根据国家规定按不同矿种分别设立矿业权的除外。

5.矿业权期限。

（1）探矿权的期限。探矿权期限为5年，届满可以续期，续期最多不超过3次，每次期限为5年；续期时应当按照规定核减勘查区域面积。法律、行政法规另有规定的除外。探矿权人应当按照合同约定及时开展勘查工作，并每年向原矿业权出让部门报告有关情况；无正当理由未开展或者未实质性开展勘查工作的，探矿权期限届满时不予续期。

（2）采矿权的期限。采矿权期限结合矿产资源储量和矿山建设规模确定，最长不超过30年。采矿权期限届满，登记的开采区域内仍有可供开采的矿产资源的，可以续期；法律、行政法规另有规定的除外。

（3）期限届满的效果。期限届满未申请续期或者依法不予续期的，矿业权消灭。

6.矿业权收回。

矿业权期限届满前，为了公共利益需要，原矿业权出让部门可以依法收回矿业权；矿业权被收回的，应当依法给予公平、合理的补偿。

7.矿业权豁免。

作为“有证即有权，无证即无权”原则的例外，允许在法律规定的无须取得矿业权的情形下进行无证勘探、无证开采。（1）无须取得探矿权的情形有：①国家出资勘查矿产资源；②采矿权人在登记的开采区域内为开采活动需要进行勘查；③国务院和国务院主管部门规定的其他情形。（2）无须取得采矿权的情形有：①个人为生活自用采挖只能用作普通建筑材料的砂、石、黏土；②建设项目施工单位在批准的作业区域和建设工期内，因施工需要采挖只能用作普通建筑材料的砂、石、黏土；③国务院和国务院主管部门规定的其他情形。

二、矿产资源勘查开发管理

（一）基本原则

矿产资源开发利用和保护工作应当坚持中国共产党的领导，贯彻总体国家安全观，统筹发展和安全，统筹国内国际，坚持开发利用与保护并重，遵循保障安全、节约集约、科技支撑、绿色发展的原则。国家对矿产资源的勘查、开发实行统一规划、合理布局、综合勘查、合理开采和综合利用的方针。

（二）资源规划

国务院主管部门会同国务院发展改革、应急管理、生态环境、工业和信息化、水行政、能源、矿山安全监察等有关部门，依据国家发展规划、全国国土空间规划、地质调查成果等，编制全国矿产资源规划，报国务院或者其授权的部门批准后实施。

省级人民政府自然资源主管部门会同有关部门编制本行政区域矿产资源规划，经本级政府同意后，报国务院主管部门批准后实施。

设区的市级、县级政府自然资源主管部门会同有关部门根据本行政区域内矿产资源状况和实际需要，编制本行政区域矿产资源规划，经本级政府同意后，报上一级政府自然资源主管部门批准后实施。

（三）管理制度

1.资源信息管理。

（1）地质信息管理。各级政府自然资源主管部门会同有关部门，依照法定职责组织开展基础性地质调查、战略性矿产资源和重点成矿区的远景调查及潜力评价，做好地质资料汇交、保管、利用和保护工作。矿山闭坑后，采矿权人应当按规定将闭坑地质报告报送政府主管部门。

（2）储量信息管理。国家建立矿产资源储量管理制度，矿业权人查明可供开采的矿产资源或者发现矿产资源储量发生重大变化的，应当按照规定编制矿产资源储量报告并报送政府主管部门。

2.战略性资源管理。

国家完善政策措施，加大对战略性矿产资源勘查、开采、贸易、储备等的支持力度，推动战略性矿产资源增加储量和提高产能，推进战略性矿产资源产业优化升级，提升矿产资源安全保障水平。对国务院确定的特定战略性矿产资源，按照国家有关规定实行保护性开采。

3.矿产资源压覆管理。

编制国土空间规划应当合理规划建设项目的空间布局，避免、减少压覆矿产资源。所谓压覆矿产资源，是指建设项目实施导致已查明的矿产资源不能开发利用的情况。建设项目确需压覆已经设置矿业权的矿产资源，对矿业权行使造成直接影响的，建设单位应当在压覆前与矿业权人协商，并依法给予公平、合理的补偿。战略性矿产资源原则上不得压覆。

4.许可证制度。

矿业权人进行矿产资源勘查、开采作业前，应当按照矿业权出让合同以及相关标准、技术规范等，分别编制勘查方案、开采方案，报原矿业权出让部门批准，取得勘查许可证、采矿许可证；未取得许可证的不得进行勘查、开采作业。矿业权人应当按照经批准的勘查方案、开采方案进行作业；勘查方案、开采方案需要作重大调整的，应当按规定报原矿业权出让部门批准。

5.矿业用地管理。

(1)用地供给。国家完善与矿产资源勘查、开采相适应的矿业用地制度。编制国土空间规划应当考虑矿产资源勘查、开采用地实际需求。勘查、开采矿产资源应当节约集约使用土地。各地政府自然资源主管部门应当保障矿业权人依法通过出让、租赁、作价出资等方式使用土地。开采战略性矿产资源确需使用农民集体所有土地的，可以依法实施征收。勘查、开采矿产资源用地的范围和使用期限最长不超过矿业权期限。

(2)临时用地。勘查矿产资源可以依照相关规定临时使用土地。露天开采战略性矿产资源占用土地，经科学论证，具备边开采、边复垦条件的，经报省级以上主管部门批准后可以临时使用土地；临时使用农用地的，还应当按照有关规定及时恢复种植条件、耕地质量或者恢复植被、生产条件。

6.勘查、开采活动秩序。

矿业权所在地政府应当公告矿业权人勘查、开采区域范围。矿业权人在该区域内勘查、开采矿产资源，可以依法在相邻区域通行，架设供电、供水、通讯等相关设施。任何单位和个人不得实施下列行为：①进入他人的勘查、开采区域勘查、开采矿产资源；②扰乱勘查、开采区域的生产秩序、工作秩序；③侵占、哄抢矿业权人依法开采的矿产品；④其他干扰、破坏矿产资源勘查、开采活动正常进行的行为。

7.合理开发义务。

矿产资源勘查开发具有高度的社会关联性。为了保护公共利益，《矿产资源法》规定矿业权人在勘查、开采过程中承担以下合理开发义务：

(1)技术先进性义务。应当采用先进适用、符合生态环境保护和安全生产要求的工艺、设备、技术，不得使用国家明令淘汰的工艺、设备、技术。

(2)安全措施义务。开采过程中应当采取有效措施，避免、减少对矿区森林、草原、耕地、湿地、河湖、海洋等生态系统的破坏，并加强对尾矿库建设、运行、闭库等活动的管理，防范生态环境和安全风险。在矿山闭坑前或者闭坑后的合理期限内，应当采取安全措施、防治环境污染和生态破坏。

(3)事后恢复义务。勘查活动结束后，应当及时对勘查区域进行清理，清除可能危害公共安全的设施、设备等，对废弃的探坑、探井等实施回填、封堵；破坏地表植被的应当及时恢复。勘查活动临时占用耕地的，应当及时恢复种植条件和耕地质量；临时占用林地、草地的，应当及时恢复植被和生产条件。

(4)高效利用义务。应当采取合理的开采顺序、开采方法，并采取有效措施确保矿产资源开采回采率、选矿回收率和综合利用率达到有关国家标准的要求。

(5)水资源保护义务。采取有效措施保护地下水资源，并优先使用矿井水。

(6)综合利用义务。在开采主要矿种的同时，对具有工业价值的共生和伴生矿产应当综合开采、综合利用，防止浪费；对暂时不能综合开采或者必须同时采出但暂时不能综合利用的矿产以及含有有用组分的尾矿，应当采取有效的保护措施，防止损失破坏。

(7)风险管理义务。矿业权人勘查、开采矿产资源，应当遵守有关生态环境保护、安全生产、职业病防治等法律、法规的规定，防止污染环境、破坏生态，预防和减少安全生产事故，预防发生职业病。

(8)自然、历史遗产保护义务。勘查、开采矿产资源时发现重要地质遗迹、古生物化石和文物的，应当加以保护并及时报告有关部门。

三、矿区生态修复

（一）总体要求

坚持自然恢复与人工修复相结合，遵循因地制宜、科学规划、系统治理、合理利用的原则，采取工程、技术、生物等措施，做好地质环境恢复治理、地貌重塑、植被恢复、土地复垦等。涉及矿区污染治理的，应当遵守相关法律法规和技术标准等要求。

（二）管理职责

国务院主管部门会同国务院生态环境主管部门等有关部门制定矿区生态修复技术规范。国务院生态环境主管部门指导、协调和监督矿区生态修复工作。县级以上地方政府统筹和监督矿区生态修复工作，保障矿区生态修复与污染防治、水土保持、植被恢复等协同实施，提升矿区生态环境保护和恢复效果。

（三）生态修复义务

开采矿产资源导致矿区生态破坏的，采矿权人应当依法履行生态修复义务。生态修复义务不因采矿权消灭而免除。采矿权转让的，原则上由受让人履行矿区生态修复义务。历史遗留的废弃矿区，修复责任人灭失或者无法确认的，由所在地政府组织开展矿区生态修复。

（四）生态修复方案

1.编制。开采矿产资源前，采矿权人应当依照法律、法规和国务院主管部门的规定以及矿业权出让合同编制矿区生态修复方案，随开采方案报原矿业权出让部门批准。矿区生态修复方案应当包括尾矿库生态修复的专门措施。编制方案时，应当在矿区涉及的有关范围内公示征求意见，并专门听取矿区涉及的居民委员会、村民委员会、农村集体经济组织和居民代表、村民代表的意见。

2.执行。采矿权人应当按照经批准的矿区生态修复方案进行矿区生态修复。能够边开采、边修复的，应当边开采、边修复；能够分区、分期修复的，应当分区、分期修复；不能边开采、边修复或者分区、分期修复的，应当在矿山闭坑前或者闭坑后的合理期限内及时修复。

3.验收。矿区生态修复由地方有关部门组织验收。验收应当邀请有关专家以及矿区涉及的居民委员会、村民委员会、农村集体经济组织和居民代表、村民代表参加，验收结果应当向社会公布。矿区生态修复分区、分期进行的，应当分区、分期验收。

（五）生态修复费用

采矿权人应当按照规定提取矿区生态修复费用，专门用于矿区生态修复。矿区生态修复费用计入成本。地方主管部门应当会同财政等有关部门对矿区生态修复费用的提取、使用情况进行监督检查。

四、矿产资源储备和应急

（一）矿产资源储备制度

国家构建产品储备、产能储备和产地储备相结合的战略性矿产资源储备体系，科学合理确定储备结构、规模和布局并动态调整。国务院有关部门和省级人民政府应当按照有关规定加强战略性矿产资源储备设施建设，组织实施矿产品储备，建立灵活高效的收储、轮换、动用机制。开采战略性矿产资源的采矿权人应当按照有关规定落实产能储备责任，合理规划生产能力，确保应急增产需要。国务院有关部门根据保障国家安全需要，结合资源储量、分布、稀缺性和重要程度等因素，划定战略性矿产资源储备地。

（二）矿产资源应急制度

国家建立和完善矿产资源供应安全预测预警体系，提高预测预警能力和水平，及时对矿产品供求变化、价格波动以及安全风险状况等进行预测预警。出现矿产品供需严重失衡、经济社会发展和人民生活受到重大影响等矿产资源应急状态的，省级以上人民政府应当按照职责权限及时启动应急响应，可以依法采取下列应急处置措施：(1)发布矿产品供求等相关信息；(2)紧急调度矿产资源开采以及矿产品运输、供应；(3)在战略性矿产资源储备地等区域组织实施矿产资源应急性开采；(4)动用矿产品储备；(5)实施价格干预措施、紧急措施；(6)其他必要措施。出现矿产资源应急状态时，有关单位和个人应当服从统一指挥和安排，承担相应的应急义务，配合采取应急处置措施，协助维护市场秩序。因执行应急处置措施给有关单位、个人造成损失的，应当按照有关规定给予补偿。

五、监督管理

（一）职权部门

1.监管部门。国务院主管部门会同有关部门负责全国矿产资源勘查、开采和矿区生态修复等活动的监督管理工作。地方主管部门会同有关部门负责本行政区域内矿产资源勘查、开采和矿区生态修复等活动的监督管理工作。

2.督查部门。国务院授权的机构对省级人民政府矿产资源开发利用和监督管理情况进行督察。

（二）监督检查职责和措施

地方主管部门和其他有关部门应当按照职责分工，加强对矿产资源勘查、开采和矿区生态修复等活动的监督检查，依法及时查处违法行为。上级政府主管部门应当加强对下级部门执法活动的监督。主管部门实施监督检查，可以采取下列措施：（1）进入勘查、开采区域等实施现场查验、勘测；（2）询问与检查事项有关的人员，要求其对有关事项作出说明；（3）查阅、复制与检查事项有关的文件、资料；（4）查封、扣押直接用于违法勘查、开采的工具、设备、设施、场所以及违法采出的矿产品；（5）法律、法规规定的其他措施。

（三）监管工具

为了提高监管效率，《矿产资源法》设定了以下制度性监管工具：

1.矿产资源开发利用水平调查评估制度。由中央政府建立矿产资源开发利用水平评估指标体系，地方政府加强对矿产资源勘查、开采情况的汇总分析，并定期进行评估，提出节约集约开发利用矿产资源等方面的改进措施。

2.全国矿业权分布底图和动态数据库。中央政府组织建立全国矿产资源监督管理信息系统，提升监管和服务效能，依法及时公开监管和服务信息，并做好信息共享工作。

3.信用记录制度。地方政府将矿业权人和从事矿区生态修复等活动的其他单位和个人的信用信息记入信用记录。

4.违法行为举报制度。任何单位和个人均有权向地方政府有关部门举报矿产资源违法行为，接报部门应当及时依法处理。

六、矿产资源违法责任

（一）违法行为样态及责任

1.监管渎职。地方主管部门和其他有关部门的工作人员在矿产资源勘查、开采和矿区生态修复等活动的监督管理工作中滥用职权、玩忽职守、徇私舞弊的，依法给予处分。

2.非法勘查、开采。其包括以下四种行为：

（1）无证勘探。未取得探矿权勘查矿产资源的，由地方主管部门责令停止违法行为，没收违法所得以及直接用于违法勘查的工具、设备，并处10万元以上100万元以下罚款；拒不停止违法行为的，可以责令停业整顿。超出探矿权登记的勘查区域勘查矿产资源的，按无证勘探处罚；拒不停止违法行为情节严重的，原矿业权出让部门可以吊销其勘查许可证。

（2）无证开采。未取得采矿权开采矿产资源的，由地方主管部门责令停止违法行为，没收直接用于违法开采的工具、设备以及违法采出的矿产品，并处违法采出的矿产品市场价值3倍以上5倍以下罚款；没有采出矿产品或者违法采出的矿产品市场价值不足10万元的，并处10万元以上100万元以下罚款；拒不停止违法行为的，可以责令停业整顿。

（3）超范围开采。超出采矿权登记的开采区域开采矿产资源的，按无证开采处罚；拒不停止违法行为，情节严重的，原矿业权出让部门可以吊销其采矿许可证。

（4）超期限开采。油气资源勘查者未在国务院主管部门规定期限内依法取得采矿权进行开采的，按无证开采处罚。

3.非法压覆。建设项目未经批准压覆战略性矿产资源的，由地方主管部门责令改正，处10万元以上100万元以下罚款。

4.矿业权人非法作业。其包括以下两种行为。

（1）无证勘查作业。探矿权人未取得勘查许可证进行矿产资源勘查作业的，由地方主管部门责令改正；拒不改正的，没收违法所得以及直接用于违法勘查的工具、设备，处10万元以上50万元以下罚款，并可以责令停业整顿。

（2）无证采矿作业。采矿权人未取得采矿许可证进行矿产资源开采作业的，由地方主管部门责令改正；拒不改正的，没收直接用于违法开采的工具、设备以及违法采出的矿产品，处违法采出的矿产品市场价值1倍以上3倍以下罚款，没有采出矿产品或者违法采出的矿产品市场价值不足10万元的，处10万元以上50万元以下罚款，并可以责令停业整顿。油气资源勘查者未在国务院主管部门规定期限内依法取得采矿许可证进行开采的，按无证采矿作业处罚。

5.不合理开采。有下列情形之一，造成矿产资源破坏的，由地方主管部门责令改正，处10万元以上50万元以下罚款；拒不改正的，可以责令停业整顿；情节严重的，原矿业权出让部门可以吊销其勘查、采矿许可证：（1）未按照经批准的勘查、开采方案进行矿产资源勘查、开采作业；（2）采取不合理的开采顺序、开采方法开采矿产资源；（3）矿产资源开采回采率、选矿回收率和综合利用率未达到有关国家标准的要求。未按照保护性开采要求开采特定战略性矿产资源的，按不合理开采处罚。

6.违反事后恢复义务。探矿权人在勘查活动结束后未及时对勘查区域进行清理或者未及时恢复受到破坏的地表植被的，由地方主管部门责令改正，可以处5万元以下罚款；拒不改正的，处5万元以上10万元以下罚款，由地方主管部门确定有关单位代为清理、恢复，所需费用由探矿权人承担。

7.违反报告义务。未按照规定汇交地质资料，或者矿业权人未按照规定编制并报送矿产资源储量报告的，由地方主管部门责令改正，处2万元以上10万元以下罚款；情节严重的，处10万元以上50万元以下罚款。矿业权人故意报送虚假的矿产资源储量报告的，由地方主管部门没收违法所得，并处20万元以上100万元以下罚款；情节严重的，由原矿业权出让部门收回矿业权。

8.违反生态修复义务。采矿权人不履行矿区生态修复义务或者未按照经批准的矿区生态修复方案进行矿区生态修复的，由地方主管部门责令改正，可以处修复所需费用2倍以下罚款；拒不改正的，处矿区生态修复所需费用2倍以上5倍以下罚款，由地方主管部门确定有关单位代为修复，所需费用由采矿权人承担。

9.违反应急义务。出现矿产资源应急状态时，有关单位和个人不服从统一指挥和安排、不承担相应的应急义务或者不配合采取应急处置措施的，由省级以上人民政府有关部门责令改正，给予警告或者通报批评；拒不改正的，对单位处10万元以上50万元以下罚款，根据情节轻重，可以责令停业整顿或者依法吊销相关许可证件，对个人处1万元以上5万元以下罚款。

10.妨碍监督检查。矿业权人拒绝、阻碍监督检查，或者在接受监督检查时弄虚作假的，由地方有关部门责令改正；拒不改正的，处2万元以上10万元以下罚款。

（二）违法责任追究

1.公益诉讼。违反《矿产资源法》规定，破坏矿产资源或者污染环境、破坏生态，损害国家利益、社会公共利益的，人民检察院、法律规定的机关和有关组织可以依法向人民法院提起诉讼。

2.法律责任适用。违反《矿产资源法》规定，造成他人人身财产损害或者生态环境损害的，依法承担民事责任；构成违反治安管理行为的，依法给予治安管理处罚；构成犯罪的，依法追究刑事责任。

3.法律适用转介。勘查、开采矿产资源，开展矿区生态修复，违反有关生态环境保护、安全生产、职业病防治、土地管理、林业草原、文物保护等法律、行政法规的，依照有关法律、行政法规的规定处理、处罚。

【本章主要法律规定】

1.《森林法》

2.《矿产资源法》

本章重点、难点与疑点辨析

学习本章,要在全面了解的基础上,着重掌握以下要点。

知识点	重点提示	难点提示
概述	基本概念,我国自然资源立法的主要门类	土地资源法与土地法的关系
森林法概述	调整对象	森林的分类
森林资源权属制度	森林资源使用权,权利人的义务,林木、林地权属争议解决	林地使用权与林木所有权的区别和联系
森林资源保护制度	重点林区保护,护林制度,森林防火制度	
森林资源培育制度	生态修复	荒地造林绿化
森林资源管理制度	公益林管理制度,林地占用审批制度,采伐许可证制度,监督检查制度	国家鼓励发展的商品林,对采伐行为的强制性规定
涉林违法行为的法律责任	毁坏林木,污染林地,盗伐、滥伐林木,伪造、买卖采伐许可证	对林业管理部门和国有林业单位的违法责任追究
矿产资源权属制度	矿业权的内容、取得、登记、期限	探矿权与采矿权的区别,矿业权取得的特殊规定
矿产资源勘查开发管理	管理制度	矿产资源压覆管理,许可证制度,矿业用地管理,合理开发义务
矿区生态修复	生态修复义务	生态修复方案的编制
矿产资源储备和应急	矿产资源应急制度	应急处置措施
矿产资源监督管理	监督检查措施	监管工具
矿产资源违法责任	违法行为样态及责任	非法勘查、开采,矿业权人非法作业

劳动与社会保障法

第一章 劳动法

本章主要内容提示

劳动法以劳动者权利为中心。劳动者权利是我国宪法规定的公民权利。《宪法》第42条第1款、第2款规定："中华人民共和国公民有劳动的权利和义务。国家通过各种途径，创造劳动就业条件，加强劳动保护，改善劳动条件，并在发展生产的基础上，提高劳动报酬和福利待遇。"《宪法》还对劳动者在就业、休息、退休、社保、医疗等多方面的权利和待遇作出了规定。在社会主义市场经济条件下，劳动力的需求与供给要遵循市场法则，劳动关系的缔结要通过平等自愿的劳动合同来实现。但是，第一，劳动合同的订立、履行和解除，必须符合法律；而在调整劳动关系的法律中，设有一系列保护劳动者权益的强制性规定。第二，劳动合同的订立、存续和解除，以及用人单位的工作时间、休息休假、工资和职业安全卫生等事项，都必须遵守劳动法的强制性规则。第三，发生劳动争议时，必须通过法律规定的特别程序来寻求解决。第四，工会和劳动行政部门的介入，强化了劳动者权利的保护。第五，劳动法与社会保障法等法律的配合，构建了对劳动者权益的全方位法律保障。凡此种种，为劳动关系的法律调整注入了比普通民商事关系更为显著的公法和社会法因素。

当然，劳动法在保护劳动者权益时，也注意保护用人单位的合法权益和合理诉求，并对公权力干预保持理性的节制。劳动法所追求的目标，是构建各方利益和谐稳定的劳动关系，为企事业谋发展，为劳动者谋福利。

第一节　劳动法概述

一、劳动法的概念和调整对象

（一）劳动法的概念

劳动法是调整劳动关系以及与劳动关系有密切联系的其他社会关系的法律规范的总和。制定劳动法的目的是保护劳动者的合法权益，构建和发展和谐稳定的劳动关系，维护社会安定，促进经济发展和社会进步。

劳动法有广义和狭义之分：狭义上的劳动法，一般是指国家最高立法机构制定颁布的全国性、综合性的劳动法，即《中华人民共和国劳动法》（以下简称《劳动法》）；广义上的劳动法，是指调整劳动关系以及与劳动关系有密切联系的其他社会关系的法律规范的总称。

我国劳动法的渊源有：《宪法》中有关劳动领域事务的规定；全国人民代表大会及其常务委员会制定的劳动法律，如《劳动法》、《劳动合同法》和《劳动争议调解仲裁法》；国务院制定的劳动行政法规；国务院所属各部委制定的劳动规章；省、自治区、直辖市地方立法机关制定的地方性劳动法规和地方政府制定的地方性劳动规章；民族自治地方人大制定的劳动自治条例或单行条例；我国批准生效的国际劳工公约；其他规范性文件（如最高人民法院的有关司法解释）或准规范性文件（如中华全国总工会制定的《工会参与劳动争议处理试行办法》）等。

2008年1月1日起施行的《劳动合同法》（2012年修正），是全面调整劳动合同关系的法律规范，在规范用人单位与劳动者订立、履行、解除、变更、终止、续订劳动合同中发挥着重要作用。劳动法与劳动合同法是一般法与特别法的关系，即劳动合同法有规定的，优先适用劳动合同法，劳动合同法没有规定的，适用劳动法。

（二）劳动法的调整对象

劳动法的调整对象为劳动关系和与劳动关系有密切联系的其他社会关系。

劳动法的主要调整对象是劳动关系。狭义的劳动关系，是指劳动者与用人单位之间在实现劳动过程中发生的社会关系；广义的劳动关系的主体还应包括劳动者的团体组织。狭义的劳动关系的特征是：

1.劳动关系的当事人是特定的，一方是劳动者，另一方是用人单位。我国劳动法限定劳动关系的主体资格，劳动者只能是自然人，是劳动力的所有者，可以运用其脑力和体力的劳动能力从事物质创造和完成其他工作任务。劳动者包括在法定劳动年龄内具有劳动能力的我国公民、外国人、无国籍人。用人单位是指使用和管理劳动者并付给其劳动报酬的单位。劳动法限定用人单位为依法成立的企业、个体经济组织、国家机关、事业组织、社会团体、民办非企业单位等组织。非上述劳动关系主体之间发生的雇佣关系不由劳动法调整。

2.劳动关系是在实现劳动过程中发生的社会关系，是在职业劳动、集体劳动、工业劳动过程中发生的社会关系。所谓实现劳动过程，就是劳动者参加到某一用人单位中去劳动，使劳动者与用人单位提供的生产资料、工作条件相结合。私人雇佣劳动关系、农业劳动关系和家庭成员的共同劳动关系等不由劳动法调整。

3.劳动关系具有人身、财产关系的属性。劳动关系具有人身属性，用人单位有权依法管理和使用劳动者，这一属性决定了用人单位对劳动力的使用、管理直接关系劳动者的人身，关系其健康和生命，关系其劳动能力，关系劳动者人格、尊严的维护，关系其工资等物质权利的保护。这种人身属性也决定了劳动者必须亲自履行劳动义务，并应遵守用人单位的劳动规章制度，按照用人单位的要求进行劳动。劳动关系具有财产关系的属性，是指劳动者有偿提供劳动力，用人单位向劳动者支付劳动报酬，由此缔结的社会关系具有财产关系的性质，而不具有财产关系属性的无偿、义务、慈善性劳动关系不由劳动法调整。这种财产关系与民法调整的财产关系有一定区别。民法所调整的财产关系主要是主体之间因交换物化了的劳动（劳动成果）而发生的财产流转关系，而劳动法调整的是用人单位将劳动者提供劳动的数量和质量物化的交换关系。

4.劳动关系具有平等、从属关系的属性。在市场经济条件下，劳动关系是通过市场机制双向选择，以现代契约形式——劳动合同确定的，有私法性质。双方当事人在建立、变更劳动关系时，应依照平等自愿、合法原则进行，因而劳动关系具有平等性，不具有惩罚性和强制性。由于我国劳动力市场供大于求现象的存在，用人单位有一定的经济实力，劳动者在劳动关系建立后从属于用人单位，因而劳动关系主体间存在事实上的不平等，一般而言，劳动者处于相对弱势地位，因此需要国家公权力干预劳动关系，制定强制实施的劳动条件和标准，以实现社会公平。同时劳动关系具有从属性，劳动关系一经确立，劳动者成为用人单位的职工，与用人单位存在身份、组织和经济上的从属关系，用人单位按照其劳动规章制度管理和使用劳动者，双方形成管理与被管理、支配与被支配的关系。

劳动法还调整与劳动关系密切联系的其他社会关系，包括：(1)劳动行政管理方面的社会关系。这主要指劳动行政部门、其他业务主管部门因行使劳动行政管理权与用人单位之间发生的社会关系。(2)人力资源配置服务方面的关系。如职业介绍机构、职业培训机构在为人力资源的配置与流动提供服务的过程中与用人单位、劳动者之间发生的关系。(3)社会保险方面的社会关系。国家和地方社会保险机构与用人单位及职工劳动者之间因执行社会保险制度而发生的关系。(4)工会组织、工会监督方面的社会关系。工会在代表和维护职工合法权益的活动中与用人单位之间发生的关系。(5)处理劳动争议方面的社会关系。劳动争议的调解机构、劳动争议的仲裁机构、人民法院与用人单位、职工之间由于调处和审理劳动争议而产生的关系。(6)劳动监督检查方面的社会关系。国家劳动行政部门、卫生部门等有关主管部门与用人单位之间因监督、检查劳动法律、法规的执行而产生的关系。

二、我国劳动法的适用范围

(一)我国劳动法的空间适用范围

我国劳动法的空间适用范围,是指我国劳动法在什么地域范围内有效。由于我国劳动法的立法层次不同,因而其适用的地域范围也不同。凡由全国人民代表大会及其常务委员会通过的劳动法律和由国务院发布的劳动行政条例、规定、决定,除法律、法规有特别规定的外,在中华人民共和国境内发生法律效力,统一适用于我国的全部领域;凡属地方性的劳动法规,只适用于当地人民政府行政管辖区域范围之内;民族自治地方的人民代表大会制定的劳动自治条例和单行条例,只适用于该民族自治地方。我国劳动法不适用于香港特别行政区、澳门特别行政区。在劳动法的空间适用范围上,较之其他部门法,我国劳动法具有较强的地域性特点。

(二)我国劳动法对人的适用范围

根据我国《劳动法》和《劳动合同法》以及有关劳动行政法规和劳动规章的规定,我国劳动法对人的适用范围如下:

1.中华人民共和国境内的企业、个体经济组织、民办非企业单位等组织与劳动者建立劳动关系,适用劳动法。企业,是指依法注册取得法人营业执照或营业执照的企业组织,是从事产品生产、流通或服务性活动等实行独立核算的经济组织。凡是中华人民共和国境内的企业,不分所有制形式及经济形态,也不分组织形式,包括国有企业、集体所有制企业、私营企业、外商投资企业、港澳台企业、混合型企业、股份制企业、有限责任企业、联营企业、乡镇企业等,都是劳动法意义上的用人单位。个体经济组织,是指依法取得个体营业执照的个体工商户,一般雇工在7人以下,从事工商业经营。民办非企业单位,是指企业事业单位、社会团体和其他社会力量以及公民个人利用非国有资产举办的,从事非营利性社会服务活动的社会组织。在中国境内的企业、个体经济组织、民办非企业单位等组织与劳动者之间形成劳动关系,适用我国劳动法。依法成立的会计师事务所、律师事务所等合伙组织和基金会,属于《劳动合同法》规定的用人单位。

2.国家机关、事业单位、社会团体和与其建立劳动关系的劳动者订立、履行、变更、解除或者终止劳动合同关系,依照劳动法的有关规定执行。

国家机关,是指从事国家管理或行使国家权力,以国家预算作为独立活动经费的中央和地方各级国家机关。包括国家和地方权力机关、国家和地方行政机关、国家和地方监察机关、国家和地方审判机关、国家和地方检察机关、国家军事机关等。在国家机关工作的工勤人员(属于工人编制的人员)与国家机关建立劳动关系,应当订立劳动合同,适用劳动法。

事业单位,是指国家为了公益目的,由国家机关举办或者其他组织利用国有资产举办的,从事教育、科研、文化、卫生等活动的社会服务组织。事业单位与其工勤人员、编制外人员之间,实行企业化管理的事业单位与其工作人员之间建立劳动关系,应当订立劳动合同,适用劳动法。

社会团体,是指由若干社会成员为了共同目的而自愿组成的各种社会组织。例如,社会经济团体,学术研究团体,文艺、体育工作团体等。社会团体与其工勤人员、编制外人员建立劳动关系,应当订立劳动合同,适用劳动法。

上述用人单位与劳动者建立劳动关系，订立、履行、变更、解除或者终止劳动合同，依照劳动法有关规定执行。

3.依据我国现行法律规定，不适用劳动法的主要有：

（1）国家机关的公务员、事业单位和社会团体中纳入公务员编制或者参照公务员进行管理的工作人员适用公务员法，不适用劳动法。

（2）实行聘用制的事业单位与其工作人员的关系，法律、行政法规或国务院另有规定的，不适用劳动法；如果没有特别规定，适用劳动法。实行聘用制的事业单位，指的是以聘用合同的形式确定事业单位与工作人员基本人事关系的社会服务组织。对这类事业单位与其工作人员以聘用合同确定的权利义务关系，法律、行政法规或国务院另有规定的，依照其规定，不适用劳动法；如果没有规定的，依照劳动法的有关规定执行。

（3）从事农业劳动的农村劳动者（乡镇企业职工和进城务工、经商的农民除外）不适用劳动法。

（4）现役军人、军队的文职人员不适用劳动法。

（5）家庭雇佣劳动关系不适用劳动法。

（6）在中华人民共和国境内享有外交特权和豁免权的外国人等不适用劳动法。

另外，义务性劳动关系、慈善性劳动关系、家务劳动关系不适用劳动法。

三、劳动法律关系

劳动法律关系是当事人依据劳动法律规范，在实现劳动过程中形成的权利义务关系。劳动法律关系是受国家劳动法律规范、调整和保护的劳动关系，是国家干预劳动关系的后果，具有以国家意志为主导、以当事人意志为主体的特征。事实劳动关系与劳动法律关系，虽同属于劳动法调整范围，但由于事实劳动关系不符合法定模式（如未签订劳动合同），因而不是劳动法律关系，但事实劳动关系中劳动者合法权益仍受劳动法保护。

狭义的劳动法律关系主体包括劳动者和用人单位。广义的劳动法律关系主体还应包括工会组织和雇主组织。

（一）劳动者

劳动者是在法定劳动年龄内具有劳动能力，以从事劳动获取合法劳动报酬的自然人。自然人要成为劳动者，须具备主体资格，即须具有劳动权利能力和劳动行为能力。所谓劳动权利能力，是指自然人能够依法享有劳动权利和承担劳动义务的资格或能力；所谓劳动行为能力，是指自然人能够以自己的行为依法行使劳动权利和履行劳动义务的能力。依我国《劳动法》的规定，凡年满16周岁、在法定劳动年龄内有劳动能力的公民是具有劳动权利能力和劳动行为能力的人，包括我国公民、外国公民和无国籍人。即劳动者的法定劳动年龄为最低就业年龄16周岁，退休年龄为男年满60周岁，女工人年满50周岁，女干部年满55周岁。为保护未成年人的合法权益，我国《劳动法》禁止使用童工，除法律另有规定以外，任何单位不得与未满16周岁的未成年人发生劳动法律关系。对有可能危害未成年人健康、安全或道德的职业或工作，最低就业年龄不应低于18周岁，用人单位不得招用已满16周岁未满18周岁的未成年人从事过重、有毒、有害的劳动或者危险作业。凡用人单位使用童工的，由劳动保障行政部门按每使用一名童工每月处5000元罚款的标准给予处罚；童工患病或者受伤的，用人单位应当负责送到医疗机构治疗，并负担治疗期间的全部医疗和生活费用。拐骗童工，强迫童工劳动，使用童工从事高空、井下、放射性、高毒、易燃易爆以及国家规定的第四级体力劳动强度的劳动，使用不满14周岁的童工，或者造成童工死亡或严重伤残的，依照《刑法》关于拐卖儿童罪、强迫劳动罪或者其他罪的规定追究刑事责任。

根据《劳动法》第3条第1款的规定，劳动者的劳动权利主要有：（1）平等就业和选择职业；（2）取得劳动报酬；（3）休息休假；（4）获得劳动安全卫生保护；（5）接受职业技能培训；（6）享受社会保险和福利；（7）依法参加工会；（8）提请劳动争议处理；（9）通过职工大会等形式参与民主管理或维权协商；（10）法律规定的其他劳动权利。当然，劳动者在享受劳动权利的同时，要切实履行劳动义务，遵循《劳动法》第3条第2款规定的“劳动者应当完成劳动任务，提高职业技能，执行劳动安全卫生规程，遵守劳动纪律和职业道德”的准则，践行宪法宣示的“劳动是一切有劳动能力的公民的光荣职责”的理念。

（二）用人单位

作为劳动法律关系一方主体的用人单位，应具有相应的主体资格，即同时具有用人权利能力和用人行为能力。用人权利能力是用人单位依法享有的用人权利和承担用人义务的资格或能力；用人行为能力是指用人单位能够以自己的行为依法行使用人权利和履行用人义务的能力。用人单位的用人主体资格一般依存于民事主体资格；用人单位的用人权利能力和用人行为能力的范围取决于法律、法规的规定及用人单位的用人需求。对不具备合法经营资格的用人单位的违法犯罪行为，依法追究法律责任；劳动者已经付出劳动的，该单位或者其出资人应当依照法律有关规定向劳动者支付劳动报酬、经济补偿、赔偿金；给劳动者造成损害的，应当承担赔偿责任。个人承包经营违反法律规定招用劳动者，给劳动者造成损害的，发包的组织与个人承包经营者承担连带赔偿责任。

四、工会和劳动行政部门在劳动法上的地位

（一）工会

《劳动法》第7条规定，劳动者有权依法参加和组织工会。工会代表和维护劳动者的合法权益，依法独立自主地开展活动。工会在劳动法上的权利主要有：（1）依法维护劳动者合法权益，对用人单位遵守劳动法的情况进行监督，就用人单位裁员、解除劳动合同听取说明和提出意见，对用人单位违反劳动法的行为提出意见或要求纠正；（2）帮助、指导劳动者与用人单位依法订立和履行劳动合同，支持和帮助劳动者申请仲裁、提起诉讼；（3）代表职工与用人单位签订集体合同，就集体合同争议申请仲裁、提起诉讼；（4）派代表会同劳动行政部门代表、企业方面代表，建立健全协调劳动关系三方机制，共同研究解决有关劳动关系的重大问题；（5）与用人单位建立集体协商机制，就直接涉及劳动者切身利益的规章制度或重大事项与用人单位协商；（6）派代表与职工代表、用人单位代表组成用人单位内的劳动争议调解委员会，担任劳动争议调解委员会主任；（7）派代表与劳动行政部门代表、用人单位方面代表组成劳动争议仲裁委员会。

（二）劳动行政部门

《劳动法》第9条规定，国务院劳动行政部门主管全国劳动工作，县级以上地方人民政府劳动行政部门主管本行政区域内的劳动工作。劳动行政部门的职权主要有：（1）负责全国和地方各级行政区域劳动合同制度实施的监督管理；（2）依据伤亡事故和职业病统计报告和处理制度，依法对劳动者在劳动过程中发生的伤亡事故和劳动者的职业病状况进行统计、报告和处理；（3）派代表会同工会代表、企业方面代表，建立健全协调劳动关系三方机制，共同研究解决有关劳动关系的重大问题；（4）就法律规定事项对用人单位、劳务派遣单位和用工单位进行监督检查；（5）对用人单位不能实行法定工时制度、法定休息日制度时的替代方案进行审批；（6）办理经营劳务派遣业务的行政许可；（7）监督集体合同的订立，协调处理集体合同争议；（8）派代表与同级工会代表、用人单位方面代表组成劳动争议仲裁委员会，担任劳动争议仲裁委员会主任；（9）对违反劳动法的行为依法实施行政处罚。

第二节 劳动合同法

一、劳动合同的概念和种类

劳动合同，是劳动者与用人单位之间确立劳动关系，明确双方权利和义务的书面协议。“建立劳动关系应当订立劳动合同”，劳动合同

是确立劳动关系的普遍性法律形式，是用人单位与劳动者履行劳动权利义务的重要依据，劳动合同区别于民商事合同，具有以国家意志为主导，以当事人意志为主体的特征。

根据《劳动合同法》第12条的规定，劳动合同分为固定期限劳动合同、无固定期限劳动合同和以完成一定工作任务为期限的劳动合同三种。用人单位与劳动者协商一致，可以订立固定期限劳动合同、无固定期限劳动合同、以完成一定工作任务为期限的劳动合同，但要遵守法律强制性规定，在具备签订无固定期限劳动合同的法定情形时，劳动者提出签订无固定期限劳动合同，用人单位应当与之签订无固定期限劳动合同。

固定期限的劳动合同，是指用人单位与劳动者约定合同终止时间的劳动合同。固定期限劳动合同的期限届满，双方无续订劳动合同的意思表示，劳动合同即告终止，劳动关系消灭。如果双方有续订劳动合同的意思表示的，可以经协商一致续订。《劳动合同法》对固定期限劳动合同的期限长短及签订条件并无限制性规定，双方当事人可以自由协商确定是否签订固定期限劳动合同及起止时间。

无固定期限劳动合同，是指用人单位与劳动者约定无确定终止时间的劳动合同。即双方当事人在合同书上只约定合同生效的起始日期，没有确定合同的终止日期。在不出现法律、法规规定的或当事人约定的变更、解除劳动合同的条件或法定终止情形时，无固定期限劳动合同可持续至劳动者法定退休年龄为止。但无固定期限劳动合同并不是"铁饭碗"，在符合法律、法规规定或双方当事人约定的变更、解除的条件或法定终止情形时，可以依法解除、变更、终止劳动合同。法律规定无固定期限劳动合同的目的在于保护劳动者的"黄金年龄"，保护劳动者的职业稳定权，解决劳动合同短期化问题。

根据《劳动合同法》第14条第2款的规定，有下列情形之一，劳动者提出或者同意续订、订立劳动合同的，除劳动者提出订立固定期限劳动合同外，用人单位应当与劳动者订立无固定期限劳动合同：(1)劳动者在该用人单位连续工作满10年的。连续工作满10年的起始时间应当自用人单位用工之日起计算，包括《劳动合同法》施行前的工作年限。(2)用人单位初次实行劳动合同制度或者国有企业改制重新订立劳动合同时，劳动者在该用人单位连续工作满10年且距法定退休年龄不足10年的。(3)连续订立2次固定期限劳动合同，且劳动者没有《劳动合同法》第39条规定的过错性辞退和第40条第1项、第2项规定的非过错性辞退情形，续订劳动合同的。为了使劳动合同制度平稳过渡，《劳动合同法》规定连续订立固定期限劳动合同的次数，自《劳动合同法》施行后续订固定期限劳动合同时开始计算。(4)用人单位自用工之日起满1年不与劳动者订立书面劳动合同的，视为用人单位与劳动者已订立无固定期限劳动合同。

在符合上述签订无固定期限劳动合同的法定情形下，劳动者提出订立无固定期限劳动合同的，用人单位应当与其订立无固定期限劳动合同。对劳动合同中涉及劳动报酬和劳动条件标准等内容的，双方应当按照合法、公平、平等自愿、协商一致、诚实信用的原则协商确定；对协商不一致的内容，适用集体合同规定；没有集体合同或者集体合同未规定劳动报酬的，实行同工同酬；没有集体合同或者集体合同未规定劳动条件等标准的，适用国家有关规定。

除具备法定情形应当签订无固定期限劳动合同外，用人单位与劳动者协商一致，也可以订立无固定期限劳动合同。但地方各级人民政府及县级以上地方人民政府有关部门为安置就业困难人员提供的给予岗位补贴和社会保险补贴的公益性岗位，其劳动合同不适用《劳动合同法》有关无固定期限劳动合同的规定。

为鼓励和引导用人单位履行签订无固定期限劳动合同的法定义务，《劳动合同法》第82条第2款规定了用人单位不履行该义务时应当加倍支付工资，即用人单位违反《劳动合同法》规定不与劳动者订立无固定期限劳动合同的，自应当订立无固定期限劳动合同之日起向劳动者每月支付2倍的工资。

以完成一定工作任务为期限的劳动合同，是指用人单位与劳动者约定以某项工作任务的完成时间为合同期限的劳动合同。当该项工作完成后，劳动合同即告终止。这种劳动合同没有明确约定合同有效时间的长短，而是把某项工作任务完成的时间作为劳动合同终止的时间，实际是固定期限劳动合同的转化。主要是便于用人单位根据工作性质、工作任务完成的状况，灵活确定劳动合同开始和结束的时间，具有较大的灵活性。《劳动合同法》对以完成一定工作任务为期限的劳动合同在签订上没有特殊或强制性的要求，用人单位与劳动者协商一致，可以订立以完成一定工作任务为期限的劳动合同。

二、劳动合同的订立

（一）劳动合同应采用书面形式订立

《劳动合同法》第10条第1款规定："建立劳动关系，应当订立书面劳动合同。"除非全日制用工双方当事人可以口头订立劳动合同外，用人单位与劳动者建立劳动关系，均应订立书面劳动合同；已建立劳动关系，未同时订立书面劳动合同的，应当自用工之日起1个月内订立书面劳动合同。用人单位与劳动者在用工前订立劳动合同的，劳动关系自用工之日起建立。同时要求劳动合同文本应当由用人单位和劳动者各执一份。

为解决有可能出现的劳动者不愿订立书面劳动合同的问题，《劳动合同法实施条例》第5条、第6条规定，自用工之日起1个月内，经用人单位书面通知后，劳动者不与用人单位订立书面劳动合同的，用人单位应当书面通知劳动者终止劳动关系，依法向劳动者支付其实际工作时间的劳动报酬，但无须向劳动者支付经济补偿而使双方的劳动关系消灭；自用工之日起超过1个月不满1年，劳动者不与用人单位订立书面劳动合同的，用人单位应当书面通知劳动者终止劳动关系，但应依法向劳动者支付经济补偿金。

签订书面劳动合同是《劳动合同法》规定的用人单位应履行的强制性义务。不签订书面劳动合同，用人单位将承担相应的法律责任。《劳动合同法》第82条第1款规定，用人单位自用工之日起超过1个月不满1年未与劳动者订立书面劳动合同的，应当向劳动者每月支付2倍的工资，并与劳动者补订书面劳动合同，每月支付2倍工资的起算时间为用工之日起满1个月的次日，截止时间为补订书面劳动合同的前1日；用人单位自用工之日起满1年未与劳动者订立书面劳动合同的，自用工之日起满1个月的次日至满1年的前1日应当依法向劳动者每月支付2倍的工资，并视为自用工之日起满1年的当日已经与劳动者订立无固定期限劳动合同，应当立即与劳动者补订书面劳动合同。

为保护劳动者的劳动报酬权，用人单位未在用工的同时订立书面劳动合同，与劳动者约定的劳动报酬不明确的，新招用的劳动者的劳动报酬应当按照企业的或者行业的集体合同规定的标准执行；没有集体合同的，用人单位应当对劳动者实行同工同酬。

劳动合同的书面形式除劳动合同书外，还包括用人单位依法制定的劳动规章制度等劳动合同书的附件。用人单位的劳动规章制度要依法制定，在制定、修改或者决定有关劳动报酬、工作时间、休息休假、劳动安全卫生、保险福利、职工培训、劳动纪律，以及劳动定额管理等直接涉及劳动者切身利益的规章制度或者重大事项时，应当经职工代表大会或者全体职工讨论，提出方案和意见，与工会或者职工代表平等协商确定。在规章制度和重大事项决定实施过程中，工会或者职工认为不适当的，有权向用人单位提出，通过协商予以修改完善。用人单位应当将直接涉及劳动者切身利益的规章制度和重大事项决定公示，或者告知劳动者。用人单位制定的内部规章制度与集体合同或者劳动合同约定的内容不一致，劳动者请求优先适用合同约定的，人民法院应予支持。

（二）劳动合同订立的原则

根据《劳动合同法》第3条的规定，订立和变更劳动合同必须遵循下列原则：

1.合法原则，即劳动合同必须依法订立，不得违反法律、行政法规的规定，不得违反国家强制性、禁止性的规定。劳动合同依法订立即具有法律效力，用人单位与劳动者应当履行劳动合同约定的义务。而违法订立的劳动合同，会被劳动争议仲裁委员会或者人民法院确认无效。合法原则的具体要求如下：

（1）订立劳动合同的主体合法。劳动合同的当事人必须具备合法资格，劳动者应是年满16周岁、身体健康，具有劳动能力的公民，外国公民也可在我国就业，但其就业年龄须年满18周岁；用人单位应是依法成立或核准登记的企业、个体经济组织、民办非企业单位、国家机关、事业组织、社会团体，根据法律规定有使用和管理劳动者的权利。劳动合同的订立主体不合法，有可能导致劳动合同的全部无效，造成劳动合同无效的过错方根据法律规定要承担相应的法律责任。

（2）劳动合同的内容合法。劳动合同的内容必须符合国家法律、行政法规的规定，包括国家的劳动法律、法规，如违反劳动法约定周六加班不付加班费，这种约定无效。劳动合同的内容也不得违反国家的其他法律、行政法规。

（3）劳动合同订立的程序和形式合法。劳动合同订立的程序必须符合法律规定，未经双方协商一致、强迫订立的劳动合同无效。劳动合同必须以书面形式订立，书面形式具有严肃、慎重、明确、有据的特点。

2.公平原则，即订立、履行、变更、解除或者终止劳动合同时，应保证公平合理，利益均衡，不得使某一方的利益过于失衡。作为劳动合同双方当事人的用人单位和劳动者的法律地位是平等的，劳动关系的运行中不应有倾向性，但由于用人单位在组织上、经济地位上与劳动者相比存在明显的优势，且双方信息不对称，劳动者往往在劳动关系运行中处于劣势。因此，在劳动合同立法及执法中有必要通过制度设计，加强对劳动者利益的保护，消除双方当事人事实上的不平等，使劳动者与用人单位的利益均衡，以实现结果公平。

3.平等自愿、协商一致原则。平等，是指在订立劳动合同的过程中，双方当事人的法律地位平等，有双向选择权，任何一方不得凭借事实上的优势地位强迫对方接受不合理、不公平、不合法的条款；自愿，是指劳动合同的订立及其合同内容的达成，完全出于当事人自己的意志，是其真实意思的表示，任何一方不得将自己的意志强加于对方，也不允许第三者非法干预；协商一致，是指经过双方当事人充分协商，达成一致意见，签订劳动合同，以欺诈或威胁手段强迫劳动者签订的劳动合同或未经协商一致签订的劳动合同无效。

4.诚实信用原则，是指劳动合同的双方当事人在订立、履行、变更、解除或者终止劳动合同的过程中，应当讲究信用，诚实不欺，在追求自身合法权益的同时，以善意的方式履行义务，尊重对方当事人的利益和他人利益，不得损人利己。诚信原则要求劳动关系的双方当事人互相尊重，用人单位尊重劳动者的人格，尊重劳动者的选择，平等待人；劳动者要有自我意识，克服心理失衡，自觉维护用人单位的形象和荣誉，双方真正建立一种和谐、互惠、平等、信任的关系，在用人单位内部形成公平、公开、公正、有序的劳动秩序。诚实信用原则的实施需要有相应的法律规定作保障，《劳动合同法》中规定的订立劳动合同时劳动者的知情权、用人单位有权利要求劳动者如实说明与劳动合同直接相关的基本情况、用人单位的劳动规章制度应公示或者告知劳动者等内容就是诚实信用原则的具体体现。

（三）劳动合同的条款

劳动合同的条款，一般分为必备条款和可备条款。劳动合同的必备条款是法律规定劳动合同必须具备的条款，它是生效劳动合同所必须具备的条款。必备条款的不完善，会导致合同不能成立。向劳动者提供载明法律规定的必备条款的劳动合同文本是用人单位的法定义务，不履行这一义务用人单位将承担行政责任和赔偿责任。《劳动合同法》第81条规定：“用人单位提供的劳动合同文本未载明本法规定的劳动合同必备条款或者用人单位未将劳动合同文本交付劳动者的，由劳动行政部门责令改正；给劳动者造成损害的，应当承担赔偿责任。”

1.必备条款。主要包括以下几项内容：（1）用人单位的名称、住所和法定代表人或者主要负责人；（2）劳动者的姓名、住址和居民身份证或者其他有效身份证件号码；（3）劳动合同期限；(4)工作内容和工作地点；(5)工作时间和休息休假；(6)劳动报酬；(7)社会保险；(8)劳动保护、劳动条件和职业危害防护；(9)法律、法规规定应当纳入劳动合同的其他事项。

2.可备条款，即劳动合同的约定条款，是指除法定必备条款外劳动合同当事人可以协商约定，也可以不约定的条款。是否约定该条款，由当事人决定。约定条款的缺少，并不影响劳动合同的成立。虽然约定哪些条款由双方当事人决定，但国家对约定条款的内容有强制性、禁止性规定的，仍应当遵守，约定条款不得违反法律、法规的规定。劳动合同的约定条款一般包括：

(1)试用期条款。劳动合同的试用期是劳动者和用人单位为相互了解、选择而约定的考察期。试用期满，被试用者即成为正式职工。对劳动合同的试用期，《劳动合同法》作了如下规范：①不能任意约定试用期的长短。《劳动合同法》对试用期的长短作出限制性规定。根据劳动合同的期限规定了不同时间长短的试用期。劳动合同期限3个月以上不满1年的，试用期不得超过1个月；劳动合同期限1年以上3年以下的，试用期不得超过2个月；3年以上固定期限和无固定期限的劳动合同，试用期不得超过6个月。②限制试用期的约定次数。同一用人单位与同一劳动者只能约定一次试用期。劳动者在同一用人单位调整或变更工作岗位，用人单位不得再次约定试用期。③规定不得约定试用期的情形。以完成一定工作任务为期限的劳动合同或者劳动合同期限不满3个月的，不得约定试用期。非全日制用工不得约定试用期。④规定试用期不成立的情形。试用期包含在劳动合同期限内。劳动合同仅约定试用期的，试用期不成立，该期限为劳动合同期限。⑤保障试用期内劳动者的劳动报酬权。《劳动合同法》规定，劳动者在试用期的工资不得低于本单位相同岗位最低档工资或者劳动合同约定工资的80%，并不得低于用人单位所在地的最低工资标准。⑥试用期内劳动者的各项劳动权利受法律保护。试用期内用人单位为试用者提供的劳动条件不得低于劳动法律、法规规定的标准，用人单位应为试用者缴纳社会保险费。⑦对在试用期中的劳动者，用人单位不得滥用解雇权。除有证据证明劳动者不符合录用条件、劳动者有违规违纪违法行为、不能胜任工作等情形外，用人单位不得解除劳动合同。用人单位在试用期解除劳动合同的，应当向劳动者说明理由。⑧违反试用期规定应承担行政责任和赔偿责任。用人单位违反《劳动合同法》的规定与劳动者约定的试用期无效，由劳动行政部门责令改正；违法约定的试用期已经履行的，由用人单位以劳动者试用期满月工资为标准，按已经履行的超过法定试用期的期限向劳动者支付赔偿金。

(2)保守商业秘密和与知识产权相关的保密事项条款。商业秘密，是指不为公众所知悉，具有商业价值并经权利人采取相应保密措施的技术信息和经营信息。用人单位与劳动者可以在劳动合同中约定保守用人单位的商业秘密和与知识产权相关的保密事项。约定保守商业秘密条款的目的在于保护用人单位的知识产权。双方当事人可以就商业秘密的范围、保密期限、保密措施、保密义务及违约责任和赔偿责任等进行约定。劳动者因违反约定保密事项给用人单位造成损失的，应承担赔偿责任。

(3)竞业限制条款。竞业限制，是指双方当事人在劳动合同中约定，劳动者在劳动关系存续期间或在解除、终止劳动合同后的一定期限内不得到与本单位生产或者经营同类产品、从事同类业务的有竞争关系的其他用人单位工作，或者自己开业生产或者经营同类产品、从事同类业务。约定竞业限制条款的目的主要在于防止不正当竞争。在劳动合同中，双方当事人可以约定劳动者承担竞业限制的义务、违约责任及赔偿责任。我国法律规定竞业限制的期限最长不得超过2年，且在竞业限制期限内，用人单位应按月给予劳动者一定的经济补偿。竞业限制的人员法律规定限于用人单位的高级管理人员、高级技术人员和其他负有保密义务的人员。竞业限制的范围、地域、期限、经济补偿的标准由用人单位与劳动者约定，但不得违反法律、法规的规定。劳动者违反竞业限制约定的，应当按照约定向用人单位支付违约金。

(4)服务期限协议。服务期，是指法律规定的因用人单位为劳动者提供专业技术培训，双方约定的劳动者必须为用人单位服务的期间。劳动关系实践中，用人单位经常通过服务期限协议，进行人力资源的合理调配，法律规定用人单位为劳动者提供专项培训费用，对其进行专业技术培训的，才可以与该劳动者订立协议约定服务期，并约定劳动者违反服务期约定的，应当按照约定向用人单位支付违约金。同时，为保障劳动者的劳动报酬权，用人单位与劳动者约定服务期的，不影响按照正常的工资调整机制提高劳动者在服务期内的劳动报酬。如果用人单位与劳动者约定的服务期长于劳动合同期限的，劳动合同期满，双方约定的服务期尚未到期的，劳动合同应当续延至服务期满；双方另有约定的，从其约定。

依法约定的服务期协议受法律保护，劳动者应依约履行，不得违反服务期协议的约定，否则应向用人单位支付违约金。但由于用人单位有违法、违约行为而迫使劳动者在服务期未满的情形下辞职的，不属于违反服务期的约定，用人单位不得要求劳动者支付违约金，劳动者也无须向用人单位支付违约金。反之，服务期未满的劳动者是在有《劳动合同法》规定的过错解除的法定情形下被用人单位辞退的，应当向用人单位支付违约金。

（5）违约金条款。违约金是用人单位与劳动者在劳动合同中约定的不履行或不完全履行劳动合同约定义务时，由违约方支付给对方的一定金额的货币。《劳动合同法》对违约金条款进行了限制，规定只有在用人单位与劳动者约定服务期限、约定保守用人单位的商业秘密和与知识产权相关的保密事项、约定竞业限制条款时，才能与劳动者约定违约金，且对因劳动者违反服务期限协议而约定的违约金的数额不得超过用人单位提供的培训费用，用人单位要求劳动者支付的违约金不得超过服务期尚未履行部分所应分摊的培训费用。用人单位提供的培训费用包括用人单位为了对劳动者进行专业技术培训而支付的有凭证的培训费用、培训期间的差旅费用以及因培训产生的用于该劳动者的其他直接费用。

三、劳动合同的效力

劳动合同依法成立，即具有法律效力，对双方当事人都有约束力，双方必须履行劳动合同中规定的义务。劳动合同由用人单位与劳动者协商一致，并经用人单位与劳动者在劳动合同文本上签字或者盖章生效。一般情况下，劳动合同依法成立，即双方当事人意思表示一致，签订劳动合同之日，就产生法律效力；如双方当事人约定须公证方可生效的劳动合同，其生效时间始于公证之日。由于劳动合同的公证采取自愿原则，所以公证不是法律规定的劳动合同生效的必经程序。

劳动合同的无效，是指当事人违反法律、法规订立的不具有法律效力的劳动合同。劳动合同的无效有下列情形：（1）以欺诈、胁迫的手段或者乘人之危，使对方在违背真实意思的情况下订立或者变更劳动合同的；（2）用人单位免除自己的法定责任、排除劳动者权利的；（3）违反法律、行政法规强制性规定的。对劳动合同的无效或者部分无效有争议的，由劳动争议仲裁委员会或者人民法院确认。

无效劳动合同的法律后果有：（1）停止履行。无效的劳动合同，从订立时起，就没有法律效力。对无效劳动合同国家不予承认与保护，不能发生当事人预期的法律后果，因此劳动合同被确认为无效后，正在履行的应当停止履行，尚未履行不再履行。（2）支付劳动报酬、经济补偿/赔偿金。劳动合同被确认无效，劳动者已付出劳动的，用人单位应当向劳动者支付劳动报酬。劳动报酬的数额，参照用人单位相同或者相近岗位劳动者的劳动报酬确定。不具备合法经营资格的用人单位（没有营业执照或登记证书）被依法追究法律责任的，该单位的劳动者已经付出劳动的，由该单位或者其出资人向劳动者支付劳动报酬、经济补偿/赔偿金。（3）修正劳动合同。劳动合同部分无效，不影响其他部分效力的，其他部分仍然有效。对于部分无效劳动合同，有效部分可以继续履行，同时对部分无效的条款应予以修改，使其合法，能够依法继续履行。（4）赔偿损失。赔偿损失是指劳动合同被确认无效后，因无效劳动合同而给一方当事人造成损失时，由有过错的一方负责给予对方一定货币作为赔偿。《劳动合同法》第86条规定，劳动合同被依法确认无效，给对方造成损害的，有过错的一方应当承担赔偿责任。不具备合法经营资格的用人单位被依法追究法律责任的，给劳动者造成损害的，应当承担赔偿责任。个人承包经营违反《劳动合同法》规定招用劳动者，给劳动者造成损害的，发包的组织与个人承包经营者承担连带赔偿责任。

四、劳动合同的履行和变更

（一）劳动合同的履行

劳动合同的履行，是指劳动合同的双方当事人按照合同规定，履行各自应承担的义务的行为。劳动合同依法订立即具有法律约束力，用人单位与劳动者应当按照劳动合同的约定，全面履行各自的义务。履行劳动合同应保障劳动者劳动报酬权的实现，用人单位应当按照劳动合同约定和国家规定，向劳动者及时足额支付劳动报酬；用人单位拖欠或者未足额支付劳动报酬的，劳动者可以依法向当地人民法院申请支付令，人民法院应当依法发出支付令；用人单位安排加班的，应当按照国家有关规定向劳动者支付加班费。劳动合同应依法履行，用人单位应当严格执行劳动定额标准，不得强迫或者变相强迫劳动者加班；劳动者拒绝用人单位管理人员违章指挥、强令冒险作业的，不视为违反劳动合同；劳动者对危害生命安全和身体健康的劳动条件，有权对用人单位提出批评、检举和控告。用人单位变更名称、法定代表人、主要负责人或者投资人等事项，不影响劳动合同的履行；用人单位发生合并或者分立等情况，原劳动合同继续有效，劳动合同由承继其权利和义务的用人单位继续履行。劳动合同履行地与用人单位注册地不一致的，有关劳动者的最低工资标准、劳动保护、劳动条件、职业危害防护和本地区上年度职工月平均工资标准等事项，按照劳动合同履行地的有关规定执行；用人单位注册地的有关标准高于劳动合同履行地的有关标准，且用人单位与劳动者约定按照用人单位注册地的有关规定执行的，从其约定。

（二）劳动合同的变更

劳动合同的变更，是指当事人双方对尚未履行或尚未完全履行的劳动合同，依照法律规定的条件和程序，对原劳动合同进行修改或增删的法律行为。劳动合同变更应遵守平等自愿、协商一致的原则，不得违反法律、行政法规的规定。用人单位与劳动者协商一致，可以变更劳动合同约定的内容。变更劳动合同，应当采用书面形式。变更后的劳动合同文本由用人单位和劳动者各执一份。劳动合同变更的条件应为订立劳动合同的主客观情况发生变化；其变更程序应与订立劳动合同的程序相同，如原劳动合同经过公证的，变更后的劳动合同也应当经过公证，方为有效变更。

五、劳动合同的解除和终止

（一）劳动合同的解除

劳动合同的解除，是指劳动合同当事人在劳动合同期限届满之前依法提前终止劳动合同关系的法律行为。劳动合同的解除可分为协商解除、用人单位单方解除、劳动者单方解除等。

1.双方协商解除劳动合同。用人单位与劳动者协商一致，可以解除劳动合同。我国劳动法对双方协商解除劳动合同没有规定实体、程序上的限定条件，只要双方达成一致，内容、形式、程序没有违反法律禁止性、强制性规定，该解除行为有效。但如果是由用人单位提出解除动议的，用人单位应向劳动者支付解除劳动合同的经济补偿金。

2.用人单位单方解除劳动合同，即具备法律规定的条件时，用人单位享有单方解除权，无须双方协商达成一致意见。用人单位单方解除劳动合同，应当事先将理由通知工会。用人单位违反法律、行政法规规定或者劳动合同约定的，工会有权要求用人单位纠正；用人单位应当研究工会的意见，并将处理结果书面通知工会。

用人单位单方解除劳动合同有三种情况：

（1）过错性解除，即在劳动者有过错性情形时，用人单位有权单方解除劳动合同。《劳动合同法》对过错性解除的程序无严格的限制，且用人单位无须支付劳动者解除劳动合同的经济补偿金。但在解除的条件上有限制性规定，一般适用于试用期内因劳动者不符合录用条件或者劳动者有严重违反规章制度、违法的情形。

劳动者有下列情形之一的，用人单位可以解除劳动合同：在试用期间被证明不符合录用条件的；严重违反用人单位的规章制度的；严重失职，营私舞弊，给用人单位造成重大损害的；劳动者同时与其他用人单位建立劳动关系，对完成本单位的工作任务造成严重影响，或者经用人单位提出，拒不改正的；因劳动者以欺诈、胁迫的手段或者乘人之危，使用人单位在违背真实意思的情况下订立或者变更劳动合同而致使劳动合同无效的；被依法追究刑事责任的。

（2）非过错性解除，即劳动者本人无过错，但由于主客观原因致使劳动合同无法履行，用人单位在符合法律规定的情形下，履行法律规定的程序后有权单方解除劳动合同。

非过错性解除适用于劳动者有下列情形之一的：①劳动者患病或者非因工负伤，医疗期满后，不能从事原工作也不能从事由用人单位另行安排的工作的。医疗期，是指劳动者根据其工龄等条件，依法可以享受的停工医疗并发给病假工资的期间，也是禁止解除劳动合同的期间。根据我国劳动法规定，医疗期根据劳动者工作年限的长短确定为3～24个月。②劳动者不能胜任工作，经过培训或者调整工作岗位，仍不能胜任工作的。③劳动合同订立时所依据的客观情况发生重大变化，致使劳动合同无法履行，经用人单位与劳动者协商，未能就变更劳动合同内容达成协议的。对非过错性解除劳动合同，用人单位应履行提前30日以书面形式通知劳动者本人的义务或者以额外支付劳动者1个月工资代替提前通知义务后，可以解除劳动合同。用人单位选择额外支付劳动者1个月工资解除劳动合同的，其额外支付的工资应当按照该劳动者上1个月的工资标准确定。用人单位还应承担支付经济补偿金的义务。

（3）裁员，是指用人单位为降低劳动成本，改善经营管理，因经济或技术等原因一次裁减20人以上或者裁减不足20人但占企业职工总数10%以上的劳动者。

裁员的人数限定为：裁减人员20人以上或者裁减不足20人但占企业职工总数10%以上。裁员的程序规定为：用人单位提前30日向工会或者全体职工说明情况，听取工会或者职工的意见后，裁减人员方案经向劳动行政部门报告，可以裁减人员。裁员的法定情形限定为：依照《企业破产法》规定进行重整的；生产经营发生严重困难的；企业转产、重大技术革新或者经营方式调整，经变更劳动合同后，仍需裁减人员的；其他因劳动合同订立时所依据的客观经济情况发生重大变化，致使劳动合同无法履行的。为保护劳动者的利益，法律规定用人单位裁减人员时，应当优先留用下列人员：与本单位订立较长期限的固定期限劳动合同的；与本单位订立无固定期限劳动合同的；家庭无其他就业人员，有需要扶养的老人或者未成年人的。用人单位依法裁减人员，在6个月内重新招用人员的，应当通知被裁减的人员，并在同等条件下优先招用被裁减的人员。用人单位应当依法向被裁减人员支付经济补偿金。

为保护劳动者的合法权益，防止用人单位滥用解除权，法律除规定解除条件和程序、用人单位单方解除劳动合同需征求工会意见外，还规定了禁止解除劳动合同的条件。法律规定，劳动者有下列情形之一的，用人单位不得依据《劳动合同法》第40条非过错性解除劳动合同的规定、第41条裁员的规定单方解除劳动合同：从事接触职业病危害作业的劳动者未进行离岗前职业健康检查，或者疑似职业病病人在诊断或者医学观察期间的；在本单位患职业病或者因工负伤并被确认丧失或者部分丧失劳动能力的；患病或者非因工负伤，在规定的医疗期内的；女职工在孕期、产期、哺乳期的；在本单位连续工作满15年，且距法定退休年龄不足5年的；法律、行政法规规定的其他情形。

3. 劳动者单方解除劳动合同，即在具备法律规定的条件时，劳动者享有单方解除权，无须双方协商达成一致意见，也无须征得用人单位的同意。劳动者单方解除劳动合同有三种情况：

（1）预告解除，即劳动者履行预告程序后单方解除劳动合同。有两种预告解除：劳动者提前30日以书面形式通知用人单位，可以解除劳动合同；劳动者在试用期内提前3日通知用人单位，可以解除劳动合同。

（2）用人单位有违法、违约情形，劳动者有权单方解除劳动合同。用人单位有下列情形之一的，劳动者可以解除劳动合同：未按照劳动合同约定提供劳动保护或者劳动条件的；未及时足额支付劳动报酬的；未依法为劳动者缴纳社会保险费的；用人单位的规章制度违反法律、法规的规定，损害劳动者权益的；因用人单位以欺诈、胁迫的手段或者乘人之危，使劳动者在违背真实意思的情况下订立或者变更劳动合同而致使劳动合同无效的；法律、行政法规规定劳动者可以解除劳动合同的其他情形。

（3）立即解除劳动合同。在用人单位有危及劳动者人身自由和人身安全的情形时，劳动者有权立即解除劳动合同。用人单位以暴力、威胁或者非法限制人身自由的手段强迫劳动者劳动的，或者用人单位违章指挥、强令冒险作业危及劳动者人身安全的，劳动者可以立即解除劳动合同，无须事先告知用人单位。

（二）劳动合同的终止

劳动合同的终止，是指在符合法律规定情形时，双方当事人的权利义务不复存在，劳动合同的效力即行消灭。劳动合同终止不存在约定终止，只有法定终止。用人单位与劳动者不得在《劳动合同法》规定的劳动合同终止情形之外约定其他的劳动合同终止条件。

有下列情形之一的，劳动合同终止：劳动合同期满的；劳动者开始依法享受基本养老保险待遇的；劳动者达到法定退休年龄的；劳动者死亡，或者被人民法院宣告死亡或者宣告失踪的；用人单位被依法宣告破产的；用人单位被吊销营业执照、责令关闭、撤销或者用人单位决定提前解散的；法律、行政法规规定的其他情形。

《劳动合同法》对某些劳动者予以特殊保护，规定在劳动者有下列情形之一时，劳动合同到期也不得终止，应当续延至相应的情形消失时终止：从事接触职业病危害作业的劳动者未进行离岗前职业健康检查，或者疑似职业病病人在诊断或者医学观察期间的；患病或者非因工负伤，在规定的医疗期内的；女职工在孕期、产期、哺乳期的；在本单位连续工作满15年，且距法定退休年龄不足5年的；法律、行政法规规定的其他情形。

在本单位患职业病或者因工负伤并被确认丧失或者部分丧失劳动能力的劳动者的劳动合同的终止，按照国家有关工伤保险的规定执行。

（三）经济补偿金

经济补偿金是用人单位解除或终止劳动合同时，给予劳动者的一次性货币补偿。经济补偿金的目的在于从经济方面制约用人单位的解雇行为，对失去工作的劳动者给予经济上的补偿，并解决劳动合同短期化问题。

1.补偿标准。经济补偿按劳动者在本单位工作的年限，每满1年支付1个月工资的标准向劳动者支付。6个月以上不满1年的，按1年计算；不满6个月的，向劳动者支付半个月工资的经济补偿。

月工资，是指劳动者在劳动合同解除或者终止前12个月的平均工资。劳动者工作不满12个月的，按照实际工作的月数计算平均工资。其计算基数按照劳动者应得工资计算，包括计时工资或者计件工资以及奖金、津贴和补贴等货币性收入。劳动者获得的经济补偿金有最低数额保障：劳动者在劳动合同解除或者终止前12个月的平均工资低于当地最低工资标准的，按照当地最低工资标准计算。同时，经济补偿金亦有最高数额的限制：劳动者月工资高于用人单位所在直辖市、设区的市级人民政府公布的本地区上年度职工月平均工资3倍的，向其支付经济补偿的标准按职工月平均工资3倍的数额支付，向其支付经济补偿的年限最高不超过12年。

2.用人单位应当支付经济补偿金的法定情形。根据劳动合同法规定，用人单位应当在下列情形下，向劳动者支付经济补偿金：（1）因用人单位违法、违约迫使劳动者依照《劳动合同法》第38条规定解除劳动合同的。（2）用人单位依照《劳动合同法》第36条规定向劳动者提出解除劳动合同并与劳动者协商一致解除劳动合同的。(3)用人单位依照《劳动合同法》第40条规定解除劳动合同的。(4)用人单位依照《劳动合同法》第41条第1款规定解除劳动合同的，即以裁员的方式解除与劳动者的劳动合同的，用人单位应向劳动者支付经济补偿金。(5)除用人单位维持或者提高劳动合同约定条件续订劳动合同，劳动者不同意续订的情形外，依照《劳动合同法》第44条第1项规定终止固定期限劳动合同的，即在劳动合同期满时，用人单位以低于原劳动合同约定的条件要求与劳动者续订劳动合同，而劳动者不同意续订的，用人单位须向劳动者支付经济补偿金。反之，用人单位则不必向劳动者支付经济补偿金。(6)依照《劳动合同法》第44条第4项、第5项规定终止劳动合同的，即在用人单位因被依法宣告破产，被吊销营业执照、责令关闭、撤销或者用人单位决定提前解散而终止劳动合同的，用人单位应向劳动者支付经济补偿金。(7)以完成一定工作任务为期限的劳动合同，双方履行完毕而终止的，用人单位应当依法向劳动者支付经济补偿金。(8)法律、行政法规规定的其他情形。

经济补偿金应在劳动者离职办结工作交接时，支付给劳动者。为解决法律衔接问题，《劳动合同法》规定，施行之日存续的劳动合同在劳动合同法施行后解除或者终止，依法应当支付经济补偿的，经济补偿年限自劳动合同法施行之日起计算；《劳动合同法》施行前按照当时有关规定，用人单位应当向劳动者支付经济补偿的，按照当时有关规定执行。经济补偿金应在劳动者工作交接办结后，由用人单位支付给劳动者。

六、集体合同

(一)集体合同的概念

集体合同，是企业职工一方与用人单位通过平等协商，就劳动报酬、工作时间、休息休假、劳动安全卫生、保险福利等事项订立的书面协议。集体合同是协调劳动关系、保护劳动者权益、建立现代企业管理制度的重要手段。劳动合同与集体合同的关系体现在以下方面：

1.劳动合同规定的劳动者的个人劳动条件和劳动标准不得低于集体合同的规定，否则无效。《劳动合同法》第55条规定：“集体合同中劳动报酬和劳动条件等标准不得低于当地人民政府规定的最低标准；用人单位与劳动者订立的劳动合同中劳动报酬和劳动条件等标准不得低于集体合同规定的标准。”

2.劳动合同约定不明时，适用集体合同的规定。《劳动合同法》第18条规定：“劳动合同对劳动报酬和劳动条件等标准约定不明确，引发争议的，用人单位与劳动者可以重新协商；协商不成的，适用集体合同规定；没有集体合同或者集体合同未规定劳动报酬的，实行同工同酬；没有集体合同或者集体合同未规定劳动条件等标准的，适用国家有关规定。”

3.未订立书面劳动合同的，有集体合同适用集体合同的规定。《劳动合同法》第11条规定：“用人单位未在用工的同时订立书面劳动合同，与劳动者约定的劳动报酬不明确的，新招用的劳动者的劳动报酬按照集体合同规定的标准执行；没有集体合同或者集体合同未规定的，实行同工同酬。”

(二)集体合同的订立和生效

集体合同的订立，是指工会或职工代表与企业单位之间，为规定用人单位和全体职工的权利义务而依法就集体合同条款经过协商一致，确立集体合同关系的法律行为。

在我国，集体合同主要是由代表劳动者的工会或职工代表与企业签订。尚未建立工会的用人单位，由上级工会指导劳动者推举的代表与用人单位订立。在县级以下区域内，建筑业、采矿业、餐饮服务业等行业可以由工会与企业方面代表订立行业性集体合同，或者订立区域性集体合同。企业职工一方与用人单位可以订立劳动安全卫生、女职工权益保护、工资调整机制等专项集体合同。

集体合同按如下程序订立：(1)讨论集体合同草案或专项集体合同草案。经双方代表协商一致的集体合同草案或专项集体合同草案应提交职工代表大会或者全体职工讨论。(2)通过草案。全体职工代表半数以上或者全体职工半数以上同意，集体合同草案或专项集体合同草案方获通过。(3)集体协商双方首席代表签字。

集体合同的生效与劳动合同的生效不同，法律对集体合同的生效规定了特殊程序：集体合同订立后，应当报送劳动行政部门；劳动行政部门自收到集体合同文本之日起15日内未提出异议的，集体合同即行生效。依法订立的集体合同对用人单位和劳动者具有约束力。行业性、区域性集体合同对当地本行业、本区域的用人单位和劳动者具有约束力。

（三）集体合同争议处理

用人单位违反集体合同，侵犯职工劳动权益的，工会可以依法要求用人单位承担责任；因履行集体合同发生争议，经协商解决不成的，工会可以依法申请仲裁、提起诉讼。

1.因集体协商发生争议的处理。集体协商过程中发生争议，双方当事人协商解决，协商不成可由劳动保障行政部门协调处理。当事人一方或双方可向劳动保障行政部门的劳动争议协调处理机构提出协调处理的书面申请；未提出申请的，劳动行政部门认为必要时可视情况协调处理。劳动保障行政部门应当组织同级工会和企业组织等三方面的人员，共同协调处理集体协商争议。劳动保障行政部门处理因集体协商发生的争议，应自决定受理之日起30日内结束。期满未结束的，可适当延长协调期限，但延长期限不得超过15日。

2.因履行集体合同而发生争议的处理。因履行集体合同发生的争议可以通过协商、仲裁和诉讼等方式解决。《劳动法》第84条第2款规定："因履行集体合同发生争议，当事人协商解决不成的，可以向劳动争议仲裁委员会申请仲裁；对仲裁裁决不服的，可以自收到仲裁裁决书之日起十五日内向人民法院提起诉讼。"

七、劳务派遣

劳务派遣，是指劳务派遣单位与劳动者订立劳动合同后，由派遣单位与实际用工单位通过签订劳务派遣协议，将劳动者派遣到用工单位工作，用工单位实际使用劳动者，用工单位向劳务派遣单位支付管理费、劳动者工资、社会保险费用等而形成的关系。劳务派遣是典型的"有关系无劳动，有劳动无关系"，即劳务派遣单位与劳动者建立劳动关系，签订劳动合同，但劳动者却不为劳务派遣单位提供劳动。劳动者为用工单位提供劳动，但却不签订劳动合同，造成了劳动力的雇佣和劳动力的使用分离。

（一）劳务派遣岗位

相对于作为企业基本用工形式的劳动合同用工而言，劳务派遣用工是一种补充形式，只能在临时性、辅助性或者替代性的工作岗位上实施。临时性工作岗位，是指存续时间不超过6个月的岗位；辅助性工作岗位是指为主营业务岗位提供服务的非主营业务岗位；替代性工作岗位，是指在用工单位的劳动者因脱产学习、休假等原因无法工作的一定期间内，可以由其他劳动者替代工作的岗位。

（二）劳务派遣单位

劳务派遣单位，是指将劳动者派遣到实际用工单位的企业法人。为规范劳务派遣关系，保护被派遣的劳动者的合法权益，法律为劳务派遣单位设立了一定的"门槛"。首先，劳务派遣单位应当具备注册资本不得少于200万元，有与开展业务相适应的固定的经营场所和设施，有符合法律、行政法规规定的劳务派遣管理制度等条件。其次，经营劳务派遣业务应当向劳动行政部门申请行政许可，经许可后才能办理相应的公司登记；未经许可，任何单位和个人不得经营劳务派遣业务。

《劳动合同法》明确劳务派遣单位就是用人单位，应当履行用人单位对劳动者的义务，遵守劳动法的相关规定，与被派遣的劳动者订立书面劳动合同。其劳动合同应符合如下要求：劳务派遣单位应当与被派遣劳动者订立2年以上的固定期限劳动合同，保障劳务派遣者的工作权；在劳动合同中除应当载明劳动合同的必备条款外，还应当载明被派遣劳动者的用工单位以及派遣期限、工作岗位等情况；为保障被派遣劳动者的劳动报酬权，应按月支付劳动者劳动报酬；被派遣劳动者在无工作期间，劳务派遣单位应当按照所在地人民政府规定的最低工资标准，向其按月支付报酬；劳务派遣单位不得克扣用工单位按照劳务派遣协议支付给被派遣劳动者的劳动报酬；劳务派遣单位跨地区派遣劳动者的，被派遣劳动者享有的劳动报酬和劳动条件，按照用工单位所在地的标准执行。劳务派遣单位和用工单位不得向被派遣劳动者收取费用。同时劳务派遣单位有权依照《劳动合同法》有关规定，与被派遣劳动者解除劳动合同；劳务派遣单位违法解除或者终止被派遣劳动者的劳动合同的，应依照《劳动合同法》承担违法解除或终止劳动合同的法律责任。

（三）劳务派遣协议

劳务派遣协议是劳务派遣单位与实际用工单位就劳务派遣事项签订的书面协议。《劳动合同法》第59条规定，劳务派遣单位派遣劳动者应当与接受以劳务派遣形式用工的单位订立劳务派遣协议。劳务派遣协议应当约定派遣岗位和人员数量、派遣期限、劳动报酬和社会保险费的数额与支付方式以及违反协议的责任。劳务派遣一般在临时性、辅助性或者替代性的工作岗位上实施。用工单位应当根据工作岗位的实际需要与劳务派遣单位确定派遣期限，不得将连续用工期限分割订立数个短期劳务派遣协议。劳务派遣单位应当将劳务派遣协议的内容告知被派遣劳动者，被派遣劳动者有知情权。

（四）用工单位的义务

劳动合同法虽未将劳务派遣关系中实际用工单位规定为劳动法意义上的用人单位，但却从以下几个方面强化了劳务派遣中实际用工单位的义务：执行国家劳动标准，提供相应的劳动条件和劳动保护；告知被派遣劳动者的工作要求和劳动报酬；支付加班费、绩效奖金，提供与工作岗位相关的福利待遇；对在岗被派遣劳动者进行工作岗位所必需的培训；连续用工的，实行正常的工资调整机制；不得将被派遣劳动者再派遣到其他用人单位；不得设立劳务派遣单位向本单位或者所属单位派遣劳动者，即不得自己出资或其所属单位出资或者合伙设立劳务派遣单位，不得向本单位或者所属单位派遣劳动者；用工单位应当严格控制劳务派遣用工数量，不得超过其用工总量的一定比例。

（五）被派遣劳动者的权利

劳动合同法赋予被派遣劳动者参加和组织工会的权利，被派遣劳动者有权在劳务派遣单位或者用工单位依法参加或者组织工会，维护自身的合法权益。劳动合同法赋予被派遣劳动者解除劳动合同的权利，被派遣劳动者可以依照《劳动合同法》与用人单位协商一致解除劳动合同，在用人单位有违法、违约情形时，被派遣劳动者有权与劳务派遣单位单方解除劳动合同。被派遣劳动者享有与用工单位的劳动者同工同酬的权利，用工单位应当按照同工同酬原则，对被派遣劳动者与本单位同类岗位的劳动者实行相同的劳动报酬分配办法。

八、非全日制用工

非全日制用工，是指以小时计酬为主，劳动者在同一用人单位一般平均每日工作时间不超过4小时，每周工作时间累计不超过24小时的用工形式。非全日制用工是灵活用工的一种形式，非全日制用工可以不订立书面劳动合同，双方当事人可以订立口头协议。法律允许非全日制用工建立双重或多重劳动关系，从事非全日制用工的劳动者可以与一个或者一个以上用人单位订立劳动合同；但是，后订立的劳动合同不得影响先订立的劳动合同的履行。非全日制用工双方当事人任何一方都可以随时通知对方终止用工。终止用工，用人单位不向劳动者支付经济补偿。

为保障非全日制用工劳动者的劳动权利，《劳动合同法》规定，非全日制用工双方当事人不得约定试用期；非全日制用工小时计酬标准不得低于用人单位所在地人民政府规定的最低小时工资标准；非全日制用工劳动报酬结算支付周期最长不得超过15日。

九、违反劳动合同法的法律责任

（一）用人单位的法律责任

用人单位违法违约应承担法律责任，根据《劳动合同法》的规定，用人单位应承担的法律责任有：

1.规章制度违法的法律责任。用人单位直接涉及劳动者切身利益的规章制度违反法律、法规规定的，由劳动行政部门责令改正，给予警告；给劳动者造成损害的，应当承担赔偿责任。

2.订立劳动合同违法应承担的法律责任。用人单位提供的劳动合同文本未载明本法规定的劳动合同必备条款或者用人单位未将劳动合同文本交付劳动者的，由劳动行政部门责令改正；给劳动者造成损害的，应当承担赔偿责任。用人单位自用工之日起超过1个月不满1年未与劳动者订立书面劳动合同的，应当向劳动者每月支付2倍的工资。用人单位违反《劳动合同法》规定不与劳动者订立无固定期限劳动合同的，自应当订立无固定期限劳动合同之日起向劳动者每月支付2倍的工资。用人单位违法与劳动者约定试用期的，由劳动行政部门责令改正；违法约定的试用期已经履行的，由用人单位以劳动者试用期满月工资为标准，按已经履行的超过法定试用期的期间向劳动者支付赔偿金。用人单位违反规定，扣押劳动者居民身份证等证件的，由劳动行政部门责令限期退还劳动者本人，并依照有关法律规定给予处罚。用人单位违反规定，以担保或者其他名义向劳动者收取财物的，由劳动行政部门责令限期退还劳动者本人，并以每人500元以上2000元以下的标准处以罚款；给劳动者造成损害的，应当承担赔偿责任。用人单位违反《劳动合同法》有关建立职工名册规定的，由劳动行政部门责令限期改正；逾期不改正的，由劳动行政部门处2000元以上2万元以下的罚款。

3.侵犯劳动者劳动报酬权应承担的法律责任。用人单位有下列情形之一的，由劳动行政部门责令限期支付劳动报酬、加班费或者经济补偿；劳动报酬低于当地最低工资标准的，应当支付其差额部分；逾期不支付的，责令用人单位按应付金额50%以上100%以下的标准向劳动者加付赔偿金：未按照劳动合同的约定或者国家规定及时足额支付劳动者劳动报酬的；低于当地最低工资标准支付劳动者工资的；安排加班不支付加班费的；解除或者终止劳动合同，未依照《劳动合同法》规定向劳动者支付经济补偿的。

4.劳动合同无效应承担的法律责任。劳动合同依照《劳动合同法》第26条的规定被确认无效，给对方造成损害的，有过错的一方应当承担赔偿责任。

5.违法解除或终止劳动合同应承担的法律责任。用人单位违法解除或者终止劳动合同的，劳动者要求继续履行劳动合同的，用人单位应当继续履行；劳动者不要求继续履行劳动合同或者劳动合同已经不能继续履行的，用人单位应当依照法律规定的经济补偿标准的2倍向劳动者支付赔偿金；用人单位依法支付了赔偿金的，不再支付经济补偿。赔偿金的计算年限自用工之日起计算。

6.用人单位违法未向劳动者出具解除或者终止劳动合同的书面证明，由劳动行政部门责令改正；给劳动者造成损害的，应当承担赔偿责任。

7.用人单位依照《劳动合同法》的规定应当向劳动者每月支付2倍的工资或者应当向劳动者支付赔偿金而未支付的，劳动行政部门应当责令用人单位支付。

8.侵犯劳动者人身权应承担的法律责任。用人单位有下列情形之一的，依法给予行政处罚；构成犯罪的，依法追究刑事责任；给劳动者造成损害的，应当承担赔偿责任：以暴力、威胁或者非法限制人身自由的手段强迫劳动的；违章指挥或者强令冒险作业危及劳动者人身安全的；侮辱、体罚、殴打、非法搜查或者拘禁劳动者的；劳动条件恶劣、环境污染严重，给劳动者身心健康造成严重损害的。

9.对不具备合法经营资格的用人单位的违法犯罪行为，依法追究法律责任；劳动者已经付出劳动的，该单位或者其出资人应当依照《劳动合同法》有关规定向劳动者支付劳动报酬、经济补偿、赔偿金；给劳动者造成损害的，应当承担赔偿责任。

10.违反法律规定，未经许可，擅自经营劳务派遣业务的，由劳动行政部门责令停止违法行为，没收违法所得，并处违法所得1倍以上5倍以下的罚款；没有违法所得的，可以处5万元以下的罚款。

（二）劳动者的法律责任

劳动者违法解除劳动合同，或者违反劳动合同中约定的保密义务或者竞业限制，给用人单位造成损失的，应当承担赔偿责任。

劳动者应赔偿用人单位下列损失：(1)用人单位招收录用其所支付的费用；(2)用人单位为其支付的培训费用，双方另有约定的按约定办理；(3)对生产、经营和工作造成的直接经济损失；(4)劳动合同约定的其他赔偿费用。劳动者违反劳动合同中约定的保密事项，对用人单位造成经济损失的，按照《劳动合同法》第90条的规定向用人单位支付赔偿。

(三)连带赔偿责任

连带赔偿责任，是指权利人可以向任何一个责任人要求权利时，各个责任人不分份额、不分先后次序地根据权利人的请求对外承担全部责任。在权利人提出请求时，各个责任人不得以超过自己应承担的部分为由而拒绝。《劳动合同法》规定的连带赔偿责任主要有：

1.用人单位与劳动者的连带赔偿责任。用人单位招用与其他用人单位尚未解除或者终止劳动合同的劳动者，给其他用人单位造成损失的，应当承担连带赔偿责任。

2.劳务派遣单位与用工单位的连带赔偿责任。劳务派遣单位、用工单位违反法律有关劳务派遣规定的，由劳动行政部门责令限期改正；逾期不改正的，以每人5000元以上1万元以下的标准处以罚款，对劳务派遣单位，吊销其劳务派遣业务经营许可证。用工单位给被派遣劳动者造成损害的，劳务派遣单位与用工单位承担连带赔偿责任。

3.个人承包经营者与发包的组织的连带赔偿责任。个人承包经营违反《劳动合同法》规定招用劳动者，给劳动者造成损害的，发包的组织与个人承包经营者承担连带赔偿责任。

第三节　劳动基准法

劳动法对劳动关系的协调，是以劳动标准为基础的，劳动基准就是劳动条件的最低标准。劳动基准法就是在劳动法中规定和确认一系列劳动标准，要求用人单位必须遵守，用人单位向劳动者提供的劳动条件只能等于或优于劳动基准，劳动合同和集体合同中约定的劳动条件不得低于劳动基准，以保证劳动者权益的实现。劳动基准法主要由规定劳动标准的各项法律制度构成，包括工时标准、最低工资标准、职业安全卫生法等。

一、工作时间和休息休假制度

(一)工作时间的概念和种类

工作时间又称劳动时间，是指法律规定的劳动者在一昼夜和一周内从事劳动的时间。它包括每日工作的小时数，每周工作的天数和小时数。工作时间的种类有：

1.标准工作时间，又称标准工时，是指法律规定的在一般情况下普遍适用的，按照正常作息办法安排的工作日和工作周的工时制度。我国的标准工时为劳动者每日工作8小时，每周工作40小时，在1周(7日)内工作5天。实行计件工作的劳动者，用人单位应当根据每日工作8小时、每周工作40小时的工时制度，合理确定其劳动定额和计件报酬标准。

2.缩短工作时间，是指法律规定的在特殊情况下劳动者的工作时间长度少于标准工作时间的工时制度，即每日工作少于8小时。缩短工作日适用于：(1)从事矿山井下、高山、有毒有害、特别繁重或过度紧张等作业的劳动者；(2)从事夜班工作的劳动者；(3)哺乳期内的女职工。

3.延长工作时间，是指超过标准工作日的工作时间，即日工作时间超过8小时，每周工作时间超过40小时。延长工作时间必须符合法律、法规的规定。

4.不定时工作时间和综合计算工作时间。不定时工作时间，又称不定时工作制，是指无固定工作时数限制的工时制度。不定时工作时间适用于工作性质和职责范围不受固定工作时间限制的劳动者，如企业中的高级管理人员、外勤人员、推销人员、部分值班人员，从事交通运输的工作人员以及其他因生产特点、工作特殊需要或职责范围的关系，适合实行不定时工作制的职工等。综合计算工作时间，又称综合计算工时工作制，是指以一定时间为周期，集中安排并综合计算工作时间和休息时间的工时制度。该制度分别以周、月、季、年为周期综合计算工作时间，但其平均日工作时间和平均周工作时间应与法定标准工作时间基本相同。对符合下列条件之一的职工，可以实行综合计算工作日：(1)交通、铁路、邮电、水运、航空、渔业等行业中因工作性质特殊，需连续作业的职工；(2)地质及资源勘探、建筑、制盐、制糖、旅游等受季节和自然条件限制行业的部分职工；(3)其他适合实行综合计算工时工作制的职工。

实行不定时工作制和综合计算工时工作制的企业，应根据《劳动法》的有关规定，与工会和劳动者协商，履行审批手续，在保障职工身体健康并充分听取职工意见的基础上，采用集中工作、集中休息、轮流调休、弹性工作时间等适当方式，确保职工的休息休假权利和生产、工作任务的完成。对于实行不定时工作制的劳动者，企业应根据标准工时制度合理确定劳动者的劳动定额或其他考核标准，以便安排劳动者休息。其工资由企业按照本单位的工资制度和工资分配办法，根据劳动者的实际工作时间和完成劳动定额情况计发。对于符合带薪年休假条件的劳动者，企业可安排其享受带薪年休假。实行综合计算工时工作制的企业，在综合计算周期内，某一具体日（或周）的实际工作时间可以超过 8 小时（或40小时），但综合计算周期内的总实际工作时间不应超过总法定标准工作时间，超过部分应视为延长工作时间，并按《劳动法》第44条第1项的规定支付工资报酬，其中法定休假日安排劳动者工作的，按《劳动法》第44条第3项的规定支付加班加点的工资报酬。

(二)休息休假的概念和种类

休息休假，是指劳动者为行使休息权在国家规定的法定工作时间以外，不从事生产或工作而自行支配的时间。

1.休息时间的种类。(1)工作日内的间歇时间，是指在工作日内给予劳动者休息和用餐的时间。一般为1～2小时，最少不得少于半小时。(2)工作日间的休息时间，即两个邻近工作日之间的休息时间。一般不少于16小时。(3)公休假日。又称周休息日，是劳动者在1周（7日）内享有的休息日，公休假日一般为每周2日，一般安排在周六和周日休息。不能实行国家标准工时制度的企业和事业组织，可根据实际情况灵活安排周休息日，应当保证劳动者每周至少休息1日。

2.休假的种类。(1)法定节假日，是指法律规定用于开展纪念、庆祝活动的休息时间。我国《劳动法》规定的法定节假日有：元旦、春节、国际劳动节、国庆节和法律、法规规定的其他休假节日。(2)探亲假，是指劳动者享有保留工资、工作岗位而同分居两地的父母或配偶团聚的假期。探亲假适用于在国家机关、人民团体、全民所有制企业、事业单位工作满1年的固定职工。(3)年休假，是指职工工作满一定年限，每年可享有的带薪连续休息的时间。根据《劳动法》的规定，机关、团体、企业、事业单位、民办非企业单位、有雇工的个体工商户等单位的职工连续工作1年以上的，享受带薪年休假。单位应当保证职工享受年休假。职工在年休假期间享受与正常工作期间相同的工资收入。职工累计工作已满1年不满10年的，年休假5日；已满10年不满20年的，年休假10日；已满20年的，年休假15日。国家法定休假日、休息日不计入年休假的假期。

(三)加班加点的主要法律规定

加班，是指劳动者在法定节日或公休假日从事生产或工作。加点，是指劳动者在标准工作日以外延长工作的时间。加班加点又统称为延长工作时间。为保证劳动者休息权的实现，《劳动法》规定任何单位和个人不得擅自延长职工的工作时间。

1.一般情况下加班加点的规定。《劳动法》第41条规定：用人单位由于生产经营需要，经与工会和劳动者协商后可以延长工作时间，一般每日不得超过1小时；因特殊原因需要延长工作时间的，在保障劳动者身体健康的条件下延长工作时间每日不得超过3小时，但是每月不得超过36小时。

2.特殊情况下，延长工作时间不受《劳动法》第41条的限制。劳动法规定在下述特殊情况下，延长工作时间不受《劳动法》第41条的限制：（1）发生自然灾害、事故或者因其他原因，威胁劳动者生命健康和财产安全，或使人民的安全健康和国家资财遭到严重威胁，需要紧急处理的；（2）生产设备、交通运输线路、公共设施发生故障，影响生产和公共利益，必须及时抢修的；（3）在法定节日和公休假日内工作不能间断，必须连续生产、运输或营业的；（4）必须利用法定节日或公休假日的停产期间进行设备检修、保养的；（5）为了完成国防紧急生产任务，或者完成上级在国家计划外安排的其他紧急生产任务，以及商业、供销企业在旺季完成收购、运输、加工农副产品紧急任务的；（6）法律、行政法规规定的其他情形。

3.加班加点的工资标准。劳动法规定：（1）安排劳动者延长工作时间的，支付不低于工资的150%的工资报酬；（2）休息日安排劳动者工作又不能安排补休的，支付不低于工资的200%的工资报酬；（3）法定休假日安排劳动者工作的，支付不低于工资的300%的工资报酬。

4.监督检查措施。县级以上各级人民政府劳动行政部门对本行政区域内的用人单位组织劳动者加班加点的情况依法监督检查，对违法行为分别不同情况，予以行政处罚：（1）用人单位未与工会或劳动者协商，强迫劳动者延长工作时间的，给予警告，责令改正，并可按每名劳动者延长工作时间每小时罚款100元以下的标准处罚；（2）用人单位每日延长劳动者工作时间超过3小时或每月延长工作时间超过36小时的，给予警告，责令改正，并可按每名劳动者每超过工作时间1小时罚款100元以下的标准处罚。

二、工资制度

（一）工资的概念和特征

工资，是指用人单位依据国家有关规定和集体合同、劳动合同约定的标准，根据劳动者提供劳动的数量和质量，以货币形式支付给劳动者的劳动报酬。

工资具有如下特征：（1）工资是基于劳动关系而对劳动者付出劳动的物质补偿；（2）工资标准必须是事先规定的，事先规定的形式可以是工资法规、工资政策，集体合同、劳动合同；（3）工资须以法定货币形式定期支付给劳动者本人；（4）工资的支付是以劳动者提供的劳动数量和质量为依据的。

（二）工资形式

工资形式，是指计量劳动和支付劳动报酬的方式。企业可根据本单位的生产经营特点和经济效益，依法自主确定本单位的工资分配形式。我国的工资形式主要有：（1）计时工资，是按单位时间工资标准和劳动者实际工作时间计付劳动报酬的工资形式。我国常见的有小时工资、日工资、月工资。（2）计件工资，是按照劳动者生产合格产品的数量或作业量以及预先规定的计件单价支付劳动报酬的一种工资形式。计件工资是计时工资的转化形式。劳动提成工资是计件工资形式之一。（3）奖金，是给予劳动者的超额劳动报酬和增收节支的物质奖励。其主要有月奖、季度奖和年度奖；经常性奖金和一次性奖金；综合奖和单项奖等。（4）津贴，是对劳动者在特殊条件下的额外劳动消耗或额外费用支出给予物质补偿的一种工资形式。其主要有岗位津贴、保健性津贴、技术性津贴等。（5）补贴，是为了保障劳动者的生活水平不受特殊因素的影响而支付给劳动者的工资形式。它与劳动者的劳动没有直接联系，其发放根据主要是国家有关政策规定，如物价补贴、边远地区生活补贴等。（6）特殊情况下的工资，是对非正常工作情况下的劳动者依法支付工资的一种工资形式。其主要有加班加点工资，事假、病假、婚假、探亲假等工资以及履行国家和社会义务期间的工资等。

（三）工资分配原则

1.工资总量宏观调控原则。

2.用人单位自主分配、劳动者参与工资分配过程原则。

3.按劳分配为主体、多种分配方式并存原则。

4.同工同酬原则。我国《宪法》第48条第2款规定："国家保护妇女的权利和利益，实行男女同工同酬，培养和选拔妇女干部。"

5.工资水平随经济发展逐步提高原则。

（四）工资支付保障

工资支付保障是为保障劳动者劳动报酬权的实现，防止用人单位滥用工资分配权而制定的有关工资支付的一系列规则。有如下内容：

1.工资应以法定货币支付，不得以实物及有价证券代替货币支付。

2.工资应在用人单位与劳动者约定的日期支付。工资一般按月支付，至少每月支付一次。实行周、日、小时工资制的，可按周、日、小时支付。

3.劳动者依法享受年休假、探亲假、婚假、丧假期间，以及依法参加社会活动期间，用人单位应按劳动合同规定的标准支付工资。

4.工资应支付给劳动者本人，也可由劳动者家属或委托他人代领，用人单位可委托银行代发工资。

5.工资应依法足额支付，除法定或约定允许扣除工资的情况外，严禁非法克扣或无故拖欠劳动者工资。

6.对代扣工资的限制。用人单位不得非法克扣劳动者工资，有下列情况之一的，用人单位可以代扣劳动者工资：（1）用人单位代扣代缴的个人所得税。（2）用人单位代扣代缴的应由劳动者个人负担的社会保险费用。（3）用人单位依审判机关判决、裁定扣除劳动者工资。依照人民法院判决、裁定，用人单位可以从应负法律责任的劳动者工资中扣除其应负担的扶养费、赡养费、抚养费和损害赔偿等款项。（4）法律、法规规定可以从劳动者工资中扣除的其他费用。

7.对扣除工资金额的限制。（1）因劳动者本人原因给用人单位造成经济损失的，用人单位可以按照劳动合同的约定要求劳动者赔偿其经济损失。经济损失的赔偿，可从劳动者本人的工资中扣除，但每月扣除金额不得超过劳动者月工资的20%；若扣除后的余额低于当地月最低工资标准的，则应按最低工资标准支付。（2）用人单位对劳动者违纪罚款，一般不得超过本人月工资标准的20%。

8.用人单位依法破产时，劳动者有权获得其工资。在破产清偿顺序中用人单位应按《企业破产法》规定的清偿顺序，首先支付本单位劳动者的工资。

（五）最低工资保障

我国最低工资保障制度是国家通过立法，强制规定用人单位支付给劳动者的工资不得低于国家规定的最低工资标准，以保障劳动者能够满足其自身及其家庭成员基本生活需要的法律制度。最低工资保障制度是国家对劳动力市场的运行进行干预的一种重要手段。

最低工资，是指劳动者在法定工作时间内提供了正常劳动的前提下，其所在用人单位应支付的最低劳动报酬。最低工资的支付以劳动者在法定工作时间内提供了正常劳动为条件。劳动者因探亲、结婚、直系亲属死亡按照规定休假期间，以及依法参加国家和社会活动，视为提供了正常劳动，用人单位支付给劳动者的工资不得低于其适用的最低工资标准。劳动者与用人单位形成或建立劳动关系后，试用、熟练、见习期间，在法定工作时间内提供了正常劳动，其所在的用人单位应当支付其不低于最低工资标准的工资。

最低工资不包括下列各项：（1）加班加点工资；（2）中班、夜班、高温、低温、井下、有毒有害等特殊工作环境条件下的津贴；（3）国家法律、法规和政策规定的劳动者保险、福利待遇；（4）用人单位通过贴补伙食、住房等支付给劳动者的非货币性收入。

最低工资的具体标准由省、自治区、直辖市人民政府规定，报国务院备案。在确定和调整最低工资标准时，综合参考下列因素：（1）劳动者本人及平均赡养人口的最低生活费用；（2）社会平均工资水平；（3）劳动生产率；（4）就业状况；（5）地区之间经济发展水平的差异。最低工资标准应当高于当地的社会救济金和失业保险金标准，低于平均工资。最低工资标准发布实施后，如确定最低工资标准参考的因素发生变化，或本地区职工生活费用价格指数累计变动较大时，应当适时调整，但每年最多调整一次。

《劳动法》第48条第2款明确规定："用人单位支付劳动者的工资不得低于当地最低工资标准。"最低工资应以法定货币支付。用人单位支付给劳动者的工资低于最低工资标准的，由当地人民政府劳动行政部门责令其限期改正，逾期未改正的，由劳动行政部门对用人单位和责任者给予经济处罚，并视其欠付工资时间的长短向劳动者支付赔偿金。

三、职业安全卫生制度

（一）职业安全卫生法的概念和特点

职业安全卫生法，是指以保护劳动者在职业劳动过程中的安全和健康为宗旨，以劳动安全卫生规则等为内容的法律规范的总称。职业安全卫生法的立法目的是减少和避免因工伤亡事故以及职业危害、职业中毒和职业病。

职业安全卫生法与其他劳动法规相比有其特有的特征：（1）保护对象的特定性。职业安全卫生法保护的对象是特定的，即保护的是劳动者在生产、劳动过程中的生命安全和健康。（2）法规内容具有技术性。职业安全卫生法主要由劳动安全、劳动卫生技术规程和标准组成，是具有技术性的法律规范。（3）法律规范多为强制性和禁止性规范。

（二）职业安全卫生法律制度的内容

1.职业安全卫生工作的方针和制度。职业安全卫生，包括职业安全、职业卫生两类。职业安全是为防止和消除劳动过程中的伤亡事故而制定的各种法律规范，职业卫生是为保护劳动者在劳动过程中的健康，预防和消除职业病、职业中毒和其他职业危害而制定的各种法律规范。我国职业安全卫生工作的方针是：安全第一，预防为主。

职业安全卫生制度主要包括：职业安全卫生标准制度、安全生产保障制度、职业卫生与职业病防治制度、职业安全卫生责任制度、职业安全教育制度、职业安全卫生认证制度、安全卫生设施"三同时"制度、安全卫生检查与监察制度、伤亡事故报告处理制度等内容。

2.女职工的特殊劳动保护。女职工的特殊劳动保护，是指根据女职工生理特点和抚育子女的需要，对其在劳动过程中的安全健康所采取的有别于男子的特殊保护。

为保护女职工的身体健康，法律规定禁止安排女职工从事矿山井下作业、国家规定的第四级体力劳动强度的劳动和其他禁忌从事的劳动；不得安排女职工在经期从事高处、高温、低温、冷水作业和国家规定的第三级体力劳动强度的劳动；不得安排女职工在怀孕期间从事国家规定的第三级体力劳动强度的劳动和孕期禁忌从事的劳动；对怀孕7个月以上的女职工，不得安排其延长工作时间和夜班劳动；女职工生育享受不少于90日的产假；不得安排女职工在哺乳未满1周岁的婴儿期间从事国家规定的第三级体力劳动强度的劳动和哺乳期禁忌从事的其他劳动，不得安排其延长工作时间和夜班劳动。

3.未成年工的特殊劳动保护。未成年工是指年满16周岁未满18周岁的劳动者。对未成年工特殊劳动保护的措施主要有：（1）上岗前培训。未成年工上岗，用人单位应对其进行有关的职业安全卫生教育、培训。（2）禁止安排未成年工从事有害健康的工作。用人单位不得安排未成年工从事矿山井下、有毒有害、国家规定的第四级体力劳动强度和其他禁忌从事的劳动。（3）提供适合未成年工身体发育的生产工具等。（4）对未成年工定期进行健康检查。

第四节 劳动争议

一、劳动争议的概念和分类

劳动争议又称劳动纠纷，是指劳动关系双方当事人因执行劳动法律、法规或履行劳动合同、集体合同发生的纠纷。

劳动争议发生在劳动者与用人单位之间，劳动争议的主体与《劳动法》《劳动合同法》规定的劳动关系的主体相同。

劳动争议按照不同的标准，可划分为以下几种：

1.按照劳动争议当事人人数多少的不同，劳动争议可分为个人劳动争议和集体劳动争议。个人劳动争议是劳动者个人与用人单位发生的劳动争议；集体劳动争议，是指劳动者一方当事人在3人以上，有共同理由的劳动争议。发生劳动争议的劳动者一方在10人以上，并有共同请求的，可以推举代表参加调解、仲裁或者诉讼活动。

2.按照劳动争议的内容，劳动争议可分为：因确认劳动关系发生的争议；因订立、履行、变更、解除和终止劳动合同发生的争议；因除名、辞退和辞职、离职发生的争议；因工作时间、休息休假、社会保险、福利、培训以及劳动保护发生的争议；因劳动报酬、工伤医疗费、经济补偿或者赔偿金等发生的争议；法律、法规规定的其他劳动争议。上述劳动争议属于《劳动争议调解仲裁法》的适用范围。

3.按照当事人国籍的不同，可分为国内劳动争议和涉外劳动争议。国内劳动争议是指我国的用人单位与具有我国国籍的劳动者之间发生的劳动争议；涉外劳动争议，是指具有涉外因素的劳动争议，包括我国在国（境）外设立的机构与我国派往该机构工作的人员之间发生的劳动争议、外商投资企业的用人单位与劳动者之间发生的劳动争议。

下列纠纷不属于劳动争议：（1）劳动者请求社会保险经办机构发放社会保险金的纠纷；（2）劳动者与用人单位因住房制度改革产生的公有住房转让纠纷；（3）劳动者对劳动能力鉴定委员会的伤残等级鉴定结论或者对职业病诊断鉴定委员会的职业病诊断鉴定结论的异议纠纷；（4）家庭或者个人与家政服务人员之间的纠纷；（5）个体工匠与帮工、学徒之间的纠纷；（6）农村承包经营户与受雇人之间的纠纷。

二、劳动争议的处理机构

（一）劳动争议调解机构

劳动争议调解委员会是依法成立的调解本单位发生的劳动争议的群众性组织。我国的劳动争议调解委员会主要有：企业劳动争议调解委员会；依法设立的基层人民调解组织；在乡镇、街道设立的具有劳动争议调解职能的组织。企业劳动争议调解委员会由职工代表和企业代表组成，职工代表由工会成员担任或者由全体职工推举产生，企业代表由企业负责人指定，企业劳动争议调解委员会主任由工会成员或者双方推举的人员担任。

（二）劳动争议仲裁机构

劳动争议仲裁委员会是国家授权、依法独立地对劳动争议案件进行仲裁的专门机构。劳动争议仲裁委员会按照统筹规划、合理布局和适应实际需要的原则设立。省、自治区人民政府可以决定在市、县设立；直辖市人民政府可以决定在区、县设立。直辖市、设区的市可以设立一个或者若干个劳动争议仲裁委员会。劳动争议仲裁委员会不按行政区划层层设立。

劳动争议仲裁委员会由劳动行政部门代表、工会代表和企业方面代表组成。劳动争议仲裁委员会组成人员应当是单数。

劳动争议仲裁委员会负责管辖本区域内发生的劳动争议。仲裁委员会受理本行政区域内的下列劳动争议案件：因确认劳动关系发生的争议；因订立、履行、变更、解除和终止劳动合同发生的争议；因除名、辞退和辞职、离职发生的争议；因工作时间、休息休假、社会保险、福利、培训以及劳动保护发生的争议；因劳动报酬、工伤医疗费、经济补偿或者赔偿金等发生的争议；法律、法规规定的其他劳动争议。

劳动争议由劳动合同履行地或者用人单位所在地的劳动争议仲裁委员会管辖。双方当事人分别向劳动合同履行地和用人单位所在地的劳动争议仲裁委员会申请仲裁的，由劳动合同履行地的劳动争议仲裁委员会管辖。

劳动争议仲裁委员会仲裁劳动争议，实行仲裁庭、仲裁员制度。仲裁庭仲裁实行少数服从多数的原则。劳动争议仲裁不收费。劳动争议仲裁委员会的经费由财政予以保障。

劳动争议仲裁委员会依法进行仲裁，依法决定劳动争议案件的受理、仲裁庭的组成、仲裁员的回避；依法对案件进行调查研究、调解和作出裁决。

（三）人民法院

人民法院是审理劳动争议案件的司法机构。我国尚未设立劳动法院或劳动法庭，由各级人民法院的民事审判庭审理劳动争议案件。其受案范围为属于劳动法规定的劳动争议，即劳动者与用人单位之间发生的下列纠纷，当事人不服劳动争议仲裁委员会作出的裁决，依法向人民法院起诉的，人民法院应当受理：

1. 劳动者与用人单位在履行劳动合同过程中发生的纠纷。

2. 劳动者与用人单位之间没有订立书面劳动合同，但已形成劳动关系后发生的纠纷。

3. 劳动者退休后，与尚未参加社会保险统筹的原用人单位因追索养老金、医疗费、工伤保险待遇和其他社会保险费而发生的纠纷。

4. 用人单位和劳动者因劳动关系是否已经解除或者终止，以及应否支付解除或终止劳动关系经济补偿金产生的争议，经劳动争议仲裁委员会仲裁后，当事人依法起诉的。

5.劳动者与用人单位解除或者终止劳动关系后，请求用人单位返还其收取的劳动合同定金、保证金、抵押金、抵押物产生的争议，或者办理劳动者的人事档案、社会保险关系等移转手续产生的争议，经劳动争议仲裁委员会仲裁后，当事人依法起诉的。

6.劳动者因为工伤、职业病，请求用人单位依法承担给予工伤保险待遇的争议，经劳动争议仲裁委员会仲裁后，当事人依法起诉的。

三、劳动争议的解决方式及处理程序

我国《劳动法》第77条第1款规定："用人单位与劳动者发生劳动争议，当事人可以依法申请调解、仲裁、提起诉讼，也可以协商解决。"根据这一规定，我国劳动争议的解决方式主要有协商、调解、仲裁和诉讼。发生劳动争议，当事人不愿协商、协商不成或者达成和解协议后不履行的，可以向调解组织申请调解；不愿调解、调解不成或者达成调解协议后不履行的，可以向劳动争议仲裁委员会申请仲裁；对仲裁裁决不服的，除法律另有规定的外，可以向人民法院提起诉讼。

（一）协商

发生劳动争议，劳动者可以与用人单位协商，也可以请工会或者第三方共同与用人单位协商，达成和解协议。

劳动争议发生后，当事人应当协商解决，协商一致后，双方可达成和解协议，但和解协议无必须履行的法律效力，而是由双方当事人自觉履行。协商不是处理劳动争议的必经程序，当事人不愿协商或协商不成，可以向本单位劳动争议调解委员会申请调解或向劳动争议仲裁委员会申请仲裁。

（二）调解

发生劳动争议，当事人不愿协商、协商不成或者达成和解协议后不履行的，可以向调解组织申请调解。当事人双方愿意调解的，可以书面或口头形式向调解委员会申请调解。调解委员会接到调解申请后，可依据合法、公正、及时、着重调解原则进行调解。调解委员会调解劳动争议，应当自当事人申请调解之日起15日内结束；到期未结束的，视为调解不成，当事人可以向当地劳动争议仲裁委员会申请仲裁。经调解达成协议的，制作调解协议书。调解协议书由双方当事人签名或者盖章，经调解员签名并加盖调解组织印章后生效，对双方当事人具有约束力，当事人自觉履行。达成调解协议后，一方当事人在协议约定期限内不履行调解协议的，另一方当事人可以依法申请仲裁。

劳动者可以申请支付令：因支付拖欠劳动报酬、工伤医疗费、经济补偿或者赔偿金事项达成调解协议，用人单位在协议约定期限内不履行的，劳动者可以持调解协议书依法向人民法院申请支付令。人民法院应当依法发出支付令。

调解不是劳动争议解决的必经程序，不愿

调解、调解不成或者达成调解协议后不履行的，可以向劳动争议仲裁委员会申请仲裁。

（三）仲裁

仲裁是劳动争议案件处理的必经法律程序：发生劳动争议，当事人不愿调解、调解不成或者达成调解协议后不履行的，可以向劳动争议仲裁委员会申请仲裁。劳动争议发生后，当事人任何一方都可直接向劳动争议仲裁委员会申请仲裁。

仲裁时效的有关规定：劳动争议申请仲裁的时效期间为1年。仲裁时效期间从当事人知道或者应当知道其权利被侵害之日起计算。仲裁时效的中断，因当事人一方向对方当事人主张权利，或者向有关部门请求权利救济，或者对方当事人同意履行义务而中断。从中断时起，仲裁时效期间重新计算。仲裁时效的中止，因不可抗力或者有其他正当理由，当事人不能在法律规定的仲裁时效期间申请仲裁的，仲裁时效中止。从中止时效的原因消除之日起，仲裁时效期间继续计算。劳动关系存续期间因拖欠劳动报酬发生争议的，劳动者申请仲裁不受1年仲裁时效期间的限制；但是，劳动关系终止的，应当自劳动关系终止之日起1年内提出。

提出仲裁要求的一方应当自劳动争议发生之日起1年内向劳动争议仲裁委员会提出书面申请。劳动争议仲裁委员会接到仲裁申请后，应当在5日内作出是否受理的决定。受理后，应当在收到仲裁申请的45日内作出仲裁裁决。案情复杂需要延期的，经劳动争议仲裁委员会主任批准，可以延期并书面通知当事人，但是延长期限不得超过15日。逾期未作出仲裁裁决的，当事人可以就该劳动争议事项向人民法院提起诉讼。

仲裁委员会主持调解的效力：仲裁委员会可依法进行调解，经调解达成协议的，制作仲裁调解书。仲裁调解书具有法律效力，自送达之日起具有法律约束力，当事人须自觉履行，一方当事人不履行的，另一方当事人可向人民法院申请强制执行。

劳动争议案件仲裁的举证责任的规定：发生劳动争议，当事人对自己提出的主张，有责任提供证据。在劳动争议案件中，用人单位的举证责任重大，与争议事项有关的证据属于用人单位掌握管理的，用人单位应当提供。用人单位不提供的，应当承担不利后果。

仲裁委员会对部分案件有先予执行的裁决权：仲裁庭对追索劳动报酬、工伤医疗费、经济补偿或者赔偿金的案件，根据当事人的申请，可以裁决先予执行，移送人民法院执行。

为使劳动者的权益得到快捷的保护，加快劳动争议案件的处理时间，劳动争议仲裁委员会对下列案件实行一裁终局：追索劳动报酬、工伤医疗费、经济补偿或者赔偿金，不超过当地月最低工资标准12个月金额的争议；因执行国家的劳动标准在工作时间、休息休假、社会保险等方面发生的争议。上述案件的仲裁裁决为终局裁决，裁决书自作出之日起发生法律效力。劳动者对一裁终局的仲裁裁决不服的，可以自收到仲裁裁决书之日起15日内向人民法院起诉。而用人单位对一裁终局的仲裁裁决，不能再向法院起诉，也不能申请再次仲裁，但在具备法定情形时，用人单位可以向人民法院申请撤销裁决。

除一裁终局的仲裁裁决以外的其他劳动争议案件的仲裁裁决，当事人不服的，可以自收到仲裁裁决书之日起15日内向人民法院提起诉讼；期满不起诉的，裁决书发生法律效力。一方当事人逾期不履行，另一方当事人可以向人民法院申请强制执行，受理申请的人民法院应当依法执行。

（四）诉讼

当事人对可诉的仲裁裁决不服的，可自收到仲裁裁决书之日起15日内向人民法院提起诉讼。对经过仲裁裁决，当事人向法院起诉的劳动争议案件，人民法院应当受理。

【本章主要法律规定】

1.《劳动法》

2.《劳动合同法》

3.《劳动合同法实施条例》

4.《劳动争议调解仲裁法》

本章重点、难点与疑点辨析

学习本章，要在全面了解的基础上，注意掌握以下要点。

知识点		重点提示	难点提示
概述		调整对象，劳动关系的特征，劳动法律关系，工会的权利	劳动者权利义务的一致性，劳动行政部门的监督权限
劳动合同法	劳动合同的概念和分类	劳动合同的分类	订立无固定期限劳动合同的强制性规定
	订立及效力	劳动合同的必备条款，试用期规定，保密条款	竞业限制条款的效力范围，对违约金条款的限制，合同无效后的劳动报酬处理
	劳动合同的履行和变更	劳动合同履行过程中的劳动者保护	劳动报酬权的保障
	劳动合同的解除和终止	单方解除的规则，终止事由，劳动者解除权，经济补偿金	用人单位单方解除的适用范围，不得终止的特殊情形，适用经济补偿金的情形，对裁员的限制
	集体合同	集体合同的性质、主体和订立程序	集体合同生效程序，争议处理方法
	劳务派遣	劳务派遣关系的特点，劳务派遣协议	用人单位与用工单位的区别
	非全日制用工	特殊规定	合同终止规则
	法律责任	用人单位的责任	连带赔偿责任
劳动基准法	工作时间和休息休假	工作时间和休息时间的种类，加班加点规定	不定时工作制，加班加点的工资标准
	工资制度	工资的种类，工资支付保障规则	最低工资的不包括项
	职业安全卫生	职业安全卫生制度的内容	对女职工的特殊保护规定
劳动争议	概论	劳动争议的分类	不属于劳动争议的情形
	处理机构	调解的性质，仲裁机构的设立，法院受案范围	劳动争议仲裁案件的受理范围
	解决方式及处理程序	调解的性质，仲裁程序，劳动争议诉讼案件的处理规则	调解协议书的效力，支付令，仲裁的时效规定，法院对劳动仲裁裁决的撤销权

第二章 社会保障法

本章主要内容提示

社会保障制度要调整的是社会性的保障供给与保障需求之间的关系，即保障资源从何而来、分配给谁以及如何筹集、如何管理、如何分配的问题。这一系列的制度安排均以需求为导向，即最终要落实到对法律确定的保障需求实现有效和公平的供给。保障需求既是类型化的，也是个体化的。就受保障的每一个自然人而言，其享有的保障给付请求权属于民事权利的范畴。保障费用的征缴与拨付、保障基金的管理和监督、保障服务的实施等一系列的保障供给环节，属于政府职能。社会保障法的目标是建立有序的保障供给体系并保证其有效运行。因此，社会保障法属于经济法范畴。

本章将聚焦社会保障立法体系和社会保险法。关于社会保障立法体系，读者将了解我国社会保险立法、社会救助立法、社会福利立法和社会优抚立法的基本情况。关于社会保险法，首先要介绍的是社会保险法的基本制度：社会保险费征缴制度，社会保险基金制度，社会保险经办制度，社会保险监督制度。其次要介绍的是《社会保险法》和《军人保险法》的法定险种。其中，各险种的保障对象、保险待遇和管理监督的法律规则值得重点关注。

第一节　社会保障法概述

一、社会保障法的概念

社会保障，是指由国家依法运用财政资源和其他社会资金，对公民因自然的或者社会的原因导致的生活困难给予物质帮助和服务帮助，以保障其基本生活需要和其他正当需要，实现社会公平正义的制度。我国的社会保障包括社会保险、社会救助、社会福利和社会优抚。

1.社会保险，是指国家通过立法建立社会保险基金，对职工、公务员以及城乡居民因年老、疾病、失业、工伤、生育等原因导致的生活困难，以及军人因伤亡、退役后年老、退役后疾病和配偶随军未就业导致的生活困难，给予物质帮助的制度，包括养老保险、医疗保险、工伤保险、失业保险、生育保险，以及军人伤亡保险、退役养老保险、退役医疗保险和随军未就业的军人配偶保险。

2.社会救助，是指国家和社会对遭受自然灾害、失去劳动能力以及有其他特殊困难情形的公民给予物质救助或服务帮助，以保障其最低生活的各种措施，包括城乡居民最低生活保障、特困人员供养、灾害救助、专项救助（如医疗救助、教育救助、住房救助、就业救助、法律援助)、临时救助(如生活无着的流浪乞讨人员救助、意外事故救助)等。

3.社会福利,是指由国家和社会举办的,为全体社会成员或者特殊社会群体、特殊职业人员所享有的福利事业,包括公共福利(如教育福利、卫生福利、住房福利)、特殊群体福利(如儿童福利、老人福利、残疾人福利、精神障碍患者福利)、特殊环境下的职业福利(如艰苦边远地区津贴、高温津贴、高原津贴)等。

4.社会优抚,是指国家依法对在保卫祖国和社会主义建设事业中牺牲、伤残、病故的军人、人民警察和其他人员及其家属给予褒扬抚恤、优待帮扶等社会保障安排的制度,包括烈士褒扬、军人抚恤优待、人民警察抚恤优待等。

二、我国的社会保障立法

改革开放以来,我国依据“国家建立健全同经济发展水平相适应的社会保障制度”的宪法规定,逐步建立和完善了以法律、行政法规和部门规章为主要支撑,地方法规和其他规范性文件为配套支持的社会保障法体系。

1.我国的社会保险立法主要有:《社会保险法》《军人保险法》《工伤保险条例》等。

2.我国的社会救助立法主要有:《城市居民最低生活保障条例》《社会救助暂行办法》等。

3.我国的社会福利立法主要有:《义务教育法》《传染病防治法》《未成年人保护法》《老年人权益保障法》《妇女权益保障法》等。

4.我国的社会优抚立法主要有:《军人抚恤优待条例》《烈士褒扬条例》《人民警察抚恤优待办法》等。

第二节　社会保险法

一、社会保险法的基本构架

(一)社会保险法的特点

社会保险是我国国民保障体系的重要组成部分。根据《社会保险法》的规定,我国的社会保险制度具有以下特点:

1.公民参与,公民共享,公民监督。第一,社会保险法以维护公民参加社会保险和享受社会保险待遇的合法权益,使公民共享发展成果,促进社会和谐稳定为宗旨。第二,社会保险法以公民在年老、疾病、工伤、失业、生育等情况下依法从国家和社会获得物质帮助的权利为保障对象。第三,用人单位和个人负有依法缴纳社会保险费的义务,享有查询缴费记录、个人权益记录和要求社会保险经办机构提供社会保险咨询等相关服务的权利。第四,个人依法享受社会保险待遇,有权监督本单位为其缴费的情况。第五,政府鼓励和支持社会各方面参与社会保险基金的监督。第六,工会依法维护职工的合法权益,有权参与社会保险重大事项的研究,参加社会保险监督委员会,对与职工社会保险权益有关的事项进行监督。

2.国家筹资,国家支持,国家监管。首先,国家多渠道筹集社会保险资金。其次,国家通过税收优惠政策支持社会保险事业;县级以上人民政府对社会保险事业给予必要的经费支持。最后,国家对社会保险基金实行严格监管;国务院和省级人民政府建立健全社会保险基金监督管理制度,保障社会保险基金安全、有效运行。

3.政府规划,政府管理,政府服务。首先,国务院社会保险行政部门负责全国的社会保险管理工作,国务院其他有关部门在各自的职责范围内负责有关的社会保险工作。其次,县级以上人民政府将社会保险事业纳入国民经济和社会发展规划。再次,县级以上地方人民政府社会保险行政部门负责本行政区域的社会保险管理工作,县级以上地方人民政府其他有关部门在各自的职责范围内负责有关的社会保险工作。最后,社会保险经办机构提供社会保险服务,负责社会保险登记、个人权益记录、社会保险待遇支付等工作。

（二）社会保险法的基本原则

根据《社会保险法》的规定，我国社会保险制度的建设遵循以下基本原则：

1.广覆盖、保基本、多层次、可持续的原则。(1)广覆盖，就是要扩大社会保险的覆盖面，将尽可能多的公民纳入社会保险制度中来，确保它们在年老、疾病、失业、生育等困难情形下均能享受到从国家和社会获得物质帮助的权利。(2)保基本，就是我国现阶段的社会保险待遇要以保障公民基本生活需要为主。这种相对较低的社会保险待遇，除受现阶段经济发展水平的限制以外，还有两个方面的考虑：一是避免高标准的社会保险对国家财政、用人单位和个人造成过重的负担；二是根据某些保险的性质（如失业保险），实行相对较低的保险待遇可以避免有劳动能力的人过分依赖社会保险，而放弃以劳动为本的生存方式。需要注意的是，“保基本”并不意味着我国的社会保险仅以保证公民最基本的生活需要为满足。随着我国经济的发展，社会保险待遇应逐步提高。(3)多层次，就是要根据不同人群、不同领域的社会保险需求，设置不同层次的社会保险待遇。社会保险的多层次表现在：除了基本养老保险、基本医疗保险外，还有补充养老保险、补充医疗保险，以及补充性的商业保险。对于担负保卫祖国使命的军人，保险待遇还应提高。(4)可持续，主要是指社会保险基金要通过良性运作、妥善管理和严格监管，长期保持收支平衡和持续支付。此外，可持续原则也要求参保单位和个人切实履行缴纳社会保险费的义务，并需要国家保持和加强对社会保险事业的投入与支持。

2.社会保险水平与经济社会发展水平相适应的原则。社会保险水平主要包括覆盖面、险种设置和保险待遇三个方面。这些都取决于社会保险基金的支付能力，而这种支付能力又取决于国民收入水平。所以，我国社会保险制度的发展历史，是一个覆盖面由窄到宽、险种由少到多、保险待遇由低到高的过程。改革开放40年来，我国基本养老保险和基本医疗保险逐步实现了城乡居民普遍的“老有所养，病有所医”。工伤保险、失业保险、生育保险的覆盖面也实现了由国有企业到各种所有制单位、从企业到各种企事业单位的扩展。此外，鉴于我国正处于城市化进程中，《社会保险法》还将进城务工的农村居民和被征地农民纳入了社会保险范围。可以预期，随着我国经济实力的不断提升，国民由社会保险制度获得的保障还会持续增强。

二、社会保险法的基本制度

（一）社会保险费征缴制度

1.缴纳义务人。

用人单位及其职工是缴纳社会保险的法定义务人。用人单位，是指具有用人能力和用人行为的组织体。根据《劳动法》的规定，用人单位包括企业、个体经济组织、国家机关、事业组织、社会团体。会计师事务所、律师事务所等合伙组织和基金会，也属于劳动法规定的用人单位。职工，是指这些用人单位雇佣、聘用的人员。

无雇工的个体工商户、未在用人单位参加社会保险的非全日制从业人员以及其他灵活就业人员，可以自愿向社会保险经办机构申请办理社会保险登记，成为基本养老保险费和基本医疗保险费的缴纳义务人。

2.社会保险登记。

企业在办理登记注册时，同步办理社会保险登记。上述规定以外的缴费单位应当自成立之日起30日内，向当地社会保险经办机构申请办理社会保险登记。用人单位应当自用工之日起30日内为其职工向社会保险经办机构申请办理社会保险登记。未办理社会保险登记的，由社会保险经办机构核定其应当缴纳的社会保险费。

社会保险经办机构应当自收到申请之日起15日内予以审核，发给社会保险登记证件。

国家建立全国统一的个人社会保障号码。个人社会保障号码为公民身份号码。

3.社会保险费的征收和缴纳。

社会保险费实行统一征收，其实施步骤和具体办法由国务院规定。社会保险费征收机构应当依法按时足额征收社会保险费，并将缴费情况定期告知用人单位和个人。

用人单位应当自行申报、按时足额缴纳社会保险费，非因不可抗力等法定事由不得缓缴、减免。职工应当缴纳的社会保险费由用人单位代扣代缴，用人单位应当按月将缴纳社会保险费的明细情况告知本人。无雇工的个体工商户、未在用人单位参加社会保险的非全日制从业人员以及其他灵活就业人员，可以直接向社会保险费征收机构缴纳社会保险费。

根据2018年7月中共中央办公厅、国务院办公厅印发的《国税地税征管体制改革方案》，自2019年1月1日起，各种社会保险费交由税务部门统一征收。

4.用人单位违反缴纳义务的法律后果。

用人单位未按规定申报应当缴纳的社会保险费数额的，按照该单位上月缴费额的110%确定应当缴纳数额。用人单位未按时足额缴纳社会保险费的，由社会保险费征收机构责令其限期缴纳或者补足。

用人单位逾期仍未缴纳或者补足社会保险费的，社会保险费征收机构可以向银行和其他金融机构查询其存款账户，并可以申请县级以上有关行政部门作出划拨社会保险费的决定，书面通知其开户银行或者其他金融机构划拨社会保险费。用人单位账户余额少于应当缴纳的社会保险费的，社会保险费征收机构可以要求该用人单位提供担保，签订延期缴费协议。

用人单位未足额缴纳社会保险费且未提供担保的，社会保险费征收机构可以申请人民法院扣押、查封、拍卖其价值相当于应当缴纳社会保险费的财产，以拍卖所得抵缴社会保险费。

（二）社会保险基金制度

1.社会保险基金的种类。

社会保险基金是用于社会保障待遇开支的专项基金，包括基本养老保险基金、基本医疗保险基金、工伤保险基金、失业保险基金和生育保险基金。除基本医疗保险基金与生育保险基金合并建账及核算外，其他各项社会保险基金按照社会保险险种分别建账，分账核算。社会保险基金执行国家统一的会计制度。

2.社会保险基金的统筹。

所谓统筹，就是在一定的社会范围内对社会保险基金的来源和用途作出统一的规定、计划和安排，以发挥社会保险的功能。《社会保险法》规定，我国的基本养老保险基金逐步实行全国统筹，其他社会保险基金逐步实行省级统筹，其具体时间、步骤由国务院规定。

3.社会保险基金的管理运营。

（1）预算管理。社会保险基金存入财政专户，通过预算实现收支平衡。社会保险基金按照统筹层次设立预算。除基本医疗保险基金与生育保险基金预算合并编制外，其他社会保险基金预算按照社会保险项目分别编制。

（2）支出管理。社会保险基金专款专用，任何组织和个人不得侵占或者挪用。县级以上人民政府在社会保险基金出现支付不足时，给予补贴。

（3）投资运营。社会保险基金在保证安全的前提下，按照国务院规定投资运营实现保值增值。社会保险基金不得违规投资运营，不得用于平衡其他政府预算，不得用于兴建、改建办公场所和支付人员经费、运行费用、管理费用，或者违反法律、行政法规规定挪作其他用途。

（4）信息公开。社会保险经办机构应当定期向社会公布参加社会保险情况以及社会保险基金的收入、支出、结余和收益情况。

4.全国社会保障基金。

全国社会保障基金是由国家设立、由中央财政预算拨款以及国务院批准的其他方式筹集的资金构成的社会保障储备基金，用于人口老龄化高峰时期的养老保险等社会保障支出的补充、调剂。全国社会保障基金由全国社会保障基金理事会依照《社会保障基金条例》的规定负责管理运营，在保证安全的前提下实现保值增值。

全国社会保障基金应当定期向社会公布收支、管理和投资运营的情况。国务院财政部门、社会保险行政部门、审计机关对全国社会保障基金的收支、管理和投资运营情况实施监督。

（三）社会保险经办制度

1.社会保险经办机构的设立。

各统筹地区设立社会保险经办机构。社会

保险经办机构根据工作需要，经所在地的社会保险行政部门和机构编制管理机关批准，可以在本统筹地区设立分支机构和服务网点。

社会保险经办机构的人员经费和经办社会保险发生的基本运行费用、管理费用，由同级财政按照国家规定予以保障。

2.社会保险经办机构的业务。

（1）支付业务。按时足额支付社会保险待遇，是社会保险经办机构的基本业务。

（2）其他业务。社会保险经办机构还承担以下业务：①通过业务经办、统计、调查获取社会保险工作所需的数据；②及时为用人单位建立档案，完整、准确地记录参加社会保险的人员、缴费等社会保险数据，妥善保管登记、申报的原始凭证和支付结算的会计凭证；③及时、完整、准确地记录参加社会保险的个人缴费和用人单位为其缴费，以及享受社会保险待遇等个人权益记录，定期将个人权益记录单免费寄送本人；④免费向用人单位和个人提供查询、核对其缴费和享受社会保险待遇记录，以及社会保险咨询等相关服务。

（四）社会保险监督制度

1.人大监督。

各级人民代表大会常务委员会听取和审议本级人民政府对社会保险基金的收支、管理、投资运营以及监督检查情况的专项工作报告，组织对社会保险法实施情况的执法检查等，依法行使监督职权。

2.政府监督。

（1）监督检查职责。县级以上人民政府社会保险行政部门应当加强对用人单位和个人遵守社会保险法律、法规情况的监督检查。社会保险行政部门实施监督检查时，被检查的用人单位和个人应当如实提供与社会保险有关的资料，不得拒绝检查或者谎报、瞒报。财政部门、审计机关按照各自职责，对社会保险基金的收支、管理和投资运营情况实施监督。

（2）监督检查的方式和措施。社会保险行政部门对社会保险基金的收支、管理和投资运营情况进行监督检查，发现存在问题的，应当提出整改建议，依法作出处理决定或者向有关行政部门提出处理建议。社会保险基金检查结果应当定期向社会公布。社会保险行政部门对社会保险基金实施监督检查，有权采取下列措施：①查阅、记录、复制与社会保险基金收支、管理和投资运营相关的资料，对可能被转移、隐匿或者灭失的资料予以封存；②询问与调查事项有关的单位和个人，要求其对与调查事项有关的问题作出说明，提供有关证明材料；③对隐匿、转移、侵占、挪用社会保险基金的行为予以制止并责令改正。

3.社会监督。

统筹地区人民政府成立由用人单位代表、参保人员代表，以及工会代表、专家等组成的社会保险监督委员会，掌握、分析社会保险基金的收支、管理和投资运营情况，对社会保险工作提出咨询意见和建议，实施社会监督。

社会保险经办机构应当定期向社会保险监督委员会汇报社会保险基金的收支、管理和投资运营情况。社会保险监督委员会可以聘请会计师事务所对社会保险基金的收支、管理和投资运营情况进行年度审计和专项审计。审计结果应当向社会公开。

社会保险监督委员会发现社会保险基金收支、管理和投资运营中存在问题的，有权提出改正建议；对社会保险经办机构及其工作人员的违法行为，有权向有关部门提出依法处理建议。

4.举报投诉。

任何组织或者个人有权对违反社会保险法律、法规的行为进行举报、投诉。社会保险行政部门、卫生行政部门、社会保险经办机构、社会保险费征收机构和财政部门、审计机关对属于本部门、本机构职责范围的举报、投诉，应当依法处理；对不属于本部门、本机构职责范围的，应当书面通知并移交有权处理的部门、机构处理。有权处理的部门、机构应当及时处理，不得推诿。

5.权利救济和争议解决。

用人单位或者个人认为社会保险费征收机构的行为侵害自己合法权益的，可以依法申请行政复议或者提起行政诉讼。

用人单位或者个人对社会保险经办机构不

依法办理社会保险登记、核定社会保险费、支付社会保险待遇、办理社会保险转移接续手续或者侵害其他社会保险权益的行为，可以依法申请行政复议或者提起行政诉讼。

个人与所在用人单位发生社会保险争议的，可以依法申请调解、仲裁，提起诉讼。用人单位侵害个人社会保险权益的，个人也可以要求社会保险行政部门或者社会保险费征收机构依法处理。

三、社会保险的险种

（一）基本养老保险

1.养老保险体系。

我国实行由基本养老保险、补充养老保险和个人储蓄养老保险构成的多层次的养老保险制度。基本养老保险是国家依法强制建立和实施的社会保险制度。补充养老保险是用人单位在其经济能力范围内为本单位劳动者建立的辅助型养老保险，包括为企业职工提供的企业年金和为机关事业单位工作人员提供的职业年金。个人储蓄养老保险是个人在前两种养老保险之外自愿参加的提高型养老保险。

2.基本养老保险的覆盖范围。

（1）职工基本养老保险。根据《社会保险法》第10条的规定，其覆盖范围包括两类人员：①在我国境内的企业、事业单位以工资收入为主要生活来源的体力劳动者和脑力劳动者；②无雇工的个体工商户、未在用人单位参加基本养老保险的非全日制从业人员以及其他灵活就业人员。

（2）机关事业单位工作人员基本养老保险。根据国务院的有关规定，其覆盖范围包括：①《公务员法》管理的机关（单位）编制内工作人员；②《事业单位登记管理暂行条例》规定范围内的事业单位在职在编工作人员。

（3）居民基本养老保险。包括新型农村社会养老保险和城镇居民社会养老保险。根据国务院的有关规定，其覆盖范围包括所有年满16周岁（不含在校学生）、不在以上两类基本养老保险覆盖范围内的我国城乡居民。

在我国境内就业的外国人，可以参加以上前两类基本养老保险。

3.基本养老金待遇的支付。

（1）职工基本养老保险金由统筹养老金和个人账户养老金组成，机关事业单位工作人员基本养老保险金由基础养老金和个人账户养老金组成，实行社会化管理，一般由养老保险经办机构代为发放或者委托金融机构办理发放。参保个人达到法定退休年龄时累计缴费满15年的，按月领取基本养老金。达到法定退休年龄时累计缴费不足15年的，可以延长缴费至满15年，按月领取基本养老金；也可以申请转入户籍所在地新型农村社会养老保险或者城镇居民社会养老保险，享受相应的养老保险待遇。2010年《社会保险法》实施前参保、延长缴费5年后仍不足15年的，可以一次性缴费至满15年。参加职工基本养老保险的个人达到法定退休年龄后，累计缴费不足15年（含延长缴费），且未转入新型农村社会养老保险或者城镇居民社会养老保险的，个人可以向社会保险经办机构书面申请终止职工基本养老保险关系，一次性领取个人账户储存额。参保个人因病或者非因工死亡的，其遗属可以领取丧葬补助金和抚恤金；在未达到法定退休年龄时因病或者非因工致残完全丧失劳动能力的，可以领取病残津贴。参加职工基本养老保险的个人死亡后，其个人账户中的余额可以全部依法继承。

（2）居民基本养老保险待遇由基础养老金和个人账户养老金组成。参保个人年满60周岁、累计缴费满15年的，可以按月领取基本养老金。

（3）职工基本养老保险个人账户不得提前支取。个人在达到法定的领取基本养老金条件前离境定居的，其个人账户予以保留，达到法定领取条件时，按照国家规定享受相应的养老保险待遇。

（二）基本医疗保险

1.职工基本医疗保险。

（1）保费缴纳。职工基本医疗保险对城镇所有用人单位和职工实行强制参保，由单位和个人按照国家规定共同缴纳基本医疗保险费。无雇工的个体工商户、未在用人单位参加职工基本医疗保险的非全日制从业人员以及其他灵活就业人员可以自愿参加职工基本医疗保险，由个人按规定缴纳保费。参保个人达到法定退休年龄时累计缴费达到国家规定年限的，退休后不再缴纳基本医疗保险费，按照国家规定享受基本医疗保险待遇；未达到国家规定年限的，可以缴费至国家规定年限。

（2）保险待遇。参保人员就医后，其符合基本医疗保险药品目录、诊疗项目、医疗服务设施标准以及急诊、抢救的医疗费用，按照国家规定从基本医疗保险基金中支付，由社会保险经办机构与医疗机构、药品经营单位直接结算。社会保险行政部门和卫生行政部门应当建立异地就医医疗费用结算制度，方便参保人员享受基本医疗保险待遇。但是，下列医疗费用不纳入基本医疗保险基金支付范围：①应当从工伤保险基金中支付的；②应当由第三人负担的；③应当由公共卫生负担的；④在境外就医的。医疗费用依法应当由第三人负担，第三人不支付或者无法确定第三人的，由基本医疗保险基金先行支付。基本医疗保险基金先行支付后，有权向第三人追偿。

2.居民基本医疗保险。

我国居民基本医疗保险主要包括新型农村合作医疗制度（以下简称新农合）和城镇居民基本医疗保险制度。大、中、小学的在校学生属于此类保险的覆盖范围。

（三）工伤保险

1.工伤保险的覆盖范围。

工伤保险的覆盖对象是职工。职工因工作原因受到事故伤害或者患职业病，且经工伤认定的，享受工伤保险待遇；其中，经鉴定丧失劳动能力的，享受伤残待遇。

2.工伤保险费。

工伤保险费由用人单位缴纳，职工不缴纳。工伤保险费实行差别费率，由国家根据不同行业的工伤风险程度确定，并根据使用工伤保险基金、工伤发生率等情况在每个行业内确定费率档次。行业差别费率和行业内费率档次由国务院社会保险行政部门制定，报国务院批准后公布施行。社会保险经办机构根据用人单位使用工伤保险基金、工伤发生率和所属行业费率档次等情况，确定用人单位缴费费率。用人单位应当按照本单位职工工资总额，根据社会保险经办机构确定的费率缴纳工伤保险费。

职工（包括非全日制从业人员）在两个或者两个以上用人单位同时就业的，各用人单位应当分别为职工缴纳工伤保险费。职工发生工伤，由职工受到伤害时工作的单位依法承担工伤保险责任。

3.工伤保险待遇。

（1）保险事故。

保险事故是被保险人获得保险待遇所依据的法律事实。工伤保险的保险事故为工伤。职业病属于特殊的工伤。

工伤，是指职工在工作时间和工作场所，因为工作原因而导致的人身伤害。根据《工伤保险条例》第14条的规定，职工有下列情形之一的，应当认定为工伤：①在工作时间和工作场所内，因工作原因受到事故伤害的；②工作时间前后在工作场所内，从事与工作有关的预备性或者收尾性工作受到事故伤害的；③在工作时间和工作场所内，因履行工作职责受到暴力等意外伤害的；④患职业病的；⑤因工外出期间，由于工作原因受到伤害或者发生事故下落不明的；⑥在上下班途中，受到非本人主要责任的交通事故或者城市轨道交通、客运轮渡、火车事故伤害的；⑦法律、行政法规规定应当认定为工伤的其他情形。

《工伤保险条例》第15条规定，职工有下列情形之一的，视同工伤：①在工作时间和工作岗位，突发疾病死亡或者在48小时之内经抢救无效死亡的；②在抢险救灾等维护国家利益、公共利益活动中受到伤害的；③职工原在军队服役，因战、因公负伤致残，已取得革命伤残军人证，到用人单位后旧伤复发的。

职工因下列情形之一导致本人在工作中伤亡的，不认定为工伤：①故意犯罪；②醉酒或者吸毒；③自残或者自杀；④法律、行政法规规定的其他情形。

职业病，是指因职业活动引起或者在职业活动中形成的疾病。职业病须经法定的医疗卫生机构诊断、鉴定。相关的法律依据包括《职业病防治法》《职业病分类和目录》《劳动能力鉴定　职工工伤与职业病致残等级》等。

职工发生工伤或者被诊断、鉴定为职业病的，所在单位应当在《工伤保险条例》规定的时间内向统筹地区社会保险行政部门提出工伤认定申请。用人单位逾期未提出工伤认定申请的，工伤职工或者其近亲属、工会组织可以在规定时间内直接向用人单位所在地统筹地区社会保险行政部门提出工伤认定申请。工伤认定和劳动能力鉴定应当简捷、方便。

（2）支付项目和支付来源。

工伤保险待遇包括工伤医疗期待遇、因工致残待遇和因工死亡待遇。工伤保险待遇按照不同的费用项目，分别由工伤保险基金或者由用人单位支付。

因工伤发生的下列费用，按国家规定从工伤保险基金中支付：①治疗工伤的医疗费用和康复费用；②住院伙食补助费；③到统筹地区以外就医的交通食宿费；④安装配置伤残辅助器具所需费用；⑤生活不能自理的，经劳动能力鉴定委员会确认的生活护理费；⑥一次性伤残补助金和一级至四级伤残职工按月领取的伤残津贴；⑦终止或者解除劳动合同时，应当享受的一次性医疗补助金；⑧因工死亡的，其遗属领取的丧葬补助金、供养亲属抚恤金和因工死亡补助金；⑨劳动能力鉴定费。

因工伤发生的下列费用，按国家规定由用人单位支付：①治疗工伤期间的工资福利；②五级、六级伤残职工按月领取的伤残津贴；③终止或者解除劳动合同时，应当享受的一次性伤残就业补助金。

（3）支付的变更和停止。

工伤职工符合领取基本养老金条件的，停发伤残津贴，享受基本养老保险待遇。基本养老保险待遇低于伤残津贴的，从工伤保险基金中补足差额。

工伤职工有下列情形之一的，停止享受工伤保险待遇：①丧失享受待遇条件的；②拒不接受劳动能力鉴定的；③拒绝治疗的。

（4）先行支付规则。

职工所在用人单位未依法缴纳工伤保险费，发生工伤事故的，由用人单位支付工伤保险待遇。用人单位不支付的，从工伤保险基金中先行支付。从工伤保险基金中先行支付的工伤保险待遇应当由用人单位偿还。用人单位不偿还的，社会保险经办机构可以依照《社会保险法》第63条的规定追偿。

由于第三人的原因造成工伤，第三人不支付工伤医疗费用或者无法确定第三人的，由工伤保险基金先行支付。工伤保险基金先行支付后，有权向第三人追偿。

（四）失业保险

1.失业保险的覆盖范围。

失业是经济规律和人口规律导致的普遍的市场现象。各国在致力于实现充分就业（而非完全就业）的同时，通过失业保险等措施对有劳动能力和劳动意愿但暂时丧失劳动机会的人群提供一定的经济保障。在我国，失业保险是对因失业而中断生活来源的劳动者在法定期间内提供保险待遇以维持其基本生活，促进其再就业的一种社会保险制度。

失业保险的保障对象是通过用人单位和本人共同缴纳失业保险费而参加失业保险、非因本人意愿中断就业的职工。所谓“非因本人意愿中断就业”，包括下列情形：（1）依照《劳动合同法》第44条第1项、第4项、第5项规定终止劳动合同的；（2）由用人单位依照《劳动合同法》第39条、第40条、第41条规定解除劳动合同的；（3）用人单位依照《劳动合同法》第36条规定与劳动者协商一致解除劳动合同的；（4）由用人单位提出解除聘用合同或者被用人单位辞退、除名、开除的；（5）劳动者本人依照《劳动合同法》第38条规定解除劳动合同的；（6）法律、法规、规章规定的其他情形。

2.失业保险待遇。

（1）给付条件及标准。

失业人员符合下列条件的，从失业保险基金中领取失业保险金：①失业前用人单位和本人已经缴纳失业保险费满1年的；②非因本人意愿中断就业的；③已经进行失业登记，并有求职要求的。

失业保险金的标准由省级人民政府确定，

不得低于城市居民最低生活保障标准。

（2）其他保险和补助。

失业人员在领取失业保险金期间，参加职工基本医疗保险，享受基本医疗保险待遇。失业人员应当缴纳的基本医疗保险费从失业保险基金中支付，个人不缴纳基本医疗保险费。

失业人员在领取失业保险金期间死亡的，参照当地对在职职工死亡的规定，向其遗属发给一次性丧葬补助金和抚恤金。所需资金从失业保险基金中支付。个人死亡同时符合领取基本养老保险丧葬补助金、工伤保险丧葬补助金和失业保险丧葬补助金条件的，其遗属只能选择领取其中的一项。

（3）办理程序。

用人单位应当及时为失业人员出具终止或者解除劳动关系的证明，并将失业人员的名单自终止或者解除劳动关系之日起15日内告知社会保险经办机构。失业人员应当持本单位为其出具的终止或者解除劳动关系的证明，及时到指定的公共就业服务机构办理失业登记。

失业人员凭失业登记证明和个人身份证明，到社会保险经办机构办理领取失业保险金的手续。失业保险金领取期限自办理失业登记之日起计算。

（4）接受就业服务。

失业人员在领取失业保险金期间，应当积极求职，接受职业介绍和职业培训。失业人员接受职业介绍、职业培训的补贴由失业保险基金按照规定支付。

（5）领取期限和停止领取。

失业人员失业前用人单位和本人累计缴费满1年不足5年的，领取失业保险金的期限最长为12个月；累计缴费满5年不足10年的，领取失业保险金的期限最长为18个月；累计缴费10年以上的，领取失业保险金的期限最长为24个月。重新就业后，再次失业的，缴费时间重新计算，领取失业保险金的期限与前次失业应当领取而尚未领取的失业保险金的期限合并计算，最长不超过24个月。职工跨统筹地区就业的，其失业保险关系随本人转移，缴费年限累计计算。

失业人员在领取失业保险金期间有下列情形之一的，停止领取失业保险金，并同时停止享受其他失业保险待遇：①重新就业的；②应征服兵役的；③移居境外的；④享受基本养老保险待遇的；⑤无正当理由，拒不接受当地人民政府指定部门或者机构介绍的适当工作或者提供的培训的。

（五）生育保险

1.生育保险的覆盖范围。

生育保险，是指女职工因怀孕和分娩暂时不能从事职业劳动、中断正常收入来源时，从国家和社会获得物质帮助的一种社会保险制度。生育保险的对象是我国境内用人单位的女职工，包括企业、机关和事业单位的职工（含非全日制职工）以及无雇主的个体工商户。

职工参加生育保险，由用人单位按照国家规定缴纳生育保险费，职工个人不缴纳生育保险费。

2.生育保险待遇。

用人单位已经缴纳生育保险费的，其女职工享受生育保险待遇；女职工未就业的配偶按照国家规定享受生育医疗费用待遇。这些费用从生育保险基金中支付。

生育保险待遇包括生育医疗费用和生育津贴。生育医疗费用包括下列各项：（1）生育的医疗费用；（2）计划生育的医疗费用；（3）法律、法规规定的其他项目费用。

职工有下列情形之一的，可以按照国家规定享受生育津贴：（1）女职工生育享受产假；（2）享受计划生育手术休假；（3）法律、法规规定的其他情形。生育津贴按照职工所在用人单位上年度职工月平均工资计发。

四、军人保险

（一）军人保险的特点

军队是国家主权、国家安全、经济建设和社会安宁的护卫者。由于军人的职业特殊性，军人的社会保障不仅适用社会保险的一般制度，还需要适用特殊制度。为了维护军人合法权益，促进国防和军队建设，国家制定了《军人保险法》，建立了军人伤亡保险、退役养老保险、退役医疗保险和随军未就业的军人配偶保险等军人保险制度。

军人保险具有如下的特点：

1.保障对象为特定人员，按不同险种包括现役军人、退役军人和随军未就业的军人配偶。

2.遵循体现军人职业特点、与社会保险制度相衔接和与经济社会发展水平相适应的原则。

3.全军的军人保险工作由中国人民解放军军人保险主管部门负责。

（二）军人保险的经办机构

军队后勤（联勤）机关财务部门负责承办军人保险登记、个人权益记录、军人保险待遇支付等工作。

军队后勤（联勤）机关财务部门和地方社会保险经办机构按照各自职责办理军人保险与社会保险关系转移接续手续。

军人有权查询、核对个人缴费记录和个人权益记录，要求军队后勤（联勤）机关财务部门和地方社会保险经办机构依法办理养老、医疗等保险关系转移接续手续，提供军人保险和社会保险咨询等相关服务。

（三）军人保险的险种

1.军人伤亡保险。

（1）保费来源。军人伤亡保险所需资金由国家承担，个人不缴纳保险费。

（2）保费标准。军人因战、因公死亡的，按照认定的死亡性质和相应的保险金标准，给付军人死亡保险金。军人因战、因公、因病致残的，按照评定的残疾等级和相应的保险金标准，给付军人残疾保险金。军人死亡和残疾的性质认定、残疾等级评定和相应的保险金标准，按照国家和军队有关规定执行。

（3）除外条款。军人因下列情形之一死亡或者致残的，不享受军人伤亡保险待遇：①故意犯罪的；②醉酒或者吸毒的；③自残或者自杀的；④法律、行政法规和军事法规规定的其他情形。

（4）退役后的工伤待遇。已经评定残疾等级的因战、因公致残的军人退出现役参加工作后旧伤复发的，依法享受相应的工伤待遇。

2.退役养老保险。

（1）退役养老保险补助。军人退出现役参加基本养老保险的，国家给予退役养老保险补助。

（2）基本养老保险的军地接续。军人入伍前已经参加基本养老保险的，由地方社会保险经办机构和军队后勤（联勤）机关财务部门办理基本养老保险关系转移接续手续。军人退出现役后参加职工基本养老保险的，由军队后勤（联勤）机关财务部门将军人退役养老保险关系和相应资金转入地方社会保险经办机构，地方社会保险经办机构办理相应的转移接续手续。军人服现役年限与入伍前和退出现役后参加职工基本养老保险的缴费年限合并计算。

（3）其他养老保障的军地接续。军人退出现役后参加新型农村社会养老保险或者城镇居民社会养老保险的，按照国家有关规定办理转移接续手续。军人退出现役到公务员岗位或者参照公务员法管理的工作人员岗位的，以及现役军官、文职干部退出现役自主择业的，其养老保险办法按照国家有关规定执行。军人退出现役采取退休方式安置的，其养老办法按照国务院和中央军事委员会的有关规定执行。

3.退役医疗保险。

（1）保费缴纳。参加军人退役医疗保险的军官、文职干部和士官应当缴纳军人退役医疗保险费，国家按照个人缴纳的军人退役医疗保险费的同等数额给予补助。义务兵和供给制学员不缴纳军人退役医疗保险费，国家按照规定的标准给予军人退役医疗保险补助。

（2）医疗保险的军地接续。军人入伍前已经参加基本医疗保险的，由地方社会保险经办机构和军队后勤（联勤）机关财务部门办理基本医疗保险关系转移接续手续。军人退出现役后参加职工基本医疗保险的，由军队后勤（联勤）机关财务部门将军人退役医疗保险关系和相应资金转入地方社会保险经办机构，地方社会保险经办机构办理相应的转移接续手续。军人服现役年限视同职工基本医疗保险缴费年限，与入伍前和退出现役后参加职工基本医疗保险的缴费年限合并计算。军人退出现役后参加新型农村合作医疗或者城镇居民基本医疗保险的，按照国家有关规定办理。

4.随军未就业的军人配偶保险。

（1）保障范围及保费缴纳。国家为随军未就业的军人配偶建立养老保险、医疗保险等。随军未就业的军人配偶参加保险，应当缴纳养老保险费和医疗保险费，国家给予相应的补助。

（2）随军期间的保险待遇。随军未就业的军人配偶随军前已经参加社会保险的，由地方社会保险经办机构和军队后勤（联勤）机关财务部门办理保险关系转移接续手续。随军未就业的军人配偶实现就业或者军人退出现役时，由军队后勤（联勤）机关财务部门将其养老保险、医疗保险关系和相应资金转入地方社会保险经办机构，地方社会保险经办机构办理相应的转移接续手续。军人配偶在随军未就业期间的养老保险、医疗保险缴费年限与其在地方参加职工基本养老保险、职工基本医疗保险的缴费年限合并计算。

（3）退休后的保险待遇。随军未就业的军人配偶达到国家规定的退休年龄时，按照国家有关规定确定退休地，由军队后勤（联勤）机关财务部门将其养老保险关系和相应资金转入退休地社会保险经办机构，享受相应的基本养老保险待遇。

（4）接受就业服务。地方人民政府和有关部门应当为随军未就业的军人配偶提供就业指导、培训等方面的服务。随军未就业的军人配偶无正当理由拒不接受当地人民政府就业安置，或者无正当理由拒不接受当地人民政府指定部门、机构介绍的适当工作、提供的就业培训的，停止给予保险缴费补助。

（四）军人保险基金

军人保险基金包括军人伤亡保险基金、军人退役养老保险基金、军人退役医疗保险基金和随军未就业的军人配偶保险基金。各项军人保险基金按照军人保险险种分别建账，分账核算，执行军队的会计制度。

军人保险基金由个人缴费、中央财政负担的军人保险资金以及利息收入等资金构成。军人和随军未就业的军人配偶缴纳的保险费，由军人所在单位代扣代缴。

中央财政负担的军人保险资金，由国务院财政部门纳入年度国防费预算。

军人保险基金实行预算决算管理，专户存储、专款专用和集中管理。军人保险基金管理机构应当严格管理军人保险基金，保证基金安全。

（五）军人保险的经办和监督

1.经办职责。军队后勤（联勤）机关财务部门和地方社会保险经办机构应当建立健全军人保险经办管理制度；按时足额支付军人保险金；及时办理军人保险和社会保险关系转移接续手续；为军人及随军未就业的军人配偶建立保险档案，及时、完整、准确地记录其个人缴费和国家补助，以及享受军人保险待遇等个人权益记录，并定期将个人权益记录单送达本人；为军人及随军未就业的军人配偶提供军人保险和社会保险咨询等相关服务。

2.监督职责。《军人保险法》第41条规定：“中国人民解放军总后勤部财务部门和中国人民解放军审计机关按照各自职责，对军人保险基金的收支和管理情况实施监督。”军队后勤（联勤）机关、地方社会保险行政部门，应当对单位和个人遵守《军人保险法》的情况进行监督检查。任何单位或者个人有权对违反《军人保险法》规定的行为进行举报、投诉。

3.保密义务。军队后勤（联勤）机关财务部门和地方社会保险经办机构及其工作人员，应当依法为军队单位和军人的信息保密，不得以任何形式泄露。

五、违反社会保险法的法律责任

违反社会保险法的法律责任，根据不同的情形可分为三类：承担行政责任；承担行政责任和民事责任；追究刑事责任。

（一）承担行政责任的情形

1.用人单位违反社保义务。

（1）违反登记服务义务。用人单位不办理社会保险登记的，由社会保险行政部门责令限期改正；逾期不改正的，对用人单位处应缴社会保险费数额1倍以上3倍以下的罚款，对其直接负责的主管人员和其他直接责任人员处500元以上3000元以下的罚款。

（2）违反缴纳保费义务。用人单位未按时足额缴纳社会保险费的，由社会保险费征收机构责令限期缴纳或者补足，并自欠缴之日起，按日加收0.5‰的滞纳金；逾期仍不缴纳的，由有关行政部门处欠缴数额1倍以上3倍以下的罚款。用人单位因不可抗力造成生产经营出现严重困难的，经省级人民政府社会保险行政部门批准后，可以暂缓缴纳一定期限的社会保险费，期限一般不超过1年。暂缓缴费期间，免收滞纳金。到期后，用人单位应当缴纳相应的社会保险费。

（3）违反代扣代缴义务。职工应当缴纳的社会保险费由用人单位代扣代缴。用人单位未依法代扣代缴的，由社会保险费征收机构责令用人单位限期代缴，并自欠缴之日起向用人单位按日加收0.5‰的滞纳金。用人单位不得要求职工承担滞纳金。

（4）职工认为用人单位有未按时足额为其缴纳社会保险费等侵害其社会保险权益行为的，也可以要求社会保险行政部门或者社会保险费征收机构依法处理。社会保险行政部门或者社会保险费征收机构应当按照《社会保险法》和《劳动保障监察条例》等相关规定处理。在处理过程中，用人单位对双方的劳动关系提出异议的，社会保险行政部门应当依法查明相关事实后继续处理。

2.社保欺诈。

（1）骗取社保基金支出。社会保险经办机构以及医疗机构、药品经营单位等社会保险服务机构以欺诈、伪造证明材料或者其他手段骗取社会保险基金支出的，由社会保险行政部门责令退回骗取的社会保险金，处骗取金额2倍以上5倍以下的罚款；属于社会保险服务机构的，解除服务协议；直接负责的主管人员和其他直接责任人员有执业资格的，依法吊销其执业资格。

（2）骗取一般社保待遇。以欺诈、伪造证明材料或者其他手段骗取社会保险待遇的，由社会保险行政部门责令退回骗取的社会保险金，处骗取金额2倍以上5倍以下的罚款。

（3）骗取军人保险待遇。以欺诈、伪造证明材料等手段骗取军人保险待遇的，由军队后勤（联勤）机关和社会保险行政部门责令限期退回，并依法给予处分。

3.保费征收机构渎职。

社会保险费征收机构擅自更改社会保险费缴费基数、费率，导致少收或者多收社会保险费的，由有关行政部门责令其追缴应当缴纳的社会保险费或者退还不应当缴纳的社会保险费；对直接负责的主管人员和其他直接责任人员依法给予处分。

4.侵害社保基金。

（1）侵害一般社保基金。违反《社会保险法》的规定，隐匿、转移、侵占、挪用社会保险基金或者违规投资运营的，由社会保险行政部门、财政部门、审计机关责令追回；有违法所得的，没收违法所得；对直接负责的主管人员和其他直接责任人员依法给予处分。

社会保险经办机构、社会保险费征收机构、社会保险基金投资运营机构、开设社会保险基金专户的机构和专户管理银行及其工作人员有下列违法情形的，由社会保险行政部门按照上述规定查处：①将应征和已征的社会保险基金，采取隐藏、非法放置等手段，未按规定征缴、入账的；②违规将社会保险基金转入社会保险基金专户以外的账户的；③侵吞社会保险基金的；④将各项社会保险基金互相挤占或者其他社会保障基金挤占社会保险基金的；⑤将社会保险基金用于平衡财政预算，兴建、改建办公场所和支付人员经费、运行费用、管理费用的；⑥违反国家规定的投资运营政策的。

（2）侵害军人保险基金。贪污、侵占、挪用军人保险基金的，由军队后勤（联勤）机关责令限期退回，对直接负责的主管人员和其他直接责任人员依法给予处分。

5.国家工作人员渎职。

国家工作人员在社会保险管理、监督工作中滥用职权、玩忽职守、徇私舞弊的，依法给予处分。

（二）承担行政责任和民事责任的情形

1.用人单位违反证明义务。

用人单位在终止或者解除劳动合同时拒不

出具终止或者解除劳动关系证明的，依照《劳动合同法》的规定，由劳动行政部门责令改正；给劳动者造成无法享受社会保险待遇等损害的，应当依法承担赔偿责任。

2.社保经办机构渎职。

社会保险经办机构及其工作人员有下列行为之一的，由社会保险行政部门责令改正；给社会保险基金、用人单位或者个人造成损失的，依法承担赔偿责任；对直接负责的主管人员和其他直接责任人员依法给予处分：（1）未履行社会保险法定职责的；（2）未将社会保险基金存入财政专户的；（3）克扣或者拒不按时支付社会保险待遇的；（4）丢失或者篡改缴费记录、享受社会保险待遇记录等社会保险数据、个人权益记录的；（5）有违反社会保险法律、法规的其他行为的。

3.军人保险经办机构渎职。

军队后勤（联勤）机关财务部门、社会保险经办机构，有下列情形之一的，由军队后勤（联勤）机关或者社会保险行政部门责令改正；对直接负责的主管人员和其他直接责任人员依法给予处分；造成损失的，依法承担赔偿责任：（1）不按照规定建立、转移接续军人保险关系的；（2）不按照规定收缴、上缴个人缴纳的保险费的；（3）不按照规定给付军人保险金的；（4）篡改或者丢失个人缴费记录等军人保险档案资料的；（5）泄露军队单位和军人的信息的；（6）违反规定划拨、存储军人保险基金的；（7）有违反法律、法规损害军人保险权益的其他行为的。

4.泄露社保信息。

社会保险行政部门和其他有关行政部门、社会保险经办机构、社会保险费征收机构及其工作人员泄露用人单位和个人信息的，对直接负责的主管人员和其他直接责任人员依法给予处分；给用人单位或者个人造成损失的，应当承担赔偿责任。

（三）追究刑事责任的情形

违反《社会保险法》《军人保险法》的规定，构成犯罪的，依法追究刑事责任。

【本章主要法律规定】

1.《社会保险法》

2.《军人保险法》

本章重点、难点与疑点辨析

学习本章，要在全面了解的基础上，着重掌握以下要点。

知识点	重点提示	难点提示
概念	社会保险四大类别的保障范围	社会福利的保障方式
我国立法	主要的社会保险立法	社保立法各层级之间的关系
基本构架	社会保险的特点，基本原则	对“保基本”的理解，社会保险的多层次
基本制度	征缴义务人，社保登记，社保基金管理运营，社保经办业务，社保监督体系	用人单位违反缴纳义务的后果，政府监督检查措施，举报投诉、权利救济和争议解决的联系
基本养老保险	覆盖范围，待遇和支付	居民基本养老保险的特点，个人账户支取规定
基本医疗保险	职工基本医疗保险的缴纳和待遇	居民基本医疗保险的特点，不纳入基本医疗保险的费用
工伤保险	保险事故认定，支付项目，先行支付规则	视同工伤和不认定为工伤的情形，应由用人单位支付的费用

续表

知识点	重点提示	难点提示
失业保险	保费缴纳义务人，保险金领取规则	“非因本人意愿中断就业”的概念，保险金领取期限
生育保险	覆盖范围，保险待遇	
军人保险	特点，具体险种，保险基金，经办机构	养老保险、医疗保险的军地接续
法律责任	用人单位的行政责任，社保经办机构渎职的民事责任	社保欺诈、侵害社保基金、泄露社保信息的法律责任